LE REBOND DU DÉBITEUR

Le droit aujourd'hui

La collection « Le droit aujourd'hui » regroupe des études juridiques concernant des problèmes d'actualité nationale et internationale, dans divers domaines (éthique, politique, questions de société…).

Déjà parus

Claire BORREL, Loïc PELISSIER, Abélisse PINCHON, *Altruisme et Droit*, 2023.

Cristina Elena POPA TACHE, *Le dynamisme du droit international public contemporain et la transdisciplinarité*, 2023.

Charles COLOMAR, *Le droit de l'art en question(s). 20 réponses juridiques sur des thématiques artistiques*, 2023.

Marcel Yannick MISONGUI, *La protection juridictionnelle par la Cour de justice dans l'ELSJ et la PESC après le Brexit*, 2023.

François CAMPAGNOLA, *Précis de droit de l'énergie*, 2023.

Sébastien DEMAY, *La charge de travail à l'ère du numérique*, 2023.

Meganne NATALI, *Le droit international face au trafic illégal de biodiversité sauvage*, 2023.

Rahma BENTIROU MATHLOUTHI (dir.), *Proportionnalité, droits fondamentaux et juge, Proportionality, fundamental rights and judges*, 2023.

Aécio Filipe COELHO FRAGA DE OLIVEIRA, *L'exécution des mesures à titre provisoire rendues par un tribunal arbitral situé à l'étranger*, 2022.

Naivi CHIKOC BARREDA, *Succession internationale et dispositions spéciales de la lex rei sitae. Contribution à l'étude de l'impérativité internationale en matière successorale*, 2022.

Boris BARRAUD, *Éthique de l'intelligence artificielle*, 2022.

Boris BARRAUD, *Dignité, liberté, égalité*, 2022.

Boris BARRAUD, *Humanisme et intelligence artificielle*, 2022.

Michel BOUDJEMAÏ, *La territorialisation de l'aide sociale légale*, 2022.

Carine VAYSSE, *La théorie générale du contrat administratif*, 2022.

Sarah TOUBAL

LE REBOND DU DÉBITEUR

Contribution à l'étude du droit de la défaillance économique

Préface de Jean-Jacques Taisne

L'Harmattan

5-7, rue de l'Ecole-Polytechnique, 75005 Paris
http://www.editions-harmattan.fr
ISBN : 978-2-336-41667-0
EAN : 9782336416670

PRÉFACE

Etudiant dans *Flexible droit* « l'obligation entre la force et la grâce », Jean Carbonnier observait que « la force au contact du droit n'est ni sourde ni aveugle » ; il relevait même que le « titre exécutoire que l'on croirait insensible compose plus ou moins secrètement avec une contre-force, faite de patience (et) d'indulgence » et de citer pour l'exemple le refus de la force publique ou l'octroi d'un délai de grâce. Pouvait-il imaginer que le respect de la parole donnée composerait aujourd'hui avec le droit au rebond du débiteur ?

Ce n'est pas le moindre mérite de Madame Sarah Toubal que d'avoir consacré ses recherches de doctorat à l'étude de ce nouveau concept progressivement forgé depuis 1985 et 1989 par les différentes législations s'intéressant à la défaillance économique des entreprises ou des particuliers. La toile de fond est l'émergence d'un droit contractuel de crise prenant acte d'une conjoncture économique durablement perturbée sans préjudice des pandémies contemporaines pouvant en aggraver les conséquences.

De ce droit de crise le code civil, même rénové en 2016, ne souffle mot. L'article 1234 ne fait aucune allusion à l'effacement des dettes qui permet au débiteur de bonne foi de repartir dans le circuit économique avec de meilleures chances. Il est vrai qu'on ne le découvre que par une démarche analytique disséquant au fil des réformes législatives, propres aux entreprises ou aux particuliers, les différentes procédures de rétablissement du débiteur : tantôt le législateur pose un principe de non-reprise des poursuites individuelles : l'obligation survit, mais ne peut être recouvrée ; tantôt il efface directement la dette : l'obligation est éteinte.

La première partie de l'ouvrage montre que sous l'empire d'une conception rénovée de l'intérêt général refusant d'abandonner à leur triste sort des débiteurs défaillants, mais de bonne foi, et sous l'influence du droit européen qui, par directive du 20 juin 2019 transposée en France par ordonnance du 15 septembre 2021, entend promouvoir un droit à la « seconde chance », le droit positif n'hésite plus à altérer la force obligatoire du contrat pour favoriser un rebond socialement utile et moralement justifiable.

Ainsi « révélé », le rebond est aujourd'hui « institutionnalisé » : la deuxième partie de l'ouvrage examine son encadrement : les conditions qu'il requiert puisque le débiteur doit le mériter et les limites qu'il connait puisque certaines créances ou certains créanciers bénéficient d'une protection particulière. L'étude se poursuit par une réflexion sur les moyens d'améliorer le rebond en consacrant un droit à l'oubli et en luttant contre la stigmatisation du débiteur défaillant notamment par l'incitation à la prévention précoce des difficultés.

La thèse de Madame Toubal révèle d'incontestables qualités de rédaction, de réflexion et d'analyse ; le souci de la pédagogie est toujours présent et l'ouvrage se lit facilement. Sur le fond, il est, de l'aveu même de l'auteur, « un plaidoyer en faveur du droit au rebond » et Madame Toubal n'hésite pas à affirmer qu'« il existe un droit homogène et généralisé autour du rebond » ; elle y voit le signe, non d'une altération du droit, mais d'un progrès qui est à encourager et développer. La thèse ouvre ainsi des pistes de réflexion très intéressantes tant sur le plan conceptuel que sur le plan opérationnel ; on n'en citera que quelques-unes. La notion de rebond est-elle une notion réellement juridique ou simplement un objectif économiquement et socialement utile ? La notion de crise appartient-elle ou non au droit commun ? Faut-il unifier le traitement des difficultés économiques des particuliers et des entreprises ? Faut-il ajouter aux causes d'extinction de l'obligation énoncées par le code civil l'effacement des dettes ? Comme on le voit, c'est le propre d'une excellente thèse que de stimuler la réflexion du lecteur.

Il reste à souhaiter que les indéniables qualités intellectuelles de Madame Toubal, jointes aux qualités pédagogiques et humaines dont elle a fait preuve en qualité de chargée de travaux dirigés à la faculté de droit de Lille, lui vaudront dans la voie qu'elle aura choisie le brillant avenir professionnel qu'elle mérite.

Jean-Jacques Taisne
professeur émérite de l'Université de Lille
doyen honoraire de la Faculté de droit de Valenciennes

À Gauthier et Astrid.

REMERCIEMENTS

Je tiens à exprimer ma profonde gratitude au Professeur émérite Jean-Jacques TAISNE pour son accompagnement tout au long de ce travail. Qu'il soit remercié pour sa bienveillance, sa disponibilité permanente et ses nombreux encouragements.

Je remercie très sincèrement les membres du jury pour leur intérêt à l'égard de mes recherches et pour avoir accepté de les discuter.

Je terminerai par le soutien le plus fort. Mes proches, famille et amis, pour leur affection et leur soutien, ainsi que mes relecteurs pour leur infinie patience. Qu'ils reçoivent ici l'expression de ma profonde reconnaissance.

***

Thèse présentée et soutenue publiquement le 15 décembre 2022 à l'Université de Lille, dont le jury était composé comme suit :

Nicolas BALAT, Professeur à l'Université d'Aix-Marseille (rapporteur)
Christophe DELATTRE, Substitut général près la cour d'appel de Douai
Christine LEBEL, Maître de conférences HDR à l'Université de Franche-Comté (rapporteur)
Jean-Jacques TAISNE, Professeur émérite à l'Université de Lille (directeur de thèse)
Denis VOINOT, Professeur à l'Université de Lille (président)

PRINCIPALES ABRÉVIATIONS

Adde	Ajouter
AJCA	*AJ Contrats d'affaires – concurrence distribution*
Al.	Alinéa
ALD	*Actualités législatives Dalloz*
APC	*Actualité des procédures collectives*
APD	*Archives de Philosophie du droit*
art.	Article
art. préc.	Article précité
BJE	*Bulletin Joly des entreprises en difficulté*
BJS	*Bulletin Joly des sociétés*
***Bull.* civ.**	*Bulletin des arrêts des chambres civiles de la Cour de cassation*
C. civ.	Code civil
C. com.	Code de commerce
C. consom.	Code de la consommation
CA	Cour d'appel
Cass. Ass. plén.	Arrêt d'Assemblée plénière de la Cour de cassation
Cass. civ.	Arrêt de chambre civile de la Cour de cassation
Cass. com.	Arrêt de chambre commerciale de la Cour de cassation
Cass. mixte	Arrêt d'une chambre mixte de la Cour de cassation
CCC	*Contrats - concurrence - consommation*
Cf.	*Confer* (se référer à)
chron.	Chronique
coll.	Collection
comp.	Comparer
contra	En sens contraire
D.	*Recueil Dalloz*
D. *Affaires*	*Dalloz Affaires*
D. H.	*Recueil hebdomadaire de jurisprudence Dalloz*
Defrénois	*Répertoire Defrénois*
dir.	Sous la direction de (ouvrage collectif ou thèse)
Dr. et patr.	*Droit & patrimoine*
Dr. Sociétés	*Revue Droit des sociétés*
éd.	Édition
eod. loc.	*eodem loco* (au même endroit)
fasc.	Fascicule
Gaz. Pal.	Gazette du Palais
ibid.	*ibidem* (au même endroit)

in	Dans (référence d'un article au sein d'un ouvrage collectif)
infra	ci-dessous
JCP E	Juris-Classeur Périodique (Semaine juridique) éd. Entreprise
JCP G	Juris-Classeur Périodique (Semaine juridique) éd. Générale
JCP N	Juris-Classeur Périodique (Semaine juridique) éd. Notariale
J.-Cl. *conc. Consom*	Juris-Classeur Concurrence et consommation
J.-Cl. *proc. coll.*	Juris-Classeur Procédures collectives
L.	loi
LGDJ	Librairie générale de droit et de jurisprudence
loc. cit.	*loco citato* (à l'endroit cité)
LPA	*Les petites affiches*
n°	numéro
not.	notamment
obs.	observations
op. cit.	*opus citatum* (ouvrage cité)
p.	page
préf.	Préface
PUAM	Presses universitaires d'Aix-Marseille
PUB	Presses universitaires de Bordeaux
PUF	Presses universitaires de France
RDC	*Revue des contrats*
RD *imm.*	*Revue de droit immobilier*
Rép. civ. Dalloz	*Répertoire de droit civil Dalloz*
Rev. sociétés	*Revue des sociétés*
RID *comp.*	*Revue internationale de droit comparé*
RJ *com.*	*Revue de jurisprudence commerciale*
RJDA	*Revue de jurisprudence de droit des affaires*
RLDA	*Revue Lamy Droit des Affaires*
RLDC	*Revue Lamy Droit civil*
RPC	*Revue des procédures collectives*
RRJ	*Revue de la recherche juridique - Droit prospectif*
RTD *civ.*	*Revue trimestrielle de droit civil*
RTD *com.*	*Revue trimestrielle de droit commercial*
s.	suivants
spéc.	spécialement
supra	ci-dessus
thèse préc.	thèse précitée
V.	voir
vol.	volume

SOMMAIRE

« Les Hommes n'acceptent le changement que dans la nécessité et ils ne voient la nécessité que dans la crise ».[1]

[1] J. MONNET, *Mémoires*, *Fayard*, 1re éd. 1976, rééd. 1996.

INTRODUCTION

危机

« Crise ». En chinois, le mot « crise » est décrit par deux idéogrammes signifiant à la fois « danger » et « opportunité ». Si le *wei* représente effectivement la « menace », le *ji* s'interprète plutôt dans le sens d'un « moment décisif ». De la sorte, la notion de crise est envisagée selon deux constituants indissociables, à connotation respectivement négative et positive. À travers cette interprétation chinoise, il en résulte le paradoxe de la crise : une situation délicate permettant cependant de saisir de nouvelles opportunités pour « rebondir ». En français, la notion de crise est plutôt envisagée de manière péjorative. Étymologiquement, le mot « crise » est emprunté au grec ancien *krisis*[1] signifiant l'action de séparer ou de distinguer[2]. De nos jours, le terme « crise » traduit davantage une « perturbation ». Il est communément défini comme un « moment très difficile »[3] ou une « manifestation brusque et intense, de durée limitée, pouvant entraîner des conséquences néfastes »[4]. En droit, le Doyen CORNU définit la crise comme une « situation troublée qui, en raison de sa gravité, justifie la mise en place de mesures exceptionnelles »[5]. En effet, la crise constitue une situation anormale, caractérisée par son instabilité, obligeant à adopter des comportements spécifiques en vue de restaurer la situation antérieure. En droit des contrats, la notion a pu notamment apparaître sous l'expression de « droit contractuel de crise »[6] pour désigner l'émergence de législations spéciales destinées à traiter les difficultés irrémédiables rencontrées par certains débiteurs, en les déchargeant du poids de leurs dettes. Du point de vue juridique, l'insolvable est « celui qui ne peut pas payer ce qu'il doit »[7]. Si un débiteur est censé faire tout son possible pour se libérer d'une dette contractée, des circonstances étrangères à sa volonté peuvent, malgré tous ses efforts, l'empêcher d'acquitter sa dette : la conjoncture économique, la maladie ou encore l'accident. Dans cette perspective, une série d'évènements fâcheux s'enchaînent alors pour le plus grand désastre d'un individu qui est déjà en mauvaise posture. C'est précisément pour cette raison que le créancier ne peut plus, en principe, exiger son droit au paiement. En allégeant le débiteur en difficulté d'un fardeau qui l'écraserait à la longue, le droit n'exclut aucunement la compassion. Cette idée se retrouve pleinement dans

---

[1] En latin, il s'agit du terme *crisis*.

[2] C'est de là que vient l'idée de décider et de juger.

[3] Dictionnaire *Larousse*.

[4] Centre National de Ressources Textes et Lexicales, « crise », [en ligne].

[5] G. CORNU, Association Henri Capitant, *Vocabulaire juridique*, 14e éd., 2022, spéc. p.288.

[6] La paternité de la notion revient au Professeur Denis MAZEAUD : « Droit du marché et droit commun des obligations : l'attraction du droit de la consommation », *RTD. com.*, 1998, p.5, spéc. n°26 ; « Le nouvel ordre contractuel », *RDC*, décembre 2003, p.295, spéc. n°4 ; obs. sous Cass., 2e. civ., 7 janvier 1998, n°96-12979.

[7] G. CORNU, *op. cit.*, spéc. p.556.

« l'orientation thérapeutique et compassive »[1] du droit des entreprises en difficulté et du surendettement dont l'étude croisée constituera le cœur de cette étude. Leur examen conjoint s'explique par l'orientation commune qu'ils ont empruntée pour améliorer la situation du débiteur dont la situation est gravement obérée. En effet, face à la spécificité de la situation de certains débiteurs, le moule traditionnel du droit commun mettant à disposition des créanciers des moyens de contraindre un débiteur qui vient à ne pas tenir ses engagements, paraît manifestement mal adapté. Certes, il est indispensable de protéger le créancier en respectant la parole donnée et en refusant la généralisation du « droit de ne pas payer ses dettes »[2], mais il est aussi nécessaire de sauvegarder l'intérêt du débiteur afin d'éviter des désordres économiques et sociaux qu'entraînerait son exclusion. Dans ce contexte, les situations de défaillance ne sont plus l'affaire des seuls créanciers. Elles intéressent aussi l'État puisqu'elles ne sont plus seulement des accidents individuels mais des conséquences d'une crise qui atteint par paliers successifs des secteurs entiers de l'économie[3]. Un débiteur de bonne foi qui connaît des difficultés irrémédiables ne saurait dès lors être laissé à son sort, ce qu'impliquerait d'ailleurs la stricte application du droit commun. C'est ainsi que le sauvetage économique du débiteur nécessite un traitement particulier voire préférentiel. En somme, le droit commun conviendrait aux situations ordinaires mais ne permettrait pas de faire face à des crises généralisées. Le traitement des difficultés irrémédiables par le droit est donc une réponse récurrente à la situation de crise[4]. Ceci est d'autant plus fort au regard du déploiement du droit des entreprises en difficulté et du surendettement n'ayant eu cesse ces dernières décennies de renforcer la protection du débiteur défaillant. Ce souci de protection est d'ailleurs combiné par une nouvelle préoccupation du législateur : offrir au débiteur impécunieux et honnête le droit de « rebondir ».

Le droit de « rebondir ». Depuis quelques années, le législateur est soucieux de permettre aux débiteurs honnêtes qui rencontrent de graves difficultés financières, la possibilité de « rebondir » tant dans leur vie personnelle que professionnelle. Cette préoccupation nouvelle du législateur nous permet d'établir un lien manifeste avec l'interprétation chinoise de la notion de « crise » que nous évoquions à l'ouverture de cette étude : l'existence d'une situation troublée qui permet de saisir de nouvelles opportunités pour « rebondir ». Ce terme, non-juridique, peut être défini comme le fait de « retrouver une situation favorable après une période de difficultés » dans la perspective de « prendre un nouveau départ »[5]. « Rebondir » traduit ainsi la possibilité pour le débiteur de

---

[1] M-A. FRISON-ROCHE, « Les difficultés méthodologiques d'une réforme du droit des faillites », *Dalloz*, 1994, chron. p.20.

[2] G. RIPERT, « Le droit de ne pas payer ses dettes », *DH*, 1936, chron. p.57.

[3] E. CHVIKA, *Droit privé et procédures collectives*, thèse : Defrénois, 2003, préf. T. BONNEAU, spéc. n°1.

[4] C. GAU-CABÉE, « Enchaîné, affranchi, protégé, triomphant » – Endettement des particuliers et contrat sur fond de crise : étude diachronique », *RTD civ.*, 2012, p.33.

[5] Dictionnaire *Le Robert*.

repartir sur des bases saines en « reprenant de la vigueur, de la force »[1] après un échec. Aucune définition n'est, pour l'heure, consacrée par les dictionnaires juridiques[2], bien que certains ouvrages spécialisés[3] intègrent l'expression de « rebond du débiteur » à leur index. À tout le moins pourrait-on tenter un rattachement purement symbolique avec d'autres notions juridiques telles que la « réhabilitation » ou le « rétablissement ». Toutefois, il importe de relever que le « rebond du débiteur » est un sujet qui attire particulièrement l'attention de la doctrine[4], sous l'influence du droit communautaire.

Le droit européen, précurseur du rebond. Avant le législateur français, la Commission européenne avait déjà pour ambition de faire converger les droits nationaux autour d'un « droit à la seconde chance » en faveur de l'entrepreneur ayant échoué de bonne foi. La « seconde chance » apparaît effectivement comme une autre possibilité de définir le rebond. Très tôt, la Commission européenne s'est saisie de ce sujet par une communication[5] intitulée « Surmonter les stigmates de la faillite d'entreprises – Pour une politique de la deuxième chance »[6] invitant les États membres à distinguer les faillites frauduleuses des faillites non frauduleuses. En 2008, à l'occasion du « Small Business Act » pour l'Europe, elle appelait les États membres à « faire en sorte que les entrepreneurs honnêtes qui ont dû déposer le bilan bénéficient rapidement d'une seconde chance »[7].

[1] Centre National de Ressources Textes et Lexicales, « rebondir », [en ligne].

[2] Eu égard à son importance depuis ces dernières années, il est fort probable que la notion de « rebond » intègre prochainement certains dictionnaires juridiques, ce que nous encourageons particulièrement.

[3] V. MARTINEAU-BOURGNINAUD, *Procédures de surendettement et rétablissement personnel*, *LGDJ*, 2018, spéc. p. 405 ; C. SAINT-ALARY-HOUIN, *Droit des entreprises en difficulté*, *LGDJ*, 12e éd., 2020, spéc. p.1042.

[4] C. SAINT-ALARY-HOUIN, « Le rebond » du débiteur en liquidation : vrai ou faux départ ? », *in Mélanges en l'honneur de Daniel Tricot*, *Dalloz-Litec*, 2011, pp. 580-591 ; M. DOLLS-MAGNEVILLE, « Le rebond du chef d'entreprise honnête, un chemin semé d'embûches », *in Mélanges en l'honneur de Corinne Saint-Alary-Houin. Un droit positif. Un droit au progrès.*, 2020, LexisNexis, p.149 ; V. MARTINEAU-BOURGNINAUD, « Le rebond du débiteur », *BJE*, mars-avril 2022, n°BJE200n2 et du même auteur « Le rebond du débiteur dans la loi PACTE », *BJE*, juillet-août 2019, n°117c2, *adde* « Le rebond du débiteur », *in Pour un droit des PME !* », 2018, *Connaissances et Savoirs*, p.317. ; P. ROUSSEL-GALLE, « Débiteur personne physique : du dessaisissement au rebond », *BJE*, septembre 2018, n°116g6 ; S. SCHILLER, « Le rebond des entreprises dans la phase postérieure à l'effacement de leurs dettes », *Dr. et patr.*, septembre 2009, P-M LE CORRE, « Pour faciliter le rebond ; les clôtures anticipées de la période d'observation », *LPA*, 25 mars 2009, p.3.

[5] Communication de la Commission au Conseil, au Parlement européen, au Comité économique et social européen et au Comité des régions, « Surmonter les stigmates de la faillite d'entreprises – Pour une politique de la deuxième chance : mise en œuvre du partenariat de Lisbonne pour la croissance et l'emploi », com. (2007) 584 final du 5 octobre 2007 ; *adde* Projet *Best restructuration*, Dépôt de bilan et nouveau départ, Rapport final du groupe d'experts, Direction générale des entreprises, Commission européenne, septembre 2003.

[6] On relèvera ici qu'à cette époque la Commission usait du terme « deuxième chance » alors qu'aujourd'hui elle emploie exclusivement l'expression de « seconde chance ». Faut-il déduire que le droit à l'échec n'est pas illimité ?

[7] En limitant à une année la durée totale des procédures de liquidation judiciaire lorsque l'entrepreneur est de bonne foi ; *adde* « Think Small First » : Priorité aux PME, 25 juin 2008, Com.

Régulièrement, la Commission a ainsi porté la voix de la « culture de la seconde chance » à travers l'Union européenne pour « encourager une attitude positive de la société à l'égard des entrepreneurs qui veulent prendre un nouveau départ, par exemple grâce à des campagnes d'information du public et à veiller à ce que ceux qui retentent leur chance soient placés sur un pied d'égalité avec les entreprises nouvellement constituées »[1], ou faire de la seconde chance un « élément-clé » de la nouvelle approche européenne de la défaillance[2]. À l'occasion de la recommandation du 12 mars 2014, elle encourageait de nouveau les États membres à « mettre en place un cadre permettant [...] d'offrir une seconde chance, dans l'ensemble de l'Union, aux entrepreneurs honnêtes ayant connu la faillite »[3] par une libération rapide et totale de leurs dettes. Si ces recommandations ne liaient évidemment pas les États membres, elles constituaient tout de même une incitation forte à l'égard de ces derniers[4]. Il est d'ailleurs remarquable de souligner à quel point la Commission européenne n'a eu de cesse au fil de ces dernières années d'encourager les États membres à garantir ce « droit à la seconde chance ». C'est ainsi que l'incitation a laissé place à l'injonction à l'occasion de la Directive du 20 juin 2019 visant à harmoniser le droit des procédures collectives des États membres de l'Union européenne. Cette fois-ci, il est strictement exigé de ces derniers la mise en œuvre de mesures permettant de réhabiliter les entrepreneurs surendettés par un effacement rapide et complet de leurs dettes[5]. C'est dire toute l'importance du droit au rebond qui devrait désormais rayonner à l'échelle de l'Union européenne[6]. On ne peut que

---

(2008) 394 final (réduire les contraintes administratives pesant sur les PME afin de leur garantir un contexte favorable à la création d'entreprise).

[1] *Ibid.*

[2] Communication de la Commission au Parlement européen, au Conseil et au Comité économique et social, Nouvelle approche européenne en matière de défaillance et d'insolvabilité des entreprises com. (2012) 742 final.

[3] Recommandation de la Commission Européenne n°2014/135/UE, 12 mars 2014, art. 1er.

[4] N. NEF NAF, « Rebond du débiteur : un dialogue avec l'Europe », *Dr. et patr.*, décembre 2014, n°242, spéc. p.62. ; *adde* E. INIACO et M. MAILLY, « Quelles convergences dans le traitement des difficultés des entreprises ? Ouverture ».

[5] Directive (UE) 2019/1023 du Parlement européen et du Conseil du 20 juin 2019 relative aux cadres de restructuration préventive, à la remise de dettes et aux déchéances, et aux mesures à prendre pour augmenter l'efficacité des procédures en matière de restructuration, d'insolvabilité, et de remises de dettes : cons. n°72 et s. ; *adde* L-C. HENRY, « La directive relative aux restructurations préventives ... et la seconde chance de l'entrepreneur », *BJE*, mars-avril 2019, p.9 ; P-M. LE CORRE, « Le droit français des entreprises en difficulté, un modèle en Europe ! », *Gaz. Pal.*, 28 mars 2017, n°13, p.52 ; R. DAMMANN et M. BOCHÉ-ROBINET, « Transposition du projet de directive sur l'harmonisation des procédures de restructuration préventive en Europe : *Dalloz*, 2017, 1254.

[6] Sous quelques réserves toutefois que nous partageons avec la doctrine. En effet, si le législateur promeut le droit au rebond du débiteur depuis des années et en fait l'un des axes principaux de la directive, l'ambition affichée doit être relativisée au regard des nombreuses concessions faites au fil de la négociation avec les États ayant allongé la liste des exceptions possibles : B. FRELETEAU, F. MACORIG-VENIER, L. SAUTONIE-LAGUIONIE, « Le droit au rebond du débiteur après la directive du 20 juin 2019 – Quelles règles pour quelle réalité ? », *JCP E*, 27 février 2020, n°7, 1078.

saluer cette concrétisation du « droit à la seconde chance » en faveur des entrepreneurs, laquelle participe manifestement à renforcer l'intérêt de notre étude autour du rebond du débiteur.

Perspective interne. Le législateur français n'est donc pas précurseur en matière de rebond, l'objectif n'est pas seulement national, il est aussi européen. Pour autant, faut-il relever qu'au jour de la Directive du 20 juin 2019, le droit français faisait figure de modèle en la matière puisqu'il s'inscrivait déjà en conformité avec les exigences européennes[1]. En droit interne, la politique de rebond se manifeste par l'existence de mécanismes légaux permettant au débiteur défaillant d'avoir une « seconde chance » au moyen d'une remise totale de ses dettes. Avec la volonté de favoriser l'entrepreneuriat aux fins de « renouer avec la conquête économique »[2] et dans le but d'éviter l'exclusion sociale du débiteur, le législateur s'efforce de ne plus stigmatiser le débiteur malchanceux et honnête. Pour ce faire, il s'ingénie à mettre en place des dispositifs attrayants garantissant au débiteur une possibilité de rebondir. Sans revenir ici sur l'ensemble des mesures favorisant le rebond, lesquelles seront largement détaillées dans cette étude, on se bornera à évoquer les plus significatives. En droit des entreprises en difficulté, l'article 169 de la loi du 25 janvier 1985 énonçant que « le jugement de clôture de liquidation judiciaire pour insuffisance d'actif ne fait pas recouvrer aux créanciers l'exercice individuel de leurs actions contre le débiteur »[3], a été la première avancée législative notable en matière de rebond. L'objectif était clairement affiché : permettre au débiteur ayant échoué de bonne foi de rebondir « sans traîner indéfiniment un chapelet de dettes qu'il ne parviendra pas à rembourser »[4] et qui l'empêchera de ré-entreprendre. Cette évolution législative traduit la prise de conscience selon laquelle la défaillance n'est pas toujours due à une fraude ou une faute mais souvent à un contexte économique complexe auquel l'entrepreneur n'a pas su s'adapter[5]. Cette avancée a également été motivée par la propagation des idées anglo-saxonnes où la faillite n'a pas la même fonction éliminatrice et où le législateur accompagne le *fresh start*[6], autrement dit le nouveau

---

[1] Celui-ci s'est encore plus renforcé à l'occasion de la transposition de la directive par l'ordonnance n°2021-1193 du 15 septembre 2021 portant modification du livre VI du Code de commerce et de la loi n°2022-172 du 14 février 2022 en faveur de l'activité professionnelle indépendante. Notre étude tient compte des apports de ces avancées législatives en matière de rebond.

[2] V. MARTINEAU-BOURGNINAUD, « Le rebond du débiteur », art. préc.

[3] Ce principe figure aujourd'hui à l'article L.643-11 du Code de commerce.

[4] B. CAMBON, P. GOUBARD, V. LEGRAND, « Le traitement des difficultés, un outil de rebond du débiteur », *RPC*, juillet-août 2017, spéc. n°2.

[5] C. SAINT-ALARY-HOUIN, « De la faillite au droit des entreprises en difficulté – Regards sur les évolutions du dernier quart de siècle », *in* (dir. J. KRYNEN et M. HÉCQUARD-THÉRON) *Regards critiques sur quelques évolutions du droit*, Travaux de l'IFR Droit, t.1, Presses de l'Université de Toulouse 1, 2006, p.139 et du même auteur, « La modernisation du droit des faillites. Du droit des faillites au droit des entreprises en difficulté », *in* (dir. G. JAZOTTES), *La modernisation du droit des affaires*, *Litec*, 2008, p.77.

[6] Cette influence anglo-saxonne est double : l'« order of discharge » admis par le droit anglais en 1705, lequel a inspiré dès 1978, le droit américain des faillites par le « Bankruptcy Reform Act ».

départ[1]. Le débiteur, assuré d'une « virginité patrimoniale », n'a plus à craindre ses créanciers qui sont privés de la faculté de reprendre les poursuites à son encontre, sous réserves de certaines exceptions[2] destinées à moraliser le monde des affaires. Cette mesure, vivement dénoncée alors comme une nouvelle manifestation du « droit de ne pas payer ses dettes » décriée bien plus tôt par le Doyen RIPERT[3], manifestait une orientation nouvelle des procédures dites « liquidatives ». Avec la volonté d'accélérer encore plus les procédures, « la célérité étant la meilleure alliée du rebond »[4], le législateur a institué de nouvelles procédures : la liquidation judiciaire simplifiée et le rétablissement professionnel[5]. Cette dernière procédure poursuit le mouvement amorcé tendant à la dédramatisation de l'échec comme en témoigne le choix de la terminologie par le législateur : « le rétablissement ». La connotation positive de cette dénomination tranche avec celle trop négative de « liquidation ». L'objectif est ainsi d'éviter la stigmatisation des chefs d'entreprise « confrontés à un cuisant échec » dès lors qu'aucun comportement répréhensible ne peut leur être reproché[6]. Destinées aux « petits acteurs économiques » impécunieux et de bonne foi, ces procédures incarnent le droit au rebond puisqu'elles leur permettent de repartir de zéro sans avoir à supporter le poids du passif antérieur. Ceci est d'autant plus fort que les dernières réformes législatives ont modifié les conditions d'ouverture de ces procédures de manière à élargir leurs bénéficiaires[7]. Ces éléments précisés, des procédures de purge du passif ont également été instituées à destination des particuliers exposés à la spirale du surendettement[8]. En dehors de l'exception de la « faillite civile », propre au territoire alsacien-mosellan qui appliquait pour des raisons historiques[9] les procédures collectives du Code de commerce, il n'existait avant 1989 aucune organisation particulière du traitement des difficultés financières des débiteurs ne relevant pas du droit des entreprises en difficulté.

---

[1] C. SAINT-ALARY-HOUIN, « Le rebond » du débiteur en liquidation : vrai ou faux départ ? », art. préc., spéc. n°4.

[2] V. *infra* chapitre 1, titre 1, 2nde partie.

[3] G. RIPERT, « Le droit de ne pas payer ses dettes », *DH*, 1936, chron.57.

[4] V. MARTINEAU-BOURGNINAUD, « Le rebond du débiteur », art. préc.

[5] Cette procédure emprunte la dénomination de la procédure de rétablissement personnel régie par le livre VII du Code de commerce.

[6] M. MENJUCQ, B. SAINTOURENS, B. SOINNE, *Traité des procédures collectives*, *LexisNexis*, 3e éd., 2021, spéc. n°3103.

[7] Ordonnance n°2021-1193 du 15 septembre 2021 portant modification du livre VI du Code de commerce ; *adde* C. HOUIN-BRESSAND, « La pérennisation des mesures Covid », *RPC*, n°1, janvier-février 2022, spéc. n°7.

[8] L'histoire du traitement de l'endettement des particuliers est beaucoup plus récente que celui du droit des entreprises en difficulté ; *adde* S. GJIDARA-DECAIX, *J.-Cl. conc. consom.*,

[9] En raison de leur annexion par l'Allemagne de 1871 à 1918, l'Alsace, la Lorraine et la Moselle se sont vues appliquer le principe germanique selon lequel le traitement de l'insolvabilité n'opère aucune distinction entre les commerçants et les non-commerçants. À l'occasion de la loi du 1er juin 1924 portant introduction des lois françaises dans ces départements, le droit français a choisi de maintenir cette particularité qui n'a vraisemblablement aujourd'hui plus d'intérêt.

Seuls les délais de grâce[1], admis dès le Code civil de 1804, permettaient aux débiteurs particuliers de retarder l'intervention des voies d'exécution. Très vite, ce dispositif s'est révélé insuffisant pour traiter des difficultés importantes que pouvaient connaître les particuliers. Aussi, l'absence de possibilité de révision des engagements contractuels ne favorisant pas l'amélioration de la situation des débiteurs[2], ceux-ci étaient condamnés à demeurer dans un état de surendettement irrémédiable[3]. En 1989, une étape majeure est franchie avec la loi Neiertz du 31 décembre 1989[4] qui institue pour la première fois une procédure particulière aux débiteurs dont l'endettement est de nature non professionnel[5]. Cette procédure avait pour particularité d'être organisée de manière bicéphale autour de la commission de surendettement et du juge de l'exécution[6]. Cette organisation est maintenue à l'heure actuelle. Toutefois, loin de permettre un véritable rebond, la procédure se contentait de redresser la situation du particulier par des reports ou des rééchelonnements de dettes. Ce dispositif se révélait là-encore insuffisant pour traiter les situations les plus obérées. Aussi n'était-il pas à même de résoudre ces difficultés en l'absence d'une procédure comparable à la procédure de liquidation du droit des entreprises en difficulté permettant la non-reprise des poursuites. On opposa l'idée selon laquelle les mentalités n'étaient pas encore prêtes pour permettre une telle avancée[7]. Avec la loi du 29 juillet 1998[8], un pas supplémentaire est cependant franchi : sur recommandation de la commission, le juge peut imposer un effacement des dettes en cas d'absence d'amélioration de la situation du débiteur à l'issue d'un moratoire de trois années. En 2003, la loi *Borloo*[9] instaurant la procédure de « rétablissement personnel » marque l'existence d'un droit au rebond pour le débiteur surendetté[10]. Celle-ci est applicable dès lors que la situation du débiteur est irrémédiablement compromise avec pour

[1] Ils sont toujours prévus à l'article 1343-5 du Code civil et peuvent s'appliquer à tout type de débiteur.

[2] La révision pour imprévision a été intégrée au droit français par l'ordonnance n°2016-131 du 10 février 2016 portant réforme du droit des contrats, du régime général et de la preuve des obligations. Elle est prévue à l'article 1195 du Code civil. Aussi, faut-il préciser que ses conditions d'application sont particulièrement strictes.

[3] K. LAFAURIE, *La force obligatoire du contrat à l'épreuve des procédures d'insolvabilité*, thèse : LGDJ, préf. G. WICKER, spéc. n°9.

[4] Loi n°89-1010 du 31 décembre 1989 relative à la prévention et au règlement des difficultés liées au surendettement des particuliers et des familles.

[5] Soulignons que la situation de surendettement englobe désormais l'endettement professionnel depuis la loi du 14 février 2022 en faveur de l'activité professionnelle indépendante, art. 10.

[6] Depuis le 1er janvier 2020, il s'agit du « juge des contentieux de la protection », v. loi n°2019-222 du 23 mars 2019 de programmation 2018-2022 et de réforme pour la justice, art. 107.

[7] R. LEBRON, Rapport sur l'application de la loi n°89-1010 du 31 décembre 1989. Il était notamment souligné le risque de déresponsabilisation des débiteurs par la banalisation de la défaillance.

[8] Loi n°98-657 du 29 juillet 1998 d'orientation relative à la lutte contre les exclusions.

[9] Loi n°2003-710 du 1er août 2003 relative à la ville et à la rénovation urbaine.

[10] Bien que celui devra toutefois être relativisé compte de tenu des conditions légales imposées. v. *infra*. chapitre 2, titre 1, 2nde partie.

conséquence un effacement immédiat de ses dettes[1]. En 2010, la loi *Lagarde*[2] perfectionne le dispositif en permettant un effacement des dettes sans procédure de liquidation judiciaire, afin d'accélérer la procédure lorsque le débiteur est dépourvu de biens de valeur dans son patrimoine. Les réformes ultérieures participeront à renforcer la célérité du processus de désendettement[3], gage de rebond. En somme, qu'il s'agisse du débiteur particulier ou professionnel, ces procédures accélérées de purge des dettes traduisent la volonté du législateur de remettre rapidement en selle le débiteur afin qu'à l'issue de la purge de son passif, il puisse entreprendre un nouveau départ. Devant la situation particulièrement obérée du débiteur, favoriser son rebond l'emporte manifestement sur le sort des créanciers[4]. Si le droit au rebond consacre le droit d'être libéré de son passif, il importe aussi de permettre au débiteur d'être libéré de son passé[5], afin de ne pas entraver ses chances de nouveau départ. C'est ainsi que le législateur s'efforce de déstigmatiser l'échec. Dans cette perspective, plusieurs dispositions considérées comme stigmatisantes ont été supprimées[6]. À titre d'illustration[7], la suppression de la mention de la liquidation judiciaire des bulletins n°1 et n°2 du casier judiciaire des personnes physiques participe à l'éradication des stigmates de la défaillance. La suppression des indices « 040 » et « 050 » des fichiers de la Banque de France restaure manifestement l'accès du débiteur au crédit. Enfin, la restitution des instruments de paiement par la levée de toute interdiction d'émettre des chèques garantit sa réhabilitation. Comme un auteur l'a très justement souligné, ces mesures anodines ont « un indéniable impact psychologique sur le débiteur »[8].

Une politique pleinement affichée. En guise de réponse à l'impulsion européenne, le législateur français n'hésite pas à afficher l'argument du rebond dans l'architecture de plusieurs lois ou pour justifier leur finalité. C'est ainsi que la loi du 4 août 2008 de modernisation de l'économie comporte un chapitre V intitulé « Favoriser la reprise, la transmission et le rebond »[9] et que celle du 22 mai 2019 relative à la croissance et la transformation des entreprises inclut une Section 3 intitulée « Faciliter le rebond des entrepreneurs et des entreprises »[10], l'article 196 évoque aussi « des conditions favorisant [...] le rebond des

---

[1] Sous réserves là encore de certaines exceptions légales ; v. *infra.* chapitre 2, titre 1, 2nde partie.

[2] Loi n°2010-737 du 1er juillet 2010 portant réforme du crédit à la consommation.

[3] On relèvera notamment la loi n°2016-1547 du 18 novembre 2016 de modernisation de la justice du XXIe siècle qui a permis à la commission de surendettement d'imposer la procédure de rétablissement personnel sans liquidation judiciaire sans l'accord du juge.

[4] Sous réserves des exceptions légales.

[5] V. MARTINEAU-BOURGNINAUD, « Le rebond du débiteur », *in Pour un droit des PME !*, art. préc., p.319.

[6] V. MARTINEAU-BOURGNINAUD, « Le rebond du débiteur », art. préc., *BJE*.

[7] V. *infra.* Chapitre 1, titre 2, 2nde partie.

[8] V. MARTINEAU-BOURGNINAUD, *ibid.*

[9] Loi n°2008-776 du 4 août 2008 de modernisation de l'économie, Chapitre V, art. 64 et s.

[10] Loi n°2019-486 du 22 mai 2019 relative à la croissance et la transformation des entreprises, Section 3, art. 56 et s.

entrepreneurs honnêtes [...] en développant des mesures destinées à favoriser le rebond de l'entrepreneur individuel faisant l'objet de procédures de liquidation judiciaire et de rétablissement professionnel ». L'objectif du rebond est également repris dans le cadre de l'exposé des motifs de certaines lois : « lutter contre la marginalisation durable des ménages surendettés en leur offrant une nouvelle chance »[1], « faciliter le rebond des personnes qui ont connu des difficultés d'endettement [...] mieux accompagner [...] en facilitant le rebond de ces personnes et en accélérant les procédures de surendettement »[2], « faciliter le rebond du dirigeant de bonne foi d'une mise en liquidation judiciaire »[3], « un cadre plus propice au rebond »[4]. De la sorte, le législateur assume donc de soutenir la cause du rebond.

Un objectif porté par le droit de la défaillance économique. La présente étude se propose de soumettre l'objectif de rebond à l'épreuve des droits des entreprises en difficulté et du surendettement, et plus largement au « droit de la défaillance économique »[5]. Le vocable « défaillance économique », suffisamment générique, permet de désigner d'une façon unitaire le procédé juridique de traitement des difficultés utilisé en droit positif. Il permet ainsi de couvrir tant les procédures concernant les entreprises en difficulté que les procédures s'appliquant aux particuliers surendettés, dont l'objet commun est de traiter la défaillance économique et financière des débiteurs. L'usage de la notion dans le titre de la recommandation de la Commission européenne du 12 mars 2014 relative à « une nouvelle approche en matière de défaillance », et dans le texte de la directive du 20 juin 2019 s'agissant du débiteur qui se trouve « en situation grave de défaut » témoigne de l'universalité de la notion. Soulignons que le choix d'une telle appellation permet ainsi de dépasser les différences entre les procédures appliquées dans les États membres[6]. Juridiquement, le terme « défaillance » signifie « le fait de faire défaut »[7]. Appliquée à notre étude, cette définition désigne la situation où le débiteur « fait défaut » lorsque le paiement lui est demandé. Avec le recours systématique au crédit, la dureté de la concurrence des marchés et l'intensité de la crise économique, les incidents de paiement se

---

[1] Exposé des motifs de la loi n°2003-710 du 1er août 2003 d'orientation et de programmation pour la ville et la rénovation urbaine, introduction.

[2] Exposé des motifs de la loi n°2010-737 du 1er juillet 2010 portant réforme du crédit à la consommation, I, 2°, titre IV, et chapitre IV.

[3] Exposé des motifs de la loi n°2016-1691 du 9 décembre 2016 relative à la transparence, à la lutte contre la corruption et à la modernisation de la vie économique, art. 48.

[4] Exposé des motifs de la loi n°2022-172 du 14 février 2022 en faveur de l'activité professionnelle indépendante, intro.

[5] Cette expression est empruntée au colloque inaugural de l'Association des juristes de la Défaillance Économique organisé le 10 septembre 2010 à Toulouse et intitulé « Le périmètre du droit de la défaillance économique ». L'objet était de constater « l'émergence d'un droit de la défaillance économique ». L'étude démontrera que le stade de l'émergence est aujourd'hui largement dépassé.

[6] Certains États membres ne distinguent pas les particuliers des entreprises.

[7] G. CORNU, *Vocabulaire juridique*, *op. cit.*, spéc. p. 306.

sont logiquement accrus[1]. La défaillance est donc un phénomène qui s'est ainsi généralisé au point de se banaliser. Le choix d'une étude combinée autour des droits des entreprises en difficulté et du surendettement est motivé par l'orientation similaire qu'ils ont empruntée en faveur du rebond du débiteur. L'analyse de la construction légale du droit de la défaillance économique[2] permettra de saisir ce tournant pris par le traitement de la défaillance et de justifier qu'il s'inscrit comme un moyen de favoriser le rebond du débiteur. Un constat majeur doit être tiré à ce stade de l'étude : il existe un droit homogène et généralisé autour du rebond. Outre une philosophie commune[3], les droits des entreprises en difficulté et du surendettement usent de méthodes semblables pour garantir le rebond du débiteur, comme en témoigne l'existence de mécanismes de purge totale du passif présents dans chacune des matières. Dès lors que leurs difficultés sont irrémédiables, tant le débiteur professionnel que le débiteur particulier[4] peuvent bénéficier d'une mesure de désendettement destinée à leur octroyer une « seconde chance »[5]. Dans cette perspective, le droit de la défaillance économique joue manifestement un « rôle d'amortisseur à la crise »[6] en libérant le débiteur d'un passif devenu trop lourd à supporter et en évitant son exclusion sociale.

L'état de l'art. L'étude du phénomène de la défaillance a fait l'objet d'une littérature foisonnante. Son examen a pu être envisagé sous l'angle de la généralisation de l'impayé[7] ou de la patience du créancier[8]. Des travaux ont également mis en exergue ses conséquences sur le système juridique[9] et plus particulièrement par la confrontation du droit commun avec le droit des entreprises en difficulté ou du surendettement[10]. Aussi, les difficultés économiques du débiteur ont été envisagées à l'aune du droit des contrats, en

---

[1] C. SAINT-ALARY-HOUIN, « Le périmètre du droit de la défaillance économique – Propos introductifs », *RPC*, n°1, janvier 2011, spéc. n°3.

[2] V. *infra.* chapitre 1, titre 1, 1ère partie.

[3] J-M. JUDE, *Le droit international privé des procédures de surendettement*, thèse : PUAM, 2003, préf. B. ANCEL.

[4] Dès 1991, le Professeur Bruno OPPETIT écrivait « la faillite [...] apparaît de nos jours comme un avantage normal auquel toute catégorie socio-professionnelle est en droit de prétendre » : « L'endettement et le droit », *in Mélanges en hommage à André Breton et Fernand Derrida, Dalloz*, 1991, p.295, spéc. p. 306.

[5] Sous réserves de respecter les conditions légales imposées par chacune des procédures.

[6] C. SAINT-ALARY-HOUIN, art. préc., spéc. n°8.

[7] É. PERRU, *L'impayé*, thèse : LGDJ, 2005, préf. G. GOUBEAUX.

[8] L. GAUDIN, *La patience du créancier : contribution à l'étude de l'effectivité du paiement contractuel*, thèse : Defrénois, 2009, préf. G. PIGNARRE.

[9] G. MORRIS-BECQUET, *L'insolvabilité*, thèse : PUAM, 2002, préf. H. CROZE ; S. GOUNON, *L'insolvabilité*, thèse : Université Jean Moulin – Lyon III, dir. J. RUBELLIN-DEVICHI.

[10] S. GJIDARA, *L'endettement et le droit privé*, thèse : LGDJ, 1999, préf. A. GHOZI ; N. SAUPHANOR, *L'influence du droit de la consommation sur le système juridique*, LGDJ : 2000, préf. J. GHESTIN ; E. CHVIKA, *Droit privé et procédures collectives*, thèse : Defrénois, 2003, préf. T. BONNEAU ; J-M. JUDE, *Le droit international privé des procédures de surendettement des particuliers*, PUAM : 2003, préf. B. ANCEL.

regard du risque d'inexécution[1], des divers aménagements du contrat[2] ou des mesures de purge du passif[3]. Si l'ensemble de ces thèses s'accordent à reconnaître un traitement préférentiel à l'égard du débiteur défaillant de bonne foi, celles-ci ne parviennent pas véritablement à envisager la dimension du rebond. Aussi, faut-il concéder qu'elles accusent un caractère quelque peu daté au regard des nombreuses réformes du droit de la défaillance économique et de l'évolution des pratiques en la matière. Si des travaux plus récents abordent ostensiblement la notion de rebond du débiteur, cela se fait toutefois uniquement de manière incidente. C'est ainsi que le rebond est envisagé comme un espoir de retour à meilleure fortune[4] ou encore à l'aune d'une conception renouvelée de la force obligatoire du contrat[5]. Enfin, le rebond est également examiné au regard de la stigmatisation persistante à l'égard du débiteur fraîchement rétabli[6]. Par conséquent, à l'appui des études réalisées et à l'aune des dernières évolutions législatives intervenues en la matière, il y a lieu de mener une recherche plus globale permettant de démontrer la nouvelle approche du droit de la défaillance économique en faveur du rebond du débiteur.

Les intérêts de la recherche. L'étude du rebond du débiteur à l'aune du droit de la défaillance économique présente différents intérêts d'ordre pratique et théorique. Sur le plan théorique, la recherche se propose d'apporter une voix supplémentaire quant à la nécessité d'adopter une conception renouvelée de la force obligatoire du contrat. En effet, en déniant reconnaître les altérations portées par le droit de la défaillance économique à l'égard de ce dogme absolu, il en résulte nécessairement un droit de l'exécution qui n'est plus en conformité avec le droit positif. Par ailleurs, il importe de souligner que la notion de rebond est légalement consacrée dans son essence et que les nombreuses évolutions législatives en la matière n'ont fait qu'accentuer ce constat. Devant le risque

---

[1] F. ROUVIÈRE, *Le contenu du contrat : essai sur la notion d'inexécution*, thèse : PUAM, 2005, préf. C. ATIAS ; F. PARAISO, *Le risque d'inexécution de l'obligation contractuelle*, thèse : PUAM, 2011, préf. C. ATIAS.

[2] M.-H. MONSÈRIÉ, *Les contrats dans le redressement et la liquidation judiciaire des entreprises*, thèse : Litec, 1994, préf. C. SAINT-ALARY-HOUIN ; P. ROUSSEL-GALLE, *Les contrats en cours dans le redressement et la liquidation judiciaire des entreprises*, thèse : Dijon, 1997, dir. A. MARTIN-SERF ; E. JOUFFIN, *Le contrat dans le redressement et la liquidation judiciaires des entreprises*, thèse : LGDJ, 1998, préf. C. GAVALDA ; C. CHABAS, *L'inexécution licite du contrat*, thèse : LGDJ, 2002, préf. J. GHESTIN ; L. GRYNBAUM, *Le contrat contingent : l'adaptation du contrat par le juge sur habilitation du législateur*, LGDJ : 2004, préf. M. GOBERT.

[3] M. STEFANIA, *Effacement du passif et non-reprise des poursuites*, thèse : Université Paris 1, 2012, dir. P. LE CANNU.

[4] D. DEFRANCE, *Le retour à meilleure fortune : étude en droit des difficultés économiques*, thèse : Limoges, 2016, dir. M. BAYLE.

[5] K. LAFAURIE, *La force obligatoire du contrat à l'épreuve des procédures d'insolvabilité*, thèse : LGDJ, 2020, préf. G. WICKER.

[6] C. MAGRAS, *La constance des stigmates de la faillite : de l'Antiquité à nos jours*, thèse : LGDJ, 2019, préf. B. GALLINATO-CONTINO.

d'illisibilité[1] qui en découle, l'étude ambitionne ainsi de donner une meilleure lisibilité du droit positif en matière de rebond. Cela se manifeste par la prise en compte de l'ensemble de l'arsenal législatif destiné à favoriser voire à améliorer le rebond du débiteur, professionnel comme particulier. Sous cet angle novateur, l'étude offre ainsi une vision globale du processus légal en faveur de la seconde chance. Sur le plan pratique, les intérêts sont nombreux à pouvoir être attendus. Bien que la recherche se concentre sur le débiteur dont la situation financière est irrémédiable, l'étude démontre la nécessité d'anticiper précocement les difficultés afin de permettre au débiteur un rebond plus en amont. Sans dévoiler ici les éléments de la démonstration, en supplément des mesures légales destinées à libérer le débiteur de son passif, l'étude vise à renforcer l'intérêt autour du dispositif d'accompagnement du débiteur à l'issue d'une procédure d'insolvabilité afin de garantir l'effectivité de son rebond. Partant, ces justifications démontrent amplement l'intérêt de l'étude minutieuse que nous avons choisi de lui consacrer.

Problèmes entremêlés. Le rebond du débiteur n'est plus anecdotique. Il a acquis un statut de réalité juridique qu'il est difficile aujourd'hui de remettre en cause. Aussi faut-il observer que le rebond est orchestré par le droit. De la sorte, il importe de vérifier s'il atteint l'ambition affichée : le droit de la défaillance économique est-il un outil efficace au service du rebond du débiteur ? Si l'objet de l'étude tend à démontrer l'existence d'un droit au rebond pour le débiteur défaillant de bonne foi, aussi faudra-t-il vérifier régulièrement son efficacité. Mirage, poudre aux yeux, miroir aux alouettes, effet placebo, l'objectif est-il réellement atteint ? La possibilité d'un nouveau départ offerte au débiteur impécunieux est-elle effective ? Le choix d'arpenter toute l'étendue du rebond par une étude croisée des droits des entreprises en difficulté et du surendettement devrait, par conséquent, nous apporter une réponse.

Difficultés de l'étude. La succession rapide des multiples réformes du droit de la défaillance économique a compliqué l'approfondissement du rebond du débiteur, nécessitant continuellement de renouveler son analyse. Si cela est l'apanage des travaux juridiques, le constat est particulièrement notable en la matière en raison de l'accumulation des réformes en un temps ramassé, obligeant alors à adapter voire à modifier l'axe de travail. En dépit de cet élan réformateur, l'étude a pris le soin d'intégrer les dernières réformes, ce d'autant plus que celles-ci sont largement venues servir la démonstration. Ainsi en est-il également de la

[1] F. MACORIG-VENIER, B. FRELETEAU et L. SAUTONIE-LAGUIONIE, « Les choix français pour favoriser le rebond du débiteur », *JCP E*, 9 décembre 2021, n°49, spéc. n°21.

prise en compte des rapports d'information[1], missions parlementaires[2] ainsi que du rapport du Comité des États généraux de la justice[3]. Sans prétendre à l'exhaustivité, la recherche a été initiée alors même que le droit du surendettement excluait la prise en compte du passif professionnel pour caractériser la situation de surendettement du débiteur particulier[4], que le juge devait homologuer la décision de la commission dans le cadre d'une procédure de rétablissement personnel[5] ou que l'entrepreneur individuel ne pouvait pas reprendre d'activité professionnelle pendant la procédure de liquidation judiciaire[6]. Par ailleurs, encore faut-il ajouter les réformes ayant modifié les critères d'ouverture des procédures de liquidation judiciaire simplifiée et de rétablissement professionnel pendant la période de crise sanitaire[7].

Domaine de l'étude. Il importe de préciser ici que la démonstration ne vise que les cas où la situation du débiteur est particulièrement obérée. Autrement dit, lorsque le redressement du débiteur est impossible et que sur l'échelle des difficultés, la situation financière est irrémédiable. De la sorte, seules les mesures destinées à purger totalement son passif seront scrupuleusement analysées. Le positionnement de la recherche consiste à observer que si le débiteur escompte rebondir, il doit nécessairement faire table rase de ses difficultés. Seront donc exclues de l'étude les procédures destinées à anticiper ou redresser l'entreprise, ainsi que la procédure classique de surendettement pour lesquelles l'amélioration de la situation du débiteur est encore possible. En somme, ne seront donc pas évoquées dans cette étude toutes les situations permettant d'apporter une bouffée d'oxygène au débiteur, quand bien même celles-ci pourraient s'apparenter à une forme de rebond. La recherche prend le parti de ne traiter que les situations les plus obérées en tant qu'hypothèse du rebond.

---

[1] Rapport d'information n°4390, « Mission d'information commune relative aux entreprises en difficulté du fait de la crise sanitaire », A-L. PETEL et A. SAVIGNAT, députés, 21 juillet 2021 ; Rapport d'information n°615, « Rapport fait au nom de la commission des lois constitutionnelles, de législation, du suffrage universel, du Règlement et d'administration générale sur les outils juridiques de prévention et de traitement des difficultés des entreprises à l'aune de la crise de la covid-19 », F. BONHOMME et T. MOHAMED SOILIHI, sénateurs, le 19 mai 2021.

[2] « Mission parlementaire relative à la prévention du surendettement et au développement du microcrédit » – Rapport de P. CHASSAING, député, octobre 2021.

[3] « Rendre justice aux citoyens – Rapport du comité des États généraux de la justice (octobre 2021 – avril 2022), prés. par J-M. SAUVÉ ; *adde* Rapport de la mission « justice économique », dir. G. RICHELME, février 2021.

[4] Loi n°2022-172 du 14 février 2022 en faveur de l'activité professionnelle indépendante ; *adde* loi n°2020-734 du 17 juin 2020 relative à diverses dispositions liées à la crise sanitaire et à d'autres mesures urgentes.

[5] Loi n°2016 -1547 du 18 novembre 2016 de modernisation de la justice du XXIe siècle.

[6] Loi n°2022-172 du 14 février 2022, préc.

[7] Ordonnance n°2021-1193 du 15 septembre 2021 portant modification du livre VI du Code de commerce ; *adde* Ordonnance n°2020-596 du 20 mai 2020 portant adaptation des règles relatives aux difficultés des entreprises et des exploitations agricoles aux conséquences de l'épidémie de covid-19.

Démarche. L'étude du rebond du débiteur appelle à une réflexion qui se découpe en deux parties. La première procède globalement à la démonstration de la manière dont le droit au rebond a été révélé par le droit contractuel de crise (**1ère partie**). Les législations de crise ont effectivement évolué plus rapidement que le droit commun des contrats. Il s'agit de comprendre la manière dont l'objectif de rebond a été pensé puis intégré à notre système juridique. Agissant comme un aiguillon, cet objectif se caractérise également comme un trublion en ce qu'il malmène certains principes fondamentaux du droit des contrats au rang desquels la force obligatoire. Pourtant, si le droit au rebond heurte les valeurs de référence du système juridique, c'est parce qu'il est l'objet d'une législation instrumentale en faveur du débiteur impécunieux dont la condition n'a eu de cesse de s'humaniser au fil des années. Le législateur défend incontestablement la cause du rebond au point d'avoir institutionnalisé cet objectif au sein du droit de la défaillance économique (**2nde partie**). C'est ainsi que le législateur prévoit des mesures destinées à promouvoir le rebond du débiteur par des mécanismes dont la finalité est de purger son passif. Avec la volonté plus prégnante d'assurer l'effectivité du rebond, le législateur s'efforce également de lever certains obstacles sur le chemin de son nouveau départ, bien que le poids de l'échec demeure omniprésent.

PREMIÈRE PARTIE

Le rebond du débiteur : révélation par le droit contractuel de crise

SECONDE PARTIE

Le rebond du débiteur : institutionnalisation par le droit de la défaillance économique

PREMIÈRE PARTIE
LE REBOND DU DÉBITEUR : RÉVÉLATION PAR LE DROIT CONTRACTUEL DE CRISE

Le contrat et les difficultés irrémédiables. Le contrat ne tient plus lieu de loi entre les parties. Il est en proie aux tumultueuses variations de l'économie de marché. Le traitement de la défaillance a conduit le législateur à intégrer cette donnée économique dans notre système juridique. De la sorte, le droit permet de relever un débiteur à terre plutôt que de le soumettre aux poursuites anarchiques de ses différents créanciers. Dans une logique de justice distributive, le législateur a tiré les conséquences de ce bouleversement contractuel en venant secourir les débiteurs pris au piège du lien obligatoire (**Titre 1**). L'apparition d'un « droit contractuel de crise » révèle cet impératif de justice distributive qui commande de dispenser ces débiteurs victimes de turbulences économiques de leur obligation de paiement, et de faire supporter corrélativement aux créanciers d'importants sacrifices dans une logique de solidarité.

La prolifération des législations de crise. Les droits de l'insolvabilité sont devenus un terrain de prédilection pour l'intervention de la puissance publique. En effet, il est certainement plus aisé de légiférer que de créer de la richesse. Au nom d'une conception extensive de l'intérêt général et de l'ordre public derrière lesquels se profilent des intérêts catégoriels, le débiteur défaillant de bonne foi ne saurait être laissé à son sort. C'est ainsi que le sauvetage économique du débiteur impécunieux nécessite un traitement particulier dont l'issue doit lui permettre de réintégrer rapidement le tissu économique. Il ne s'agit plus exclusivement de condamner le défaut de paiement mais de rechercher les moyens d'assurer le rebond du débiteur. Ce changement de paradigme traduit la prise de conscience selon laquelle la défaillance n'est pas toujours due à une fraude ou une faute mais souvent à un contexte économique complexe dans lequel le débiteur n'a pas su convenablement évoluer (**Titre 2**).

Titre 1 – Le bouleversement du rapport contractuel

Titre 2 – L'acceptation de l'échec ou le nouveau paradigme du droit de la défaillance économique

TITRE 1
LE BOULEVERSEMENT DU RAPPORT CONTRACTUEL

L'intégration du rebond dans le système juridique. Orchestré par le droit, le rebond est né de l'avènement du droit de la défaillance économique (**Chapitre 1**). Si les droits des entreprises en difficulté et du surendettement ont considérablement et distinctement évolué, le résultat de leur maturation est à la convergence. Par leur orientation commune, ces législations ont pris une direction favorable au rebond du débiteur. Ceci précisé, il ressort que le droit de la défaillance économique est un droit « conquérant » particulièrement sensible aux évolutions de l'économie. Aussi faut-il souligner que sa construction légale s'est traduite par une réponse organisée nécessitant l'immixtion de l'État et du juge dans le rapport contractuel.

L'altération de la force obligatoire du contrat. En donnant la possibilité au débiteur de se dégager d'un engagement n'ayant pas encore abouti, le droit de la défaillance économique porte une atteinte vigoureuse à la force obligatoire du contrat (**Chapitre 2**). En effet, la philosophie du rebond incarne la violation de la loi contractuelle. Sacrifiant l'impératif cardinal d'honorer ses obligations, le droit de la défaillance économique assume de favoriser le désendettement des débiteurs dont la situation financière est gravement obérée. Partant, il en ressort un droit de l'exécution dont l'image n'est plus en conformité avec le droit positif.

Chapitre 1 – L'avènement du droit de la défaillance économique

Chapitre 2 – La réception par la théorie générale de la force obligatoire du contrat

CHAPITRE 1
L'AVÈNEMENT D'UN DROIT DE LA DÉFAILLANCE ÉCONOMIQUE

« *Mieux vaut prendre le changement par la main avant qu'il ne nous prenne par la gorge.* »[1]

Le droit libéral des contrats, dominé par le principe de la liberté des conventions et caractérisé par le caractère supplétif de la plupart des dispositions qui le gouvernent, est toujours en place au cœur du Code civil. En pratique, cependant, il est largement complété voire supplanté par des règlementations protectrices de certaines parties faibles à caractère impératif, qui ont commencé à se développer dès la fin du XIXe siècle, mais qui se sont principalement affirmées à partir de la seconde moitié du XXe siècle[2]. Le législateur est dès lors intervenu en vue de protéger ces débiteurs impécunieux et honnêtes, en imposant des réglementations impératives favorables à leur rebond. Le rebond du débiteur est né de l'avènement du droit de la défaillance économique. Orchestré par le droit, il est le résultat d'une lente évolution législative au cours de laquelle le législateur a oscillé entre le poids moral de la défaillance et la nécessité d'une faveur envers le débiteur impécunieux. De la sorte, on a assisté à un adoucissement constant et progressif des droits de l'insolvabilité. Au gré des évolutions législatives, si le désintéressement des créanciers est resté une priorité du législateur, il n'en demeure pas moins que celle-ci a été concurrencée par une nouvelle préoccupation[3] : donner au débiteur défaillant et honnête le droit de rebondir. La présentation du cheminement de la construction légale des législations de crise, traduction de la force d'innovation du législateur, servira à apprécier la manière dont l'avènement du droit de la défaillance économique a permis d'intégrer la dimension du rebond dans notre système juridique (**Section 1**). Cette nouvelle dimension, preuve de l'adaptation du droit, a logiquement influé sur les sources du droit (**Section 2**).

SECTION 1
LA PROLIFÉRATION DES LEGISLATIONS DE CRISE

Si les droits des entreprises en difficulté (**§1**) et du surendettement (**§2**) ont considérablement et distinctement évolué, le résultat de leur maturation est à la convergence : aujourd'hui, les frontières entre débiteur particulier et débiteur professionnel s'effacent à la faveur d'un droit homogénéisé (**§3**) qui justifie pleinement la qualification de « droit de la défaillance économique ». Outre une

---

[1] Winston CHURCHILL (source inconnue).

[2] M. FONTAINE, « Le droit libéral des contrats et l'équilibre contractuel », *in Les déséquilibres économiques et le droit économique*, Larcier, 2015, p.185-192, spéc. p.188 et 189.

[3] P. NABET, *L'efficacité du droit des entreprises en difficulté en droit interne et international*, 2020, HDR, dir. Pr. C. HOUIN-BRESSAND, p.53-54.

orientation commune, ces législations quasi « jumelles » ont évolué dans une direction favorable au rebond du débiteur.

§1 – La construction légale en droit des entreprises en difficulté

Pluralité de terminologie. « Droit des entreprises en difficulté », « procédures collectives »[1], « droit des faillites »[2], telles sont les appellations communément usitées pour désigner cette branche. De cette apparence de synonymisation se dégage en réalité la traduction d'une évolution très profonde de la matière où la discipline, un temps orientée « vers le désintéressement des créanciers d'un commerçant qui cesse ses paiements » est devenue un « ensemble de règles destinées à prévenir et à traiter les défaillances d'entreprises »[3]. Dans le cadre de cette étude, l'appellation de « droit des entreprises en difficulté »[4] sera préférée en ce qu'elle est plus récente et plus conforme au droit positif. Davantage appropriée, elle englobe des pans entiers de l'économie touchés par les défaillances d'entreprises causées tant par l'affaiblissement de certains secteurs d'activité que par les crises économiques[5], et plus récemment encore par la crise sanitaire liée à l'épidémie de covid-19. Elle caractérise en outre une dimension psychologique en ce que dès la fin du XIXe siècle, « les mentalités ont évolué »[6] en raison de la complexité des affaires et de la rigueur de la concurrence permettant ainsi d'observer que les défaillances sont devenues « innocentes »[7] car indépendantes de toute malhonnêteté de la part du débiteur. Sans tomber dans le travail de l'historien[8] que l'on pourrait modestement résumer par « l'évolution du droit des entreprises en difficulté qui va du débiteur découpé en morceaux à la distinction de l'homme et l'entreprise »[9], la démonstration se limitera ici aux principales étapes[10] de la construction légale avec pour point de départ, la deuxième partie du XXe siècle. Ce n'est qu'à partir de cette époque que la philosophie de la matière va considérablement évoluer en faveur du débiteur.

---

[1] V. notamment M. MENJUCQ, B. SAINTOURENS et B. SOINNE, *Traité des procédures collectives*, LexisNexis, 3e éd., 2021., v. aussi A. LIENHARD, *Procédures collectives*, Encyclopédie Delmas, 9e éd., 2020.

[2] V. notamment F-X. LUCAS, *Manuel de droit de la faillite*, PUF, 3e éd., 2021.

[3] C. SAINT-ALARY-HOUIN, *Droit des entreprises en difficulté*, LGDJ, 12e éd., 2020, n°1.

[4] Sur le choix de cette appellation : v. notamment C. SAINT-ALARY-HOUIN, *op. cit.*, v. aussi P. ROUSSEL-GALLE, *Entreprises en difficulté*, LexisNexis, 2012.

[5] C. SAINT-ALARY-HOUIN, *Droit des entreprises en difficulté*, *op. cit*, n°4.

[6] *op.cit.*, n°5.

[7] C. MAGRAS-VERGEZ, *La constance des stigmates de la faillite : de l'Antiquité à nos jours*, thèse : LGDJ, 2019, préf. B. GALLINATO-CONTINO, n°25, l'auteur évoque également « l'échec innocent » n°26.

[8] V. notamment R. SZRAMKIEWICZ, O. DESCAMPS, *Histoire du droit des affaires*, LGDJ, 2e éd., 2013, *adde* C. MAGRAS-VERGEZ, thèse préc., *passim*.

[9] K. LAFAURIE, *La force obligatoire du contrat à l'épreuve des procédures d'insolvabilité*, thèse : LGDJ, 2020, préf. G. WICKER, n°8.

[10] Seules les étapes favorables au rebond du débiteur seront ici évoquées.

Distinction entre l'homme et l'entreprise. C'est la loi du 13 juillet 1967[1] qui marque « une évolution sensible du droit des faillites »[2] désormais bâti autour de la distinction de l'homme et de l'entreprise. Un auteur a pu qualifier cette avancée législative de « césure »[3] entre le « droit des faillites » et le « droit des entreprises en difficulté ». Elle constitue également le tournant de l'apparition d'une certaine faveur pour le débiteur en ce qu'elle rompt nettement le lien historique qui unissait procédure collective et sanction[4]. L'exposé des motifs est on ne peut plus clair : « éliminer les entreprises économiques condamnées sans cependant frapper d'infamie les dirigeants qui ne l'ont pas mérité ». À cette occasion est également consacrée la suspension provisoire des poursuites octroyant ainsi une dimension économique à la procédure[5]. Malgré cette avancée, la loi du 13 juillet 1967 a fait l'objet de plusieurs critiques quant aux caractères tardif, lacunaire et inadapté de ses procédures, dont beaucoup ont fustigé l'analogie de ses conséquences avec celles de l'ancienne faillite civile.

« Le sauvetage de l'homme » ou les prémices du rebond. Avec la loi du 25 janvier 1985[6], une nouvelle politique est annoncée : sauvegarder l'entreprise. Le législateur modifie profondément les équilibres entre les protagonistes dans un sens largement favorable au débiteur[7] et entérine le recul du droit des créanciers. La politique de traitement des difficultés qui en découle atteste de la prise en considération définitive de la dimension économique, preuve de modernisation des nouvelles dispositions. Elle s'inscrit par ailleurs dans le sens d'une humanisation[8] de la procédure par l'assouplissement des sanctions pénales et civiles. À cet égard, le ministre Robert BADINTER concèdera que « notre droit est trop répressif et il n'y a rien de pire que la répression toute symbolique, les uns la craignent, malgré sa faible effectivité ; les autres la raillent, en raison de son ineffectivité »[9]. Outre la recherche de sauvetage de l'entreprise, le bouleversement né de cette loi concerne le sort du débiteur personne physique endetté à la suite d'une liquidation judiciaire. Véritable bouleversement des mentalités, d'abord, sous couvert de la finalité annoncée à l'article 1er de la loi du 1985 : « l'apurement du passif », suivi d'un bouleversement des traditions en ce que le célèbre article 169 de cette loi consacre pour le débiteur le « droit de ne

---

[1] Loi n°67-563 du 13 juillet 1967, décret n°67-1120 du 22 décembre 1967, ordonnance n°67-820 du 23 septembre 1967, décret n°67-1255 du 31 décembre 1967.

[2] C. SAINT-ALARY-HOUIN, *op.cit.*, n°23.

[3] K. LAFAURIE, thèse. préc., n°8.

[4] D. DEFRANCE, *Le retour à meilleur fortune : étude en droit des difficultés économiques*, thèse, Université de Limoges, 2016, Français. NTT : 2016LIMO0041. Tel-03360704, [HAL open science].

[5] C. SAINT-ALARY-HOUIN, *op.cit.*, n°32.

[6] Loi n°85-98 du 25 janvier 1985 relative au redressement et à la liquidation judiciaires des entreprises – dite « Loi Badinter ».

[7] A-L. PETEL et A. SAVIGNAT, Rapport d'information n°4390, « Les entreprises en difficulté du fait de la crise sanitaire », Assemblée Nationale, 21 juillet 2021.

[8] A cette occasion, le terme de « faillite » disparaît définitivement en tant que sanction.

[9] R. BADINTER, « Les ambitions du législateur », *in Les innovations de la loi sur le redressement judiciaire des entreprises*, *RTD com.*, n°spéc. 1986, p.3.

pas payer ses dettes » déjà blâmé par le Doyen RIPERT[1] à l'occasion de l'entrée dans le Code civil des délais de grâce en faveur du débiteur. En disposant que « le jugement de clôture de liquidation judiciaire pour insuffisance d'actif ne fait pas recouvrer aux créanciers l'exercice individuel de leurs actions contre le débiteur (…) », l'alinéa 1er de l'article 169 consacre pour la première fois la libération définitive du débiteur, gage d'une virginité patrimoniale lui permettant d'envisager un nouveau départ. Véritable révolution puisque la libération du débiteur n'est plus entre les mains des parties au contrat mais d'un tiers, le juge. Cette nouvelle disposition apparaît dès lors comme une atteinte extrême portée à la conception classique de la force obligatoire du contrat en ce qu'elle nie définitivement l'exigibilité de la dette[2] et traduit un nouvel objectif : le sauvetage de l'homme[3]. Elle a permis une première avancée législative notable en matière de rebond. En 1994, s'ensuivront quelques retouches partielles sans incidence sur l'architecture générale de la loi[4]. Par l'ordonnance n°2000-912 du 18 septembre 2000, la loi du 25 janvier 1985 est codifiée à droit constant mais les incohérences et maladresses relevées par la doctrine conduiront à une refonte de la matière par l'adoption de la loi n°2005-845 de sauvegarde des entreprises du 26 juillet 2005 qui introduira la procédure de liquidation judiciaire simplifiée. Cette dernière a pour objet de permettre une réalisation rapide des opérations de liquidation qui doivent s'achever au plus tard six mois après l'ouverture de la procédure[5]. Par suite, des réformes ponctuelles[6] interviendront dans une logique de parachèvement aux fins de rendre plus attractive la nouvelle procédure de sauvegarde et faciliter les liquidations judiciaires. Constatant que la liquidation judiciaire simplifiée est peu utilisée, le législateur, à l'occasion de l'ordonnance du 18 décembre 2008, instituera deux procédures selon que le régime est ou non obligatoire[7].

[1] G. RIPERT, « Le droit de ne pas payer ses dettes », *DH*, 1936, chron. p. 57.
[2] K. LAFAURIE, thèse. préc., n°8.
[3] P. ROUSSEL-GALLE, « Que reste-t-il du caractère sanctionnateur des procédures ? *RPC*, mai-juin 2012, dossier 17, p.89, n°7.
[4] V. notamment la loi n°94-679 du 10 août 1994 portant diverses dispositions d'ordre économique et financier.
[5] C. SAINT-ALARY-HOUIN, *op.cit.*, n°1392, à noter que le délai est porté à un an pour les entreprises comportant au moins un salarié et réalisant un chiffre d'affaires de 300 000 euros, v. *infra* pour de plus amples développements.
[6] Ordonnance n°2008-1345 du 18 décembre 2008 portant réforme du droit des entreprises en difficulté, loi n°2010-1249 du 22 octobre 2010 de régulation bancaire et financière.
[7] F. PEROCHON, « A propos de la réforme de la liquidation judiciaire par l'ordonnance du 18 déc. 2008, *Gaz. pro. Coll.*, 8/10 mars 2009, p. 3, v. aussi P-M. LE CORRE, « Le nouveau visage de la liquidation judiciaire simplifiée, *Recueil Dalloz*, 2009, p.677.

L'affirmation légale du droit au rebond du débiteur. Si l'ordonnance[1] n°2014-326 du 12 mars 2014 portant réforme de la prévention des difficultés des entreprises et des procédures collectives marque un « certain retour en arrière »[2] par un rééquilibrage en faveur des créanciers, un de ses objectifs[3] retiendra spécifiquement notre attention en ce qu'il constitue aussi une avancée majeure dans la reconnaissance du rebond du débiteur : « adapter le traitement des situations irrémédiablement compromises à la réalité économique de l'entreprise ». Sur le modèle du droit de surendettement[4], le législateur consacre la procédure de « rétablissement professionnel » démontrant l'unicité de maux[5] qui concerne tant le débiteur particulier que le débiteur professionnel. Sa justification fait suite au constat selon lequel parmi les quelques 60 000 procédures collectives ouvertes chaque année, près de la moitié sont impécunieuses, et parmi elles, 20 000 ne comptent aucun salarié[6]. La procédure s'ouvre si le débiteur a déclaré son état de cessation des paiements et demandé parallèlement l'ouverture d'une procédure de liquidation judiciaire. Le dispositif s'adresse à des « petits » entrepreneurs puisque la valeur de la réalisation de l'actif doit être inférieure à 5.000 euros[7], le débiteur personne physique ne doit pas avoir fait l'objet d'une procédure collective ni avoir employé aucun salarié dans les six derniers mois. Elle ne constitue pas en revanche une procédure collective car le débiteur personne physique n'est pas dessaisi et peut poursuivre son activité, elle s'apparente davantage à une enquête confiée à un juge commis assisté d'un mandataire judiciaire. Son objectif est clair : permettre l'effacement des dettes signalées par le débiteur afin d'assurer le « rebond » de celui qui a échoué en lui permettant de s'insérer à nouveau dans le tissu économique.

Mieux garantir le rebond de l'entrepreneur. La loi n°2019-486 du 22 mai 2019 relative à la croissance et la transformation des entreprises, dite « loi *PACTE* », autorise « l'échec pour mieux réussir » en favorisant le rebond des entrepreneurs et des entreprises. Cette loi est constitutive du franchissement

---

[1] Cette ordonnance a été prise sur le fondement de la loi du 2 janvier 2014 habilitant le gouvernement à simplifier et sécuriser la vie des entreprises en facilitant la procédure pour « les petits entrepreneurs sans salarié ni actif, sans tous les effets de la liquidation judiciaire, pour permettre le rebond en cas de difficultés économiques ».

[2] C. SAIN-ALARY-HOUIN, *op.cit.*, n°110.

[3] Rapport remis au président de la République, « III. – Adapter le traitement des situations irrémédiablement compromises à la réalité économique de l'entreprise ».

[4] V. *infra* §2 – La construction légale du droit du surendettement, et spéc. la procédure de rétablissement personnel instituée par la loi n°2003-710 du 1er août 2003, dite « Loi Borloo ».

[5] C. MAGRAS, thèse préc., n°1396.

[6] P. ROUSSEL-GALLE, « Le rétablissement professionnel : de l'effacement des dettes au rebond », *Gaz. Pal., 8* avril 2014, n°98, p.32, *adde* C. LEBEL, « Première application du rétablissement professionnel », *Revue des procédures collectives*, n°4, juillet 2016.

[7] C. com., art. R.645-1, seuil porté à 15 000 euros depuis l'ordonnance n°2021-1193 du 15 septembre 2021 portant modification du livre VI du code de commerce, v. notamment le décret n°2021-1218 du 23 septembre 2021, v. aussi c. com., art. L.645-1 dont les conditions ont été modifiées par la loi n°2022 du 14 février 2022 en faveur de l'activité professionnelle indépendante.

d'une nouvelle étape en matière de rebond où le changement de paradigme[1] invite les acteurs économiques à passer « d'une culture de l'échec à celle de rebond »[2]. La loi *PACTE* confirme la délimitation choisie par notre étude, « le droit au rebond concerne principalement, les débiteurs physiques, en liquidation judiciaire ou ayant sollicité une procédure de rétablissement professionnel, ainsi que les dirigeants de la personne morale liquidée »[3]. Si la précédente réforme avait introduit la procédure de liquidation judiciaire simplifiée, obligatoire ou facultative en fonction de la taille de l'entreprise, l'article 57 de la loi *PACTE* tranche en faveur du régime obligatoire à l'égard des petites entreprises employant cinq salariés au maximum et réalisant moins de 750 000 euros de chiffres d'affaires hors taxe sans distinction[4], son régime étant par ailleurs simplifié. Le vent de simplification porté par la loi *PACTE* souffle également sur la procédure de rétablissement professionnel : le débiteur n'a plus à solliciter le bénéfice de la procédure, le tribunal doit désormais systématiquement s'interroger sur l'opportunité du bénéfice d'une telle mesure avant l'ouverture d'une liquidation judiciaire[5]. Dans l'affirmative, il ouvre le rétablissement professionnel avec l'accord du débiteur[6]. Si le domaine reste circonscrit aux fins d'éviter les abus, l'assouplissement apporté par la loi *PACTE* devrait favoriser le recours au rétablissement professionnel dont le mécanisme reste mal connu des débiteurs[7].

Covid-19 et élargissement du bénéfice du rebond. Aux fins de faire face à l'épidémie de covid-19 et aux mesures d'urgence sanitaire[8] ayant provoqué un quasi-arrêt de l'activité économique[9] à l'échelle mondiale, le gouvernement français est intervenu pour adapter le droit des entreprises en difficulté[10] par

---

[1] V. MARTINEAU-BOURGNINAUD, « Le rebond du débiteur dans la loi PACTE », *BJE*, juillet-août 2019, n°117c2, p.50-53, spéc. p.50.

[2] Y. LELIÈVRE, « Comment passer de la culture de l'échec à celle du rebond ? », *Rev. proc. coll.*,2016, dossier 26.

[3] V. MARTINEAU-BOURGNINAUD, art. préc., spéc. p.50.

[4] *Ibid.*

[5] C. com., art. L.641-1, v. aussi V. MARTINEAU-BOURGNINAUD, « Le rebond du débiteur », *BJE*, mars-avril 2022, p.60-62, spéc. p.60, *adde* du même auteur, « Le rebond du débiteur » *in Pour un droit des PME !*, 2018, Connaissances et Savoirs, p.319.

[6] C. com., art. L.641-1, al.3.

[7] Seuls un peu plus de 500 rétablissements professionnels ont été ouverts entre 2014 et 2017 ; v. aussi J. VALLANSAN, « La liquidation judiciaire et le rétablissement professionnel après la loi PACTE », *Rev. proc. coll.*, juillet-août 2019, dossier 26, p.33.

[8] L'État d'urgence sanitaire a été déclaré par la loi n°2020-290 du 23 mars 2020 d'urgence pour faire face à l'épidémie de covid-19, modifiée par la loi n°2020-546 du 11 mai 2020.

[9] C. SAINT-ALARY HOUIN, *op.cit.*, n°127.

[10] V. notamment F. MACORIG-VENIR et J. THÉRON (dir.), « État d'urgence sanitaire : les adaptations du droit des entreprises en difficulté », *BJE*, mai-juin 2020, p.54, P. ROUSSEL-GALLE « Covid-19 : adaptations temporaires à l'urgence sanitaire du droit des entreprises en difficulté », *BAG* 140, p.17.

plusieurs ordonnances[1]. L'une des mesures les plus emblématiques concerne la cristallisation de la date de cessation des paiements, sauf exceptions au 12 mars 2020, facilitant ainsi le recours des entreprises aux mesures préventives (mandat *ad hoc*, conciliation et sauvegarde)[2]. La prorogation de plusieurs délais a permis de neutraliser la période d'état d'urgence qui impactait le déroulement normal des procédures. Pour notre étude, nous évoquerons uniquement celles dégagées[3] par l'ordonnance du 20 mai 2020 s'agissant des procédures de liquidation judiciaire et de rétablissement professionnel, en ce qu'elles renforcent « le choix du rebond du débiteur »[4] par le législateur au détriment des créanciers. Ainsi, la procédure de liquidation judiciaire simplifiée est désormais ouverte à toute personne physique dont le patrimoine ne comprend pas de biens immobiliers, écartant dès lors les conditions de seuil fixées par l'article L.641-2 du Code de commerce. Cependant, si le nombre de salariés employés par le débiteur au cours des six mois précédant l'ouverture de la procédure est supérieur à cinq, le tribunal peut refuser, par jugement spécialement motivé, le bénéfice de ce « parcours rapide »[5] et décider de revenir à une procédure de liquidation judiciaire classique[6]. S'agissant du rétablissement professionnel, l'ordonnance prévoit que pour être éligible à la procédure, la valeur de l'actif du débiteur ne doit pas dépasser 15 000 euros[7]. À l'occasion de la remise du rapport au président de la République concernant cette ordonnance, il a été relevé que le faible recours au rétablissement professionnel s'expliquait en raison notamment du caractère peu élevé de son seuil d'éligibilité pour le montant de l'actif, d'où la nécessité de son rehaussement. Un auteur a pu s'interroger « suffira-t-il face au nombre de défaillances des petites entreprises qui s'annonce ? »[8]. Même si elles demeurent insuffisantes, ces modifications opérées par l'ordonnance doivent être applaudies

[1] Ordonnance n° 2020-596 du 20 mai 2020 portant adaptation des règles relatives aux difficultés des entreprises et des exploitations agricoles aux conséquences de l'épidémie de covid-19, ordonnance n° 2020-341 du 27 mars 2020 portant adaptation des règles relatives aux difficultés des entreprises et des exploitations agricoles à l'urgence sanitaire et modifiant certaines dispositions de procédure pénale, ordonnance n°2020-306 du 25 mars 2020 relative à la prorogation des délais échus pendant la période d'urgence sanitaire et à l'adaptation des procédures pendant cette même période, ordonnance n°2020-1443 du 25 novembre 2020 portant adaptation des règles relatives aux difficultés des entreprises aux conséquences de l'épidémie de covid-19 ; v. aussi loi n°2020-1525 du 7 décembre 2020 d'accélération et de simplification de l'action publique et loi n°2021-689 du 31 mai 2021 relative à la gestion de la sortie de crise sanitaire et décrets n°2021-1354 et n°2021-1355 du 16 octobre 2021.

[2] C. SAINT-ALARY-HOUIN, *op.cit.*, n° 127.

[3] V. notamment l'art. 6 de l'ordonnance.

[4] C. VINCENT, « Les articles 6 et 7 de l'ordonnance du 20 mai 2020 : le choix du rebond du débiteur au détriment des créanciers, *BJE*, juillet 2020, n°11z5, p.81.

[5] F. PÉROCHON, *Entreprises en difficulté*, LGDJ, 10e éd., 2014, n°1222.

[6] Notamment dans l'hypothèse où les délais de la liquidation judiciaire simplifiée ne pourraient pas être tenus, v. aussi B. FERRARI, « Liquidation judiciaire simplifiée et rétablissement professionnel après l'ordonnance n°2020-596 du 20 mai 2020 », *Gaz. Pal.*, 13 juillet 2020, n°382u0, p.84.

[7] Initialement, il était fixé à 5 000 euros.

[8] E. MOUAIAL-BASSILANA, « Covid-19 : le rebond de l'entrepreneur facilité », *LEDEN*, juin 2020, n°113k8, p.6.

des deux mains. La généralisation de la liquidation judiciaire simplifiée à tous les débiteurs traduit la prise en compte des réalités de l'entreprise individuelle par la mise en place d'une procédure adaptée[1]. Le même raisonnement s'applique s'agissant de l'élargissement du champ d'application du rétablissement professionnel. Ces avancées sont la pure et simple traduction de ce que le rebond du débiteur est devenu l'une des préoccupations du législateur.

La « seconde chance » ou l'intégration du droit au rebond dans le droit communautaire de l'insolvabilité. Dès 2014[2], l'Union Européenne a encouragé les États membres à s'engager dans la voie d'une harmonisation du droit de l'insolvabilité[3]. Outre le fait d'encourager les États membres à « assurer aux entreprises viables en difficulté financière (...) un accès aux cadres nationaux en matière d'insolvabilité leur permettant de se restructurer à un stade précoce afin de prévenir leur insolvabilité », la recommandation du 12 mars 2014 de la Commission européenne invite également à « offrir une seconde chance aux entrepreneurs honnêtes ayant connu la faillite »[4]. D'une simple recommandation, cette invitation a pris une posture d'autorité par l'adoption de la directive européenne[5] du 20 juin 2019 dont les dispositions doivent inspirer les États-membres à renforcer leurs systèmes juridiques. Une incitation particulière retient notre attention, outre celle d'intégrer un cadre de restructuration préventif, l'Union Européenne impose désormais d'organiser le rebond du débiteur ayant fait l'objet d'une procédure d'insolvabilité[6]. Preuve que ce droit au rebond est aussi l'une des préoccupations du législateur européen malgré des dispositions prioritairement en faveur des créanciers. En France, cette transposition a débouché sur l'ordonnance n°2021-1193 du 15 septembre 2021 portant modification du livre VI du Code de commerce.

---

1 B. FERRARI, art. préc.

2 Recommandation n° C (2014) 1500 final, 12 mars 2014, (JOUE L.74, 14 mars 2014, p.65).

3 C. SAINT-ALARY-HOUIN, *op.cit.*, n°126.

4 V. notamment l'art. 1.

5 Directive 2019/1023/UE du Parlement européen et du Conseil du 20 juin 2019 relative aux cadres de restructuration préventive, à la remise de dettes et aux déchéances, et aux mesures à prendre pour augmenter l'efficacité des procédures en matière de restructuration, d'insolvabilité et de remises de dettes.

6 C. SAINT-ALARY-HOUIN, *op. cit.,* n°126, v. aussi F. MACORING-VENIER et L. SAUTONIE LAGUIONIE, « Le droit au rebond du débiteur après la directive du 20 juin 2019 – Quelles règles pour quelles réalités ? », *JCP* 2020, 1078.

Pérennisation des mesures Covid et transposition de la directive. « Point de révolution »[1]. L'ordonnance[2] du 15 septembre 2021 « n'a sans doute pas complètement bouleversé le droit français des entreprises en difficulté »[3]. Résultant de la transposition[4] de la directive du 20 juin 2019, la nouvelle ordonnance modifie le livre VI du Code de commerce en tenant compte de la réforme du droit des sûretés issue de l'ordonnance n°2021-1192 du même jour, elle pérennise par ailleurs les mesures expérimentées pendant la crise sanitaire. L'article 196 de la loi *PACTE* avait en effet habilité le gouvernement à transposer la directive « restructuration et insolvabilité » et à réformer le droit des sûretés en retenant notamment pour un de ses objectifs le développement de « mesures destinées à favoriser le rebond de l'entrepreneur individuel faisant l'objet de procédures de liquidation judiciaire et de rétablissement professionnel ». « Purge du passif et rebond des entrepreneurs honnêtes » résonnent désormais au sein de la nouvelle ordonnance, preuve définitive que le droit français accueille à bras ouverts le principe du rebond[5], même si la crise sanitaire avait déjà permis de renforcer les mécanismes existants. Il est vrai que le droit français paraissait déjà conforme à la directive européenne en ce qu'un certain nombre d'outils proposés existaient déjà en droit interne, la France faisant figure de modèle en la matière. La nouvelle ordonnance a donc le mérite de pérenniser[6] en partie les innovations issues de l'article 6 de l'ordonnance du 20 mai 2020. S'agissant de la liquidation judiciaire simplifiée, seule est maintenue la condition exigeant que le débiteur ne détienne aucun bien immobilier lorsqu'il s'agit d'une personne physique[7]. Au titre du rétablissement professionnel, si le réformateur a conservé le seuil du montant maximal de la valeur de l'actif du débiteur rehaussé à 15 000 euros, il a par ailleurs décidé que « les biens que la loi déclare insaisissables de droit ne sont pas pris en compte pour déterminer la valeur de l'actif »[8]. Partant, la résidence principale insaisissable de droit[9] est expressément exclue de l'assiette du seuil d'exigibilité. Et la doctrine d'y voir un « cumul de protection »[10] donné par le législateur au débiteur dont l'insaisissabilité de sa résidence principale et l'effacement de ses

[1] P. ROUSSEL-GALLE, « L'ordonnance du 15 septembre 2021 : une révolution ? » *Rev. pro. coll.*, novembre 2021, repère 6, n°6.

[2] L'ordonnance a été complétée par le décret n°2021-1218 du 23 septembre 2021 lequel a précisé les conditions d'application de plusieurs dispositions.

[3] D. VOINOT et B. GANDHOUR (dir.) « Regards croisés sur la réforme du droit des entreprises en difficulté », *Rev. pro. coll.*, janvier-février 2022, n°1., actes publiés à la suite du colloque éponyme qui s'est tenu à Lille, le 17 novembre 2021.

[4] Elle introduit de nouveaux concepts tels que les classes de parties affectées, l'application forcée interclasse ou la règle de priorité absolue.

[5] P. ROSSI, « Les choix de la réforme », *Rev. pro. coll.*, janvier-février 2022, n°1.

[6] C. HOUIN-BRESSAND, « La pérennisation des mesures Covid », *Rev. pro. coll.*, janvier-février 2022, n°1.

[7] C. com., art. L.641-2 et R.641-10.

[8] C. com., art.L.645-1 et R645-1.

[9] C. com., art. L.525-1.

[10] V. MARTINEAU-BOURGNINAUD, art. préc., spéc. p.61.

dettes s'inscrivent dans une « logique de rebond »[1]. Expérimentées pendant la crise sanitaire, l'ordonnance perpétue les innovations légales nées de la législation d'urgence sanitaire et souligne la volonté du législateur d'ouvrir un peu plus la voie du rebond aux débiteurs malchanceux et honnêtes. Cette quête s'est poursuivie avec la loi n°2022-172 du 14 février 2022 en faveur de l'activité professionnelle indépendante laquelle assoit davantage le droit au rebond.

« Droit au rebond, un pas de plus »[2]. En septembre 2021, à l'occasion des rencontres de l'Union des entreprises de proximité, le président de la République présentait un « Plan Indépendants » visant à « garantir à chacun des trois millions d'indépendants qui maillent notre territoire un environnement plus juste, simple et protecteur pour le développement de leur activité ». C'est dans ce contexte que naquit la loi du 14 février 2022 en faveur de l'activité professionnelle indépendante[3] dont la mesure phare réside dans la reconnaissance d'une dualité de patrimoines pour une personne physique. Ainsi, lorsque le débiteur est en difficulté, seul son patrimoine professionnel répondra de ses dettes. Cette innovation législative s'inscrit dans la continuité de la précédente création du statut de l'entrepreneur individuel à responsabilité limitée (EIRL)[4], désormais abrogé, et les mécanismes d'insaisissabilité conventionnelle ou légale qui protégeaient le domicile du débiteur ainsi que tous ses biens non affectés à son activité professionnelle. La loi du 14 février 2022 « parachève avec audace cette volonté récurrente de protéger les débiteurs individuels contre les poursuites de leurs créanciers, prenant chaque fois le risque de réduire l'accès au crédit ou d'en augmenter le coût global »[5]. La réforme traduit la disparition du principe fondamental du droit français selon lequel une personne répond de ses dettes sur l'ensemble de ses biens[6]. Elle envisage également une modification profonde de la matière lorsque l'entrepreneur individuel est en difficulté. S'agissant de la liquidation judiciaire simplifiée, le législateur écarte la résidence principale du débiteur dans l'appréciation de sa situation, ce qui est du reste conforme au caractère insaisissable de celle-ci[7]. À l'égard du rétablissement professionnel, si la procédure n'était pas ouverte à l'entrepreneur individuel ayant affecté un patrimoine séparé à l'activité professionnelle en difficulté, la nouvelle loi consacre désormais l'éligibilité du débiteur en fonction d'un seuil prenant en compte

[1] *Ibid.*

[2] J. VALLANSAN, F. PETIT, « Droit au rebond : un pas de plus ! », *Rev. pro. coll.*, novembre-décembre 2021, n°6.

[3] V. aussi les décrets n°2022-725 du 28 avril 2022, n°2022-799 du 12 mai 2022 et n°2022-890 du 14 juin 2022.

[4] V. la loi n° 2010-658 du 15 juin 2010 et l'ordonnance n° 2010-1512 du 9 décembre 2010.

[5] J-L. VALLENS, « L'entrepreneur individuel et ses patrimoines », *Recueil Dalloz*, 7 juillet 2022, n°25.

[6] *Ibid.*, à propos de l'article 2284 du Code civil qui dispose que « Quiconque s'est obligé personnellement, est tenu de remplir son engagement sur tous ses biens mobiliers et immobiliers, présents et à venir. ».

[7] C. com., art. L.641-2 al.1.

l'ensemble des patrimoines professionnel et personnel. L'effacement des dettes qui vient sanctionner la clôture de la procédure de rétablissement professionnel ne concernera en revanche que le patrimoine au titre duquel le débiteur a été admis au bénéfice de la procédure. Autrement dit, « le tribunal saisi devra apprécier la situation patrimoniale dans son ensemble mais distinguer, pour les effets de la clôture, les dettes se rattachant au patrimoine pour lequel la situation du débiteur n'était pas irrémédiablement compromise »[1]. Une nouvelle disposition est apportée « aucune dette ne peut être effacée lorsqu'il apparaît que le montant du passif total est disproportionné au regard de la valeur de l'actif, biens insaisissables de droit non compris ». Faut-il y voir un « rétropédalage » du législateur vis-à-vis de la règle introduite par l'ordonnance du 15 septembre 2021 selon laquelle la résidence principale du débiteur est écartée dans l'appréciation de l'actif fixée à 15 000 euros. La doctrine a pu y voir la volonté de corriger cette mesure en donnant au tribunal la possibilité d'écarter l'effacement des dettes au détriment du créancier qui aurait financé cette résidence[2].

La loi du 14 février 2022 innove en outre par la coordination du statut de l'entrepreneur individuel et la procédure de surendettement à laquelle il reste éligible pour son patrimoine personnel. La gestion des difficultés de l'entrepreneur individuel appelait un traitement spécifique, adapté au caractère hybride de sa situation[3]. Source de simplification, la loi du 14 février 2022 réduit la distinction entre les dettes professionnelles et non professionnelles. Elle permet également une nette amélioration[4] de la situation des personnes ne relevant pas du livre VI du Code de commerce. Cette avancée a pour objectif d'éviter les tergiversations autour de la notion de dettes professionnelles. L'associé d'une SCI, le membre d'un GAEC, le gérant d'une SARL[5] pourront désormais bénéficier d'une procédure de surendettement s'ils sont dans l'impossibilité de faire face à leur endettement, quelle que soit la nature de celui-ci, professionnel ou non[6]. Au sens du nouvel article L.711-1 du Code de la consommation, ces débiteurs autrefois exclus verront désormais leur dossier recevable même si des dettes professionnelles sont à l'origine de leur surendettement. L'intégration des dettes professionnelles dans le surendettement

---

[1] J-L VALLENS, art. préc., p.1272.

[2] *Ibid.*

[3] E. MOUIAL-BASSILANA, « La redéfinition du surendettement des particuliers par l'inclusion des dettes professionnelles : enjeux et conséquences », *Gaz. Pal.*, 19 avril 2022, n°13, GPL43u9.

[4] *Ibid.*

[5] Avant la réforme, dans l'hypothèse d'un gérant majorité de SARL en procédure de liquidation judiciaire, les dettes de la société nées à l'occasion de l'activité professionnelle du débiteur pouvaient être apurées dans ce cadre. Toutefois, les dettes personnelles de cotisations et de contributions sociales n'étaient pas prises en compte dans le cadre de la procédure de liquidation judiciaire. Elles s'ajoutaient *de facto* aux dettes personnelles existantes sans être davantage prises en compte dans l'étude de la recevabilité de la demande du débiteur pour bénéficier de la procédure de surendettement des particuliers car elles étaient considérées comme des dettes professionnelles. Grâce à la réforme, largement attendue sur ce point, le gérant sera désormais recevable.

[6] *Ibid.*

emporte disparition de l'un des critères de répartition entre les deux procédures en ce qu'« il ne reste que la qualité de débiteur »[1]. Dans un souci de coordination, la nouvelle loi introduit *de facto* un « guichet unique » pour le traitement de la situation de l'entrepreneur individuel à la tête de deux patrimoines[2]. Le législateur donne une compétence unique au tribunal de commerce ou au tribunal judiciaire (selon l'activité professionnelle exercée) à l'égard duquel il incombera d'apprécier la situation financière du débiteur au regard de chacun de ses patrimoines, de manière distincte. Dans l'hypothèse où l'entrepreneur individuel éligible à une procédure collective cumule un état de surendettement pour ses dettes non professionnelles, le tribunal, au cours de la même procédure, « saisit » la commission de surendettement avec l'accord du débiteur aux fins de traiter les dettes relevant de la procédure de surendettement à l'égard de son patrimoine personnel. Autrement dit, dans cette hypothèse, le tribunal exercera les fonctions du juge des contentieux de la protection[3]. Cette coordination traduit *in fine* la prise en compte par le législateur français de l'article 24[4] de la directive du 20 juin 2019. Dans ce souci d'articulation entre les procédures parallèles, deux dispositions en miroir[5] sont également adoptées. Si le débiteur n'est pas en état de cessation des paiements ni dans une situation financière insurmontable, le tribunal doit toutefois examiner sa situation au regard de son endettement personnel. S'il constate un état de surendettement, il doit renvoyer l'affaire devant la commission de surendettement dont l'éventuel traitement ne concernera plus que les seuls éléments du patrimoine personnel. À l'inverse, si lors de la saisine de la commission de surendettement par le débiteur, l'autorité administrative constate que le débiteur paraît insolvable au titre de son patrimoine lié à son activité professionnelle, elle invite le débiteur à saisir le tribunal compétent. Le législateur instaure ainsi une sorte de devoir de coopération réciproque entre le tribunal et la commission du surendettement[6]. Une autre innovation en faveur du rebond retient notre attention : lorsqu'une procédure de liquidation judiciaire est ouverte, l'entrepreneur individuel peut désormais exercer une nouvelle activité professionnelle. Le nouveau patrimoine professionnel n'est donc pas concerné par la procédure ouverte. L'objectif est clair : inciter le débiteur à entreprendre une nouvelle activité dans la perspective d'un nouveau départ[7]. Ces

---

[1] *Ibid.*

[2] J-L VALLENS, art. préc., p.1272.

[3] Nouvelle appellation en remplacement du « juge d'instance » issue de la loi n°2019-222 du 23 mars 2019 de programmation 2018-2022 et de réforme pour la justice.

[4] « Les États membres veillent à ce que, lorsqu'un entrepreneur insolvable a des dettes professionnelles contractées dans le cadre de son activité commerciale, industrielle, artisanale ou libérale et des dettes personnelles contractées en dehors de ces activités, qui ne peuvent être raisonnablement séparées, ces dettes, susceptibles de faire l'objet d'une remise, sont traitées en une procédure unique aux fins d'une remise de dettes totale. ».

[5] J-L VALLENS, art. préc., p.1272.

[6] C. com., art. L.681-3 et R.681-7 et J-L VALLENS, art. préc., p.1272.

[7] Sauf pour le débiteur qui au titre de l'un de ses patrimoines a fait l'objet depuis moins de cinq ans d'une procédure de liquidation judiciaire clôturée pour insuffisance d'actif ou d'une décision de clôture d'une procédure de rétablissement professionnel.

avancées doivent être saluées en ce qu'elles attestent de la volonté du législateur d'offrir à l'entrepreneur individuel « un cadre plus propice au rebond »[1]. Il convient de relever cependant que si le dispositif a le mérite d'une simplification au bénéfice du débiteur, celle-ci se traduit par la crainte d'une complexification certaine pour les acteurs de la procédure dans la mise en œuvre de ces mesures[2].

Bilan. L'évolution de la perception de la défaillance dans le droit des entreprises en difficulté atteste que depuis une cinquantaine d'années, nombres d'éléments punitifs ont été expurgés dans la perspective toujours plus prégnante de faciliter le rebond de l'entrepreneur ayant échoué, en permettant sa réintégration rapide dans le circuit économique. Soucieux de se mettre en conformité avec le droit européen qui entend offrir une « seconde chance » aux entrepreneurs honnêtes insolvables, le législateur français a multiplié les innovations en faveur du rebond du débiteur personne physique. La consécration légale de la liquidation judiciaire simplifiée et du rétablissement professionnel, par la célérité dont ils font preuve, sont des procédures de rebond et incarnent dès lors le « droit au rebond ». Les dernières innovations en la matière attestent qu'outre la célérité des procédures et la purge des dettes, l'impératif de simplification doit être une condition *sine qua non* pour garantir le rebond du débiteur.

§2 – La construction légale en droit du surendettement

Inadaptation des dispositifs juridiques existants. Longtemps, le droit a obligé le débiteur à respecter ses engagements coûte que coûte au point de le laisser souvent dans un total dénuement[3]. Abordant la défaillance du point de vue des créanciers, le droit abandonnait le failli « sur le bas-côté de la route économique »[4]. Comme nous l'avons vu précédemment en droit des entreprises en difficulté, les évolutions législatives en la matière traduisent l'intérêt nouveau que le législateur a entendu accorder au débiteur professionnel, moteur de l'économie. Le changement de terminologie intervenu au gré des réformes témoigne de ses orientations idéologiques en ce que la matière est devenue un droit sophistiqué et adapté aux différents débiteurs-entrepreneurs[5]. S'agissant des débiteurs particuliers, ils ont longtemps été laissés pour compte et subissaient dès lors la déconfiture qui les conduisait souvent à l'exclusion sociale. En effet, dès

---

[1] Exposé des motifs de la loi du 14 février 2022.

[2] V. notamment (table ronde) « Le nouveau statut de l'entrepreneur individuel insu de la loi n°2022-172 du 14 février 2022 en faveur de l'activité professionnelle indépendante », *Rev. pro. coll.*, mai-juin 2022, n°3, v. aussi l'art. 20 de la loi du 14 février 2022 qui prévoit qu'un bilan de l'application de ce nouveau statut soit dressé par le Parlement avant le 1er mars 2024.

[3] V. MARTINEAU-BOURGNINAUD, *Procédures de surendettement des particuliers et rétablissement personnel*, LGDJ, 2018, n°1.

[4] *Ibid.*

[5] *Ibid.*

1804, seuls les délais de grâce[1] permettaient au débiteur de retarder l'intervention des voies d'exécution mais restaient largement insuffisants pour traiter des difficultés importantes rencontrées par les particuliers. C'est dans ce contexte que sont intervenues par suite les lois[2] de 1936, fustigées par le Doyen RIPERT[3], permettant au débiteur impécunieux de solliciter des délais de paiement. Ce premier pas en faveur du débiteur a permis à la doctrine d'entrevoir en droit civil une prise en considération de la pauvreté[4]. Cependant, loin de consacrer un dispositif adapté aux difficultés rencontrées par les particuliers, une disparité de taille résidait entre ces débiteurs et ceux bénéficiant également des dispositions du Code de commerce. La situation d'insolvabilité notoire du débiteur non-commerçant n'entraînait aucune organisation collective. La liquidation collective du passif n'était organisée que dans un cas, lors du décès du débiteur dans l'hypothèse où sa succession avait été acceptée sous bénéfice d'inventaire[5]. En cas d'insolvabilité, le débiteur particulier devait subir la déconfiture de droit commun dont le régime était rudimentaire et ne rattachait à aucun plan d'ensemble. Chaque créancier conserve sa liberté d'action. Chacun poursuit et saisit de son côté. Le paiement est le « prix de la course ». Le « succès est au plus pressé, pour ne pas dire au plus rapace »[6]. Les créanciers lésés se recrutent aussi bien chez les « privilégiés » que chez les « chirographaires », preuve d'un système anti-égalitaire. Tel est le régime de la déconfiture : un régime omettant que les biens composant le patrimoine du débiteur peuvent former un ensemble utile à préserver, soit dans l'intérêt immédiat des créanciers soit dans l'intérêt général de l'économie.

Exception avec la faillite civile. Dans les départements du Haut-Rhin, du Bas-Rhin et de la Moselle, le droit des entreprises en difficulté s'applique aux débiteurs personnes physiques dès lors qu'ils ne sont ni commerçants, ni artisans et ni agriculteurs. Ils doivent être également de bonne foi et en état d'insolvabilité notoire[7]. En effet, il est de règle depuis le 1er juin 1924 que ces territoires recouvrés en 1918 sont restés régis par la législation allemande antérieurement

---

[1] Toujours prévus à l'article 1345-1 du C. civ., (en remplacement de l'article 1244-1 suite à la nouvelle numérotation issue de l'ordonnance n°2016-131 du 10 février 2016 portant réforme du droit des contrats, du régime général et de la preuve des obligations) qui forme le droit commun du délai de grâce.

[2] Lois du 25 mars 1936 tendant à « accorder des délais aux débiteurs malheureux et de bonne foi » et du 20 août 1936 tendant à « accorder des délais aux producteurs agricoles pour le paiement des dettes qu'ils ont contracté pour les besoins de leur exploitation. ».

[3] G. RIPERT, « Le droit de ne pas payer ses dettes », *DH*, 1936, chron. p. 57.

[4] J-B. RACINE, « Faut-il encore payer ses dettes ? Le cas du surendettement des particuliers », *LPA*, 29 mars 2006, n°63, p.37.

[5] P. MALAURIE, L. AYNÈS, P. STOFFEL-MUNK, *Droit des obligations*, LGDJ, 10e éd., 2018, n°1127.

[6] Rapport de l'Inspection Générale des Finances, *Aspects économiques de la faillite et du règlement judiciaire : étude des mécanismes*, Bibliothèque de droit commercial, 1970, n°18.

[7] C. com., art. L.670-1.

applicable[1]. Il résulte de ce dispositif une libération du particulier insolvable et une extinction de son passif. La faillite civile efface les dettes du débiteur irrémédiablement insolvable et lui permet de recouvrer un patrimoine vierge de dettes. Toujours en vigueur aujourd'hui, la doctrine[2] a pu s'interroger sur la pertinence de maintenir ce système de faillite civile aux côtés des procédures de surendettement. S'il est vrai que le système était précurseur à l'époque en raison du poids historique et de l'inexistence d'un dispositif véritable de traitement des dettes des non-commerçants, son maintien ne peut qu'être source de complexité d'autant que les motivations de cette réglementation ont disparu. Insuffisamment protectrice des intérêts du débiteur[3], infâmante[4], la faillite civile risque d'accélérer l'exclusion des débiteurs surendettés des circuits économiques. Elle paraît dès lors avoir perdu son intérêt particulièrement depuis la naissance du droit du surendettement sur l'ensemble du territoire français.

Nécessité d'un droit spécial du surendettement. L'endettement, longtemps réservé aux entreprises, s'est progressivement ouvert aux particuliers. Dès les années 1960, on observe le développement du recours à l'emprunt pour le financement de la résidence principale mais également pour la consommation quotidienne[5]. L'endettement devient peu à peu le « mode habituel de gestion des patrimoines »[6] et le crédit, celui de la consommation des ménages[7]. Si l'on assiste à une généralisation de l'endettement, il faut souligner que celle-ci progresse dans un contexte de crise économique où l'on constate de manière impuissante la montée du chômage et l'appauvrissement des ménages qui ne parviennent plus à honorer leurs engagements contractuels. Entre 1970 et 1980, crise économique et inflation ne vont qu'accélérer ce phénomène d'endettement vers un endettement « excessif », source de surendettement. Lorsque l'endetté défaillant ne peut plus assumer ses obligations, lorsque le respect de la loi contractuelle n'est plus compatible avec le poids des dettes grevant le patrimoine du débiteur, il convient alors d'instaurer à son profit des mesures spéciales de traitement de ses dettes[8]. Du côté de nos voisins européens, de véritables procédures de désendettement ont été instituées pour les particuliers. Dès 1877, il existait en

---

[1] La faillite civile est l'héritière d'une ordonnance allemande du 10 février 1877 sur la faillite. Pour le législateur allemand, il n'y avait aucune raison d'avoir une différence de régime dans le traitement des dettes des commerçants et des non commerçants. Ces départements étaient sous occupation allemande jusqu'en 1918.

[2] V. VIGNEAU, G-X. BOURIN, C. CARDINI, *Droit du surendettement des particuliers*, LexisNexis, 2e éd., 2012, n°5.

[3] En cas d'impossibilité d'établir un plan d'apurement du passif, elle engendre la liquidation de tout l'actif, même du logement principal, alors que tel ne devrait pas être le cas d'une procédure qui a pour but de protéger les particuliers surendettés.

[4] Le droit local prévoit l'affichage du jugement d'ouverture de la procédure et sa publicité.

[5] V. MARTINEAU-BOURGNINAUD, *op.cit.*, n°9.

[6] B. OPPETIT, « L'endettement et le droit », *in Mélanges en hommage à André Breton et Fernand Derrida*, Dalloz, 1991, p. 295 et s.

[7] *Ibid.*

[8] E. CHVIKA, *Droit privé et procédures collectives*, thèse : Defrénois, 2003, préf. T. BONNEAU, n°178.

Allemagne une unique procédure collective de liquidation pour les entreprises en difficulté et les particuliers surendettés. Depuis 2002, elle s'apparente à une procédure collective simplifiée qui vise le désendettement définitif du particulier par l'effacement de ses dettes[1]. Dans la même lignée, le droit anglais, avec le *Bankruptcy Act* de 1898, offre aux débiteurs non-commerçants, un régime analogue aux procédures collectives destinées aux entreprises. Pour autant, et exception faite du régime dérogatoire de l'Alsace-Moselle, le législateur français a préféré traiter de façon distincte les difficultés des personnes qui exercent une activité professionnelle de celles des particuliers. L'endettement croissant, en dépit des mesures juridiques dites de prévention et d'accompagnement[2] qui se sont vite révélées impuissantes pour combattre le surendettement, a fini par représenter une dérive grave à l'origine des nombreuses situations individuelles dégradées. Conscient que la défaillance de ces ménages était un élément perturbateur non seulement de l'ordre juridique mais aussi de l'ordre social, le législateur a dû s'attaquer au problème du surendettement en lui appliquant un traitement à la fois général et permanent, « nécessité faisant loi »[3].

Premières réponses au phénomène de surendettement. La loi n°89-1010 du 31 décembre 1989 relative à la prévention et au règlement des difficultés liées au surendettement des particuliers et des familles, dite loi *Neiertz*, a été la première réponse au surendettement des ménages censée « marquer durablement le droit français de son empreinte ». Son objectif était clair « traiter l'endettement de façon globale et concertée et permettre à de nombreuses familles de sortir d'une spirale qui les conduit à la précarité et à l'exclusion de notre société »[4]. Elle prévoyait en son article premier que la situation de surendettement des personnes physiques est « caractérisée par l'impossibilité manifeste pour le débiteur de bonne foi de faire face à l'ensemble de ses dettes non professionnelles exigibles et à échoir ». De la sorte, le législateur français souhaitait en effet résoudre le surendettement « actif » résultant d'une accumulation de crédits à la consommation ou immobiliers. La procédure était divisée en deux branches concurrentes (et optionnelles) à destination des personnes physiques en situation de surendettement, caractérisée par l'impossibilité manifeste pour le débiteur de bonne foi de faire face à l'ensemble de ses dettes non professionnelles exigibles et à échoir. D'une part, la voie amiable consistant à confier à des commissions départementales d'examen des situations de surendettement, chargées de

---

[1] V. VIGNEAU, G-X. BOURIN, C. CARDINI, *op.cit.*, n°6, v. aussi J-L. VALLENS, « L'universalité de la faillite : le droit allemand de l'insolvabilité reconnaît les procédures de redressement judiciaire », *LPA*, 17 mars 1999, n°54. p.6.

[2] V. notamment les lois *Scrivener* n°78-23 du 10 janvier 1978 et n°79-594 du 13 juillet 1979 qui ont été instituées afin de protéger le consommateur contre les dangers du crédit par des mentions obligatoires dans les contrats de prêt et la faculté de rétractation octroyée par des délais de réflexion selon la nature du crédit.

[3] S. GJIDARA, *L'endettement et le droit privé* : thèse : LGDJ, 1999, préf. A. GHOZI, n°485.

[4] J. JAMET, *Le surendettement des particuliers : commentaire de la loi du 31 décembre 1989 entrée en vigueur le 1er mars 1990*, Montchrestien, 1990, n°7.

parvenir, par voie de négociation, à l'élaboration de plans conventionnels de désendettement entre les débiteurs et les créanciers. D'autre part, la voie judiciaire, se déroulant devant le juge d'instance qui pouvait imposer des mesures de désendettement. Les prérogatives confiées à ce magistrat restaient minces, elles apparaissaient plutôt comme une amélioration des mécanismes de l'article 1345-1 du Code civil que de véritables « mesures efficaces de résorption de l'insolvabilité »[1]. Il pouvait ainsi reporter ou rééchelonner le paiement des dettes dans la limite maximale de cinq années[2] ou de la moitié de la durée restant à courir des emprunts en cours, et abaisser les taux d'intérêts sous le taux d'intérêt légal. Ces mesures traduisant des « obligations à la patience »[3] imposées aux créanciers n'avaient que pour objectif « d'arrêter l'hémorragie financière »[4] sans pour autant traiter le mal du surendettement qui n'avait de cesse de s'intensifier. À côté du surendettement « actif », est apparu progressivement le surendettement « passif », celui du débiteur démuni, victime des malheurs de la vie qui sans avoir eu recours de manière excessive aux crédits, se trouvait surendetté du fait d'événements tels que la perte d'emploi, la mise à la retraite, la maladie, le divorce ou l'aggravation des charges de famille.

L'aggravation du surendettement couplé à l'engorgement des tribunaux a nécessité une nouvelle intervention législative. La loi n°95-125 du 8 février 1995 relative à l'organisation des juridictions et à la procédure civile, pénale et administrative, a placé les commissions de surendettement au cœur du dispositif. Le débiteur doit désormais obligatoirement saisir la commission pour bénéficier du dispositif relatif au surendettement. C'est la consécration de la procédure unique de « traitement de la situation de surendettement »[5]. Malheureusement, le dispositif s'est avéré une nouvelle fois inefficace notamment dans le traitement des situations les plus graves où le débiteur était dans l'impossibilité de dégager une capacité de remboursement à court voire à moyen terme[6]. Une réforme d'ampleur était dès lors attendue. Lorsque le législateur a décidé de traiter par une législation *ad hoc* le phénomène du surendettement des familles, « les esprits n'étaient pas prêts à étendre à l'ensemble du territoire (...) la procédure de faillite civile, ni à instaurer à l'instar des législations allemande et britannique, une véritable procédure collective de désendettement aboutissant à la liquidation du patrimoine des ménages »[7]. Si la loi de 1989 est apparue comme un «

[1] V. VIGNEAU, G-X. BOURIN, C. CARDINI, *op.cit.*, n°7.
[2] Contre deux années dans le cadre du régime de délai de grâce de droit commun.
[3] D. MAZEAUD, « Le traitement civil de la dette », *in L'apurement des dettes, solution au redressement*, Litec, 1998, p.342, v. aussi sur le thème de la patience L. GAUDIN, *La patience du créancier : contribution à l'étude de l'effectivité du paiement contractuel,* thèse : Defrénois, 2009, préf. G. PIGNARRE, *passim*.
[4] V. MARTINEAU-BOURGNINAUD, *op.cit.,* n°23.
[5] Elle s'organise en trois phases : amiable, recommandation, homologation.
[6] V. MARTINEAU-BOURGNINAUD, *op.cit.,* n°25.
[7] V. VIGNEAU, G-X. BOURIN, C. CARDINI, *op.cit.*, n°6.

bouleversement du droit commun des contrats »[1], le législateur n'a pas voulu aller aussi loin que dans la loi de 1985 en « ne permettant pas au débiteur d'échapper à ses engagements »[2]. Il n'était pas encore prêt à instituer une procédure à la manière de celle du Code de commerce de crainte d'une déresponsabilisation des débiteurs par la banalisation des atteintes à la force obligatoire du contrat. La démarche de l'époque avait donc pour objectif de « préparer l'opinion »[3].

L'idée selon laquelle le traitement de la situation d'endettement des particuliers ne pouvait plus reposer uniquement sur un plan d'aménagement de dettes fut progressivement admise[4]. Ainsi, face à la paupérisation des ménages et au risque d'exclusion, la loi n°98-657 du 29 juillet 1998 d'orientation relative à la lutte contre les exclusions a permis aux commissions de surendettement de recommander, et aux juges d'imposer, un effacement partiel ou total des dettes en cas d'absence d'amélioration de la situation du débiteur après une période de moratoire n'excédant pas trois ans. Elevée au rang d'impératif national, la nouvelle réforme se fonde sur le respect de la dignité de tous les êtres humains et devient une « politique publique de la nation »[5]. « Être humain et le demeurer, c'est de ne pas être logé semblablement à une bête, de pouvoir se vêtir, se nourrir, se soigner suffisamment »[6], telle est la manière dont un partisan de la réforme a pu définir cet impératif national qu'est la dignité humaine. Dans sa lutte contre la précarité et l'exclusion qui menacent les victimes de la crise économique et sociale, le législateur recherche moins à préserver les intérêts légitimes des créanciers que de réduire ou de supprimer les dettes des débiteurs surendettés en fonction de leurs ressources ou à leur accorder des délais de paiement. Selon un auteur, « la rigueur de la loi et la répression sont en tout temps et en tout lieu une nécessité mais n'excluent pas la compassion »[7]. C'est ainsi qu'un « droit spécial et social du surendettement »[8] s'est progressivement mis en place, sous l'égide du législateur et du juge.

---

[1] P-L. CHATAIN, « La loi n°89-1010 du 31 décembre 1989 relative à la prévention et au règlement des difficultés liées au surendettement des particuliers et des familles », *ALD*, 1990, p.43.
[2] P-M. LE CORRE, « Le règlement des situations de surendettement (réflexions sur le titre 1er de la loi n°89-1010 du 31 décembre 1989) », *RPC*, 1990.
[3] G. PAISANT, « Du redressement judiciaire civil à la faillite civile ? », *CCC*, juin 1991, p.1., v. aussi R. LERON, Rapport sur l'application de la loi n°89-1010 du 31 décembre 1989, *JOAN*, 1990, brochure 4184.
[4] K. LAFAURIE, thèse préc., n°9.
[5] C. de l'action sociale et des familles, art. L.115-1.
[6] T. REVET, « Dignité et exclusion », *RTD civ.*, 1998, p.989.
[7] P. MALAURIE, « Les antinomies des règles et leurs fondements », *in Le droit privé français à la fin du XXème siècle– Études offertes à Pierre Catala :*, LGDJ, 2001, p.30.
[8] D. MAZEAUD, « Le consommateur de crédit immobilier surendetté », *in Le crédit immobilier, le notaire, le banquier et le consommateur*, « Rencontres notariat-université », *LPA*, 29 juin 1999, n°128, p.21.

Consécration légale du droit au rebond. Une étape décisive dans le traitement du surendettement des particuliers a été franchie avec la loi n°2003-710 du 1er août 2003 d'orientation et de programmation pour la ville et la rénovation urbaine, dite loi *Borloo*[1], visant à lutter contre la marginalisation durable des ménages surendettés en leur offrant une nouvelle chance. C'est par cette étape législative que le traitement des situations désespérées acquière sa véritable autonomie. L'originalité de cette innovation réside dans le fait que le législateur s'est largement inspiré de la faillite civile d'Alsace-Moselle. Par l'instauration d'une procédure collective intitulée « rétablissement personnel », le législateur vise les cas où d'emblée la situation patrimoniale du débiteur apparaît irrémédiablement compromise. La procédure vise à la liquidation des biens du débiteur et à l'extinction de son passif, le tout en l'absence de paiement. Si cette procédure cohabite avec le dispositif classique de désendettement des débiteurs insolvables, le législateur a toutefois souhaité traiter de façon distincte les dossiers de surendettement lourd dans lesquels la situation du débiteur, totalement obérée, compromettait un avenir déjà largement marginalisé dans la société[2]. La loi prévoit, après nomination d'un mandataire liquidateur, la vente des biens du débiteur à l'issue de laquelle le jugement de clôture pour insuffisance d'actif entraîne *de facto* « l'effacement de toutes les dettes non professionnelles » du débiteur, à l'exception de celles prévues par le législateur[3]. La « virginité patrimoniale »[4] du débiteur est rétablie proclamant alors « le droit de ne pas payer ses dettes ». Les créanciers sont donc sacrifiés « à la réinsertion du débiteur »[5]. Ils sont contraints, sauf à exercer un vain « acharnement thérapeutique »[6], de renoncer à ce qui leur est dû. Seul le rétablissement personnel du débiteur est escompté au prix de l'effacement de ses dettes « le but n'est plus de guérir le malade, mais d'atténuer ses souffrances en lui donnant un analgésique »[7]. Ici, l'atteinte à la force obligatoire est d'une grande ampleur car le créancier voit ses prévisions contractuelles entièrement ruinées en ce qu'il ne reste plus rien des obligations nées du contrat[8]. Si l'objectif salvateur de la loi *Borloo* a pu être salué, nombreux sont ceux qui ont émis des critiques[9] acerbes quant à la complexité du dispositif, fustigeant son manque de clarté et ses incertitudes. Peu après, plusieurs

---

1 Complétée par le décret n°2004-180 du 24 février 2004.

2 2 V. MARTINEAU-BOURGNINAUD, *op.cit.*, n°28.

3 V. *infra*, chapitre 2, titre 1, 2nde partie.

4 F. RIZZO, *Le traitement juridique de l'endettement*, PUAM, 1996, p.441.

5 P. MALAURIE, L. AYNÈS, P. STOFFEL-MUNK, *Droit des obligations*, LGDJ, 10e éd., 2018, n°1127.

6 J. FOYER, « De l'exécution collective des biens du débiteur à la médecine des entreprises », *in Aspects contemporains du droit des affaires et de l'entreprise*, *Mélanges Pierre Azard*, Cujas, 1980, p.55, n°14.

7 P. ANCEL, « Le traitement des situations de surendettement des particuliers de 1989 à 1998 : du redressement à la liquidation judiciaire civile ? », *Dr. et patr.*, octobre 1998, n°64, p.59.

8 K. LAFAURIE, thèse. préc., n°340.

9 V. notamment G. PAISANT, « La réforme de la procédure de traitement du surendettement par la loi du 1er août 2003 sur la ville et la rénovation urbaine », *RTD com.*, 2003, p.671., S. PIEDELIÈVRE, « Le droit à l'effacement des dettes », *Defrénois*, 2004, n°37852, B. SOINNE, « la procédure de rétablissement personnel, propos introductifs », *JCP*, 2003, act. 475.

textes[1] ont tenté de pallier les insuffisances de la réforme qui, bien que louable dans son principe, ne parvenait toujours pas à résorber la progression du surendettement des ménages.

Faciliter le rebond. La loi n°2010-737 du 1er juillet 2010 portant réforme du crédit à la consommation, dite loi *Lagarde*, va plus loin dans l'objectif de faciliter le rebond du débiteur. Elle institue une procédure accélérée du rétablissement personnel qui parvient au même résultat mais en faisant l'économie de la phase de liquidation, dès lors que les biens du débiteur sont dénués de valeur marchande suffisante pour désintéresser même partiellement les créanciers. Le législateur élargit ici les pouvoirs propres de la commission de surendettement au détriment du juge, en leur permettant de suspendre les voies d'exécution et de rééchelonner les dettes. Le juge n'est donc plus amené à intervenir qu'en cas de contestation d'une partie ou pour homologuer les mesures les plus drastiques ou encore pour prononcer les rétablissements personnels lourds assortis d'une liquidation judiciaire. Cette loi innove également sur le plan de l'accompagnement en faveur du débiteur. Elle permet en effet aux ménages surendettés de solliciter un programme d'éducation budgétaire et notamment une mesure d'accompagnement social personnalisé[2]. On constate ici que la loi entend clairement « accompagner les personnes en difficulté par diverses mesures visant à faciliter leur rebond, à accélérer les procédures de surendettement en réduisant les délai d'examen des dossiers et à améliorer les relations entre les clients surendettés et les banques qui tiennent leurs comptes »[3]. Après deux années de mise en œuvre, des adaptations et ajustements[4] ont été apportés par la loi n°2013-672 du 26 juillet 2013 de séparation et de régulation des activités bancaires à vocation de favoriser le maintien des personnes surendettées dans leur logement, faciliter l'accompagnement social des personnes surendettées et renforcer la protection de ces dernières pendant la procédure tendant à être simplifiée et accélérée. La loi n°2014-344 du 17 mars 2014 relative à la consommation, dite loi *Hamon*, est venue étoffer la législation relative au traitement des situations de surendettement. La recodification du Code de la consommation en application de la loi *Hamon*, opérée par l'ordonnance n°2016-301 du 14 mars 2016 et le décret n°2016-884 du 29 juin 2016 s'est faite pour l'essentiel à droit constant. La même année, le législateur se préoccupe déjà « d'apporter des retouches à son œuvre tel

[1] Lois n°2005-32 du 18 janvier 2005 de programmation pour la cohésion sociale, n°2006-872 du 13 juillet 2006 portant engagement national pour le logement, n°2007-290 du 5 mars 2007 instituant le droit au logement opposable et portant diverses mesures en faveur de la cohésion sociale (loi *Dalo)*, n°2007-1787 du 20 décembre 2007 de simplification du droit, n°2008-3 du 3 janvier 2008 sur le développement de la concurrence au service des consommateurs, n°2008-776 du 4 août de modernisation de l'économie.

[2] C. consom., art. L.712-9, (ancien art. L.331-3).

[3] V. MARTINEAU-BOURGNINAUD, *op.cit.*, n°30.

[4] Les principales innovations ont porté sur la suppression de la phase amiable lorsque les négociations sont manifestement vouées à l'échec.

un pointilliste »[1]. Avec la loi n°2016-1547 du 18 novembre 2016 de modernisation de la justice du XXIe siècle, hormis le cas du rétablissement personnel avec liquidation judiciaire qui nécessite toujours la saisine du juge, toutes les autres mesures peuvent désormais être imposées par la commission. Autrement dit, le législateur consacre la suppression de l'homologation[2] des mesures recommandées par le juge du surendettement et donne ainsi à la commission le pouvoir d'imposer toutes les mesures possibles pour le traitement de la situation de surendettement du débiteur, et notamment la procédure de rétablissement personnel sans liquidation judiciaire opérant effacement des dettes. La position du législateur est clairement affichée : simplifier et accélérer la procédure de surendettement, déjudiciariser la procédure en augmentant les pouvoirs « juridictionnels » de la commission[3] qui dispose désormais d'un complet monopole au détriment des pouvoirs antérieurement détenus par le juge du surendettement, désormais cantonné à sa fonction contentieuse[4].

Un changement d'esprit en faveur d'un véritable droit au rebond. Une incohérence de taille dans les effets des procédures de surendettement résidait au lendemain de la loi *Borloo*. Précédemment, nous avons vu que la clôture pour insuffisance d'actif du rétablissement personnel avec liquidation et sans liquidation se solde par « l'effacement de toutes les dettes non professionnelles du débiteur » nées avant l'ouverture de la procédure, hormis les exceptions légales. Les dettes professionnelles sont donc exclues des procédures de rétablissement personnel. Or cette restriction, discutable au demeurant, ne se retrouvait aucunement dans la procédure de plan classique de surendettement, notamment dans l'hypothèse d'un effacement partiel de la dette. Cette différence injustifiée de traitement entre l'effacement partiel et l'effacement total de dette avait été soulignée dans le rapport du Comité de suivi de l'application de la loi du 1er août 2003 : « une telle différence de traitement apparaît difficilement compréhensible, et ce d'autant plus que le maintien des dettes professionnelles est de nature à faire échec au rétablissement personnel du débiteur, qui peut ainsi se trouver en situation de devoir payer encore des sommes importantes, alors que par définition il ne peut bénéficier d'aucune autre procédure collective, puisque selon l'article L.333-3 du Code de la consommation, sont exclus de la procédure de surendettement et de rétablissement personnel les débiteurs qui relèvent des procédures prévues au livre VI du Code de commerce ». Cette forme de discrimination dans le traitement du surendettement avait donc pour effet de priver certains débiteurs du bénéfice d'une mesure de désendettement global. Pour eux, le rebond n'était donc pas envisageable. Or, ce n'est qu'à l'occasion de la crise sanitaire liée à l'épidémie de covid-19 que le législateur mettra fin à cette

[1] V. MARTINEAU-BOURGNINAUD, *op.cit.*, n°35.
[2] V. notamment les décrets n°2017-896 du 9 mai 2017.
[3] Pour de plus amples développements sur le devoir de coopération du juge avec la Commission, v. *infra*.
[4] V. MARTINEAU-BOURGNINAUD, *ibid.*

différence notable de traitement dans les effets des mesures de rétablissement personnel.

La loi n°2020-734 du 17 juin 2020 relative à diverses dispositions liées à la crise sanitaire, à d'autres mesures urgentes ainsi qu'au retrait du Royaume-Uni de l'Union Européenne[1], modifie désormais les articles L.741-4 et L.742-22 du Code de la consommation relatifs aux effets du rétablissement personnel avec ou sans liquidation judiciaire, entraînant dès lors l'effacement de toutes les dettes professionnelles et personnelles, sauf exceptions légales. Cette initiative législative, bien que tardive, doit être largement saluée en ce qu'elle rétablit la cohérence entre les procédures de traitement du surendettement des particuliers. En permettant désormais l'effacement des dettes professionnelles du débiteur, la loi renforce l'existence d'un véritable droit au rebond. Pour autant, celui-ci doit être relativisé par la persistance d'une autre incohérence. En effet, au stade de l'appréciation de la recevabilité de la demande de surendettement, les dettes professionnelles restaient exclues, à l'exception au demeurant intrigante[2] de la dette résultant d'un engagement de caution pris en faveur d'une société. Elles étaient cependant prises en compte dans le cadre d'un plan conventionnel de redressement, d'un moratoire ou dans l'hypothèse de l'effacement partiel imposé par la commission. Le législateur de 2020 n'a étonnamment pas saisi l'occasion de supprimer cette « schizophrénie législative » dont la suppression était logiquement attendue.

Continuité dans l'élargissement des bénéficiaires du droit au rebond. Par la loi n°2022-172 du 14 février 2022 en faveur de l'activité professionnelle indépendante, le législateur intègre désormais les dettes professionnelles dans l'appréciation de la recevabilité et ce, avec application immédiate au 16 février 2022. Cette innovation législative appelle un constat en lien avec le droit des entreprises en difficulté. Pour une partie de la doctrine, l'ordonnance du 15 septembre 2021 portant modification du livre VI du Code de commerce a pu manquer d'ambition quant aux potentiels bénéficiaires du droit au rebond[3]. En effet, il faut rappeler que la directive du 20 juin 2019 autorisait[4] les États membres à étendre l'application des procédures permettant une remise de dettes contractées par des entrepreneurs insolvables aux personnes physiques insolvables non entrepreneurs. L'objectif était donc d'assurer un meilleur traitement[5] des dirigeants et associés personnes physiques « en leur ouvrant

[1] V. notamment l'art. 39.

[2] Compte tenu notamment du refus pendant de nombreuses années de ne pas prendre en compte les dettes professionnelles dans la caractérisation de l'état de surendettement et de permettre d'un côté la prise en compte d'une dette résultant d'un engagement de caution pris en faveur d'une société.

[3] F. MACORIG-VENIER, B. FRELETEAU et L. SAUTONIE-LAGUIONIE, « Les choix français pour favoriser le rebond du débiteur », *JCP E*, 9 décembre 2021, n°49, spéc. 20.

[4] V. notamment les art. 1 et 4.

[5] V. *infra*, chapitre 2, titre 1, 2nde partie.

également un droit au rebond »[1]. L'ordonnance est cependant restée lettre morte à cet égard. Son silence était probablement justifié par le fait que la loi du 14 février 2022 était d'ores et déjà en préparation[2] au moment de l'entrée en vigueur de l'ordonnance, le 1er octobre 2021. Le réformateur de 2022, en permettant la prise en compte des dettes professionnelles dans la caractérisation de l'état de surendettement, rectifie le tir et inscrit la modification dans le mouvement de la loi du 17 juin 2020 permettant l'effacement de toutes les dettes professionnelles comme non professionnelles du débiteur dans le cadre d'un rétablissement personnel avec ou sans liquidation judiciaire. Si l'on doit se réjouir de la modification apportée en faveur de l'élargissement du droit au rebond, il convient cependant de rejoindre la pensée d'un auteur ayant souligné que ces interventions éparses pourraient poser « un problème de lisibilité du droit positif en matière de rebond »[3]. Espérons que notre étude aura *a minima* le mérite de restaurer la lisibilité en la matière. Aussi, faut-il laisser à ces innovations légales le temps de faire leur œuvre et prendre de la vigueur en pratique.

En dépit de quelques désapprobations par la doctrine commercialiste vis-à-vis de l'ordonnance du 15 septembre 2021, la réforme du 14 février 2022 a plutôt laissé entrevoir l'adhésion de la doctrine majoritaire. En modifiant[4] l'article L.711-1 du Code de la consommation relatif à la définition du surendettement, le législateur « entend simplifier la situation de nombreux débiteurs, dont les dirigeants de société »[5]. Le surendettement est désormais défini comme « l'impossibilité manifeste de faire face à l'ensemble de ses dettes, professionnelles et non professionnelles, exigibles et à échoir »[6]. Jusqu'à la dernière réforme intervenue en la matière, le surendettement ne concernait aucunement les dettes professionnelles[7]. Le candidat type est en effet le particulier, personne physique, face à ses créanciers « dont la créance trouve sa source dans la vie quotidienne et non dans une activité professionnelle »[8]. Si « la ligne de partage »[9] a toujours été nette entre le Code de commerce et le Code de la consommation, des difficultés ont pu se poser dans la détermination de certaines dettes qui, même si les conditions d'ouverture du Code de commerce n'étaient pas réunies, étaient exclues du surendettement. De la sorte, certains

---

[1] F. MACORIG-VENIER, B. FRELETEAU et L. SAUTONIE-LAGUIONIE, art. préc., *ibid.*

[2] En atteste le projet de loi déposé en faveur de l'activité professionnelle indépendante enregistré à la présidence du Sénat le 21 septembre 2021.

[3] F. MACORIG-VENIER, B. FRELETEAU et L. SAUTONIE-LAGUIONIE, art. préc., spéc. 21.

[4] V. art. 10 de la loi du 14 février 2022 remplaçant à l'article L.711-1 les mots « non professionnelles » par « professionnelles et non professionnelles ».

[5] E. MOUIAL-BASSILANA, « La redéfinition du surendettement des particuliers par l'inclusion des dettes professionnelles : enjeux et conséquences », *Gaz. Pal.*, 19 avril 2022, n°13, GPL43u9.

[6] C. consom., art. L.711-1 (applicable depuis le 16 février 2022).

[7] Sous réserves des incohérences relevées précédemment dans l'hypothèse où elles étaient prises en compte dans la procédure de traitement classique du surendettement.

[8] E. MOUIAL-BASSILANA, art. préc.

[9] *Ibid.*

débiteurs ne pouvaient prétendre à aucune mesure de désendettement, condamnés à ne jamais pouvoir rebondir. La loi du 14 février 2022 offre désormais l'avantage de la simplification au regard de la distinction entre dettes professionnelles et non professionnelles. Elle améliore *de facto* la situation des débiteurs ne relevant pas des dispositions de la législation commerciale. Le changement d'esprit porté par la loi du 14 février 2022 doit être applaudi des deux mains en ce qu'il traduit le « symbole d'une nouvelle ère pour les procédures collectives en France »[1]. Aussi, il faut relever que la prise en compte des dettes professionnelles dans la procédure d'effacement des dettes parachève la logique de rebond recherchée depuis nombre d'années par le législateur français. À la lecture de la dernière enquête typologique du surendettement des ménages en 2021 menée par la Banque de France[2], 43% des situations recevables sont orientées vers un rétablissement personnel, soit presque la moitié. Preuve que les mécanismes légaux participent à l'effectivité du rebond du débiteur en lui offrant le droit de « remettre les compteurs à zéro ».

Bilan. Les premières réponses apportées au phénomène du surendettement des particuliers ont consisté en l'adoption de mesures essentiellement curatives. Depuis une vingtaine d'années, le législateur oscille dans l'espoir vain de « concilier impératifs économiques et nécessités sociales, préserver les droits des créanciers tout en protégeant le débiteur et de maintenir le crédit tout en prévenant le surendettement »[3]. Les procédures instituées sont orientées vers l'intérêt unique du débiteur identifié comme une personne vulnérable dont il faut éviter l'exclusion sociale et permettre son rebond. Les évolutions de la matière ont opéré une profonde mutation en faisant du droit du surendettement un véritable droit du désendettement par l'effacement des dettes. L'inclusion récente des dettes professionnelles tant au stade de la recevabilité du dossier que dans les effets de la procédure de rétablissement personnel, démontre le changement d'esprit voulu par le législateur où « aucun débiteur ne semble désormais laissé sur le bord du chemin de l'effacement des dettes »[4]. Cette nouveauté législative constitue le point d'orgue dans la construction du droit du surendettement et démontre l'intérêt du rebond dans notre système juridique. La multiplicité des réformes du dispositif de traitement du surendettement des particuliers peut être comparée à celle ayant affecté le droit des entreprises en difficulté. Dans les deux cas, la réalité économique s'est chargée de rattraper le droit, contraignant le législateur à adapter sans cesse les procédures à un environnement en perpétuelle évolution. Dès lors, il apparaît que l'adaptation s'est orientée dans le sens de la convergence.

---

[1] *Ibid.*

[2] https://particuliers.banque-france.fr/enquete-typologique-sur-le-surendettement-des-menages-en-2021, février 2022, [en ligne], (consulté le 15 février 2022).

[3] V. MARTINEAU-BOURGNINAUD, *op.cit.*

[4] E. MOUIAL-BASSILANA, art. préc.

§3 – L'homogénéisation des législations en droit positif

Droit comparé. L'élargissement du domaine des droits des entreprises en difficulté et du surendettement démontre que le traitement de l'insolvabilité n'est plus réservé à une catégorie de débiteurs mais bien à tout débiteur en difficulté[1]. Cette conséquence n'est pas propre au droit français dans le sens où d'autres systèmes étrangers[2] ont été précurseurs en la matière. Le système le plus révélateur est sans nul doute le droit américain. « *America is the land of the second chance* »[3], telle est la manière dont le législateur américain raisonne face à l'insolvabilité. Dès 1800, un *certificat of discharge* est accordé au débiteur de bonne foi et consacre le droit à un nouveau départ, le fameux *fresh start*. Plus tôt encore, le système anglo-saxon consacrait déjà l'effacement de dettes par la *discharge*. Cette idée selon laquelle la perte du droit de poursuite des créanciers à l'issue d'une procédure appliquée aux débiteurs dont la situation est irrémédiablement compromise a été au fur et à mesure consacrée dans de nombreux pays. À tel point qu'un auteur a pu relever que « le droit de ne pas payer ses dettes, stigmatisé dans des pages célèbres est devenu une réalité dans beaucoup de pays »[4]. À la seconde moitié du XXe siècle, d'autres pays emboîteront le pas en adoptant ce concept de la purge des dettes « dans l'intérêt de l'entrepreneur empêché de réintégrer le circuit économique et du particulier exposé au risque d'exclusion »[5]. Plus récemment encore, la commission européenne n'a eu de cesse ces dernières années, d'encourager les États membres à garantir ce « droit à la seconde chance ». La directive du 20 juin 2019 en atteste puisque elle vise à harmoniser les procédures collectives de l'Union européenne en imposant dans les systèmes internes des mesures permettant de réhabiliter les entrepreneurs par un effacement rapide et complet de leurs dettes[6]. Elle traduit ainsi la volonté de généraliser la philosophie du droit à un nouveau départ. En apparence pro-créancier, le droit européen de l'insolvabilité s'inscrit dans un régime pro-débiteur dès lors qu'il s'agit d'une personne physique honnête en difficulté[7]. À la différence de certains systèmes étrangers qui ne distinguent pas le débiteur

---

[1] K. LAFAURIE, thèse. préc., n°10.

[2] En ce sens, J-L. VALLENS, « L'apurement des dettes : droit et pratique comparés, *in L'apurement des dettes, solutions au surendettement*, Litec, 1998, p.439, *adde* J-L. VALLENS, *L'insolvabilité des entreprises en droit comparé*, Joly éditions, 2010, *passim*.

[3] S. SCHILLER, « L'effacement des dettes permet-il un nouveau départ ? Comparaison franco-américaine », *RID comp.*, mars 2003, pp.656-674, spéc. p. 667 citant « *State of the Union Address*, President George W. Bush, January 20, 2004 ».

[4] J. DERRUPÉ, Rapport de synthèse, *in* Association Henri Capitant, *L'endettement. Journée argentines*, LGDJ, 1997, p.24.

[5] K. LAFAURIE, thèse préc., *ibid.*

[6] L-C. HENRY, « La directive relative aux restructurations préventives … et la seconde chance de l'entrepreneur, *BJE*, mars-avril 2019, p.9.

[7] D. VOINOT, « L'évolution désordonnée de la « boîte à outils » du droit des entreprises en difficulté », *in* « Regards croisés sur la réforme du droit des entreprises en difficulté », *Rev. pro. coll.*, janvier-février 2022, n°1., actes publiés à la suite du colloque éponyme qui s'est tenu à Lille, le 17 novembre 2021.

professionnel du débiteur non professionnel pour le bénéfice d'une procédure de désendettement, le législateur français a choisi de traiter distinctement ces débiteurs au risque d'une disparité de traitement qui semble aujourd'hui avoir disparu à la faveur d'une convergence.

Influence réciproque des législations de crise. Bien que le surendettement représente aujourd'hui un phénomène économique et social majeur, le fait de ne pas honorer ses engagements a toujours constitué un fléau économique et un mal social situés au cœur des préoccupations des législateurs[1]. Si ce fléau s'est limité aux relations commerciales, il a rapidement gagné l'activité des particuliers. Le droit des entreprises en difficulté entretient des relations avec de nombreuses branches du droit, il est de la sorte une « terre de rencontres »[2] et particulièrement avec le droit du surendettement. L'évolution juridique récente du droit des entreprises en difficulté montre le passage d'une procédure collective de règlement des dettes au traitement d'une situation obérée[3] où le droit du surendettement a puisé son inspiration. Là où les règles du Code civil devenaient insuffisantes et inadaptées, il a paru nécessaire de ménager le débiteur. Ce nouvel objectif de réhabilitation n'a pu se réaliser qu'au détriment des créanciers « accusés de tous les maux à propos du surendettement des particuliers, et considérés non plus comme des partenaires de l'entreprise mais comme une menace (…) »[4]. Il incombe d'avoir une grille de lecture spécifique à ces législations de crise où la mission est de parvenir à désendetter le débiteur insolvable honnête, en infligeant aux droits des créanciers l'atteinte la moins grave possible. Or, « la lésion des droits des créanciers est ici rigoureusement indispensable à l'accomplissement du désendettement »[5]. Le droit des entreprises en difficulté et du surendettement ont cet avantage d'être des droits réalistes, pragmatiques, sans cesse tournés vers la recherche d'un résultat. Aussi, ils peuvent être qualifiés de droits économiques en ce qu'ils s'inscrivent au service de l'économie. Pour autant, la loi ne peut pas tout et encore moins en matière économique. D'ailleurs, ces législations à connotation économique sont devenues également politiques, particulièrement en période de crise. Si les législateurs des droits de crise, par les réformes législatives galopantes, ont pu donner l'impression d'un chantier permanent en raison de changements d'idéologies, il n'en reste pas moins que ces législations sont désormais coordonnées de sorte qu'il est loisible de les réunir sous l'intitulé unique de « droit de la défaillance économique »[6], signe de leur convergence. « Convergence »

---

[1] S. GJIDARA, *L'endettement et le droit privé*, thèse. préc., n°485.

[2] P. ROUSSEL GALLE, « Le droit des entreprises en difficulté, terre de conflits, terre de rencontres », *in Entreprises en difficulté*, LexisNexis, 2012, p. XXI-XXIV.

[3] S. GJIDARA, thèse préc., *ibid.*

[4] *Ibid.*

[5] V. VIGNEAU, G-X. BOURIN, C. CARDINI, *op.cit.*, n°26.

[6] « Le périmètre de la défaillance », titre du colloque de l'Association des juristes de la Défaillance Économique, organisé à Toulouse le 10 septembre 2010, dont les actes ont été publiés : *RPC*, janvier 2011, dossier 1. et s.

plutôt que « similitude » considèrent très justement deux auteurs[1]. Si le droit des entreprises en difficulté trouve son origine dans le droit ancien de la faillite et que le droit du surendettement est d'apparition plutôt récente, il n'est pour autant pas permis d'affirmer que « celui-ci est l'enfant de [celui] là »[2]. Chaque législateur a créé un droit propre aux débiteurs impécunieux, même si l'on doit concéder que les techniques mises en place ont un lien de parenté évident. On pense surtout au rétablissement professionnel, dont l'apparition en droit des entreprises en difficulté traduit un phénomène de contagion et d'exportation issu du surendettement. Il s'agit davantage d'emprunts réciproques surtout si l'on raisonne exclusivement à l'égard des procédures de purge des dettes.

Un droit unique de la défaillance économique. Si le législateur a persisté dans la volonté de traiter distinctement l'insolvabilité des professionnels et des particuliers, on constate cependant qu'au gré des réformes, les deux corps de règles tendent à l'harmonisation[3] au point de constituer des « droits jumeaux »[4]. Alors que la doctrine évoquait il y a une dizaine d'années « l'émergence »[5] d'un droit de la défaillance économique, il est permis de considérer aujourd'hui que ce stade est largement dépassé. La défaillance économique, terme volontairement générique[6], permet d'englober notamment[7] les procédures de surendettement et de rétablissement personnel et les procédures de traitement judiciaire des difficultés des entreprises, dont les corps de règles s'adressent respectivement à des débiteurs dont la situation est totalement obérée. D'ailleurs, on remarque la volonté du législateur européen de promouvoir à son tour un droit européen de la défaillance économique[8]. Les innovations récentes intervenues dans un contexte législatif « en ébullition »[9], notamment depuis la crise sanitaire, montrent que le droit de la défaillance économique est un « droit conquérant »[10] nécessairement sensible aux évolutions de l'économie. À juste titre, en période de crise, les droits des entreprises en difficulté et du surendettement endossent un « rôle d'amortisseur »[11], en tentant de donner un répit aux entreprises et de

---

[1] C. REGNAUT-MOUTIER et J. VALLANSSAN, « « Faillite des entreprises et surendettement des particuliers – étude comparative et prospective », *in Mélanges dédiés à la mémoire du Doyen Jacques HÉRON*, LGDJ, 2008, pp.443-472, spéc. p.444.
[2] *Ibid.*
[3] S. LEDAN, « Analyse comparative de la procédure de surendettement des particuliers et celle relative à la sauvegarde des entreprises », *CCC*, 2006/6 étude 8 et 2006/7 étude 15, *adde* B. SOINNE, « « surendettement » et « faillite » : unité ou dualité des régimes », *RPC*, 1998. p.1.
[4] C. SAINT-ALARY-HOUIN, « Rapport introductif », *in* « La loi du 25 janvier 1985 a 20 ans, entre bilan et réforme », *RLDA*, mars 2005 (supplément), n°80, p.6.
[5] C. SAINT-ALARY-HOUIN, « Le périmètre du droit de la défaillance – propos introductifs », *RPC*, janvier 2011, dossier 1, spéc. n°2.
[6] *Ibid.*
[7] Nous avons limité ici la définition à notre champ d'étude.
[8] Notamment depuis la directive du 20 juin 2019.
[9] D. VOINOT, art. préc.
[10] A. COURET, « Synthèse et réflexions sur le droit de la défaillance économique », *RPC*, janvier 2011, dossier 14, spéc. n°4.
[11] C. SAINT-ALARY-HOUIN, art. préc., spéc. n°8.

limiter l'exclusion sociale du particulier surendetté. Dans cette perspective, cela a conduit tant le législateur civil que le législateur commercial à enrichir leur gamme de procédures destinées à favoriser le rebond du débiteur. Preuve que ces législations sont bel et bien des « voisins sur le palier du droit économique »[1]. La doctrine[2] a pu en son temps rejeter toute assimilation entre les règles issues du Code de commerce et celles issues du Code de la consommation. À notre sens, ce raisonnement doit être dépassé. Pour preuve, les liquidations judiciaires, le rétablissement professionnel du Code de commerce et le rétablissement personnel du Code de la consommation traduisent un objectif commun : permettre le rebond du débiteur en le déchargeant de son passif. Chaque corps consacre la possibilité de l'effacement des dettes, sous réserves des conditions légales. La seule différence tient au fait que la législation commercialiste a pour vocation de donner au débiteur malchanceux l'opportunité de se réinsérer rapidement dans le circuit économique, alors que la législation consumériste se veut limiter la spirale de l'exclusion sociale dans une logique de solidarité, en permettant à un ménage de repartir sur des bases saines. Des différences subsistent cependant quant aux conditions d'ouverture et au déroulement de la procédure, ce qui s'entend par la distinction naturelle des deux matières. Il importe toutefois de relever que l'élargissement du domaine d'application né de la construction légale débouche sur le constat que la frontière entre les particuliers et les professionnels s'estompe. Davantage au lendemain de la loi du 14 février 2022 laquelle instille une logique d'universalité puisque plus aucun débiteur « errant »[3] n'est exclu des mesures de désendettement et que « deux patrimoines [peuvent] cohabiter sous une même tête »[4] laquelle bénéficie d'une application simultanée des deux procédures. Un droit unique de la défaillance économique pour des « petits acteurs » donc où dominent de concert deux branches du droit. S'inscrivant légitimement dans l'ordre juridique par une primauté de l'intérêt collectif sur les intérêts individuels, son périmètre est parfaitement identifié. Ne serait-il pas la preuve d'un « droit commun des petits acteurs de la vie économique »[5] ?

Une réglementation unique ? Si convergence il y a, faut-il pour autant abroger les législations distinctes que nous connaissons au profit d'un texte unique[6] ? Cette question semble avoir perdu sa pertinence, sauf à ce qu'elle eut été posée quelques années auparavant. En effet, le droit positif a évolué dans un sens toujours convergent en faveur des « petits » acteurs économiques, au point de leur proposer un traitement quasi-identique tenant compte de leur

---

[1] D. MELEDO-BRIAND, « Procédures collectives et droit économique – l'exemple français », Revue internationale de droit économique, 1995, p.265.

[2] A. COURET, art. préc., spéc. n°14.

[3] A. COURET, art. préc., spéc. n°21., formule employée par Madame MONSÈRIÉ-BON lors du colloque.

[4] *Ibid.*, spéc. n°7.

[5] *Ibid.*, spéc. n°42.

[6] C. REGNAUT-MOUTIER et J. VALLANSSAN, art. préc., spéc. p.463.

particularisme. Et si une unification devait avoir lieu, *quid* alors du caractère obligatoire ou volontariste de la procédure, de son déroulement, de la compétence du juge et quel juge, *quid* de celle du ministère public strictement cantonnée à la protection du tissu économique représentatif de l'intérêt général, et enfin du coût de la procédure pour un particulier ? Nous rejoignons la doctrine selon laquelle « si l'élaboration d'une règle unique est envisageable, elle n'est pas indispensable »[1]. Le maintien d'une double réglementation doit être selon nous défendu en ce que « le législateur a montré ces dernières années son aptitude à confier à des hommes de l'art le soin de repenser des systèmes devenus obsolètes »[2]. L'évolution législative galopante en faveur d'un droit de la défaillance économique montre que les procédures, sans être parallèles, coexistent et se coordonnent en faveur de l'efficacité du rebond du débiteur, car au fond c'est bien de cela dont il s'agit. Si la doctrine a pu un temps déplorer que « la fusion ne soit pas pour demain »[3], les choses diffèrent aujourd'hui et laissent entrevoir une fusion bien engagée.

SECTION 2
LES CONSÉQUENCES SUR LES SOURCES DU DROIT

Le rebond du débiteur, préoccupation étrangère à la rationalité de notre système juridique, conduit à l'adoption de nouveaux référentiels au nom de nécessités économiques et sociales. La construction du droit de la défaillance économique a traduit une réponse organisée nécessitant l'immixtion de l'État dans le rapport contractuel (**§1**). Cet interventionnisme étatique a logiquement impacté d'autres sources du droit comme le juge (**§2**), désormais contraint de partager ses pouvoirs en matière de surendettement. Cette évolution s'est faite sous l'influence conjuguée du droit communautaire (**§3**).

§1 – La rationalisation de la conception du rôle de l'État dans le traitement de l'insolvabilité

Origine. Si l'on a pu un temps se satisfaire de la séparation du pouvoir politique et du pouvoir économique, gage de l'équilibre de l'État libéral[4], l'État français n'a pas su conserver son rôle de spectateur de la vie économique[5]. Un auteur a justement relevé à cet égard que « le libéralisme s'est introduit dans l'ordre politique et l'autorité dans l'ordre économique »[6] et ce, par l'intermédiaire du droit, de la loi et du juge. Si le rôle initial de l'État consistait à simplement faire respecter les règles, il a débouché sur son immixtion dans celles-ci au nom de

[1] C. REGNAUT-MOUTIER et J. VALLANSSAN, art. préc., spéc. p.468.
[2] *Ibid.*, spéc., p.472.
[3] A. COURET, art. préc., spéc. n°16., formule employée par Madame MACORIG-VENIER lors du colloque.
[4] M. HAURIOU, *Principes de droit public*, Sirey, 1910, p.294.
[5] S. GJIDARA, *L'endettement et le droit privé*, thèse préc., n°270.
[6] J. RIVERO, *Droit administratif*, Dalloz, 12e éd., 1987, p.21.

l'intérêt général et de l'ordre public. C'est en ce sens que s'inscrit le droit de la défaillance économique. Face au risque de trouble à l'ordre social, l'État s'autorise à intervenir en qualité de régulateur des perturbations économiques et sociales. « Le triomphe du contrat, c'est-à-dire la juxtaposition de sujets économiques, libre d'eux-mêmes et de leur statut, sous le regard d'un État abstentionniste, apparaît comme un mythe »[1]. Cela est d'autant plus vrai que dans le traitement de l'insolvabilité, l'État apparait comme omniprésent sinon arbitraire, dès lors qu'il s'introduit dans les relations privées par son action législative ou exécutive, au nom d'un intérêt général qui perturbe nécessairement le rapport contractuel qu'il est paradoxalement censé garantir. « Cette intrusion implique une modification profonde du concept même d'obligation : qui tend à devenir un rapport triangulaire : créancier, débiteur, État »[2]. De la sorte, l'État en tant que décideur du point d'équilibre entre créancier et débiteur, s'immisce dans le rapport contractuel et se met au service du débiteur impécunieux dont la préoccupation lui est continue. Il façonne le rapport contractuel en l'adaptant à des représentations de l'ordre social et joue un rôle de stabilisateur dans les conduites économiques. D'ailleurs, n'est-ce pas « par la régulation économique – celle des échanges – que l'État de droit a commencé ? »[3]. D'une autre façon, on pourrait parler d'une véritable mainmise sur la vie économique où « l'État est devenu ce lieu de cohérence, chargé de réduire les tensions et les conflits, quitte à quadriller la vie économique, et sociale, sinon à la bureaucratiser, surgissant au besoin dans les relations privées, au prix d'une remise en cause de la conception de la loi et du mode de régulation juridique, voire du droit lui-même »[4]. Il faut concéder que l'État a toujours été soucieux à l'égard des débiteurs impécunieux.

Justifications. Si l'extension illimitée de l'interventionnisme étatique est de nature à menacer les libertés, il est pour autant inévitable en matière d'impécuniosité. Alors que la liberté économique doit demeurer la règle, il en est autrement à l'égard des acteurs économiques les plus vulnérables. Dans cette perspective, l'État exerce une activité de suppléance au service du droit de la défaillance économique. L'État est intimement et nécessairement lié aux phénomènes économiques. Sa responsabilité dans l'ordre économique s'est d'ailleurs amplifiée pour faire face aux crises structurelles et pour lutter contre les perturbations conjoncturelles de la vie économique. La crise sanitaire liée à l'épidémie de covid-19 en est la preuve parfaite[5]. Les législations de crise sont devenues un terrain de prédilection pour l'intervention de la puissance publique. Au nom d'une conception extensive de l'intérêt général et de l'ordre public, derrière lesquels se profilent des intérêts catégoriels, le traitement de

---

[1] S. GJIDARA, *L'endettement et le droit privé*, thèse préc., *eod. loc.*

[2] *Ibid.* n°426.

[3] M. ARMAND-PREVOST, « Quel profil pour un juge économique en France ? », *in Mélanges Pierre BÉZARD : le juge et le droit de l'économie*, Montchrestien, 2002, pp.33-40, spéc. p.33.

[4] *Ibid.* n°320.

[5] V. *infra*, chapitre 2, titre 2, 1ère partie.

l'insolvabilité a dû être organisé. Dans ce contexte où l'encadrement est devenu institutionnel, la priorité est désormais donnée à l'opportunité plutôt qu'à la légalité. Par sa perception de l'intérêt général, l'autorité étatique supplante l'engagement contractuel d'un débiteur envers son créancier. Le traitement de l'insolvabilité atteste de cet esprit discriminateur, au demeurant assumé. Cela se vérifie tant en droit du surendettement qu'en droit des entreprises en difficulté. Cette « hiérarchie des valeurs »[1] bouleverse les règles juridiques au détriment des créanciers. Au-delà du sort de ces derniers, l'économique commande le juridique. L'État raisonne dans une logique fonctionnelle où les débiteurs impécunieux constituent les maillons de l'économie et méritent dès lors la protection étatique.

Une solidarité justifiée. La législation en faveur du rebond traduit l'aboutissement logique de la prise en compte des débiteurs en situation d'échec, dès lors qu'ils sont des agents économiques constitutifs des maillons de la chaîne les unissant à l'État. La démarche s'inscrit également dans une logique solidaire et un auteur a pu écrire à cet égard que « le régime juridique du surendettement [fait] office de filet de sécurité pour rattraper, au nom de cette solidarité, les exclus du système qu'il faudrait maintenir d'une manière ou d'une autre dans ce système pour assurer sa survie »[2]. Par l'instauration d'une solidarité de masse et l'introduction de discriminations juridiques, l'État rejette l'existence d'un système dominé par des inégalités excessives dues aux aléas de la vie économique. Partant, il assume son rôle en faveur des débiteurs impécunieux dans une logique de réinsertion et d'évitement de l'exclusion. S'exprimant sur la superposition de la puissance publique aux manifestations de volonté des particuliers, un auteur a pu observer que l'État est cette « figure tutélaire, le tiers supérieur… sans lequel les relations interindividuelles s'abîmeraient dans l'État de nature »[3] et un autre d'ajouter que « l'État-providence s'est mué en État d'assistance »[4]. De la sorte, on a constaté une « marée normative »[5] réduisant la loi à un pur instrument de politique gouvernementale promouvant le changement social.

Une législation instrumentale. Le Professeur OPPETIT a pu relever à ce sujet que la loi est « l'instrument d'une politique et non plus l'expression de la règle de droit »[6]. Ce constat s'inscrit dans un mouvement de contestation de la part de la doctrine qui a dénoncé « la crise de la loi »[7]. Pour plusieurs auteurs, « la loi a cessé d'être l'expression de la volonté générale pour devenir – ou redevenir

---

[1] M. ARMAND-PREVOST, « Quel profil pour un juge économique en France ? », art. préc., n°301.
[2] *Ibid.*, n°303.
[3] O. BEAUD, « L'honneur perdu de l'État » *in L'État*, Droits, 1992, pp.8-9.
[4] S. GJIDARA, *L'endettement et le droit privé*, thèse préc., n°315.
[5] *Ibid.*, n°320.
[6] B. OPPETIT, « L'hypothèse du déclin du droit », *in Crise dans le droit*, Droits, 1986, n°4, p.12.
[7] F. TERRÉ, « La crise de la loi », *in La loi*, arch. Phil. Droit, T. XXV, Sirey, 1980, p.17 et s., spéc. n°26, *adde* G. RIPERT, *Le déclin du droit*, LGDJ, 1949, *passim* ; B. OPPETIT, art. préc. spéc. p.16.

– la volonté du législateur, d'un législateur »[1], « elle est devenue l'expression d'une politique et non plus l'expression d'une règle de droit »[2]. L'instrumentalisation a provoqué pour d'autres « la crise de la technique législative »[3] en raison de « l'enrôlement de la législation dans le mouvement de conquête de justice sociale (…) car rien n'est laissé au hasard »[4]. Selon nous, cela ne justifie pas pour autant que la loi issue des législations de crise doive être à ce point reniée par le juriste au motif qu'elle s'écarte de sa conception originelle. En considération de notre étude, les législations en faveur du rebond démontrent que la loi a choisi de se laisser guider par l'expérience plutôt que par la raison. Le traitement consacré affiche un « objectif résolument socio-économique »[5], preuve de son appartenance à une législation de type instrumental. En devenant un moteur de la transformation continue de l'ordre social, la loi devient non plus un principe mais bien une solution en faveur de la réinsertion d'une catégorie de débiteurs méritants, et la démarche mérite approbation. Dans cette perspective, la rationalisation de la conception du rôle de l'État dans le traitement de l'insolvabilité doit être assumée. C'est ainsi que les comportements sociaux sont devenus les nouveaux référents du droit.

Conséquences. « Au nom du dirigisme économique et du protectionnisme contractuel »[6], le législateur n'a pas hésité à « étendre son intervention au stade de l'exécution du contrat, en déliant les parties d'engagements qu'elles avaient valablement souscrits »[7]. Pour les raisons évoquées précédemment, le législateur et le juge se sont progressivement immiscés dans le rapport contractuel en libérant les débiteurs d'engagements devenus trop lourds. Notre analyse de la construction légale des législations de crise l'a largement démontré. On déduit dès lors que le droit de la défaillance économique constitue le terrain d'élection de ce dirigisme légal et judiciaire, puisque le juge n'est finalement que la représentation de la puissance publique. De ce constat, il apparaît notamment que l'évolution du droit du surendettement, en quête perpétuelle de simplification et de célérité, a conduit à altérer sinon à repenser l'office du juge en lien étroit avec l'État, et plus particulièrement avec l'administration[8].

---

[1] F. TERRÉ, art. préc., spéc. p.19.
[2] *Ibid.*, spéc. p. 21.
[3] A. VIANDIER, « La crise de la technique législative », Droits, 1986, vol.4, p.75 et s., spéc. p.75.
[4] *Ibid.*, spéc.78.
[5] N. SAUPHANOR, *L'influence du droit de la consommation sur le système juridique*, thèse : LGDJ, 2000, préf. J. GHESTIN, n°441.
[6] S. GJIDARA, *L'endettement et le droit privé*, thèse préc., n°431.
[7] *Ibid.*
[8] Si l'État n'est pas absent du droit des entreprises en difficulté, il faut tout de même préciser que son rôle reste en deçà de celui qu'il tient en droit du surendettement. En conséquence, notre analyse se concentrera exclusivement sur ce partenariat imposé entre le juge et l'administration.

§2 – L'adaptation de l'office du juge en droit du surendettement

Le juge, l'ennemi du contrat. Lorsqu'il s'agit d'évoquer classiquement les rapports qu'entretiennent le juge et le contrat, il est d'usage d'opposer un principe de non-ingérence. L'intervention du juge dans la sphère contractuelle provoque une « véritable levée de boucliers »[1] et fait qu'on le considère comme « l'ennemi contractuel numéro un »[2]. Pour autant, on observe que cette vision s'amenuise en regard des situations où le juge est habilité à pénétrer dans le contrat pour en modifier l'économie. Cela est d'autant plus vrai si l'on raisonne à l'aune du droit de la défaillance économique dont les règles qui en découlent ne suscitent pas toujours l'enthousiasme, en tout cas du côté des fervents défenseurs du rigorisme juridique. En dépit de cette « hostilité de principe »[3] à l'égard du juge en matière contractuelle, il n'en reste pas moins qu'il a bénéficié d'une émancipation certaine en droit de la défaillance économique. Son aspect curatif est à juste titre d'essence judiciaire[4]. Par son intervention, il occulte alors la volonté des parties au rapport obligatoire. Sur habilitation de la loi, l'autorité judiciaire est chargée d'organiser le traitement de la dette en faveur du débiteur, victime de turbulences économiques[5] souvent fatales. Face à ces maladies de l'économie, la fonction juridictionnelle a subi une sérieuse mutation métamorphosant le juge en un véritable expert économique[6].

La consécration d'une magistrature économique. « Existe-t-il un juge économique ? Doit-il en exister un ? Quel profil pour un juge économique en France » a pu s'interroger la doctrine[7]. Nous rejoignons la pensée d'un auteur ayant relevé qu'il n'existe pas une catégorie de juges économiques en France mais plusieurs[8] et que la multiplication de ces catégories est récente[9]. Rendre la justice en droit de la défaillance économique exige aujourd'hui des compétences

---

[1] D. MAZEAUD, « Le nouvel ordre contractuel », *RDC*, décembre 2003, n°1, p.295, spéc. n°40.
[2] *Ibid.*
[3] *Ibid.*, spéc. n°43.
[4] C. SAINT-ALARY-HOUIN, « Le périmètre du droit de la défaillance économique », art. préc., spéc. n°11.
[5] J-M. JUDE, *Le droit international privé des procédures de surendettement des particuliers*, thèse : PUAM, 2003, préf. B. ANCEL, n°147.
[6] G. RIPERT, *Aspects juridique du capitalisme moderne*, Revue économique, 1952, p.226, n°101 ; M. CABRILLAC, « Le rôle du juge en présence des problèmes économiques en droit commercial français » *in Le rôle du juge en présence des problèmes économiques*, Travaux de l'Association Henri Capitant, LGDJ, tome XXII, 1970, p.152 ; C. CHAMPAUD, « L'idée d'une magistrature économique. Bilan de deux décennies », *in Justice et Économie*, Justices – Revue générale de droit processuel, 1995, n°1, p.61.
[7] M. ARMAND-PREVOST, « Quel profil pour un juge économique en France ? », art. préc., spéc. p.34.
[8] Au sein de l'ordre judiciaire, deux catégories de juges traitent des contentieux économiques : les juges professionnels (relevant du statut de la magistrature) et les juges consulaires élus par leurs pairs.
[9] *Ibid.*

extérieures[1] à la seule sphère juridique. En effet, jusqu'à très récemment, les matières économiques n'avaient pas la place qu'elles méritent dans l'enseignement dispensé aux magistrats à l'occasion de leur formation initiale. C'est en ce sens que l'on a pu considérer que l'idée globale d'une justice économique en France ne soit pas suffisamment élaborée et encore moins généralisée. Pour autant, il semble que les choses tendent à l'amélioration à la lecture du rapport du comité des États généraux de la justice concernant la justice économique. Celui-ci suggère, en effet, la création d'une « filière civile et économique d'excellence assortie de formations spécifiques, de stage en entreprises ou de détachements dans les tribunaux de commerce »[2]. Le comité souligne en outre la volonté de constituer « une filière de magistrats spécialement formés, qualifiés et compétents en matière économique »[3] dans la perspective d'une réorganisation de la justice économique et sociale, dont la mesure phare réside dans la mise en place, à titre expérimental, d'un tribunal des affaires économiques aux compétences élargies. Le soutien de cette proposition par le comité atteste d'une véritable prise de conscience à l'heure où la progression et la technicité du contentieux n'ont de cesse de croître et où les enjeux sont cruciaux pour les acteurs économiques. On ne peut que se féliciter d'une telle proposition dont il faudra attendre la prochaine loi de programmation de la justice pour en mesurer les effets. En raison de la fusion du droit dans l'économie, il apparaît que dans certaines circonstances, le recours au juge – suffisamment encadré – soit incontournable[4]. À travers le droit de la défaillance économique, les missions du juge subissent une profonde mutation[5]. Elles ne relèvent plus seulement de la *jurisdictio*[6] mais également du traitement des conséquences issues de difficultés économiques, relevant de l'expertise économique. En plus de dire et d'appliquer le droit, le juge intervient en droit du surendettement dans la résolution des problèmes des surendettés en matière de gestion patrimoniale. C'est ainsi que le juge du surendettement a dû se familiariser avec un univers financier auquel il n'a pas été forcément préparé[7].

Le juge, instrument économique. Sous couvert d'une politique économique et sociale commandée par le législateur, le rôle du juge s'inscrit en tant qu'instrument économique, dès lors qu'il appréhende la réalité économique

---

[1] On pense par exemple à la comptabilité ou la finance.

[2] Rendre justice aux citoyens – Rapport du comité des États généraux de la justice (oct. 2021 – avril 2022), prés. par J-M. SAUVÉ, spéc., p.185, (ci-après « le rapport SAUVÉ), v. aussi K. LEMERCIER, « Propositions de réforme de la justice économique : de grands bouleversements en perspective ? », *Recueil Dalloz*, p.1512.

[3] *Ibid.*, spéc., p.25.

[4] A. OUTIN-ADAM, « Les remèdes jurisprudentiels », *RDC*, 1er janvier 2010, n°1, p.496.

[5] J. MOURY, « De quelques aspects de l'évolution de la jurisdictio », *in Nouveaux juges, nouveaux pouvoirs ? Mélanges en l'honneur de* R. *PERROT,* Dalloz, 1996, p.299.

[6] Entendu comme le fait de dire le droit, trancher des litiges en fonctions de normes purement juridiques.

[7] S. GJIDARA, thèse préc., n°452. ; à l'inverse des juges consulaires qui possèdent une meilleure maîtrise du milieu économique en raison de leur origine professionnelle.

par son office. Il est amené à apprécier l'équilibre du contrat et à tenir compte, au-delà du débat juridique, des incidences économiques de sa décision[1]. Ce magistrat doit veiller à la bonne application de l'œuvre du législateur dans la poursuite de finalités sociales, politiques et économiques. C'est dans cette perspective que la nécessité de dégager des solutions économiques et sociales l'emporte sur la stricte application de la règle de droit, quand son application ne permettrait pas d'aboutir à un tel résultat. Un auteur a pu s'exprimer à cet égard : « signe de notre temps, l'intervention croissante du pouvoir judiciaire dans la gestion des patrimoines privés s'est particulièrement accentuée en cas de crise patrimoniale d'un débiteur civil ou commercial, puisque le juge devient, par l'ampleur des pouvoirs qui lui sont délégués, le « ministre » de la politique sociale et économique du législateur »[2]. Ainsi, il pourra décider de l'effacement des dettes d'un débiteur devenu impécunieux et de bonne foi pour lui accorder un « nouveau départ », puisque telle est la philosophie législative des procédures de rétablissement. Sous la réserve toutefois de réunir les conditions légales requises pour le bénéfice de la purge des dettes. Le juge se voit reconnaître une grande liberté dans la détermination des mesures à mettre en œuvre, au point que la doctrine a pu considérer qu'il était « investi d'une véritable magistrature économique et dépositaire de choix juridiques, sociaux et financiers »[3]. Au fond, on peut considérer que le législateur a en quelque sorte « magnifié »[4] le rôle du juge en le transformant en agent économique.

Un office concurrencé par l'administration. L'évolution de la transformation de la fonction juridictionnelle s'inscrit dans la conception de l'État-providence, selon laquelle « la régulation du système social et l'instauration d'un ordre de justice doivent être confiés à l'État et son administration »[5]. Cet interventionnisme étatique s'est particulièrement affirmé avec l'attribution d'un rôle accru en matière économique à des organes quasi-juridictionnels. En effet, c'est par la loi *Neiertz*[6] du 31 décembre 1989 que la commission[7] de surendettement a été investie directement et exclusivement de la mission de « traiter la situation de surendettement des personnes physiques » et de « concilier les parties en vue de l'élaboration d'un plan conventionnel »[8]. Gagnant une certaine autonomie au gré des réformes par l'attribution de pouvoirs propres, elle a été dotée à son tour d'une véritable mission d'expertise économique en

---

[1] S. GJIDARA, *ibid.*, n°450.
[2] S. GJIDARA, *eod. loc.*
[3] F. FRIZZO, *Le traitement de l'endettement*, thèse : PUAM, 1996, préf. J. MESTRE, n°115, v. aussi F. DERRIDA, « Redressement et liquidation judiciaire des entreprises », *ALD*, 1985, com.35, n°7.
[4] S. GJIDARA, *ibid.*, n°456.
[5] G. ORSONI, « État-providence », *Dictionnaire encyclopédique de finances publiques*, Economica, 1991, p.774.
[6] V. *supra* loi *Neiertz*.
[7] Il existe au moins une commission de surendettement par département (dont le secrétariat est assuré par la Banque de France), qui est présidée par le préfet ou le sous-préfet.
[8] Aux termes des art. L.331-2 et L.331-6 du C. consom.

partenariat avec le « juge-providence ». Devant la nécessité de « recentrer le juge sur sa mission essentielle qui est de trancher un litige selon le droit »[1], le législateur a ordonné une nouvelle répartition des tâches entre la commission de surendettement et le juge dans le traitement du surendettement.

Avec la réforme[2] de 1995, le législateur limite le recours au juge au profit de la commission qui devient alors « la clé de voûte du traitement du surendettement »[3], tandis que le juge, « auxiliaire » de l'organe administratif[4], se voit cantonner à une mission de contrôle de régularité des mesures prises par l'administration. Le magistrat retrouve en revanche la plénitude de ses pouvoirs dans l'hypothèse d'une contestation. Avec la loi[5] du 29 juillet 1998, un nouveau cap est franchi puisque la commission administrative peut recommander un effacement de dette si à l'issue d'une période de deux ans, la situation du surendetté ne s'est pas améliorée. En contrôlant les recommandations de la commission, le juge du surendettement confère force exécutoire et autorité de chose jugée[6]. C'est ainsi que les relations entre le juge et la commission de surendettement prennent la forme d'une coopération tout au long de la procédure de traitement du surendettement. Au gré des réformes intervenues en la matière, la doctrine a pu déplorer la limitation apportée aux pouvoirs d'appréciation en droit et en fait qui sont normalement ceux du juge. Face à cette « justice contractuelle sans juge »[7], certains ont craint que le juge soit réduit en « agent d'exécution ou […] chambre d'enregistrement des décisions de l'autorité administrative »[8]. Par l'instauration d'une procédure administrativo-judiciaire, il faut concéder que cette mixité introduite par la puissance publique a pu révéler des dangers à l'égard de l'institution judiciaire. L'approche de la commission et du juge peuvent en effet diverger. D'ailleurs, on doit souligner que l'administration a davantage vocation à mettre en œuvre la politique du gouvernement, tandis que le juge doit appliquer la loi. Pour un auteur, cela traduit les effets néfastes créés par « l'instrumentalisation de la norme »[9]. En dépit de ces critiques, les dernières réformes législatives[10] n'ont eu de cesse de renforcer

---

[1] Déclaration du Ministre de la Justice, J.O Ass. Nat., 5 juillet 1994, p.4019.

[2] V. loi du 8 février 1995 et décret du 9 mai 1995.

[3] D. KHAYAT, « Les nouvelles dispositions sur le surendettement des particuliers. Une réforme pour rien ? », *Gaz. Pal.*, p.2 et s., spéc. p.4.

[4] À cette période, les missions de la commission sont les mêmes que celles reconnues au juge en 1989, v. *supra* loi de 1989.

[5] V. *supra* loi de 1998.

[6] L. GRYNBAUM, *Le contrat contingent : l'adaptation du contrat par le juge sur habilitation du législateur*, thèse : LGDJ, 2004, préf. M. GOBERT, n°364.

[7] D. MAZEAUD, « Rapport français », *in L'endettement*, Travaux de l'Association Henri Capitant, LGDJ, tome 46, 1995, p.127 et s., spéc. n°30.

[8] D. MAZEAUD, « L'endettement des acquéreurs », *in Le traitement de l'endettement immobilier*, RD imm, 1995, n°4, p.641 et s., spéc. p.55.

[9] N. SAUPHANOR, *L'influence du droit de la consommation sur le système juridique*, thèse préc., n°483.

[10] Avec la loi du 1er juillet 2010, la commission a eu le pouvoir d'imposer directement les mesures les moins attentatoires aux droits des créanciers, telles que le rééchelonnement, la remise ou la

l'immixtion de la commission administrative dans le rapport d'obligation. Pour preuve, la loi du 18 novembre 2016, portée par la recherche d'efficacité et d'allégement de la charge du juge[1], a marqué un changement radical dans la marginalisation de l'office du juge[2].

En droit positif, il importe de rappeler que deux modes de traitement existent. D'une part, le traitement classique du surendettement regroupant les mesures dans l'élaboration desquelles la commission joue le premier rôle. Brièvement, il s'agit de la situation dans laquelle le débiteur peut faire l'objet d'un plan de redressement, soit par la voie d'un plan conventionnel, soit par la voie de mesures imposées. D'autre part, la procédure de rétablissement personnel avec ou sans liquidation judiciaire, lorsque la situation du débiteur est caractérisée par l'impossibilité manifeste de mettre en œuvre les mesures classiques (moratoire, rééchelonnement et effacement partiel des dettes) et impose d'emblée un effacement total de ses dettes, après liquidation de son patrimoine le cas échéant.

Constatant que le juge homologue les recommandations de la commission dans 98% des cas[3] et qu'il statue au vu des pièces du dossier transmis, sans audience préalable, la loi du 18 novembre 2016 a décidé de faire l'économie de l'homologation judiciaire des mesures recommandées par la commission. Saisi aux fins d'apprécier la conformité de cette suppression au regard des articles 2 et 17 de la Déclaration de 1789 relatifs au droit de propriété, le Conseil constitutionnel a estimé que cette mesure ne constituait aucunement une atteinte disproportionnée au droit de propriété, dès lors que le législateur a poursuivi un motif d'intérêt général de règlement des situations du surendettement et que le pouvoir décisionnel de la commission est conditionné et délimité[4]. D'autant que ces mesures ne s'imposent qu'en l'absence de contestation par l'une des parties devant le juge. Pour le réformateur, cela ne doit pas être perçu comme un recul

---

suspension d'exigibilité. En effet, 95% des mesures recommandées par les commissions étaient homologuées.
En ce sens, v. S. GJIDARA-DECAIX, « Le nouveau visage des procédures de surendettement des particuliers – présentation de la loi du 1er juillet 2010 portant réforme du crédit à la consommation », *Rev. pro. coll.*, 2010, étude 20, spéc. n°15.

[1] V. *supra* loi du 18 novembre 2016.

[2] N. SAUPHANOR, thèse préc., n°481.

[3] Rapport n°3904, Assemblée Nationale, commission des lois, J-M CLÉMENT et J-Y LE BOUILLONNEC.

[4] Conseil constitutionnel, décision n°2016-739 du 17 novembre 2016 sur la loi de modernisation de la justice du XXIe siècle.
En ce sens, v. aussi Civ. 2e, 19 décembre 2013 n°13-40.065, *Rev. pro. coll.*, 2014, comm. 46, S. GJIDARA-DECAIX, la Cour de cassation relève notamment que « le dispositif critiqué répond à un objectif d'intérêt général de lutte contre la précarité et l'exclusion sociale en permettant le traitement de la situation de surendettement des débiteurs en grande précarité dont la situation, irrémédiablement compromise, rend impossible l'apurement du passif par l'adoption d'autres mesures, que le prononcé de la mesure, qui présente un caractère subsidiaire lui ôtant tout caractère d'automaticité, est entouré de garanties de procédure et de fond permettant au créancier de la contester pour la préservation de ses droits, que l'atteinte portée est proportionnée à cet objectif ».

de la protection des créanciers. Cette suppression s'inscrit plutôt dans la volonté d'accélérer la procédure au bénéfice du débiteur et de recentrer l'office du juge sur la résolution du litige. En ce sens, la démarche s'inscrit dans une logique de parachèvement en regard des modifications apportées en 2010.

Ainsi, depuis le 1er janvier 2018, toutes les mesures peuvent être imposées par la commission de surendettement, y compris la procédure de rétablissement personnel sans liquidation judiciaire. On observe ici que le législateur a doté la commission d'un véritable monopole tant dans l'instruction des situations de surendettement que dans le choix des mesures de traitement de la situation du débiteur en fonction de sa gravité. Le juge retrouve la plénitude de son pouvoir juridictionnel que dans l'hypothèse d'une contestation de la décision prise par l'organe administratif. Aussi, et l'on doit s'en satisfaire, le magistrat du surendettement conserve ses pleins pouvoirs à l'égard de la procédure de rétablissement personnel avec liquidation judiciaire, pour laquelle les commissions se contentent de le saisir avec l'accord du débiteur. En conséquence, l'office du juge est désormais strictement cantonné à la phase contentieuse[1]. Frileuse de ce nouvel élargissement du pouvoir juridictionnel de la commission de surendettement, la doctrine constatant que « l'objectif de réinsertion sociale et économique du débiteur l'a indéniablement emporté sur la protection des droits des créanciers »[2], encourage avec la dernière énergie les créanciers à contester les décisions de la commission susceptibles de les léser. Selon nous, si cette incitation donnée aux créanciers se justifie pleinement, il faut cependant mettre au crédit de la réforme qu'elle a le mérite d'accélérer le droit au rebond du débiteur surendetté. L'office du juge, strictement et majoritairement cantonné à la phase contentieuse, reste le garde-fou du monopole de la commission, ce d'autant que le législateur a laissé une porte ouverte à la contestation. Le réformateur a également voulu lutter contre certains effets pervers de la judiciarisation de la procédure de rétablissement personnel tels que l'accroissement des délais et l'inutilité de la tenue d'une audience[3]. C'est un autre argument qui a surtout motivé la réforme : décharger le juge du surendettement d'une activité à haute tenue sociale[4] afin de le recentrer au cœur de son activité juridictionnelle[5]. Malgré cette exclusion du juge du périmètre de l'homologation,

---

[1] Et pour la procédure de rétablissement personnel avec liquidation judiciaire.

[2] S. GJIDARA-DECAIX, « Justice du XXIe : quels changements pour le droit du surendettement ? », *AJ Famille*, 2016, p.590, v. aussi L. RASCHEL, « Surendettement – Justice du XXIe siècle : présentation des dispositions relatives au surendettement », *Procédures*, n°2, 2017, étude 16, du même auteur « Surendettement des particuliers – Le décret n°2017-896 du 9 mai 2017 relatif aux procédures de traitement des situations de surendettement des particuliers vient modifier la partie réglementaire du Code de la consommation », *Procédures*, n°7, juillet 2017, comm. 149. ; S. PIEDELIÈVRE, « Droit du surendettement dans la loi de modernisation de la justice du XXIe siècle – Loi n°2016-1547 du 18 nov. 2016 », *JCP G*, 2016, doctr.1329.

[3] L'ambition raisonnée d'une justice apaisée – Rapport de la commission sur la répartition des contentieux, prés. S. GUINCHARD, 30 juin 2008, p.57-58.

[4] S. GJIDARA-DECAIX, art. préc., p.590.

[5] L'ambition raisonnée d'une justice apaisée – Rapport préc., p.67-73 ;

cela ne suffit pas à désengorger complètement les tribunaux comme a pu le souligner le rapport du comité SAUVÉ relatif à la justice économique. Il a notamment relevé que « le contentieux du surendettement est une illustration de la complexification des processus judiciaires [...] pas moins de 22 lois, ordonnances et décrets sont en effet intervenus entre 2003 et 2019 pour procéder à des changements dans le droit et la procédure applicables et les modalités de traitement des dossiers »[1]. Selon nous, cette inflation normative[2] est justifiée, en partie, par le souci légitime du droit français de répondre à la nécessité d'une uniformisation avec le droit communautaire.

§3 – La mise en harmonie avec le droit européen

Une réglementation européenne des conflits de lois en matière d'insolvabilité. En raison d'une insolvabilité internationale devenue réalité et de la prolifération de législations disparates, il a paru indispensable au droit communautaire d'appréhender les défaillances d'entreprises dans leur globalité[3]. Après plusieurs tentatives d'élaboration d'actes législatifs en l'espace d'une décennie[4], attestant de la volonté de parvenir à l'existence d'un droit européen substantiel harmonisé, l'Union européenne a adopté le règlement n°1346/2000 du 29 mai 2000, modifié par le règlement n°2015/848 du 20 mai 2015 relatif aux procédures d'insolvabilité. Dans ce cadre, la situation que le règlement entend mieux appréhender est celle d'un débiteur exerçant son activité économique dans plusieurs États membres. De cette internationalisation de la vie économique, plusieurs difficultés peuvent apparaître : l'absence de connaissance de la décision d'ouverture d'une procédure d'insolvabilité à l'étranger permettant aux effets[5] attachés au jugement ouvrant la procédure collective de s'appliquer et l'existence de procédures concurrentes ne permettant pas aux juridictions de connaître les décisions de leurs homologues étrangères[6]. Sans entrer dans l'analyse détaillée[7] du règlement en vigueur, l'objectif est à tout le moins de démontrer cette

---

Ayant eu l'opportunité d'assister un juge des contentieux de la protection de Valenciennes dans le cadre de nos fonctions de juriste-assistante à la cour d'appel de Douai, nous avons pu mesurer la lourdeur de sa charge de travail. Outre le droit du surendettement, il intervient en droit civil général, en matière de saisie des rémunérations sans compter le service général auquel il est astreint en matière pénale. La suppression de l'homologation a donc eu le mérite d'alléger le fardeau de son office.

[1] Rendre justice aux citoyens – Rapport du comité des États généraux de la justice (oct. 2021 – avril 2022), prés. par J-M. SAUVÉ, spéc., p.96.

[2] *Ibid.*, spéc. 98.

[3] C. SAINT-ALARY-HOUIN, *Droit des entreprises en difficulté*, *op.cit.*, n°1508.

[4] Convention européenne sur certains aspects internationaux de la faillite, Istanbul, 5 juin 1990 ; Convention relative aux procédures d'insolvabilité, Conseil de l'Europe, 23 novembre 1995 ; Loi type de la CNUDCI sur l'insolvabilité internationale, Vienne, 30 mai 1997.

[5] On pense notamment au dessaisissement du débiteur et à la suspension des poursuites.

[6] Dans l'hypothèse par exemple où une procédure a une vocation liquidative tandis que l'autre recherche le redressement du débiteur.

[7] En ce sens v. C. SAINT-ALARY-HOUIN, *op.cit*, pp.1009-1019.

recherche de coordination[1] dans la gestion des procédures d'insolvabilité transfrontalières.

Relevons à cet égard l'exclusion du droit du surendettement du domaine des procédures d'insolvabilité. Le règlement CE n°1346/2000 du 20 mai 2000 laissait, en effet, aux États membres le soin de délivrer la liste des procédures qu'ils entendaient considérer comme inclues au règlement communautaire, la France n'ayant pas souhaité insérer les dispositions du Code de la consommation sur le surendettement des particuliers. À ce titre, la Cour de justice de l'Union européenne a pu formuler que « dès lors qu'une procédure est inscrite à l'annexe A du règlement, elle doit être considérée comme relevant du champ d'application du règlement »[2]. Or, l'annexe A ne visait pour la France que la sauvegarde, le redressement et la liquidation judiciaire. Cette interprétation a d'ailleurs été confirmée[3] dans le règlement du 20 mai 2015. Plus tard, la Cour de cassation a logiquement rappelé que « les procédures de traitement de surendettement des particuliers ne sont pas au nombre de celles auxquelles s'applique le règlement n°1346/2000 du Conseil du 29 mai 2000 relatif aux procédures d'insolvabilité » [4]. Devant cette absence de mention de la procédure de surendettement, celle-ci reste dès lors régie par le droit international privé[5].

L'impulsion européenne pour le rebond. Le droit au rebond du débiteur est un sujet de préoccupation du droit européen. Si le règlement du 20 mai 2015 a marqué un pas vers une convergence des droits nationaux, il faut souligner que l'Union européenne s'intéressait déjà à cette question puisque la Commission Européenne publiait, le 12 mars 2014, une recommandation[6] contenant des invitations pour les États membres à prévoir des procédures de pré-insolvabilité et des liquidations rapides afin de permettre le rebond du débiteur. Il faut reconnaître que la Commission n'en était pas à son premier coup d'essai. Déjà en 2007, elle invitait les États à « promouvoir une politique de la deuxième chance » [7] et « surmonter les stigmates de la faillite d'entreprise », ajoutant que « le succès

---

[1] Étudiants du Master 2 professionnel *Stratégies de recouvrement des créances*, « Le recouvrement des créances sans frontières, bilan des applications jurisprudentielles du règlement (CE) 1346/2000 relatif aux procédures d'insolvabilité », *in Un recouvrement de créances sans frontières ?*, dir. D. VOINOT, Larcier, 2013, p.215 et s., *adde* D. VOINOT, « La protection du créancier dans l'Union européenne », *in Mélanges en l'honneur de Daniel Tricot*, Litec, 2011, p.301 et s.

[2] C-116/11 – Bank Handlowy et Adamiak, 22 novembre 2012.

[3] V. notamment Cons. n°9 : « Les procédures d'insolvabilité nationales qui ne figurent pas à l'annexe A ne devraient pas relever du présent règlement », v. aussi l'art. 1.

[4] Civ., 2ème, 17 mars 2016, n°14-26.868.

[5] V. MARTINEAU-BOURGNINAUD, *op.cit.*, n°38, v. aussi F. JAULT-SESEKE, D. ROBINE, « Le règlement 2015/848 : le vin nouveau et les vieilles outres », *Rev. crit. DIP*, 2016, p.21.

[6] Recommandation de la Commission du 12 mars 2014 relative à une nouvelle approche en matière de défaillances et d'insolvabilité des entreprises, n°2014/135/UE.

[7] Remarquons ici l'emploi, sans équivoque, des termes « deuxième chance » et « rebondir », alors que dans la recommandation du 12 mars 2014 et la Directive du 20 juin 2019, les termes

et l'échec dans les affaires sont inhérents à la réalité de l'économie de marché »[1]. En 2008, avec le « Small Business Act » pour les PME européennes, la Commission énonçait plusieurs principes destinés à « encourager l'esprit d'entreprise dans l'UE » et à « donner rapidement une seconde chance aux entrepreneurs honnêtes ». En 2012, la Commission identifie à nouveau la « seconde chance » comme une « action clé »[2]. Dans sa recommandation du 12 mars 2014, elle entonne à nouveau la mélodie de la « seconde chance » en faveur des entrepreneurs honnêtes. Coïncidence des calendriers a pu légitimement s'interroger la doctrine[3], puisque la France publiait le même jour l'ordonnance n°2014-326 du 12 mars 2014 portant réforme de la prévention des difficultés des entreprises et des procédures collectives. L'évolution du droit européen en faveur du rebond du débiteur s'est fait l'écho auprès du législateur français qui a consacré, sur simple recommandation[4], la procédure de rétablissement professionnel à destination des « petits » débiteurs personnes physiques dont l'effet est l'effacement de dettes, mécanisme privilégié du rebond[5]. Le « souffle créateur »[6] du législateur européen sur le système français traduit l'existence d'un véritable « dialogue »[7], à tout le moins un dialogue de sources favorable au rebond. Cette consécration, en 2014, de la procédure de rétablissement professionnel, soit le même jour que la recommandation européenne démontre la logique de parachèvement de la législation française pour les « petits » entrepreneurs méritant de rebondir après une procédure d'insolvabilité. De la sorte, on peut en déduire la consécration assumée d'un « droit au rebond »[8] dépassant le simple « droit de l'échec »[9]. Nous l'avons vu précédemment, la

« rebondir » et « deuxième chance » disparaissent au profit du strict emploi de l'expression de « seconde chance ». Faut-il déduire que l'échec ne peut être source de récidive ?

[1] Communication de la Commission au Conseil, au Parlement européen, Comité économique et social Européen et au Comité des Régions - Surmonter les stigmates de la faillite d'entreprise – Pour une politique de la deuxième chance - Mise en œuvre du partenariat de Lisbonne pour la croissance et l'emploi, Bruxelles, 5 octobre 2007, 52007DC0584.

[2] Communication de la Commission au Parlement européen, au Conseil et au Comité économique et social – Nouvelle approche européenne en matière de défaillances et insolvabilités des entreprises, Strasbourg, 12 décembre 2012, (COM2012) 742 final.

[3] M. MENJUCQ, « 2014 : un nouveau souffle pour les procédures collectives », *Rev. pro. coll.*, 2014, n°2, p.34.

[4] Conformément à l'art. 288 du Traité sur le fonctionnement de l'Union européenne, les recommandations tout comme les avis ne lient aucunement les États membres. À l'inverse de la directive qui s'entend comme une obligation de résultat liant ainsi chaque État membre dans le résultat à atteindre, tout en laissant une marge de manœuvre aux systèmes internes sur la forme et les moyens d'y parvenir.

[5] S. SCHILLER, « L'effacement des dettes permet-il un nouveau départ ? Comparaison franco-américaine », art. préc. spéc. p. 667.

[6] N. NEF NAF, « Rebond du débiteur : un dialogue avec l'Europe », *Dr. Patr.*, Dossier 6, décembre 2014, n°242, pp.61-65, spéc.62.

[7] *Ibid., passim.*

[8] F-X. LUCAS, « Recommandation européenne relative au traitement de l'insolvabilité », *LEDEN*, mai 2014, n°5. p.1.

[9] M-A. FRISON-ROCHE, « Le législateur et ses échecs », *in Procédures collectives et droit des affaires - Mélanges en l'honneur d'Adrienne Honorat*, 2000, p.109.

construction légale du droit de la défaillance économique au profit du rebond du débiteur n'a fait que croître ces dernières années et plus récemment encore avec la directive du 20 juin 2019. D'une simple recommandation à l'élaboration d'une directive, l'Union européenne a semblé changer de ton en matière de « seconde chance » vis-à-vis des États membres. Fallait-il y voir dans ses nombreuses publications antérieures, une manière subtile de préparer les mentalités à la nouvelle directive ? On peut sérieusement le penser. La directive du 20 juin 2019, dans le souci d'harmoniser les procédures collectives des États membres, exige de ces derniers qu'ils garantissent ce droit à la « seconde chance » par la mise en œuvre de mesures destinées à réhabiliter les entrepreneurs surendettés par un effacement rapide et complet de leurs dettes. Elle laisse cependant d'importantes marges de transposition[1] aux États membres en leur offrant diverses options sur des points cruciaux. En France, la directive a débouché sur l'ordonnance n° 2021-1193 du 15 septembre 2021 portant modification du livre VI du Code de commerce, nous l'avons détaillée antérieurement. Le souci de protéger le débiteur au prix de l'effacement de ses dettes était déjà connu en droit français. De la sorte, les dispositions assurant la transposition sont limitées puisque la compatibilité avec les exigences européennes était déjà confirmée. Des améliorations ont toutefois été introduites par l'ordonnance à destination notamment des procédures de liquidation judiciaire simplifiée et de rétablissement professionnel, qui sont seulement « toilettées » en ce qu'elles répondaient déjà aux exigences de l'harmonisation européenne. En guise d'illustration, la directive prévoit une remise[2] dans un délai de trois ans à compter du jugement d'ouverture, de l'établissement du passif ou de la décision arrêtant le plan, et à l'issue duquel l'entrepreneur insolvable pourra être totalement libéré de ses dettes. En France, les deux procédures dédiées à la remise de dettes sont essentiellement la liquidation judiciaire simplifiée et le rétablissement professionnel. La première doit être close dans un délai d'un an après son ouverture, une prorogation d'un mois restant possible. La seconde est, quant à elle, ouverte pour quatre mois sans prorogation possible. Par conséquent, on observe qu'elles respectent d'ores et déjà le délai imposé par la directive. La transposition a toutefois mené à une amélioration des dispositifs existants, notamment au lendemain de l'épidémie de covid-19 où de nombreuses dispositions[3] avaient été prises dans l'urgence.

[1] Titre III, art. 23 « Dérogations », directive du 20 juin 2019.

[2] Titre III, art. 21 « Délai de remise de dettes », directive du 20 juin 2019.

[3] Tenant compte des innovations légales nées de la période de Covid-19 qui sont pour partie pérennisées, v. *infra*, chapitre 2, titre 2, 1ère partie. ; Ainsi, en matière de rétablissement professionnel, l'accès est favorisé par un abaissement du seuil maximal de la valeur des actifs (15 000 euros) détenus par le débiteur personne physique, exclusion faite de ses biens insaisissables et résidence principale du débiteur (v. C. com., art. R.645-1).

Le débiteur qui dispose d'un actif d'une valeur inférieure à cette somme peut prétendre à cette alternative de la liquidation judiciaire dont l'effet est favorable à son rebond grâce à l'effacement des dettes sans liquidation. S'agissant de la liquidation judiciaire simplifiée, en présence d'un débiteur personne physique, une seule condition est posée par la loi : l'absence d'actif immobilier

Bilan. Les mesures de faveur à destination des entrepreneurs honnêtes caractérisent une influence bénéfique de l'échelon communautaire sur les sources internes du droit de la défaillance économique. Le choix d'une directive doit être salué en ce qu'il impose aux États membres d'adapter les textes aux données économiques du moment[1]. L'existence d'une directive, transposée ou non, oblige les juges nationaux à interpréter le droit interne « en accord avec la lettre et l'esprit de celle-ci »[2]. Selon nous, l'européanisation d'un droit au rebond, bien que perfectible à des égards, paraît aujourd'hui bien engagée. L'optimisme doit nous conduire à penser que des évolutions se profileront ici et là[3]. Après tout, n'a-t-il pas fallu presque deux décennies pour imposer une culture de la « deuxième chance » à l'échelle européenne ? Affaire à suivre, donc.

(v. C. com., art. L.641-2). En présence d'un débiteur personne morale, les seuils prévus sont maintenus, soit un chiffre d'affaires de 75 000 euros et moins de cinq salariés (v. D.641-10).

[1] N. SAUPHANOR, *L'influence du droit de la consommation sur le système juridique*, thèse préc., n°560.

[2] *Ibid.* n°561.

[3] Concédons tout de même qu'il s'agit d'un premier jet en la matière.

CONCLUSION DU CHAPITRE 1

On observe au cours des évolutions législatives de ces deux dernières décennies, une influence réciproque des droits des entreprises en difficulté et du surendettement. Ensemble, ils forment le droit de défaillance économique. Si l'histoire du traitement de l'endettement des particuliers est moins ancienne que celle du droit des entreprises en difficulté, elle a toutefois récemment connu des changements comparables[1]. Avec la montée en puissance de l'intérêt de la personne défaillante, considérée non comme simple débitrice, mais avant tout comme une réalité économique, la logique d'ensemble devait nécessairement évoluer.

En analysant scrupuleusement la construction légale de ces domaines où les réformes ont proliféré, on relève que, par la profonde mutation dont ils ont été l'objet, ils consacrent respectivement des mécanismes en faveur du rebond. La technique de l'effacement des dettes présente dans chacune des branches permet de les qualifier de « droits du désendettement ». Si la doctrine a pu parler en son temps de « l'émergence » d'un droit de la défaillance économique, il convient de souligner qu'au regard de la convergence continue de leur évolution à la faveur du rebond, il est permis aujourd'hui de proclamer « l'avènement » du droit de la défaillance économique.

Par ailleurs, cette construction légale atteste d'un pluralisme de sources d'origine communautaire, légale, administrative ou judiciaire. Les législations de crise sont spécifiques. Elles heurtent les valeurs de référence du système juridique parce qu'elles constituent une législation instrumentale. Nous l'avons vu, la loi est devenue un outil juridique utilisé dans le but d'obtenir un changement social : « la dimension symbolique de l'ordre juridique régresse au profit d'exigences opérationnelles »[2]. Si le législateur a recentré l'office du juge sur sa fonction première d'une part, il a fondé le traitement du surendettement sur la légitimité d'organes administratifs d'autre part, en assumant l'immixtion de ceux-ci dans le rapport d'obligation en collaboration avec l'autorité judiciaire. Le droit de la défaillance économique est également susceptible de s'accroître sous l'impulsion du droit communautaire. L'obligation imposée au législateur national de mettre en œuvre des mécanismes légaux en faveur de la « seconde chance », atteste d'une transformation de notre paysage juridique en matière de rebond.

Le droit de la défaillance économique donne au débiteur la possibilité de se dégager d'un engagement n'ayant pas encore abouti, ce qui constitue une atteinte de plein fouet portée à la force obligatoire des contrats. En cela, il se révèle être un « droit inéquitable » puisqu'il requiert l'effort du créancier face à la faiblesse du débiteur. L'homogénéisation du droit de la défaillance économique réside

---

[1] K. LAFAURIE, *La force obligatoire du contrat à l'épreuve des procédures d'insolvabilité*, thèse préc., n°12.
[2] N. SAUPHANOR, *L'influence du droit de la consommation sur le système juridique*, thèse préc., n°576.

dans une justification et apparaît comme un « terreau extrêmement riche »[1] permettant de repenser la force obligatoire. Le droit de la défaillance économique se caractérise non plus comme un simple adoucissement[2] de la rigueur des principes gouvernant le rapport d'obligation au bénéficie des débiteurs malheureux, mais plutôt comme la prise en considération d'une situation durable née de nouvelles données économiques appelant à procéder d'une logique différente.

[1] K. LAFAURIE, thèse préc., n°13.
[2] B. OPPETIT, « L'endettement et le droit », *op. cit.*, p. 309.

CHAPITRE 2

LA RÉCEPTION PAR LA THÉORIE GÉNÉRALE DE LA FORCE OBLIGATOIRE DU CONTRAT

« *De continent superbement isolé, le contrat est devenu l'île d'un archipel animé d'une vie collective.* »[1]

Avec l'avènement du droit de la défaillance économique, il ressort que la conception classique de la force obligatoire du contrat est perturbée (**Section 1**). En effet, la théorie contractuelle échoue dans son rôle de systémisation du droit, en ce qu'elle repose sur un principe dont le caractère absolu est ruiné par la généralité des atteintes qui y sont portées[2]. En maintenant une conception rigoriste de la force obligatoire, celle-ci n'est plus en conformité avec le droit positif. Sa conception doit, en conséquence, être rénovée en tenant compte de la place prépondérante qu'occupe désormais le droit de la défaillance économique dans notre système juridique (**Section 2**).

SECTION 1
UNE RÉCEPTION, SOURCE DE PERTURBATION

Principe directeur du droit des contrats, la force obligatoire est aujourd'hui définie dans une acception absolutiste dans la mesure où l'inexécution de l'engagement contractuel est source de sanction (**§1**). Pourtant, avec la prolifération des législations de crise à la faveur d'un droit de la défaillance économique prédominant, des altérations de plus en plus vigoureuses sont régulièrement portées à la théorie générale de la force obligatoire issue du Code civil (**§2**), lequel occulte volontairement en son sein le traitement de l'insolvabilité (**§3**).

§1 – Une définition absolutiste de la force obligatoire

Fondements. Classiquement, l'attention du juriste se pose sur la phase de formation du contrat[3]. On considère que tout se joue à cet instant, que le contrat y est figé. Il en résulte des impératifs destinés à permettre que le rapport

---

[1] M. CABRILLAC, « Remarques sur la théorie générale du contrat et les créations récentes de la pratique commerciale », *in Mélanges dédiés à Gabriel Marty*, Université des sciences sociales de Toulouse, 1978, p.235.

[2] À cet égard, si notre réflexion ne fera pas œuvre nouvelle, elle porte *a minima* une voix supplémentaire en regard de la nécessité de réformer la théorie générale de la force obligatoire. Elle est aussi une manière de contribuer au débat sans fin sur la construction d'un autre droit des contrats. V. en ce sens, les travaux de K. LAFAURIE, *La force obligatoire du contrat à l'épreuve des procédures d'insolvabilité*, thèse : LGDJ, 2020, préf. G. WICKER, *passim.*

[3] L. GAUDIN, *La patience du créancier : contribution à l'étude de l'effectivité du paiement contractuel*, thèse : Defrénois, 2009, préf. G. PIGNARRE, n°169.

contractuel produise pleinement ses effets. D'une part, la force obligatoire qui commande que « les obligations qui découlent du contrat soient aussi impératives que si elles résultaient de la loi elle-même »[1]. D'autre part, l'intangibilité qui interdit, en conséquence, toute révocation, résiliation, ou modification unilatérale du contrat en dehors des hypothèses autorisées par la loi. Autrement dit, « l'intangibilité ne cède que devant la volonté de toutes les parties au contrat »[2]. C'est à l'article 1103 du Code civil que le principe de force obligatoire est rattaché. Ce texte dispose que « les contrats légalement formés tiennent lieu de loi à ceux qui les ont faits ». Ainsi, « la force obligatoire résulte de la création par le contrat d'une nouvelle norme juridique, qui, quel que soit son contenu, va s'imposer aux parties comme s'imposerait à elles une norme légale »[3]. Cette disposition traduit indirectement l'existence d'une sanction en cas d'inexécution du contrat, la possibilité juridique d'exiger réparation ou d'infliger une peine au débiteur défaillant. En effet, le contenu de l'article 1103 est détaillé dans l'article 1193 du Code civil qui précise que « les contrats ne peuvent être modifiés ou révoqués que du consentement mutuel des parties, ou pour les causes que la loi autorise ».

Un principe directeur depuis 2016. Deux corollaires sont rattachés à la force obligatoire : les principes d'irrévocabilité et d'intangibilité du contrat. L'irrévocabilité se rapporte à l'existence même du contrat, il ne peut être mis fin au contrat sans l'accord des parties. L'intangibilité, quant à elle, concerne le contenu du contrat lié à l'exécution des obligations qui doivent donc être scrupuleusement respectées par les parties, sans qu'une révision ne soit possible. Un auteur a pu résumer que « intangibilité et irrévocabilité du contrat sont ainsi au service du droit du créancier à l'exécution que postule la force obligatoire du contrat »[4]. À l'occasion de la réforme du 10 février 2016 portant réforme du droit des contrats, du régime général et de la preuve des obligations[5], le législateur a instauré des principes directeurs[6] au frontispice du sous-titre sur les contrats. Par la conservation de l'ancien article 1134 alinéa 1er aux termes célèbres et énergiques et l'inscription stratégique au fronton du corpus de règles concernant le contrat, le législateur marque significativement une conception absolutiste de la force obligatoire dans le Code civil, et plus largement au sein de la théorie générale du contrat. Cette dernière est définie par la doctrine comme la

---

[1] G. PIETTE, *La correction du contrat*, thèse : PUAM, 2004, préf. M. MUNJUCQ, n°191.

[2] *Ibid.*

[3] P. ANCEL, « Force obligatoire et contenu obligationnel du contrat », *RTD civ.*, 1999, p.771.

[4] K. LAFAURIE, thèse. préc., n°17.

[5] V. Ordonnance n°2016-131 du 10 février 2016 portant réforme du droit des contrats, du régime général et de la preuve des obligations et loi n°2018-287 du 20 avril 2018 ratifiant l'ordonnance n°2016-131 du 10 février 2016 portant réforme du droit des contrats, du régime général et de la preuve des obligations.

[6] L'ordonnance de 2016 met en évidence quatre principes directeurs du contrat : la liberté contractuelle contrebalancée par l'ordre public (art. 1102), la force obligatoire du contrat (art. 1103), la bonne foi (art. 1104) et le principe selon lequel les règles spéciales dérogent aux règles générales (art. 1105).

désignation de « systèmes doctrinaux du contrat »[1] traduisant « des principes transcendant le droit des contrats »[2]. « La théorie générale des contrats (…) réunit les règles qui sont communes à tous les contrats » [3] précise encore le Doyen CORNU.

Force obligatoire et imprévision. La conception absolutiste de la force obligatoire, revivifiée à l'occasion de la réforme, démontre l'attachement du législateur envers ce dogme absolu et invulnérable. Toutefois, ces observations doivent être relativisées par l'introduction de nouveaux dispositifs contrebalançant d'une certaine manière le rigorisme du droit des contrats. En effet, le réformateur de 2016 a notamment consacré la théorie de l'imprévision[4] en admettant que le juge résilie ou révise les contrats affectés par un changement de circonstances. Si cette consécration est bienvenue, elle n'a pour autant pas révolutionné la conception classique de la force obligatoire. En effet, les strictes conditions de mise en œuvre posées par l'article 1195, ajoutées au fait que la disposition soit supplétive ne perturbe aucunement la conception absolutiste de la force obligatoire. Aujourd'hui, le principe de la force obligatoire du contrat est encore présenté comme un absolu. De cette analyse, il en ressort que « les règles du droit de l'insolvabilité sont condamnées à être exclues de la théorie générale du contrat »[5]. Or, cette exclusion apparaît douteuse lorsqu'il s'agit d'observer la récurrence d'ouverture de procédures collectives et des procédures de surendettement lorsque le débiteur rencontre des difficultés économiques. Un auteur est allé plus loin en considérant que le principe de force obligatoire appartenait à la « mythologie contractuelle »[6].

Conception classique et droit de la défaillance économique. Si la théorie générale du contrat est construite autour de l'absolutisme de la force obligatoire, que penser de sa cohérence à l'aune des droits de l'insolvabilité ? On comprend que la force obligatoire puisse être présentée en terme d'opposition ou de contradiction avec les règles juridiques permettant le rebond du débiteur. Suscitée par une défaillance de ce dernier, la loi offre au débiteur la possibilité de ne pas s'exécuter et d'être déchargé de ses dettes. La philosophie du rebond assure bel et bien la violation de la loi contractuelle. Alors qu'il n'a pas respecté sa parole, le contractant défaillant est gratifié d'une purge de son passif et l'inexécution devient alors « licite »[7]. Avec l'aval du législateur et du juge, la purge des dettes permet au débiteur qui a failli, de faire comme si « le contrat n'avait pas été

---

[1] E. SAVAUX, *La théorie générale du contrat, mythe ou réalité ?*, thèse : LGDJ, 1997, préf. J-L. AUBERT, n°77 ; *adde* N. BALAT, *Essai sur le droit commun*, thèse : LGDJ, 2016, préf. M. GRIMALDI, n°51.
[2] *Ibid.*
[3] G. CORNU, *Des contrats ou des obligations conventionnelles en général*, Les cours de droit, 1976, n°41.
[4] C. civ., art. 1195.
[5] K. LAFAURIE, thèse préc. n°1.
[6] D. MAZEAUD, « La révision du contrat », *LPA*, 30 juin 2005, n°129, p.4, spéc. n°32 et 34.
[7] C. CHABAS, *L'inexécution licite du contrat*, thèse : LGDJ, 2002, préf. J. GHESTIN, *passim*.

passé »[1]. La logique juridique en faveur du rebond altère nécessairement la définition absolutiste de la force obligatoire.

§2 – Une altération de la force obligatoire par le droit de la défaillance économique

Crise économique et contrat. Les nombreuses atteintes portées par le droit de la défaillance économique à l'égard de la force obligatoire conduisent nécessairement à son affaiblissement. La théorie générale ignore pourtant les coups portés à la conception absolutiste de la force obligatoire par les législations de crise et s'inscrit, dès lors, en décalage avec la réalité du droit positif. La crise éprouve sérieusement les piliers du droit, « la force obligatoire des conventions s'écroule devant la faillite »[2]. Toutes les relations de droit privé sont susceptibles de ressentir la crise économique. Toute crise se caractérise par une rupture avec le cours normal des choses[3]. Lorsque la crise économique impacte le contrat, les prévisions sont toujours déjouées. Le contrat est l'accord d'un instant, « un équilibre d'aujourd'hui qui ne vaudra peut-être plus demain »[4]. Selon le Professeur AYNÈS, « l'insolvabilité est devenue une fatalité, un fléau social (…) et le mot « crise » brandi et répété désigne cet ennemi public »[5]. Dans cette perspective, « l'exécution de l'obligation n'est plus la tâche individuelle du débiteur : l'inexécution ne relève pas de sa responsabilité, (…) la crise économique pousse aux solutions collectives »[6]. Dans ce contexte de crise économique, il apparaît que le droit a été mobilisé, « la crise économique a été (…) l'aiguillon, l'accélérateur de réformes nécessaires »[7]. De tout temps, la crise économique a influencé l'évolution du droit. Nous l'avons vu précédemment, toutes les réformes intervenues tant en droit des entreprises en difficulté qu'en droit du surendettement s'insèrent dans une période de difficulté ou de changement économique. Dans cette perspective, on peut affirmer que l'économie s'est imposée au droit. Constatons également que ces législations de crise ont évolué plus rapidement que le droit commun des contrats formant le socle des principes fondamentaux, dont la généralité et la permanence sont les caractéristiques essentielles[8]. À l'inverse de ce droit commun des contrats, les

---

[1] P. ANCEL, *ibid.*

[2] L. AYNÈS, « Crise économique et rapports de droit privé », *in Droit de la crise : crise du droit ? Les incidences de la crise économique sur l'évolution du système juridique*, Cinquièmes Journées René Savatier, Poitiers, 5 et 6 octobre 1995, PUF, 1997, p.57.

[3] J. CHEVALIER, « Conclusions », *in La confiance en temps de crise : étude de l'Équipe de recherche en droit public (ERDP/CRDP) de l'Université de Lille*, dir. E. BERNARD et F. GRABIAS, Bruylant, 2021, p.328.

[4] L. AYNÈS, *Crise économique et droit des contrats*, 13e conférence Albert-Mayrand, Thémis, 2010, n°1.

[5] L. AYNÈS, « Crise économique et rapports de droit privé », art. préc., p.60.

[6] L. AYNÈS, *ibid.*

[7] J-J. DAIGRE, « Crise et structures juridiques des entreprises », *in Droit de la crise : crise du droit ? Les incidences de la crise économique sur l'évolution du système juridique*, Cinquièmes Journées René Savatier, Poitiers, 5 et 6 octobre 1995, PUF, 1997, p.90.

[8] J-J. DAIGRE, *ibid.*, p.75.

droits de l'insolvabilité ont démontré leur capacité de changement rapide et partant, leur force d'adaptation. Vie économique et vie juridique se sont ainsi superposées[1]. Le droit de la défaillance économique est apparu comme une technique d'organisation efficace à destination des débiteurs subissant des difficultés économiques. L'inconvénient reste évidemment la production législative dont la cadence s'est accélérée au gré des crises. Mais cette évolution législative permanente a multiplié la possibilité de structures juridiques offertes aux débiteurs étouffés par le poids de leurs dettes, le facteur économique a donc rejoint le facteur moral. Sous l'effet de la crise économique, l'attitude du droit à l'égard du débiteur impécunieux n'a pas consisté à enrayer ce phénomène mais à « l'intégrer comme une donnée normale dans les cadres juridiques traditionnels, en malmenant au besoin les principes fondamentaux de notre droit privé »[2].

À travers l'évolution du droit en période de crise, la doctrine contractualiste la plus réfractaire a pu s'insurger des « ravages économiques causés par le relâchement ou l'abolition des liens contractuels » considérant que « si le lien contractuel est aboli, ou seulement relâché, c'est toute la trame économique de la société qui, peu à peu, s'effiloche ou se déchire »[3]. Et un auteur de souligner les ravages matériels et moraux qu'entraînent le mépris des contrats : « paralysie des affaires, ruine généralisée et ce qui est plus grave encore, destruction progressive des qualités morales qui portent en elles les vertus créatrices de l'ordre, de l'initiative hardie, de l'activité ordonnée, de la mesure qui sont les conditions de l'accroissement continu des richesses individuelles et de la prospérité universelle »[4]. Dénonçant l'introduction d'une « sentimentalité dans les lois »[5], cette partie de la doctrine a appelé au « rétablissement progressif mais aussi rapide que possible de la force obligatoire des liens contractuels, ciment nécessaire pour unir les pierres vives des volontés humaines »[6]. Fustigeant l'affaiblissement de la force obligatoire, un auteur, paraphrasant Montaigne qui déclarait à propos de César qu'il a donné « congé aux lois », a estimé de la même manière que « le législateur a mis l'exécution en vacances »[7]. Si une part de la doctrine persiste à considérer que la justice doit tenir la balance égale pour tous, appelant à redonner à la notion de force obligatoire sa force et son prestige, ces critiques acerbes n'ont pas suffi à décourager le législateur qui a adopté un raisonnement plus modéré en faveur des débiteurs impécunieux.

---

[1] A. CHAINEAU, « Crise économique, crise juridique, crise de société : 1975-1995 », *in Droit de la crise : crise du droit ? Les incidences de la crise économique sur l'évolution du système juridique*, Cinquièmes Journées René Savatier, Poitiers, 5 et 6 octobre 1995, PUF, 1997, pp. 6 et 7.
[2] S. GJIDARA, *L'endettement et le droit privé*, thèse : LGDJ, 1999, préf. A. GHOZI, n°343.
[3] A. TOULEMON, *Le mépris des contrats et la crise*, Librairie du Recueil Sirey, 1937, p. 24-25.
[4] *Ibid.*, p.84.
[5] *Ibid.*, p.86.
[6] *Ibid.*, p.85.
[7] *Ibid.*, p.73.

Une éviction justifiée de la force obligatoire. Sacrifiant l'impératif cardinal d'honorer ses obligations, le législateur des droits de l'insolvabilité favorise l'objectif de désendetter les débiteurs les plus obérés. Le droit de la défaillance économique évince de son champ d'application le principe de la force obligatoire des engagements, quelles que soient leurs sources[1]. Dans cette perspective, le législateur façonne « un droit contractuel de crise »[2], un « droit social des contrats dans lequel la force obligatoire a un tout autre sens et une toute autre portée qu'en droit commun »[3]. Marqué par l'idée de justice distributive, le législateur a donc élaboré un droit catégoriel aux bénéfices des débiteurs malchanceux et honnêtes. Soumis aux « exigences exponentielles de l'ordre public »[4], le principe de la force obligatoire du contrat n'est plus absolu. Par retranchements, le législateur est venu modifier d'autorité et *a posteriori* les éléments essentiels du contrat, initialement déterminés par les parties, pour des raisons qui résultent moins de l'équité que de contingences économiques et sociales. Nous l'avons évoqué précédemment, « ce forçage du contrat s'effectue tantôt directement par la loi, tantôt indirectement par délégation au pouvoir réglementaire ou au pouvoir judiciaire »[5]. À cet égard, on constate qu'après avoir essayé de n'affecter le contrat que de façon ponctuelle et très restreinte, le législateur s'est finalement livré à plus d'interventionnisme en acceptant même une extinction totale de la dette[6]. En effet, un auteur a justement qualifié ce phénomène par « l'expansionnisme des inexécutions licites »[7]. Dans son objectif de traitement des situations les plus obérées, le législateur a mis à la disposition du juge tout un ensemble de mesures permettant au débiteur de ne pas s'exécuter comme il l'avait promis. Notre étude s'intéressant uniquement aux mécanismes de purge des dettes, la technique de l'effacement des dettes apparaît comme la plus signifiante en ce que, par son effet, elle permet au débiteur de retrouver une « virginité patrimoniale » laissant entrevoir son rebond dans la vie comme dans la vie des affaires. Avec cette « mesure extraordinaire » de désendettement, le juge, au nom de l'impératif de sauvegarde de la dignité de la personne du débiteur menacé d'exclusion sociale ou de celui nécessitant de réintégrer rapidement le circuit économique, lui accorde « non pas seulement le droit de ne pas payer ses dettes, mais le droit de ne plus avoir de dettes »[8]. Comme la dignité du débiteur, on a pu dire du contrat qu'il doive « mourir dans la dignité »[9], après tout, la fin du contrat reste un

---

[1] V. VIGNEAU, G-X BOURIN, C. CARDINI, *Droit du surendettement des particuliers*, 2e éd., LexisNexis, 2012, n°21.

[2] D. MAZEAUD, « Droit du marché et droit commun des obligations – L'attraction du droit de la consommation », *RTD com.*, 1998, p.95, n°26. ; v. aussi du même auteur « Le nouvel ordre contractuel », *RDC*, décembre 2003, p.295, n°41.

[3] *Ibid.*

[4] S. GJIDARA, thèse préc., n°434.

[5] S. GJIDARA, *ibid.*

[6] C. CHABAS, thèse préc., n°210.

[7] C. CHABAS, *ibid.*

[8] D. MAZEAUD, « Le nouvel ordre contractuel », *RDC*, décembre 2003, p.295, n°41.

[9] M. MEKKI, « Les clauses aménageant la phase post-contractuelle », *in Remédier aux défaillances du contrat*, dir. S. LE GAC-PECH, Larcier, 2010, pp. 147-168, spéc. p.151.

moment charnière dans la vie d'un acteur économique. Dans l'hypothèse où la situation du débiteur est effectivement obérée, des mesures adaptées doivent s'appliquer. Le droit de la défaillance économique permet-il ainsi la « non-reprise des poursuites »[1] paralysant simplement le droit d'exiger du créancier d'une part, et « l'effacement des dettes »[2] d'autre part, lequel éteint complètement l'obligation. On déduira logiquement de ces mécanismes légaux que l'atteinte portée à l'intangibilité est manifeste. Cette justice sociale adaptée au « droit contractuel de crise » démontre une fois de plus que le principe de force obligatoire du contrat ne peut plus être envisagé comme un dogme absolu. En cela, le principe de force obligatoire serait seulement « un moyen de parvenir à un certain équilibre économique et social, et s'il n'apparaît plus adapté au but poursuivi, la portée de ce principe, qui procède du législateur, peut et doit être modifiée »[3].

Prédominance du droit de la défaillance économique. Compte tenu du maintien de la conception absolutiste de la force obligatoire du contrat, il apparaît que le droit de la défaillance économique présente un caractère manifestement dérogatoire. En effet, le droit commun des contrats doit immanquablement subir l'épreuve des droits de l'insolvabilité. Cette confrontation s'inscrit logiquement dans un contexte conflictuel[4] en raison de leur divergence de finalités. Conformément à la philosophie individualiste ayant inspiré les rédacteurs du Code civil, le lien contractuel librement consenti est l'élément dominant. À l'inverse, les droits de l'insolvabilité tendent, quant à eux, à faire passer au second plan cette analyse du contrat pour y voir un acte à valeur patrimoniale et le doter d'un objectif économique[5]. Le face-à-face qui en résulte se solde par la prédominance du droit de la défaillance économique. Non plus perçu comme un rapport entre deux individus, le contrat est désormais appréhendé comme une valeur économique, « véritable centre d'intérêts juridiques digne de protections particulières »[6]. À la philosophie individualiste du Code civil, succède une philosophie économique assignant au contrat un objectif transcendant les parties, à savoir la sauvegarde des intérêts du débiteur impécunieux et honnête. Partant, le fondement volontariste du contrat qui vivifie la théorie générale de la force obligatoire du contrat, est nécessairement réduit à peau de chagrin face au droit de la défaillance économique.

---

[1] En matière de liquidations judiciaires.

[2] En matière de rétablissements personnel et professionnel.

[3] P. ANCEL, « Droit au recouvrement de sa créance ou droit de ne pas payer ses dettes », *Dr. et patr.*, mai 1988, spéc. p.89.

[4] S. SABATHIER, *Le droit des obligations à l'épreuve du droit des procédures collectives*, thèse : Toulouse, 2000, dir. C. SAINT-ALARY-HOUIN, *passim*, v. aussi M-H MONSÈRIÉ, « Aperçu sur les apports récents de la confrontation du droit des procédures collectives et du droit des obligations », *in Dialogues avec Michel Jeantin – Prospectives du droit économique*, Dalloz, 1999, p.441.

[5] E. CHVIKA, *Droit des procédures collectives*, thèse : Defrénois, préf. T. BONNEAU, 2003, n°12.

[6] *Ibid.*

§3 – Une occultation du traitement de l'insolvabilité dans le Code civil

Constats. Le traitement de l'insolvabilité est exclu du droit commun des contrats dont les règles afférentes sont intégrées au Code civil. Comme évoqué précédemment, le droit de la défaillance, par les différents mécanismes de purge des dettes qu'il propose, porte une altération considérable à la force obligatoire, principe directeur du contrat. Étonnamment, cette altération qui influence ce principe civiliste par excellence, est volontairement exclue du Code civil régissant pourtant le corpus de règles autour du contrat. On ne peut que regretter le mutisme du Code civil face au traitement de l'insolvabilité. Après tout, la tradition libérale et individualiste issue du Code civil permet d'expliquer que ses rédacteurs n'ont pas souhaité consacrer quelconque disposition à la situation du débiteur obéré[1]. Cet évitement peut également se justifier par l'idée selon laquelle le droit de la défaillance économique a « mauvaise presse » car il traduirait l'entérinement du fameux « droit de ne pas payer ses dettes »[2]. Non sans une pointe d'humour, un auteur a souligné au sujet de l'innovation qu'allait apporter la loi du 14 février 2022 en faveur de l'activité professionnelle indépendante – laquelle consacre la systématisation de la partition patrimoniale limitant *de facto* le droit de gage des créanciers – qu'« on achèvera de rassurer les scrogneugneux qui s'étranglent avec RIPERT en découvrant cet ultime épisode du feuilleton de la consécration du droit de ne pas payer ses dettes, en leur rappelant que tant de réformes ont déjà vidé de sa substance le gage des créanciers (…) »[3]. Ce discrédit jeté à l'égard du droit de la défaillance a peut-être justifié son « éclatement »[4] hors du Code civil.

Codification éclatée du droit de la défaillance. Si la doctrine a pu à une époque se pencher sur une « fusion du droit civil et du droit commercial »[5], celle-ci n'a jamais eu lieu. Si l'idée venait à resurgir en droit positif, elle serait selon nous assurément déconseillée. En effet, la complexification de la vie des affaires couplée à la pluralité de ses acteurs malmèneraient l'unité propre au Code civil[6]. Comment pourrait-on ainsi imaginer la distinction entre l'homme et l'entreprise ? Ce serait omettre qu'il existe des règles propres à la vie économique mais également spécifiques aux personnes éligibles à certaines procédures

---

[1] C. GAU-CABÉE, « Enchaîné, affranchi, protégé, triomphant – Endettement des particuliers et contrat sur fond de crise : étude diachronique », *RTD civ.*, 2012, p.33. L'auteur précise que cet article constitue la version exhaustive d'une contribution au colloque Crise(s) et droit organisé par l'Institut fédératif de recherche, Mutation des normes juridiques, les 25 et 26 novembre 2010 à l'Université Toulouse 1 Capitole.

[2] C. SAINT-ALARY-HOUIN, « Le périmètre du droit de la défaillance – propos introductifs », *RPC*, janvier 2011, dossier 1, spéc. n°12, v. aussi G. RIPERT, « Le droit de ne pas payer ses dettes », *DH*, 1936, chron. p. 57.

[3] F-X. LUCAS, « Vers le patrimoine professionnel de l'entrepreneur », *LEDEN*, décembre 2021, n°200m1, p.1.

[4] K. LAFAURIE, *La force obligatoire du contrat à l'épreuve des procédures d'insolvabilité*, thèse préc., n°488.

[5] L. MAZEAUD, « Vers la fusion du droit civil et du droit commercial en France », *RTD com.*, 1954, p.333.

[6] K. LAFAURIE, thèse préc. n°489.

commerciales. Ainsi, la spécificité du monde des affaires justifie l'éloignement de la matière du Code civil, et son maintien pur et simple dans le Code de commerce. Si la question d'une éventuelle fusion entre droit civil et droit commercial n'est plus d'actualité, une autre interrogation taraude depuis peu les esprits de la doctrine : la pertinence de sa dénomination actuelle[1]. En effet, la dénomination de « Code de commerce » ne semble pas tenir compte de l'évolution du vocable de la matière qui pourtant traduit le changement de philosophie engagé par elle depuis nombre d'années. Force de proposition, la doctrine a suggéré une dénomination plus adaptée à la réalité de la matière sous l'appellation de « Code des activités économiques »[2]. Celle-ci a le mérite de prendre davantage de hauteur sur la matière en tenant compte de l'évolution de la philosophie ayant guidé les réformes législatives. Pour un auteur, cette dénomination serait « particulièrement adaptée au droit des entreprises en difficulté pour lequel le critère d'activité économique indépendante permettrait de donner un critère unique désignant toutes les personnes éligibles aux procédures collectives »[3]. Au lendemain de la publication du rapport SAUVÉ pour une réforme sur la justice économique[4], le choix d'une telle dénomination est encore plus convaincant lorsque l'on sait que la proposition majeure du comité est celle de la mise en place à titre expérimental d'un « tribunal des affaires économiques »[5]. « Code des affaires économiques », « tribunal des affaires économiques », on comprendra ici l'absolue nécessité de réformer la dénomination actuelle du Code de commerce. Si l'expérimentation du tribunal des affaires économiques se traduit par un succès, on suppose alors que le « Code des affaires économiques » serait le digne successeur de l'actuel Code de commerce.

---

[1] *Ibid.*, n°490.

[2] J. PAILLUSSEAU, « Du droit commercial au droit des activités économiques », *in Liber Amicorum Commission droit et vie des affaires, 40e Anniversaire (1957-1997)*, Bruylant, 1998, p.93 ; T. REVET, « Le nouveau Code de commerce et la codification », *Dr. et patr.*, juillet-août 2001, p.100, spéc. p. 103 ; B. SAINTOUENS, « La prise en considération de la personne du débiteur dans le droit des entreprises en difficulté », *in Histoire, théorie et pratique du droit : études offertes à Michel Vidal*, PUB, 2010, p.947 ; J. VALLANSSAN, « L'évolution des personnes assujetties à la procédure collective : 1985-2005 » *in* « La loi du 25 janvier 1985 a 20 ans, entre bilan et réformes », *RLDA*, supplément mars 2005, n°80, p.12, spéc. p.13 ; K. LAFAURIE, thèse préc. n°490.

[3] K. LAFAURIE, *ibid.*

[4] Rendre justice aux citoyens – Rapport du comité des États généraux de la justice (oct. 2021 – avril 2022), prés. par J-M. SAUVÉ, spéc., p.28 et s. ; v. aussi Rapport d'information n°615 (2020-2021) de F. BONHOMME et T. MOHAMED SOILIHI, fait au nom de la commission des lois, sur les outils de prévention et de traitement des difficultés des entreprises à l'aune de la crise de la covid-19, déposé le 19 mai 2021, spéc. p.109 et s.

[5] Cette proposition fera l'objet d'une mise en place à titre expérimental d'un tribunal des affaires économiques (TAE) dans six tribunaux de commerce (différentes tailles). L'objectif en cas de réussite, serait de transformer ainsi l'ensemble des tribunaux de commerce. Le TAE deviendrait dès lors compétent pour l'ensemble des procédures amiables et collectives quels que soient les secteurs d'activité. Sa compétence serait élargie aux associations, professions libérales et agriculteurs qui relèvent aujourd'hui des tribunaux judiciaires. S'agissant des contentieux plus techniques, ils resteraient sous la compétence des présidents des tribunaux judiciaires. ; v. en ce sens K. LEMERCIER, « Propositions de réforme de la justice économique : de grands bouleversements en perspective ? », *Recueil Dalloz*, p.1512.

S'agissant du droit du surendettement, la démarche de codification nous paraît plus discutable. Selon la doctrine, l'insertion dans le Code de la consommation du droit du surendettement peut être source d'incohérence[1]. Classiquement, la consécration du Code de la consommation résulterait du constat de l'incompatibilité entre les principes du droit civil et les dispositions spéciales régissant les relations entre consommateur et professionnel. En effet, alors que le Code civil régit fondamentalement les rapports contractuels en fonction de l'objet du contrat, le droit de la consommation appréhende les rapports contractuels en fonction de la position du contractant dans le processus contractuel[2]. Dans cette perspective, l'émergence des notions de professionnel et de consommateur met en exergue l'idéologie qui sous-tend que le Code civil ne permet pas de régir de manière satisfaisante les rapports contractuels impliquant un consommateur. Pour certains, ce même raisonnement est applicable pour justifier l'exclusion du droit du surendettement du Code civil. En effet, les règles de cette matière se heurtant de la même manière aux principes essentiels du droit commun, leur exclusion évite ainsi une « lecture schizophrénique » [3] du Code civil.

Pour autant, il est permis de déplorer cette exclusion en adoptant une autre réflexion. L'article L.711-3 du Code de la consommation dispose que « les dispositions du présent livre ne s'appliquent pas lorsque le débiteur relève des procédures instituées par le livre VI du Code de commerce »[4]. De cette disposition, on doit déduire que le droit du surendettement s'applique subsidiairement à défaut du droit des entreprises en difficulté. Par ailleurs, si l'on s'intéresse au domaine d'application *ratione personae* du droit du surendettement, on remarque que celui-ci exclut une catégorie de débiteurs mais ne s'applique pas pour autant à un débiteur en particulier. En outre, si le droit de la consommation tend à se concentrer sur le rapport d'inégalité consommateur–professionnel, cette appréciation n'est pas celle du droit du surendettement des particuliers. Un auteur a remarquablement relevé que « tout débiteur est éligible, que ses dettes résultent d'un rapport de consommation ou non »[5]. D'ailleurs, « le particulier éligible à la procédure de surendettement n'est pas une personne vulnérable *ab initio* mais une personne rendue vulnérable par sa situation de surendettement »[6]. Le manque de cohérence apparaît dès lors manifeste. La refonte du Code de la consommation issue de l'ordonnance n°2016-301 du 14 mars 2016 relative à la partie législative du Code de la consommation en veut pour preuve. À cette occasion, les dispositions relatives au droit du surendettement des particuliers ont

[1] K. LAFAURIE, thèse préc., n°490 et s.
[2] S. GJIDARA, thèse préc., n°255.
[3] J. JULIEN, « L'évolution des procédures de surendettement », *RTD banc. et fin.*, mai-juin 2012, dossier 17, p.83, n°3.
[4] Le législateur précise par ailleurs que ces dispositions ne font pas obstacle à l'application de l'article L.670-1 du Code de commerce relatif au régime de la faillite civile.
[5] K. LAFAURIE, thèse. préc., n°493.
[6] *Ibid.*

« migré »[1] vers un livre indépendant. Dans le rapport remis au président de la République, les rapporteurs de l'ordonnance ont concédé que le traitement du surendettement des particuliers, obéissant à « une logique différente de celles des autres livres », n'a pas pour objet de définir des obligations pour les professionnels, les droits des consommateurs, d'en sanctionner le non-respect, mais bien de définir les modalités procédurales et les conditions de traitement des situations de surendettement[2]. Selon nous, cette migration du droit du surendettement vers un livre propre a le mérite de restaurer une certaine cohérence dans l'architecture du Code de la consommation. Dénonçant malgré cela un rattachement « artificiel » du traitement du surendettement des particuliers au Code de la consommation, une doctrine minoritaire plaide en faveur de son rattachement au Code civil[3]. Nous rejoignons pleinement cette thèse en ce qu'elle permettrait de tenir compte des altérations susceptibles d'être portées au principe de force obligatoire. De la sorte, il ne s'agirait plus d'un Code civil qui « se défausserait »[4] en donnant au Code de la consommation la responsabilité du traitement de la situation d'un débiteur dont la situation est devenue obérée. Intégré dans le Code civil, le droit du surendettement apparaîtrait comme un véritable pan du droit de l'exécution où les difficultés qui en découlent seraient logiquement traitées ensemble. Dans cette perspective, un auteur a suggéré de manière très satisfaisante, au sujet de l'aménagement des obligations, d'insérer « dans le titre IV du Livre III sur le régime général des obligations un chapitre suivant le chapitre IV (« l'extinction des obligation ») qui pourrait être intitulé « l'aménagement des obligations des débiteurs surendettés » ». Si le droit commun des contrats issu du Code civil persiste dans le maintien d'une logique absolutiste du principe de force obligatoire, force est de constater quelques assouplissements démontrant une prise en compte des altérations portées à ce dogme en apparence absolu. Celui relatif à la consécration de l'imprévision mérite une attention particulière.

Insolvabilité et imprévision. Avant la consécration du mécanisme de traitement de l'imprévision institué à l'article 1195 du Code civil[5], la doctrine

---

[1] Avant la réforme, le livre III intitulé « L'endettement » était scindé en deux livres, à finalité différente, le premier réservé aux opérations de crédit, le second, au traitement des situations de surendettement.

[2] Rapport au président de la République relatif à l'ordonnance n°2016-301 du 14 mars 2016 relative à la partie législative du Code de la consommation.

[3] K. LAFAURIE, thèse. préc. n°494.

[4] *Ibid.*

[5] C. civ., art. 1195 : « Si un changement de circonstances imprévisible lors de la conclusion du contrat rend l'exécution excessivement onéreuse pour une partie qui n'avait pas accepté d'en assumer le risque, celle-ci peut demander une renégociation du contrat à son cocontractant. Elle continue à exécuter ses obligations durant la renégociation.

En cas de refus ou d'échec de la renégociation, les parties peuvent convenir de la résolution du contrat, à la date et aux conditions qu'elles déterminent, ou demander d'un commun accord au juge de procéder à son adaptation. A défaut d'accord dans un délai raisonnable, le juge peut, à la demande d'une partie, réviser le contrat ou y mettre fin, à la date et aux conditions qu'il fixe. » ;

estimait que les droits de l'insolvabilité consacraient et élargissaient la théorie de l'imprévision, en vertu de laquelle le juge a le pouvoir de réviser un contrat à la demande d'une partie lorsque par suite d'un événement extérieur, étranger à la volonté des contractants et imprévisible lors de la conclusion, l'exécution de celui-ci devient pour l'un des contractants tellement onéreuse qu'elle risque de le ruiner[1]. En effet, par les droits de l'insolvabilité, la loi organise des procédures visant à faire sortir le débiteur de bonne foi de son endettement ruineux. La consécration de la théorie de l'imprévision apparaissait ainsi consacrée à plusieurs égards. D'une part, elle fonde le juge à réviser, pour des motifs d'intérêt général, les conditions du contrat pour l'adapter à l'évolution de la situation économique des parties. D'autre part, elle fait dépendre la révision judiciaire « non pas d'un bouleversement des circonstances économiques rendant ruineuse pour le débiteur l'exécution de ses obligations, mais de l'altération de sa situation financière, due, indifféremment au tarissement de ses ressources ou au cumul imprudent de ses obligations au-delà de ce que sa situation de fortune permet »[2]. Par exemple, en matière de surendettement, la révision judiciaire s'étend « non seulement aux débiteurs exposés à la ruine en raison de circonstances externes à leur propre volonté (surendettement passif), mais aussi à ceux qui se sont mis dans cette situation pour s'être imprudemment obligés (surendettés actif) »[3]. Ceci démontré, raisonnons maintenant au regard du nouveau dispositif institué à l'article 1195 du Code civil dont l'analyse sera nécessairement succincte pour les besoins de notre étude.

À la lecture de cette disposition, pour que le mécanisme de l'imprévision puisse s'appliquer, le texte impose initialement « un changement de circonstances imprévisibles », ce qui n'est pas le cas en matière de traitement de l'insolvabilité. En effet, pour les législateurs du droit de la défaillance économique, le caractère imprévisible des évènements à l'origine de l'insolvabilité du débiteur n'est pas un critère d'admission du bénéfice des procédures d'insolvabilité[4]. D'ailleurs, relevons à cet égard que le droit des entreprises en difficulté, dominé par l'impératif de sauvegarde de l'activité économique, permet l'ouverture d'une procédure collective « à la seule condition que les difficultés soient suffisamment graves »[5]. D'une autre manière, si le droit du surendettement n'exige pas que la

---

Relevons au passage que cet article est inscrit dans la sous-section 1 intitulée « Force obligatoire », preuve d'un assouplissement manifeste de la vision classique de la force obligatoire.

[1] V. VIGNEAU, G-X BOURIN, C. CARDINI, *op. cit.*, n°22, v. aussi : L. GRYNBAU, « La mutation du droit des contrat sous l'effet du traitement du surendettement », *CCC*, 2002, chron.16 ; *adde* C. CHABAS, *L'inexécution licite du contrat*, thèse préc., *passim*.

[2] V. VIGNEAU, G-X BOURIN, C. CARDINI, *op. cit.*, *eod loc.*

[3] *Ibid.*

[4] K. LAFAURIE, thèse préc., n°578.

[5] *Ibid.* L'absence de critère relatif à l'imputabilité dans les conditions d'ouverture ne s'applique qu'aux procédures de sauvegarde, redressement et liquidation judiciaires. Ainsi, pour la procédure de rétablissement professionnel laquelle envisage la situation de l'entrepreneur ou du dirigeant, l'imputabilité réapparait, puisque la condition de bonne est imposée pour le bénéfice de cette procédure (C. com., art. L.645-1 et L.645-9).

situation du débiteur trouve son origine dans un évènement imprévisible pour le bénéfice des procédures de surendettement, il impose cependant la condition de bonne foi comme critère d'ouverture et ce, dans un souci de moralisation purement justifié. De cette façon, la mauvaise foi du débiteur peut être caractérisée s'il est établi une faute en lien avec son état d'insolvabilité. Dans la même perspective, l'exception posée par le droit des entreprises en difficulté à la non-reprise des poursuites issues des liquidations judiciaires, démontre une prise en compte de l'imputabilité des difficultés dans le cadre des sanctions prononcées à l'égard de l'entrepreneur ou le dirigeant fautif.

Une autre condition traduisant le fossé existant entre le traitement de l'imprévision et celui de l'insolvabilité : l'impérativité de l'intégration du risque d'insolvabilité. En effet, sans disposition expresse du législateur signalant que l'article 1195 est d'ordre public, la doctrine majoritaire considère que la disposition est, par conséquent, supplétive de volonté. Autrement dit, les contractants sont donc libres de l'écarter[1], réduisant alors le mécanisme de l'imprévision à un « tigre de papier ». À l'inverse, le droit de la défaillance économique procède, quant à lui, d'une logique impérative en ce qu'il relève « d'un ordre public économique et même social »[2]. En conséquence, tant le droit du surendettement[3] que le droit des entreprises en difficulté[4] ne peuvent faire l'objet d'aménagements par des clauses contractuelles qui écarteraient le bénéfice du traitement des procédures d'insolvabilité. Finalement, en dépit de la consécration de la théorie de l'imprévision, on ne peut constater que celle-ci demeure influencée par la conception absolutiste de la force obligatoire du contrat[5], ne serait-ce que par la rigueur de ses conditions de mise en œuvre. Si l'on doit admettre une évolution certaine autour de la rigidité de la force obligatoire depuis plusieurs années, on observe malgré tout un rejet persistant de la prise en compte du droit de la défaillance économique dans la relativisation du principe de force obligatoire.

Une occultation injustifiée. Comme nous l'avons précédemment analysé, l'homogénéisation[6] des droits de l'insolvabilité a conduit à l'avènement du droit de la défaillance économique. Tant le droit des entreprises en difficulté que celui du surendettement s'inscrivent dans une complémentarité des domaines, une

---

[1] Au lendemain de la crise sanitaire ayant bouleversé les conditions d'exécution des contrats, une doctrine minoritaire plaide en faveur du caractère nécessairement impératif des dispositions de l'article 1195, défendant ainsi une « impérativité raisonnée », v. en ce sens B. MERCADAL « Feu le caractère supplétif de l'article 1195 du Code civil sur l'imprévision », BRDA 19/20, *passim*.
[2] K. LAFAURIE, thèse. préc., art. n°581.
[3] C. consom., art. L.722-11.
[4] C. com., art. L.622-13, I.
[5] K. LAFAURIE, thèse préc., art. n°52.
[6] V. *supra* chapitre 1, titre 1, 1ère partie.

« orientation commune »[1], dont l'objet est de « répondre aux problèmes de paiement des particuliers surendettés, des entreprises en difficulté »[2]. En dépit de quelques différences tenant aux conditions d'ouverture ou au fonctionnement des procédures d'insolvabilité, l'objectif de rebond est assuré dans les deux corps de règles, ce qui participe dès lors à l'unicité[3] du droit de la défaillance économique. Outre l'unicité, le droit de la défaillance est également source d'universalité puisque le traitement des difficultés qui en découle s'adresse à « tout type de débiteur, tout type de contrat et tout type d'obligation contractuelle »[4]. Par son caractère général, le traitement des difficultés issu du droit de la défaillance économique apparaît comme une « nouvelle ramification »[5] du droit des contrats portant d'importantes exceptions à la force obligatoire et appelant par conséquent à « une réflexion sur sa place dans notre système juridique »[6]. Nous rejoignons avec vigueur cette doctrine considérant que si l'exception est devenue générale, le principe de la force obligatoire mérite d'être rénové. La place du droit de la défaillance économique dans notre ordonnancement juridique n'est pas satisfaisante, « le bouleversement du droit positif de l'exécution du contrat [...] ne peut se retrouver sans écho dans la théorie générale du contrat »[7]. Ces constats conduisent, par conséquent, à la rénovation du principe de force obligatoire.

SECTION 2
UNE RÉCEPTION, SOURCE DE RÉNOVATION

Par l'adoption d'une conception absolutiste du principe de force obligatoire, la théorie générale se défausse en choisissant de ne pas prendre en compte les altérations portées par le droit de la défaillance économique à l'égard de ce dogme absolu. Ainsi, il en résulte un droit de l'exécution dénué de conformité vis-à-vis du droit positif (**§1**). Dès lors, la théorie générale de la force obligatoire doit être rénovée pour restaurer la conformité de son système dans notre ordonnancement juridique. Avec l'appui des thèses normativiste (**§2**) et utilitariste (**§3**), il est possible de faire émerger une approche relativisée de la force obligatoire du contrat, intégrant l'avènement du droit de la défaillance économique en faveur du rebond du débiteur.

---

[1] J-M. JUDE, *Le droit international privé des procédures de surendettement des particuliers*, thèse : PUAM, 2003, préf. B. ANCEL, n°14.
[2] C. SAINT-ALARY-HOUIN, « Le périmètre du droit de la défaillance – propos introductifs », *RPC*, janvier 2011, dossier 1, spéc. n°2.
[3] K. LAFAURIE, thèse préc. n°484.
[4] K. LAFAURIE, *ibid.* n°485.
[5] *Ibid.*
[6] C. SAINT-ALARY-HOUIN, art. préc., spéc. n°2.
[7] K. LAFAURIE, *ibid.*, n°501.

§1 – Une absence de conformité avec le droit positif

Un droit de l'exécution en trompe-l'œil. Il y a presque deux décennies, le Professeur MAZEAUD déplorait déjà que « tout explorateur de la planète contractuelle sait qu'il existe un important décalage entre les dispositions du Code et les règles du droit positif contractuel »[1]. Ceci est d'autant plus actuel lorsqu'il s'agit de s'attarder sur le droit de l'exécution issu du Code civil. À cette fin, on observe qu'il promeut aujourd'hui une conception rigoriste de la force obligatoire du contrat. En dehors de l'hypothèse notamment des délais de grâce[2] et du mécanisme de la révision pour imprévision[3], « il est reconnu aux créanciers un droit parfait à l'exécution »[4]. Or, devant l'avènement du droit de la défaillance économique, on ne peut que constater que le droit de l'exécution s'inscrit en porte-à-faux avec le droit positif. Une partie de la doctrine dénonce à cet égard une « pureté du droit commun de l'exécution qui n'est que façade »[5]. Face aux caractères général et universel du droit de la défaillance économique, le droit de l'exécution est nécessairement malmené. Ainsi, le rebond du débiteur, promu à égalité par les législations de l'insolvabilité, est loin d'être anecdotique. Les dernières réformes destinées notamment « à perfectionner » les mesures de rebond, démontrent pleinement que la non-reprise des poursuites des liquidations judiciaires et l'effacement des dettes issu des rétablissements personnel et professionnel, sont des techniques opportunément installées dans notre système juridique. Les mesures de désendettement à destination des débiteurs malchanceux et honnêtes sont économiquement efficaces et moralement défendables. S'il existe logiquement des détracteurs fustigeant l'institutionnalisation d'un « droit de ne pas payer ses dettes » dans notre système, le droit au rebond du débiteur n'est plus l'objet d'une remise en cause par la doctrine majoritaire. Il est, par conséquent, le résultat d'une évolution législative guidée par un changement de philosophie à l'égard des plus démunis. Ces éléments rappelés, il apparaît que « la théorie générale du contrat ne peut plus être déconnectée »[6] du droit de la défaillance économique, et plus spécifiquement de la logique de rebond instituée par ce dernier. En effet, l'objectif de rebond du débiteur est parvenu à accéder à la vie juridique. De la sorte, il participe assurément à la mutation du principe de la force obligatoire du contrat. De ce constat, « il ne paraît plus possible de s'en tenir à la règle morale du respect de la parole donnée et de brandir l'impératif de sécurité pour justifier la règle de l'intangibilité du contrat »[7].

---

[1] D. MAZEAUD, « La matière du contrat », *in Les concepts contractuels français à l'heure des principes du droit européen des contrats* », dir. P. RÉMY-CORLAY, D. FENOUILLET, *Dalloz*, 2003, p.81, n°5.
[2] C. civ., art. 1343-5.
[3] C. civ., art. 1195.
[4] K. LAFAURIE, thèse préc., n°482.
[5] *Ibid.*
[6] K. LAFAURIE, thèse préc., n°502.
[7] D. MAZEAUD, « Droit du marché et droit commun des obligations – L'attraction du droit de la consommation », art. préc., n°26.

La nécessité d'une théorie générale conforme au droit positif. Alors que le droit de la défaillance économique est présenté comme un droit « dérogatoire », il importe de souligner que cette exception a dépassé un certain seuil justifiant une nouvelle vision de la force obligatoire du contrat. Le droit commun des contrats ne peut plus rester imperméable à ce bouleversement du droit de l'exécution. « Plutôt que de stigmatiser le droit de ne pas payer ses dettes », le droit de la défaillance économique appelle à « une réévaluation du principe même de la force obligatoire »[1]. En effet, on doit considérer que le traitement de l'insolvabilité est une « donnée essentielle pour la description de la réalité de l'exécution du contrat »[2]. On comprend dès lors que la vision actuelle de la force obligatoire du contrat ne peut plus s'inscrire en rupture avec le droit positif. Une solution permettant de relativiser *a minima* l'absolutisme de la théorie générale de la force obligatoire du contrat, résiderait dans la nécessité d'intégrer les droits spéciaux à la théorie générale du contrat[3]. Cette proposition aurait le mérite de confronter les principes généraux de la théorie générale avec les règles du droit de la défaillance économique, lesquelles ébranlent sérieusement les principes civilistes. On ne peut que partager l'interrogation d'un auteur à cet égard : « comment, après avoir constaté que les droits de l'insolvabilité constituaient un élément du droit positif des contrats, en sachant par ailleurs qu'ils perturbent la conception classique de la force obligatoire, conserver une définition de ce concept clé du droit des contrats, dénuée de toute référence au traitement de la défaillance économique ? »[4]. De plus, « c'est donner une image faussée du contrat que d'exposer sa force obligatoire seulement à l'aune des textes du Code civil »[5]. Par conséquent, si une entorse à la force obligatoire devait être nécessairement prise en considération, ce serait assurément celle permettant le rebond du débiteur. Si l'on conçoit le droit de la défaillance économique comme une composante du droit commun des contrats, on observe que son application doit cesser d'être perçue comme une exception. Au contraire, le droit de la défaillance économique doit être intégré dans une logique de gradation au sein du droit commun. Le principe de force obligatoire posé à l'article 1193 demeure le socle de base. Pour autant, il est contraint de composer avec l'article 1195 relatif à l'imprévision et l'article 1343-5 relatif aux délais de grâce. Dans la même perspective, il doit aussi œuvrer avec le droit de la défaillance économique lequel s'applique à tout type de débiteur. Ainsi, dès lors que de graves difficultés économiques obèrent la situation d'un débiteur, c'est bien la force obligatoire interprétée à l'aune du droit de la défaillance économique qui trouve à s'appliquer et non celle portée par l'article 1193 du Code civil.

---

[1] F. DEBOISSY et G. WICKER, « Droit du contrat et droit du marché : éléments pour une problématique », *RDC*, 2006, p.1323.
[2] K. LAFAURIE, *ibid.*, n°504.
[3] *Ibid.*, n°496.
[4] K. LAFAURIE, thèse préc., n°497.
[5] *eod. loc.*

La nécessité d'un changement d'approche. Cette « lecture dynamique et moins égoïste »[1] de la théorie générale de la force obligatoire du contrat permet de « penser le contrat autrement »[2]. La prise en compte du droit de la défaillance économique conduit à nuancer la rigueur de ce principe « face aux impératifs de justice distributive »[3]. Il apparaît, par conséquent, que le principe de force obligatoire ne doit plus être ce principe absolu, « cette loi d'airain comme le laisse encore entendre l'article 1103 du Code civil »[4]. Dès lors que le droit de la défaillance économique remet gravement en cause sa cohérence, la définition de l'article 1103 n'est plus conforme à la réalité du droit positif. Ainsi, « soutenir l'application généralisée d'une règle totalement opposée à une autre, présentée comme le principe, fait perdre sa cohérence au principe et au système »[5]. Appliquée à notre étude, la perturbation de la force obligatoire par le droit au rebond du débiteur issu du traitement de l'insolvabilité est trop intense pour être ignorée. Selon nous, il importe que la conception classique rigoriste de la force obligatoire du contrat s'incline au profit d'une approche plus relativisée et ce, dans le but de correspondre plus fidèlement à la réalité du droit positif.

§2 – Une justification par la dépendance du contrat à la loi

Une volonté supérieure à la loi des parties. Avec la conception absolutiste du principe de force obligatoire, « toute limitation apportée à l'immutabilité du contrat est regardée comme une atteinte à la force obligatoire du contrat »[6]. Pour autant, on ne saurait envisager une application mécanique du principe de la force obligatoire sans envisager que l'économie du contrat puisse être altérée par le contexte économique dans lequel son exécution a lieu. De cette manière, le Professeur MAZEAUD a brillamment résumé que « le principe de la force obligatoire du contrat perd sa légitimité lorsqu'une application mécanique conduit un de ses contractants au désastre économique ou à la détresse sociale »[7]. À la faveur d'une justice distributive, « le contrat est dirigé par une volonté supérieure à celle des intéressés »[8] où la conception absolutiste de la force obligatoire s'amenuise alors nécessairement. Dans ce contexte, il apparaît que « le contrat n'est plus appréhendé comme le jardin secret des contractants »[9].

---

[1] C. GAU-CABÉE, « Enchaîné, affranchi, protégé, triomphant – Endettement des particuliers et contrat sur fond de crise : étude diachronique », art. préc.

[2] D. MAZEAUD, « Loyauté, solidarité, fraternité : la nouvelle devise contractuelle ? », *in L'avenir du droit – Mélanges en hommage à François Terré*, PUF, 1999, p.632.

[3] S. GOUNON, *L'insolvabilité en droit privé*, thèse : Lyon 3, 2004, dir. J. RUBELLIN-DEVICHI, n°430.

[4] K. LAFAURIE, *ibid.*, n°498.

[5] *Ibid.*, n°499.

[6] K. LAFAURIE, thèse préc., n°518.

[7] D. MAZEAUD, note sous Cass. com., 24 nov. 1998, *Defrénois*, 1999, p.373.

[8] L. JOSSERAND, « Aperçu général des tendances actuelles de la théorie des contrats », *RTD civ.*, 1937, p.1.

[9] D. MAZEAUD, « Le nouvel ordre contractuel », art. préc., n°2.

La subordination du contrat à la loi. À la lecture de l'article 1103 du Code civil disposant que « les contrats légalement formés tiennent lieu de loi à ceux qui les ont faits », il est classiquement déduit que la loi octroie, d'une part, force obligatoire aux contrats formés par les parties ayant respecté les conditions légales, et d'autre part, impose un caractère contraignant à l'engagement qui en découle[1]. Coexistent donc la libre volonté contractuelle et la loi contraignante, « tantôt l'une tantôt l'autre, mais jamais l'une sans l'autre »[2]. De ce constat, il ressort que le contrat devient « hiérarchiquement subordonné à la loi »[3]. Autrement dit, la norme contractuelle reste soumise à la loi, norme supérieure, laquelle est donc susceptible d'imposer une modification ou autoriser sa rupture anticipée. Tant au stade de la formation que de l'exécution, on déduit que cette norme doit veiller à se conformer aux exigences de la loi. Ce raisonnement se vérifie à la lecture de l'article 1193 qui précise que « les contrats ne peuvent être modifiés ou révoqués que du consentement mutuel des parties, ou pour les causes que la loi autorise ». La deuxième partie de cette disposition démontre aussi que la loi participe, d'une certaine manière, à la relativisation du principe de force obligatoire. En subordonnant le contrat à la loi, les altérations issues du droit de la défaillance économique conduisent de manière plus satisfaisante à une conception relativisée de la force obligatoire. De la sorte, la logique de rebond du débiteur issue du traitement de la défaillance apparaît comme une véritable manifestation de la conception relativisée de la force obligatoire. La force obligatoire devient ainsi relative en raison de la subordination du contrat à la loi[4]. En d'autres termes, la loi octroie force obligatoire au contrat avec la contrepartie d'une possibilité d'aménagements ou de retranchements des obligations du débiteur pendant son exécution. Ce rattachement à la subordination du contrat à la loi permet de « restituer la réalité complète »[5] de la force obligatoire. Une autre réflexion peut, par ailleurs, être menée quant à l'utilité sociale du contrat.

§3 – Une justification par l'utilité sociale du contrat

Le contrat, instrument de la vie sociale. Le contrat est un instrument de la vie sociale qui ne fonctionne pas en vase clos[6]. On a pu écrire à son propos que « le contrat se sociabilise »[7] et que la société contraignante est devenue plus importante que le libre contrat. Selon un auteur, « la notion d'utilité du contrat peut justifier à elle seule la force obligatoire du contrat »[8]. L'utilité du contrat peut être définie comme le but recherché par les parties dès l'instant où elles

---

[1] K. LAFAURIE, *ibid.*, n°523.
[2] P. MALAURIE, *Dictionnaire d'un droit humaniste*, définition du mot « contrat », LGDJ, 2015, p.43
[3] *Ibid.*
[4] K. LAFAURIE, thèse préc., n°525.
[5] *Ibid.*, n°526.
[6] *Ibid.*, n°532.
[7] P. MALAURIE, *Dictionnaire d'un droit humaniste*, *op.cit.*, *eod. loc.*
[8] K. LAFAURIE, thèse préc., n°528 ; *adde* J. GHESTIN, « L'utile et le juste dans le droit du contrat », *D.* 1982, chron., p. 1.

contractent[1]. De ce point de vue, le contrat ne serait pas seulement conçu pour lui-même. Il serait plutôt « un instrument de la coordination économique et sociale permettant la satisfaction des besoins individuels concrets au sein de la société »[2]. Cette observation sous-tend le rôle prépondérant de l'intérêt général dans l'utilité sociale du contrat[3]. De la sorte, on peut déduire que nuire à l'intérêt général revient à contrevenir à l'utilité sociale du contrat.

Insolvabilité et utilité du contrat. Appliqué au droit de la défaillance économique, l'utilité du contrat impose de lutter contre la ruine des entreprises et l'exclusion sociale des personnes physiques. Cet objectif rappelé, le principe d'intangibilité devrait ainsi être assoupli « chaque fois que cela sera nécessaire »[4]. Dans notre hypothèse d'étude, les mesures conduisant au retranchement des obligations apparaissent comme des limites apportées à l'intangibilité du contrat. Toutefois, en adoptant le raisonnement tiré de l'utilité sociale du contrat, il apparaît que ces limites s'inscrivent dans une approche relativisée de la force obligatoire. On comprend que le contrat ne doit être intangible que dans la mesure où cela est utile. Ici, la « hiérarchisation des intérêts »[5] permet de déboucher sur une solution conforme à l'intérêt général. Ainsi, le droit de la défaillance économique est le fruit d'une hiérarchisation d'intérêts favorisant tant la réinsertion du débiteur professionnel dans le circuit économique que la lutte contre l'exclusion sociale du débiteur particulier. Il en ressort, par conséquent, que la logique de rebond en faveur du débiteur est pleinement justifiée par l'utilité sociale du contrat.

Bilan. L'approche relativisée du principe de force obligatoire du contrat se trouverait donc à mi-chemin entre une justification tenant à la subordination du contrat à la loi d'une part, et à l'utilité sociale du contrat, d'autre part. Autrement dit, la force obligatoire du contrat, fondée tant sur la loi que sur l'utilité du contrat, devient un principe relatif. Cette nouvelle approche du principe de la force obligatoire est satisfaisante. Elle permet, selon nous, de justifier l'immixtion de la loi dans le rapport contractuel lorsque l'intérêt général le commande.

---

[1] D. MAZEAUD, « Loyauté, solidarité, fraternité : la nouvelle devise contractuelle ? », art. préc., n°29, *adde* P. ANCEL « Droit au recouvrement de sa créance ou droit de ne pas payer ses dettes ? », *Dr. et patr.*, mai 1998, p.88, spéc. p.89, B. OPPETIT, « L'endettement et le droit », *in Mélanges en hommage à André Breton et Fernand Derrida*, Dalloz, 1991, p.295.

[2] J. GHESTIN, G. LOISEAU, Y-M. SERINET, *Traité de droit civil. La formation du contrat, tome 1 : Le contrat – Le consentement*, LGDJ, 4e éd., 2013, n°44.

[3] V. notamment les travaux de M. MEKKI, *L'intérêt général et le contrat. Contribution à une étude de la hiérarchie des intérêts en droit privé*, thèse : LGDJ, tome 411, 2004, préf. J. GHESTIN.

[4] K. LAFAURIE, thèse préc., n°558.

[5] K. LAFAURIE, thèse préc., n°560, *adde* M. MEKKI, *L'intérêt général et le contrat. Contribution à une étude de la hiérarchie des intérêts en droit privé*, thèse préc., *passim*.

CONCLUSION DU CHAPITRE 2

La réception du droit de la défaillance économique par la théorie générale de la force obligatoire est globalement décevante, à tout le moins insatisfaisante. Selon nous, il est artificiel aujourd'hui de se référer à une conception absolutiste de la force obligatoire du contrat, surtout lorsqu'on mesure l'impact du droit de la défaillance économique dans notre système juridique. À cet égard, on ne peut que déplorer la posture doctrinale majoritaire persistant à présenter le principe de force obligatoire du contrat, sans jamais aborder les limites apportées par les droits de l'insolvabilité.

Nous l'avons vu, une situation de crise économique doit être appréhendée par un droit contractuel adapté pour y faire face[1]. Il importe de souligner, d'ailleurs, que la crise économique n'a pas fait faire naufrage au droit. C'est tout à l'honneur du droit de la défaillance économique d'avoir démontré la flexibilité du droit[2]. Bien loin est le temps où dans une célèbre chronique le Doyen RIPERT s'étonnait de voir simplement émerger le « droit de ne pas payer ses dettes »[3].

La mutation de la force obligatoire n'est cependant pas parvenue encore à innerver pleinement le droit commun des contrats. Pourtant, les limites apportées au principe d'intangibilité par le droit de la défaillance économique expriment fidèlement la conception que l'on doit adopter à l'égard de la force obligatoire qui, soumise à la loi, doit servir l'utilité sociale du contrat. On en déduit une absence de prise de conscience de la valeur des bouleversements impactant le droit de l'exécution. De notre point de vue, le droit de la défaillance économique ne doit pas être perçu comme le « tombeau de la théorie générale des contrats »[4], qu'il contribue, au contraire, à régénérer.

---

[1] D. MAZEAUD, « Le nouvel ordre contractuel », art. préc., n°43.

[2] J. CARBONNIER, *Flexible droit : pour une sociologie du droit sans rigueur*, LGDJ, 2013 (2001), *passim*.

[3] J. MESTRE, « Rapport de synthèse », *in Les obstacles à l'exécution forcée : permanence et évolution*, dir. A. LEBORGNE et E. PUTMAN, Éditions Juridiques et Techniques, 2009, pp.159-167, spéc. n°343.

[4] D. MAZEAUD, « Droit du marché et droit commun des obligations – L'attraction du droit de la consommation », art. préc., n°23-1.

TITRE 2
L'ACCEPTATION DE L'ÉCHEC OU LE NOUVEAU PARADIGME DU DROIT DE LA DÉFAILLANCE ÉCONOMIQUE

Du mépris à la reconnaissance du débiteur impécunieux. Historiquement, l'appréhension de la défaillance a été essentiellement conçue sous l'angle du respect de la parole donnée. Aujourd'hui, le débiteur impécunieux est perçu comme une victime dans un contexte de crise économique. L'attention du législateur n'est plus portée sur la défaillance du débiteur mais plutôt sur la prise en compte de ses difficultés. L'atténuation de la rigueur juridique à son égard se retrouve en écho dans les mesures de désendettement instituées par le droit positif, en raison notamment de justifications morales légitimant le rebond du débiteur (**Chapitre 1**).

L'adaptation aux réalités économiques. La politique de rebond est la preuve de l'instrumentalisation de la règle de droit. Ceci se traduit par le pragmatisme avec lequel le rapport contractuel est appréhendé par le législateur contemporain. En tant que législation instrumentale, le droit de la défaillance économique appelle à un raisonnement téléologique légitimant les règles en faveur du rebond. En recherche perpétuelle d'efficacité et d'utilité, ce droit répond à des impératifs de politique juridique et de réalisme économique (**Chapitre 2**).

Chapitre 1 – L'humanisation de la condition de débiteur impécunieux

Chapitre 2 – Le choix d'une législation instrumentale au service du traitement juridique des situations désespérées

CHAPITRE 1
L'HUMANISATION DE LA CONDITION DE DÉBITEUR IMPÉCUNIEUX

> « *Victime de l'ordre social, économique, scientifique, [le faible] est dominé par des forces collectives ou mécaniques redoutables. L'équilibre rompu en fait à son détriment doit être autant que possible rétabli et c'est le droit qui opèrera ce redressement* »[1].

Par définition, l'impécunieux est celui qui « manque d'argent »[2]. La langue française offre une diversité de vocables pour désigner celui qui n'a rien ou pas grand chose : le pauvre, le nécessiteux ou encore l'indigent. La doctrine a pu définir l'impécunieux selon diverses références : « Les Misérables (chez Hugo), les marmiteux (chez Brassens), les pauvres de l'Évangile, les damnés de la terre de l'Internationale, sans oublier les miséreux ou encore les nécessiteux de la dame patronnesse »[3]. En droit, l'impécunieux est généralement caractérisé par le débiteur insolvable, autrement dit, celui « qui ne peut payer ce qu'il doit »[4]. Le risque d'insolvabilité constitue depuis toujours la préoccupation du droit des obligations, et il intervient avec autant plus d'acuité que la condition de débiteur s'est aujourd'hui banalisée et précarisée[5]. La temporalité intrinsèque à l'endettement est génératrice d'incertitudes pour le créancier. Issu du rapport obligatoire noué entre le créancier et le débiteur, l'endettement fait naître une certaine condition juridique de débiteur. Il en résulte une dépendance du débiteur à l'égard du créancier, d'un assujettissement dont les modalités ont évolué « au fur et à mesure que la notion d'obligation se civilisait »[6]. La légitimité de cette emprise du créancier sur le débiteur vient de ce que ce dernier s'est volontairement et régulièrement engagé. Ainsi, en regard des principes d'autonomie de la volonté et de la force obligatoire des contrats, le débiteur est tenu d'exécuter spontanément et volontairement la prestation promise sous peine, en cas d'inexécution, de succomber à la puissance de son créancier et d'être soumis à sa contrainte légitimement exercée[7]. À cet égard, l'évolution du droit de la défaillance est dominée par deux tendances à l'égard de l'impécunieux. Soucieux de sauvegarder l'équilibre social et économique, le droit a d'abord adopté une attitude de sévérité envers le débiteur insolvable, avant de faire preuve

---

[1] L. JOSSERAND, « La protection des faibles par le droit », *in Évolutions et actualités*, Conférence de droit civil, Librairie du recueil Sirey, 1936, p.167-169.

[2] Selon le Centre National de Ressources Textuelles et Lexicales [en ligne].

[3] F-X. LUCAS, « Qu'est-ce qu'un débiteur impécunieux ? », *LEDEN*, n°7, juillet 2014, p.7.

[4] G. CORNU, *Vocabulaire juridique*, 14e éd., PUF, 2022.

[5] P. MALAURIE, L. AYNÈS, P. STOFFEL-MUNCK, *Droit des obligations*, LGDJ, 10e éd., 2018., n°1010.

[6] S. GJIDARA, *L'endettement et le droit privé*, thèse : LGDJ, 1999, préf. A. GHOZI, spéc. n°194.

[7] *Ibid.*

de mansuétude à son égard au contact d'un courant plus humanitaire (**Section 1**). Cette atténuation de la rigueur juridique à l'endroit des débiteurs impécunieux se retrouve en écho dans les mesures de désendettement instituées par le droit positif de la défaillance, en raison de justifications morales légitimant le droit au rebond (**Section 2**).

SECTION 1 L'ÉVOLUTION DE LA RECONNAISSANCE DU DÉBITEUR IMPÉCUNIEUX

Tout au long de l'Histoire, l'appréhension de l'insolvabilité a essentiellement été conçue sous l'angle du respect de la parole donnée. De la chronologie des figures légales de la condition juridique de débiteur impécunieux, il en ressort deux tendances. D'une part, une tendance dominante de sévérité à l'égard des débiteurs caractérisée par des impératifs moraux et économiques faisant du respect des engagements contractés un principe absolu (**§1**). D'autre part, une deuxième tendance traduisant l'apparition d'une morale plus humanitaire et sociale, animée par le souci de protéger le débiteur impécunieux (**§2**).

§1 – Une condition juridique, source de sévérité

Une tendance commune de l'Antiquité à l'Ancien Régime. Historiquement, le débiteur insolvable est qualifié de « failli » parce qu'il a précisément, au sens étymologique du terme[1], « manqué à » son devoir envers son créancier. Alors que celui-ci s'était engagé dans un lien personnel avec autrui, le débiteur insolvable laissait vain cet engagement, faute de pouvoir ou vouloir y répondre, l'inexécution de l'obligation s'interprétant alors comme la rupture d'une confiance, fondatrice de ce lien. Indigne de confiance aux yeux de tous, le débiteur défaillant se voyait alors mis au ban de la société, en butte à la répression morale[2]. Longtemps la faillite n'a été vue que comme une faute et le failli comme un criminel. Sous l'Antiquité, la loi *Dracon*[3] prévoyait que le débiteur incapable de payer sa dette à son créancier lui était asservi. Devenu tenancier, l'*hectémore*[4] devait travailler pour son maître et créancier jusqu'au remboursement intégral de sa dette. Or, en cas de défaillance, c'est sa propre personne et celle de ses proches qui devenaient gages du créancier[5]. La généralisation de l'esclavage pour dette exaspère les tensions et entretient un « climat de violence endémique »[6]. C'est

---

[1] « Faillir », *fallere*.
[2] G. MORRIS-BECQUET, *L'insolvabilité*, thèse : PUAM, 2002, préf. H. CROZE, spéc. n°15.
[3] 621 avant J-C.
[4] Terme octroyé au débiteur dépendant qui louait des terres à de grands propriétaires qui devenaient leur maître.
[5] C. GAU-CABÉE, « « Enchaîné, affranchi, protégé, triomphant » Endettement des particuliers et contrat sur fond de crise : étude diachronique », *RTD civ.*, 2012, p.33.
[6] *Ibid.*

dans ce contexte de crise que Solon[1], désigné comme médiateur, devient célèbre notamment pour avoir ordonné au sein de la cité la « décharge de dettes » – *seisachtheia* – au profit de tous ceux qui étaient écrasés par le fardeau de leurs engagements car « rien ne sert que les lois veulent qu'il y ait une égalité entre les citoyens quand les dettes empêchent les pauvres d'en jouir »[2]. Pourtant, ces mesures de faveur demeuraient exceptionnelles, et c'est la sévérité qui prédomina. L'Ancien Droit romain, par la loi des Douze Tables[3], avait établi un système extrêmement rigoureux en accordant au créancier, lorsque le débiteur ne s'acquittait pas de ses engagements, le droit de le traduire en esclavage, de le tuer et de se partager son corps par morceaux, selon la procédure de la *manus injectio*[4]. Cette idée que la procédure dirigée contre le débiteur insolvable doit l'être contre sa personne a prévalu pendant une longue période. La justification d'une telle rigueur était que l'on espérait, en exerçant une certaine pression sur le débiteur et en l'exposant à des peines sévères, qu'il finisse par s'exécuter[5]. Ceci était motivé par une vertu d'exemplarité. En faisant preuve de sévérité à l'égard du débiteur insolvable, on espérait provoquer un « salutaire effroi » et prévenir la défaillance des autres débiteurs pour leur passer la tentation de ne pas honorer leurs propres engagements[6]. Dans le souci vraisemblable d'atténuer la sévérité du droit, associé à la recherche d'une transaction entre les intérêts respectifs des créanciers et des débiteurs, le préteur substitua progressivement l'exécution sur les biens à l'exécution sur la personne en organisant la procédure de la *missio in possessionem* suivie de la *venditio bonorum*, vente en masse des biens du débiteur[7]. Prenant davantage l'allure d'un droit de l'exécution, la sévérité persistait cependant à l'égard du débiteur puisque la procédure entraînait à son encontre, la sanction de l'infamie : « puni, il sera écarté de certaines activités, il ne pourra plus être élu aux fonctions publiques »[8]. Aussi, l'Ancien droit ne rompait pas avec l'esprit qui prédomina à Rome. Dès la chute de l'empire romain, la prison pour dette réapparut sous la forme de la prison privée à la discrétion du créancier. Malgré une certaine amélioration, les coutumes du XIIIe siècle demeuraient sévères pour les insolvables détenus dans les prisons publiques. La contrainte par corps bénéficiait d'une certaine réglementation[9]. Mais l'occident ne fut pas pour autant débarrassé de l'esprit de dureté envers le débiteur insolvable. À cette période, la

---

[1] Solon (640-558 av. J-C) est un grand réformateur athénien, notamment célèbre pour sa législation sur les dettes et la mise en œuvre pendant son archontat d'une vaste entreprise de désendettement dans un climat de guerre civile (en 594 av. J-C) ; *adde* C. GAU-CABÉE, art. préc.

[2] PLUTARQUE, « Vie de Solon », *in* « Les vies des hommes illustres », trad. J. AMYOT, NRF, *Gallimard*, T.1, p.242.

[3] La loi des Douze Tables constitue le premier *corpus* de lois romaines écrites (451 avant J-C).

[4] C. GAU-CABÉE, art. préc.

[5] F-X. LUCAS, *Manuel de droit de la faillite*, *PUF*, 3e éd., 2021, spéc. n°6.

[6] *Ibid.*

[7] M. MENJUCQ, B. SAINTOURENS, B. SOINNE, *Traité des procédures collectives*, LexisNexis, 3e éd., 2021, spéc. n°2.

[8] J-P. LEVY, *Diachroniques, Essais sur les institutions juridiques dans la perspective de leur histoire*, Loysel, 1995, p.9.

[9] En 1254, l'ordonnance de Saint-Louis fit de la contrainte par corps, une mesure exceptionnelle.

politique s'exerçait alors dans deux directions : celle de la rigueur illustrée par la contrainte par corps spécialement à l'égard des débiteurs commerçants, et celle de l'adoucissement à l'égard du failli simple, la contrainte par corps tendant seulement à prévenir la fuite du débiteur[1]. Le débiteur commerçant était éliminé de sa corporation par la *boca rotta*[2], frappé d'infamie, « exposé à la vindicte publique, juché sur un pilori, et coiffé d'un bonnet vert » signalant son état de failli[3]. « Bannissement, opprobre, et mortification » sont les « maîtres-mots » d'une procédure ne visant qu'à éliminer de la vie des affaires celui qui a manqué à sa parole[4]. Progressivement, des préoccupations tenant aux personnes ont assoupli la rigueur, selon une distinction entre les bons et les mauvais débiteurs. C'est ainsi que les débiteurs insolvables purent bénéficier de lettres de répit accordées par l'autorité royale ou judiciaire, et que la cession de biens fut admise permettant au débiteur d'échapper aux conséquences de la faillite judiciaire que sont l'infamie et la prison[5]. C'est à l'aune de cette conception de l'insolvabilité que naît le Code civil de 1804 qui consacra le principe d'autonomie de la volonté des parties au contrat et le principe de force obligatoire fondée sur le respect de la parole donnée[6]. C'est aussi pour cette raison que la contrainte par corps a été maintenue jusqu'à son abolition en matière civile en 1867, sous le Second Empire. En outre, faut-il souligner que pour le Code civil, l'insolvabilité est envisagée comme « un évènement affectant le déroulement de la relation contractuelle, ou imposant une nouvelle répartition de la dette »[7]. Les insolvables sont dits en « déconfiture »[8] et les créanciers doivent faire individuellement diligence, subissant alors la règle selon laquelle le paiement est le « prix de la course ». Si le droit commun issu du Code de Napoléon traduit la prise en considération de l'insolvabilité comme « un accident de parcours du contrat »[9], le Code de commerce de 1807 se caractérise par une législation d'exception justifiée par la spécificité de la matière commerciale.

La spécificité du droit commercial. Poussé par les impératifs du commerce, spécialement le besoin de certitude et de rapidité, le Code de commerce institua un régime d'exécution collective sur les biens du débiteur extrêmement sévère, mettant au ban de la société le commerçant malheureux en affaires, dont la déchéance financière s'accompagnait de sanctions personnelles très fortes. De graves abus s'étaient effectivement produits antérieurement en raison de la spéculation à l'époque de la Révolution[10]. Choqué par l'omniprésence

---

1 G. MORRIS-BECQUET, thèse préc., n°16.
2 On rompt son banc de commerçant d'où l'expression de « banqueroute ».
3 F-X. LUCAS, *op. cit.*, *eod. loc.*
4 *Ibid.*
5 R. SZRAMKIEWICZ et O. DESCHAMPS, *Histoire du droit des affaires*, *LGDJ*, 2e éd., 2013, n°471.
6 C. civ., anc. art. 1134.
7 G. MORRIS-BECQUET, *ibid.*, n°17.
8 Le terme est désuet bien que celui-ci demeure aux articles 1613 et 2003 du Code civil.
9 *Ibid.*, n°19.
10 M. MENJUCQ, B. SAINTOURENS, B. SOINNE, *Traité des procédures collectives*, spéc. n°4.

de la fraude dans l'environnement des faillites, Napoléon lui-même avait personnellement pris part dans les discussions au Conseil d'État pour demander l'application de peines sévères à l'endroit des débiteurs défaillants : « la sévérité devient nécessaire, les banqueroutes servent la fortune sans faire perdre l'honneur [...] dans toute faillite, il y a un corps de délit puisque le failli fait tort à ses créanciers [...] un capitaine qui perd son navire, fût-ce dans un naufrage, se rend d'abord en prison [...] il ne faut pas blesser l'intérêt des créanciers, mais on ne doit pas se reposer sur eux du soin de rétablir l'ordre »[1]. À cette période, la procédure de faillite était réservée aux seuls commerçants alors que sous l'empire du droit romain, elle s'appliquait à l'ensemble des débiteurs indistinctement. Or, il apparaissait que c'était spécifiquement l'activité des commerçants que l'Empereur voulait contrôler en moralisant drastiquement les faillites. La réglementation en découlant était empreinte d'une sévérité démontrant son caractère éminemment répressif. C'est ainsi que le Code de commerce imposait au débiteur de déposer son bilan dans les trois jours de la cessation des paiements au greffe du tribunal de commerce, énonçait la nullité de tous les paiements et actes postérieurs à la cessation des paiements et présumait frauduleux ceux faits dans les dix jours précédant celle-ci. Surtout, le Code de commerce prévoyait l'arrestation du failli, son emprisonnement et sa mort civile[2]. Les conséquences se répercutaient également sur son conjoint qui perdait l'ensemble de ses biens. Le failli était condamné pénalement pour banqueroute simple ou banqueroute frauduleuse[3]. La réhabilitation du débiteur insolvable était soumise à des conditions restrictives, comme le paiement de l'intégralité du passif. En somme, la faillite poursuivait donc une fonction de sanction et une fonction d'élimination[4]. Plusieurs voix s'élevèrent cependant pour rejeter la faillite et son extrême sévérité à l'endroit du débiteur insolvable. Là où le débiteur qui ne payait pas ses créanciers était, jusque-là, considéré comme un homme dangereux et malhonnête, on commence à voir en lui une victime[5]. Deux siècles plus tard, une législation d'exception apparaît également aux fins de protéger spécifiquement le débiteur particulier. Il en résulte l'émergence d'une bienveillance à l'endroit des débiteurs impécunieux et malchanceux.

---

[1] J-P. LEVY, *op. cit.*

[2] C. SAINT-ALARY-HOUIN, *Droit des entreprises en difficulté*, LGDJ, 12e éd., 2020, n°14.

[3] *Ibid.* : l'auteur précise que les cas d'appréciation de cette infraction étaient très nombreux. La banqueroute simple était sanctionnée par des peines d'un mois à deux ans. La banqueroute frauduleuse était quant à elle punie à des travaux forcés pouvant aller jusqu'à trente ans.

[4] *Ibid.*

[5] C. MAGRAS, *La constance des stigmates de la faillite : de l'antiquité à nos jours*, thèse : LDGJ, préf. B. GALLINATO-CONTINO, spéc. n°868.

§2 – Une condition, source de mansuétude

En droit des entreprises en difficulté. La tempérance législative n'a pas été réclamée seulement dans l'intérêt du bon fonctionnement de la loi, mais dans celui du débiteur qui ne devait plus être rejeté « tel un lépreux »[1]. Au fur et à mesure des réformes, la compassion commence à se ressentir envers le failli acculé sous le poids de ses dettes. Les évolutions législatives se sont effectivement orientées dans cette perspective. À la rigueur du Code de commerce, succéda avec la loi du 28 mai 1838 un régime moins rigoureux lui-même substitué par la loi du 4 mars 1889 au profit d'une procédure de faveur : la liquidation judiciaire. Celle-ci fut alors réservée aux commerçants « malheureux et de bonne foi », jugés davantage victimes de la conjoncture que coupables d'une gestion malhonnête ou indépendante. Or, il apparaît que le droit s'engage à cette époque dans une démarche dualiste, dont le choix dépend d'une analyse du comportement du commerçant : le tribunal déclare la faillite si le commerçant est fautif ou malhonnête, et la liquidation judiciaire dans le cas contraire. Au cours du XXe siècle, l'évolution s'est poursuivie dans un esprit favorable aux débiteurs impécunieux, consécutive notamment aux guerres qui ravagèrent l'économie. Au travers d'interventions ponctuelles, l'État fut contraint d'accorder temporairement à certains débiteurs différents moratoires devant l'ampleur de la crise économique et de l'essor du consumérisme[2]. Ce faisant, la loi du 13 juillet 1967 marqua un nouveau stade dans l'évolution du droit de la faillite en ce qu'elle déplaçait « le centre de gravité de l'activité des hommes à la forme de ses activités, de l'individu à l'entité »[3]. À cet égard, l'exposé des motifs de la loi est on ne peut plus clair : « éliminer les entreprises économiquement condamnées sans cependant frapper d'infamie les dirigeants qui ne l'ont pas mérité ». Le Doyen HOUIN, ayant largement influencé cette loi, avait d'ailleurs souligné que le droit de la faillite constituait une « trappe » dans laquelle tombaient non seulement les dirigeants coupables de l'entreprise, mais l'entreprise elle-même. Ensuite et surtout, c'est la loi du 25 janvier 1985 qui atteste d'un nouvel esprit. Le mécanisme de l'intervention judiciaire « n'est plus et ne doit plus être l'élimination des canards boiteux, mais au contraire la prise en compte du nouveau droit, celui de la restructuration permanente du capital, des techniques et des enjeux industriels pour l'avenir ». L'objectif est affiché : « ce nouveau droit [...] doit être autre chose que le droit des laissés-pour-compte de la domination économique ». Ainsi, on observe que la loi de 1985 concrétisa de manière certaine le bouleversement d'orientation opéré dans l'appréhension de la situation du débiteur insolvable. Aussi faut-il souligner que le législateur devait nécessairement prendre acte des réalités économiques nouvelles. De la sorte, on est ostensiblement passé du « droit de la faillite » au « droit des entreprises en difficulté ». Dans son acception large, le terme de « faillite » a laissé place au terme

---

[1] *Ibid.* n°830 et n°1271.

[2] C. SAINT-ALARY-HOUIN, *op. cit.*, n°16.

[3] G. MORRIS-BECQUET, thèse préc., n°21.

de « difficulté ». La faillite a ainsi perdu son sens primitif, elle n'est plus un constat d'échec définitif ni d'opprobre, « mais un simple accident de parcours dans la vie économique »[1]. Comme l'a brillamment souligné le Professeur SAVATIER, l'évolution de la matière témoigne d'un infléchissement de la prévalence « des valeurs comptables » au profit « des valeurs humaines »[2]. Aujourd'hui, l'insolvable inspire la compassion. L'heure n'est donc plus à la répression du failli, mais à la prévention et au traitement de ses difficultés financières. Toutefois, précisons que le terme de « faillite » n'est pas totalement occulté de notre droit. Désormais, il est une expression propre à l'aspect sanctionnateur du droit des entreprises en difficulté, à savoir la « faillite personnelle », bien que la confusion opérant un rattachement avec les vestiges de la procédure de faillite, persiste dans l'opinion publique. Enfin, c'est en 2014 que l'humanisation à l'égard du débiteur impécunieux atteint son apogée, par l'instauration de la procédure de rétablissement professionnel. En souhaitant « adapter le traitement des situations irrémédiablement compromises à la réalité économique de l'entreprise », la procédure a pour finalité d'effacer les dettes signalées par le débiteur impécunieux en lui offrant une « virginité patrimoniale » afin de permettre son rebond[3]. Cette nouvelle étape marque définitivement une approche très sociale du phénomène de la défaillance[4]. C'est d'ailleurs le droit du surendettement, doté d'une philosophie profondément humaniste, qui a inspiré le législateur commercial.

En droit du surendettement. Alors que la législation du droit des faillites est demeurée réservée aux commerçants, les particuliers sont longtemps restés soumis à l'empire du droit commun. Suite au krach boursier de 1929 et à la crise économique qui a suivi, le législateur a pris conscience que l'endettement excessif n'affectait pas seulement les commerçants mais touchait également les non commerçants[5]. Partant, il est apparu nécessaire d'assouplir les règles contractuelles lorsque le débiteur n'était plus en mesure de payer ses dettes. C'est ainsi que les lois de 1936 ont permis au débiteur malheureux non commerçant de solliciter des délais de paiement lui permettant un répit pendant une année[6]. En tout état de cause, ces mesures se limitaient à accorder un délai de paiement

---

[1] J. FOYER, « De l'exécution collective des biens du débiteur à la médecine des entreprises », *in Mélanges en l'honneur de Pierre Azard*, Cujas, 1980, p.55.

[2] R. SAVATIER, « Le droit comptable au service de l'homme », *Dalloz*, 1969.

[3] Soulignons ici que la faveur dont bénéficie le débiteur est d'autant plus notable que la procédure de rétablissement professionnel est financée par la solidarité nationale, grâce à l'intervention du Fonds de financement des dossiers impécunieux, lequel prend en charge les honoraires du mandataire de justice et se finance par prélèvement d'une partie des intérêts produits par les sommes déposées en compte à la Caisse des dépôts et consignations (C. com., art. L.663-3).

[4] F-X. LUCAS, *Manuel de la faillite*, *op. cit.*, n°58.

[5] V. MARTINEAU-BOURGNINAUD, *Procédures de surendettement des particuliers et rétablissement personnel*, *LGDJ*, 2018, spéc. n°7.

[6] Loi du 25 mars 1936 « Loi tendant à accorder des délais légaux aux débiteurs malheureux et de bonne foi » et du 20 août 1936 « Loi tendant à accorder des délais aux producteurs agricoles pour le paiement des dettes qu'ils ont contractées pour les besoins de leurs exploitation ».

au débiteur, sa situation restant en l'état. Ainsi, il ne s'agissait pas d'un traitement global de l'endettement du particulier, mais de dispositions ne concernant qu'un accord bilatéral et individuel avec chacun des créanciers concernés[1]. Ces mesures épuisées, la « déconfiture » du débiteur apparaissait alors de manière flagrante, les lacunes de celles-ci ayant été dénoncées de manière récurrente[2]. Les évolutions de l'économie, ici encore, de même que les modifications de comportement face à l'endettement ont nécessité l'intervention du droit. Sans reprendre ici l'apport des lois du 31 décembre 1989 et du 29 juillet 1998, on se bornera à évoquer celle du 1er août 2003, dite loi *Borloo*, en ce qu'elle a conféré au débiteur particulier surendetté, le droit d'être définitivement libéré de ses dettes. La finalité de la loi était bel et bien de décharger le débiteur de ses dettes afin de lui permettre de refaire surface sur la scène socio-économique, « doté d'une nouvelle virginité patrimoniale »[3]. Poursuivant sa quête en faveur du débiteur impécunieux, la loi *Lagarde* du 1er juillet 2010 a affiché l'ambition d'accompagner les personnes surendettées et les aider à rebondir, au besoin en sacrifiant les droits des créanciers[4].

Résultats. Tant à l'égard du débiteur professionnel que du débiteur particulier surendetté, la crise est désormais vécue comme la marque de la fatalité. Alors qu'il était traité jadis comme l'auteur d'une infraction contre la loyauté et la bonne foi contractuelle de son créancier et sanctionné *corpus obnosium*[5], le débiteur impécunieux est aujourd'hui perçu comme une victime dans un contexte de crise économique. Ce faisant, les mécanismes séculaires du droit commun, respectueux de la logique obligationnelle, se sont présentés rapidement en décalage avec les nouvelles attentions du législateur désormais en phase avec la société, à l'égard des plus démunis. C'est en ce sens que le droit de la défaillance économique a rapidement gagné du terrain en consacrant le droit au rebond du débiteur impécunieux.

Le « droit de ne pas payer ses dettes », reconnaissance ultime du débiteur impécunieux. Comme nous avons pu le démontrer antérieurement, les évolutions législatives en faveur du rebond ont opéré une profonde mutation des droits de l'insolvabilité en un droit du désendettement par l'effacement des dettes. L'état de crise économique accentué par l'état d'endettement n'a eu d'autres conséquences que « d'augmenter précisément le nombre de débiteurs malheureux »[6]. Cette évolution n'a cependant pas toujours reçu les faveurs de la doctrine majoritaire qui a relevé « une dérive importante » et dénoncé la

---

[1] B. SOINNE, *Traité pratique et théorique des procédures collectives*, *Litec*, 1987, spéc. n°149.
[2] R. GARAUD, *De la déconfiture et des améliorations dont la législation sur cette matière est susceptible*, *Hachette BNF*, 2008, (éd. 1980), *passim*.
[3] V. MARTINEAU-BOURGNINAUD, *op. cit*, *eod. loc.*
[4] *Ibid.*
[5] B. SOINNE, *ibid.*
[6] L. GAUDIN, *La patience du créancier : contribution à l'étude de l'effectivité du paiement contractuel*, thèse : Defrénois, 2009, préf. G. PIGNARRE, spéc. n°153.

« surprotection » du débiteur jusqu'à s'interroger de la manière suivante : « la loi ne favoriserait-elle pas trop les débiteurs, au détriment des créanciers ? », « anciennes parties fortes, ceux-ci ne deviendraient-ils pas la nouvelle partie faible ? »[1]. Nombreux ont observé que « les créanciers ont dû troquer leur rôle d'acteurs principaux pour celui de figurants »[2]. Et un auteur de souligner : « il y a du bon et du juste dans les évolutions [...] mais à force de s'enthousiasmer pour ces débiteurs qui profitent de ces procédures [...] pour se restructurer, à force de dédramatiser la faillite, on perd de vue qu'elle reste fondamentalement un outrage à la parole donnée »[3]. Devant la « consécration à grande échelle du droit de ne pas payer ses dettes »[4] et « la nouvelle pratique des indulgences »[5], d'autres ont craint que ces mesures de faveur entraînent des dérives et profitent aux débiteurs de mauvaise foi : « Tous les débiteurs surendettés ne sont pas de la même race. S'il est équitable d'aider largement et généreusement les « victimes », les « cigales », qui ont péché par légèreté, et les « fourvoyés », qui ont péché par imprudence, [...] quant aux « as du crédit », c'est plutôt une sanction qu'en général ils méritent, en dépit (ou en raison) de leur savoir-faire, de leur habileté ou de leur ruse »[6]. Aussi, faut-il nécessairement relativiser ces critiques à l'heure où ces mesures de faveur font l'objet d'un consensus. Face à une situation de crise, économique ou non, la procédure d'insolvabilité peut être une échappatoire aussi bienvenue que nécessaire, « une sorte de légitime défense pour le débiteur accablé de dettes »[7]. Là où RIPERT s'étranglait à l'idée que l'on pût consacrer « un droit de ne pas payer ses dettes »[8], « ne faut-il pas se réjouir de ce que tout le droit [de la défaillance] puisse offrir le moyen de ne pas les payer toutes ? »[9]. Au regard de l'humanisation du droit de la défaillance économique, il est difficile de soutenir que c'est encore un crime que de ne pas payer ses dettes. D'ailleurs, il est de nombreuses situations où l'on s'endette sans le vouloir et parfois sans le savoir. Un auteur a fourni une parfaite illustration en matière commerciale, donnons-lui la parole : « le maquis de la législation, sociale et fiscale notamment, est tel que, dès qu'il débute son activité, l'entrepreneur devient débiteur d'impôts, de taxes et de charges par l'effet de la loi [...] s'il est moralement condamnable de ne pas payer un service ou un bien que l'on a reçu, n'en va-t-il pas différemment pour l'entrepreneur accablé de charges et d'impôts ? [...] et si l'on ajoute à cela que la survenance des difficultés s'accompagne d'une aggravation de

---

[1] C. LOMBOIS, « Rapport de synthèse », *in Droit de la crise : crise du droit ? Les incidences de la crise économique sur l'évolution du système juridique*, Journées René Savatier, T.31, PUF, 1997.
[2] S. GJIDARA, thèse préc., spéc. n°488.
[3] F-X. LUCAS, *op. cit.*, spéc. n°1.
[4] F. PÉROCHON et R. BONHOMME, *Entreprises en difficulté et instruments de crédit et de paiement*, *LGDJ*, 4e éd., 1999, n°413.
[5] P. NEVEU, « La dernière tentation du failli… », *Banque et droit*, n°2, 1989, p.19.
[6] P. JULIEN, « À propos du surendettement des particuliers et des familles », *in Mélanges en hommage à André Breton et Fernand Derrida*, *Dalloz*, pp. 183-191, spéc. p.191. ; la métaphore animalière est empruntée à A. COURET, *RTD civ.*, 1990, p.320.
[7] F-X. LUCAS, *op. ci.*, n°4.
[8] G. RIPERT, « Le droit de ne pas payer ses dettes », *DH*, 1936, chron. p. 57.
[9] *Ibid.*

l'endettement [...] il est heureux que le droit [de la défaillance] offre au débiteur l'occasion de se désendetter »[1]. Conscient qu'il y aura toujours des détracteurs, le législateur assume toutefois sa politique en faveur des débiteurs impécunieux, au point de donner une attention toute particulière au choix de la terminologie employée pour intituler les procédures ou décrire leur finalité.

Le choix des mots. L'humanisation du droit à l'égard de l'impécunieux transparaît à la lecture de l'intitulé des procédures de désendettement. Si pour une doctrine minoritaire l'échec du débiteur ruiné qui n'assume pas ses engagements ne peut être mieux exprimé que par le terme de « faillite »[2], la terminologie juridique l'a banni pour lui préférer des appellations ayant vocation à ne plus stigmatiser le débiteur et l'outrage à la parole donnée. Ce « changement d'approche »[3] insiste davantage sur une dimension plus humaniste pour afficher la politique en faveur du sauvetage du débiteur. Même si « toutes les audaces et les habilités terminologiques ne doivent pas faire perdre de vue que ce droit de la défaillance demeure le droit de l'échec, le droit qui s'intéresse à la chute du débiteur », il importe de s'y attarder quelques instants. La finalité protectrice est affirmée jusque dans les intitulés de certaines lois relatives « à la prévention et au règlement des difficultés liées au surendettement des particuliers et des familles »[4] ou à « la lutte contre les exclusions »[5]. Dès la loi Neiertz, la procédure de « redressement judiciaire civil » témoigne de la volonté de porter assistance, au nom de la solidarité nationale et de considérations sociales, aux individus « malheureux et de bonne foi ». Il ne s'agit plus de « régler » le surendettement mais bien de le « traiter »[6]. Les termes doivent ici être relevés comme étant significatifs de l'esprit de la loi. En effet, le terme « malheureux » renvoie au malheur, et plus largement à la fatalité. L'expression de « bonne foi » signifie quant à elle que le débiteur s'est montré diligent dans le paiement de ses dettes ou, du moins qu'il a tout mis en œuvre pour redresser sa situation et n'a pas tenté de l'aggraver. En somme, le fait de ne pas payer ses dettes, parce qu'on ne le peut pas, est désormais conçu comme un phénomène engendrant la compassion, bien loin de la réprobation[7]. Le choix des mots en matière d'effacement des dettes est encore plus édifiant : le « rétablissement ». En 2003, la loi *Borloo*, par la voix de son ministre, assume de vouloir remédier aux « accidents de la vie » en permettant aux débiteurs impécunieux de bénéficier de la procédure de « rétablissement personnel », aussi intitulée « procédure de la deuxième chance », afin de « repartir

---

[1] *Ibid.*
[2] F-X. LUCAS, *op. cit.*, spéc. n°1.
[3] A. COURET, « Défaillance économique – Synthèse et réflexions sur le droit de la défaillance économique », *RPC*, n°1, janvier 2011, dossier 14, spéc. n°3.
[4] Loi n°89-1010 du 31 décembre 1989.
[5] Loi n°98-757 du 29 juillet 1998.
[6] N. SAUPHANOR, *L'influence du droit de la consommation sur le système juridique*, thèse : LGDJ, 2000, préf. J. GHESTIN, spéc. n°441.
[7] G. MORRIS-BECQUET, thèse préc., spéc. n°28.

de zéro » et prendre un « nouveau départ dans la vie » [1]. Il en est de même s'agissant du « rétablissement professionnel » institué depuis 2014 qui, outre le fait d'effacer les dettes du débiteur, vise à permettre son rebond dans le circuit économique. Comme pour un individu malade, on souhaite « bon rétablissement »[2] au débiteur impécunieux, malade de l'économie. Comme pour la maladie, l'effacement des dettes doit permettre la rémission du débiteur malchanceux. Outre le fait de saisir la philosophie de l'arsenal législatif, la métaphore médicale démontre parfaitement le changement de paradigme du droit de la défaillance en faveur des situations d'échec économique et plus largement du rebond. Cette « orientation thérapeutique et compassive »[3] traduit manifestement « la bonté du législateur »[4] à l'endroit des débiteurs impécunieux. Aux fins d'assurer le sauvetage de ces derniers, le législateur leur octroie effectivement des « mesures de faveur »[5] dont nous venons de recenser quelques manifestations. De notre point de vue, cette terminologie à dimension humaniste participe éminemment à dédiaboliser la défaillance.

Bilan. « Enchaîné, affranchi, protégé, triomphant »[6], telle est la manière dont il est possible de résumer l'humanisation croissante de la condition de débiteur impécunieux à travers l'évolution du droit de la défaillance. Très tôt, il est apparu que l'exclusion, la neutralisation et l'humiliation des faillis paralysaient l'efficacité du droit[7]. L'appréhension systématique de l'insolvabilité par le droit a permis au débiteur impécunieux d'accéder à la vie juridique, et de le doter, en raison de sa faiblesse économique, d'un véritable statut juridique. La prise de conscience par le législateur de la nécessité d'assurer sa protection a conduit à l'élaboration d'un régime d'une grande mansuétude à l'égard de l'impécunieux, dont le sort s'est dissocié de celui du simple débiteur. Aussi faut-il relever que le phénomène économique est devenu un facteur et une occasion de protection supplémentaire[8]. Avec une détermination « jusqu'au-boutiste », le législateur s'est illustré comme un partisan de l'évolution en faveur du débiteur impécunieux et malchanceux. Enfin, l'instauration des mesures de faveur a été justifiée par des considérations morales légitimant le renforcement de la protection du débiteur impécunieux.

---

[1] Communiqué de presse du Ministère délégué à la ville et à la rénovation, le 28 avril 2003.

[2] A. MARTIN-SERF, « La liquidation judiciaire simplifiée : encore plus simplifiée, mais en concurrence avec le rétablissement professionnel ? », *Gaz. Pal.*, 3 janvier 2015, n°3, p.23. ; *adde*

[3] M-A. FRISON-ROCHE, « Les difficultés méthodologiques d'une réforme du droit des faillites », *Dalloz*, 1994, chron., p.20.

[4] G. CORNU, « La bonté du législateur », *RTD civ.*, 1991, p.283.

[5] C. CHABAS, *L'inexécution licite du contrat*, thèse : LGDJ, 2002, préf. J. GHESTIN, spéc. n°201 ; *adde* G. CHAVRIER, « Les mots de la faveur en droit », *in* (dir.) G.J. GUGLIELMI, *La faveur et le droit*, *PUF*, 2009, pp.287-304, et *passim*.

[6] C. GAU-CABÉE, « « Enchaîné, affranchi, protégé, triomphant » Endettement des particuliers et contrat sur fond de crise : étude diachronique », *RTD civ.*, 2012, p.33.

[7] C. MAGRAS, *La constance des stigmates de la faillite : de l'Antiquité à nos jours*, thèse préc., n°1545.

[8] S. GJIDARA, thèse préc., n°265.

SECTION 2
LES JUSTIFICATIONS MORALES FAVORISANT LA PROTECTION DU DÉBITEUR IMPÉCUNIEUX

« Droit et morale ». Cet éternel débat s'apparente à un véritable « pont aux ânes de la pédagogie juridique »[1]. Selon PIAGET, « la morale règle des rapports entre individus, entre des personnes vues sous l'angle le plus général de leur appartenance à l'espèce humaine, tandis que le droit règle les rapports entre fonctions socio-économiques »[2]. Or, la question n'est pas de savoir s'il existe un lien entre droit et morale. Les liens existent et les nier serait se voiler la face. La séparation de principe n'exclut pas l'influence réciproque[3]. La sève morale existe[4]. Le droit est alors légitime à s'en emparer. Dans certains domaines du droit, et pour certaines questions, la morale est appelée à la rescousse[5]. D'ailleurs, en tant que « colonne vertébrale du corps social »[6], le droit est manifestement de la morale en action. En somme, la morale fait partie du processus normatif[7]. Ces éléments précisés, il apparaît que le droit de la défaillance économique en est la preuve. Des considérations morales ont effectivement justifié les mesures de désendettement en faveur du débiteur impécunieux. Elles tiennent tantôt à la clémence envers le débiteur (**§1**) tantôt au respect de sa dignité (**§2**).

§1 – Des justifications tenant à la clémence envers le débiteur

L'inefficacité de l'excès de rigueur. En observant l'évolution du droit de la défaillance économique à l'égard du débiteur impécunieux, il semble que nous soyons passés « de la morale de la rigueur à la morale du pardon »[8]. Ce constat démontre pleinement les limites du principe du respect de la parole donnée, lequel ne serait donc pas adapté au débiteur impécunieux[9]. Portée à l'extrême, la règle du respect de la parole donnée ne serait-elle pas immorale ? Dans cette hypothèse, l'excès de morale paralyserait nécessairement le droit au rebond du

---

[1] D. FENOUILLET, « Propos introductifs », *in* (dir. D. BUREAU, F. DRUMMOND et D. FENOUILLET), *Droit et morale*, *Dalloz*, 2011, pp.1-26, spéc. n°2.

[2] Cité par P. JESTAZ, « L'évolution du droit des contrats spéciaux dans la loi depuis 1945 », *in L'évolution contemporaine du droit des contrats*, Journées René Savatier, Poitiers, 24 et 25 octobre 1985, *PUF*, 1986, p.27.

[3] D. BUREAU, F. DRUMMOND et D. FENOUILLET), *Droit et morale*, *Dalloz*, 2011, *passim*.

[4] M. MEKKI, « Considérations sociologiques sur les liens entre droit et morale : La fusion des corps et la confusion des esprits », *op. cit.* pp.26-86, spéc. p.37.

[5] D. FENOUILLET, art. préc., spéc. n°5.

[6] S. GJIDARA, thèse préc., spéc. n°340.

[7] M. MEKKI, art. préc., spéc. n°48.

[8] J. PAILLUSSEAU, « Du droit des faillites au droit des entreprises en difficulté », *in Études offertes à René Rodière*, *Dalloz*, 1981, p.109.

[9] K. LAFAURIE, *La force obligatoire du contrat à l'épreuve des procédures d'insolvabilité*, thèse : LGDJ, 2020, préf. G. WICKER : selon l'auteur, « la règle du respect de la parole donnée comprendrait, dès le départ, des limites intrinsèques », spéc. n°388.

débiteur. Or, que peut-on réellement exiger du débiteur impécunieux lorsque son inexécution est le fruit d'une malchance ou d'une maladresse[1] ? Aussi doit-on souligner les conséquences d'un tel « acharnement » qui peuvent déboucher sur l'exclusion sociale, la marginalisation voire le suicide[2]. En somme, l'application mécanique du rigorisme juridique conduirait *ipso facto* au désastre économique ou à la détresse sociale[3]. Quoi qu'il en soit, le droit de la défaillance économique démontre qu'il n'est plus possible de s'en tenir à la règle du respect de la parole donnée et « de brandir l'impératif de sécurité juridique pour justifier ledit principe et notamment la règle de l'intangibilité du contrat »[4]. Sans aborder ici l'étude technique des mesures de désendettement, il faut souligner la moralisation des dispositifs, en ce que les débiteurs qui justement ne sont ni impécunieux ni malheureux, ne peuvent bénéficier de la procédure ou en sont exclus[5]. Cela semble pouvoir confirmer la compatibilité des dispositifs de purge des dettes avec la morale, en ce qu'ils s'adressent logiquement à « des débiteurs qui n'ont pas voulu leur situation »[6]. Par ailleurs, bénéficier d'une purge de son passif ne signifie pas que le débiteur retrouve une vie confortable[7]. Comme un auteur l'a souligné, « l'idée est de le faire survivre dignement à cette épreuve »[8]. Des valeurs comme « la clémence » ou « le pardon » reviennent d'ailleurs sous le feu de la rampe et participent à justifier les mesures de désendettement au profit des débiteurs impécunieux[9]. En droit, la notion de clémence a trouvé un certain écho au sein de la doctrine du solidarisme contractuel.

Le solidarisme contractuel. « Penser le contrat autrement »[10]. Tel est le credo de ce mouvement contemporain hérité du courant solidariste né à la fin du XIXe siècle sous l'influence conjuguée de politiques, de sociologues et de

---

[1] *Ibid.*, n°388.
[2] *eod. loc.*
[3] D. MAZEAUD, « De l'audace, toujours de l'audace ! », obs. sous Cass. com., 24 novembre 1998, *Defrénois*, n°36953, p.371.
[4] D. MAZEAUD, « Droit du marché et droit commun des obligations : L'attraction du droit de la consommation », *RTD com.* 1998, p.95.
[5] V. *infra*, chapitres 1 et 2., titre 1, 2nde partie.
[6] K. LAFAURIE, *ibid.*, n°389.
[7] V. *infra*, titre 2, chapitre 1 et 2, 2nde partie : en effet, le rebond du débiteur n'est jamais garanti à l'issu, lequel subit les conséquences de la stigmatisation.
[8] K. LAFAURIE, *eod. loc.*
[9] Ces valeurs trouvent classiquement leur enracinement dans la doctrine de l'Église (ex : dans le Nouveau Testament, la parabole du serviteur impitoyable, illustrant le pardon que Dieu accorde en Jésus ; Matthieu 18.21-35, « Pardonne, toi aussi ») ; *adde* K. LAFAURIE, *ibid.*, n°390.
[10] D. MAZEAUD, « Loyauté, solidarité, fraternité : la nouvelle devise contractuelle ? », *in L'avenir du droit – Mélanges en hommage à François Terré, Dalloz-PUF*, 1999, p. 603 et s.

juristes[1]. Sans revenir ici sur les détails de ce courant[2], on se bornera seulement à évoquer les idées forces qui s'en dégagent. À l'origine, la solidarité est conçue comme un sentiment[3] avant de devenir une idéologie. Le solidarisme contractuel insiste sur « le lien qui unit l'organisation sociale et le droit des contrats »[4]. De ce point de vue, « le contrat est un microsome, miroir de la société civile toute entière »[5]. De la sorte, « la fonction sociale du contrat est mise en exergue mais le social ne l'emporte pas sur l'individuel, il le conditionne »[6]. Le solidarisme contractuel peut ainsi être décrit comme la doctrine qui érige en principe du droit des contrats, les exigences de loyauté, de solidarité ou de bonne foi et qui impose aux contractants l'obligation de collaborer[7]. La doctrine contemporaine est ainsi fédérée autour de la devise « Loyauté, solidarité, fraternité »[8]. Cette devise dans laquelle se cristallise la doctrine du solidarisme contractuel se caractérise par « une voie médiane entre un libéralisme sauvage et béat et un socialisme dirigiste et bigot », en vertu de laquelle « l'altruisme, la patience, le respect mutuel, l'indulgence, le sens de la mesure, la cohérence, l'entraide, la tolérance et d'autres vertus constituent un code de bonne conduite, une éthique que chaque contractant doit respecter dans l'univers contractuel ». En matière de défaillance économique, ce discours est parfaitement convaincant pour justifier l'intérêt de protéger le débiteur impécunieux. En effet, la doctrine solidariste a servi de fondement ou d'inspiration à plusieurs textes législatifs du droit de la défaillance

---

[1] L. BOURGEOIS, *La solidarité*, Presses universitaires du Septentrion, 1998, *passim* (il est l'un des fondateurs du solidarisme contractuel) ; v. aussi R. DEMOGUE « Des modifications aux contrats par volonté unilatérale », *RTD civ.*, 1907, p.245, spéc. 245-246 « le contrat n'est pas une chose respectable en elle-même [...] le contrat est respectable en fonction de la solidarité humaine » ; pour une description de l'évolution de ce courant *adde* C. JAMIN, « Le droit des contrats saisi par les droits fondamentaux », *in* (dir. G. LEWKOWICZ et M. XIFARAS) *Repenser le contrat*, Dalloz, 2009, p.175 et s., spéc. p.180 et s. ; M. MEKKI, « Les doctrines sur l'efficacité du contrat en période de crise », *RDC*, janvier 2010, n°1, p.383, spéc. n°8.

[2] V. notamment C. JAMIN, « Le procès du solidarisme contractuel : brève réplique », *in* (dir. L. GRYNBAUM et M. NICOD) *Le solidarisme contractuel*, *Economica*, 2004, p.159 et s. ; du même auteur « Plaidoyer pour le solidarisme contractuel », *in Le contrat au début du XXIe siècle » – Études offertes à Jacques Ghestin*, *LGDJ*, 2001, p.441 et s. et « Quelle nouvelle crise du contrat ? Quelques mots d'introduction », *in* (dir. C. JAMIN et D. MAZEAUD), *La nouvelle crise du contrat*, *Dalloz*, p. 5 et s. ; D. MAZEAUD, « Loyauté, solidarité, fraternité : la nouvelle devise contractuelle ? », art. préc. ; A-S. COURDIER-CUISINIER, *Le solidarisme contractuel*, préf. E. LOQUIN, *Litec*, 2006, *passim*.

[3] Ce sentiment a été associé à plusieurs qualificatifs : d'abord, un « sentiment humaniste » (se préoccuper d'autrui) puis un « sentiment républicain » (retisser le lien social) v. en ce sens J. CHEVALLIER, *Solidarité un sentiment républicain ?*, PUF, 1992, *passim* ; *adde* J-F. NIORT, *Homo civilis, repères pour une histoire politique du Code civil*, thèse : Paris 1, dir. P. RAYNAUD, spéc. p.400 et s. ; J. CHEVALLIER et D. COCHART, « Présentation » *in La solidarité : un sentiment républicain ? op. cit.*, p. 5 et s. ; J. DONZELOT, *L'invention du social. Essai sur le déclin des passions politiques*, *Fayard*, 1984, p.76 et s. ; M. MEKKI, « Les doctrines sur l'efficacité du contrat en période de crise », art. préc., *ibid.*

[4] M. MEKKI, *ibid.*

[5] *Ibid.*

[6] *Ibid.*

[7] L. GRYNBAUM et M. NICOD, *Le solidarisme contractuel*, *Economica*, 2004, *passim*.

[8] D. MAZEAUD, art. préc., *ibid.*

économique. Sans se livrer à un inventaire exhaustif, on peut néanmoins relever quelques illustrations. En effet, le solidarisme démontre pleinement son influence sur l'exécution du contrat dans le droit du surendettement. La trace du solidarisme se retrouve d'abord dans les conditions de la procédure de surendettement, et particulièrement du rétablissement personnel : le débiteur doit être de bonne foi. En effet, la procédure de rétablissement personnel n'est pas destinée à favoriser les débiteurs qui profitent du système pour se procurer des biens, s'en servir et ne pas les payer. Le droit du surendettement apparaît comme le moyen de venir au secours de débiteurs qui, par suite d'évènements imprévus et malheureux, ne peuvent faire face à la totalité de leurs engagements. Les marques d'influence du solidarisme sont perceptibles également s'agissant des effets de la procédure : la purge des dettes. Ainsi, le régime juridique du surendettement traduit-il la volonté du législateur de mettre en place une véritable solidarité nationale à l'égard de débiteurs malheureux et impécunieux qui ne doivent pas être mis au ban de la société, ou désocialisés[1]. En somme, la loi traite le débiteur dont le surendettement est reconnu, plus comme une victime que comme un coupable. Ceci est également transposable en droit des entreprises en difficulté avec le rétablissement professionnel ou la liquidation judiciaire. De cette vision solidariste, il en découle que, lorsqu'un contractant est confronté à une situation de crise, l'immixtion de la loi dans le rapport contractuel conduit voire contraint le créancier à « faire fi de ses propres intérêts »[2] dans un esprit de solidarité contractuelle. En matière de rétablissement personnel ou professionnel, ce sont alors les vertus de tolérance et d'indulgence que le cocontractant est obligé à adopter en faveur de son partenaire malchanceux. Autrement dit, le droit de la défaillance économique impose une « exigence d'abnégation »[3] à l'égard du créancier face au débiteur impécunieux. « Indulgence et oubli », telles sont les valeurs que les créanciers de débiteurs impécunieux doivent subir au nom de la lutte contre l'exclusion sociale. En considération de la dignité de la personne humaine, les créanciers sont effectivement contraints à « faire le deuil » de leurs créances. Sans qu'il soit question de sombrer dans une « vision angélique du contrat »[4], l'exigence de « solidarisme contraint »[5] innerve le droit de la défaillance économique lorsqu'il est question de permettre le rebond du débiteur impécunieux. Ces éléments précisés, on observe que cette vision, non pas moraliste mais solidariste du contrat, appliquée par le droit de la défaillance économique ruine incontestablement le principe de la force obligatoire du

[1] G. RAYMOND, « Solidarisme contractuel en droit de la consommation », *in* (dir. L. GRYNBAUM et M. NICOD) *Le solidarisme contractuel*, *Economica*, 2004, p.107 et s.
[2] D. MAZEAUD, art. préc., spéc. n°17.
[3] *Ibid.* : l'auteur écrit : « Cette exigence d'abnégation n'est pas encore véritablement ancrée dans notre droit positif, ni même entrée dans notre culture contractuelle contemporaine ». L'objectif de notre étude est justement de démontrer que les choses ont largement évolué en ce sens.
[4] *Ibid.* n°18. (À l'inverse du « solidarisme consenti » où les contractants acceptent de collaborer de leur propre chef, v. sur ce point L. GRYNBAUM et M. NICOD, *Le solidarisme contractuel*, *Economica*, 2004, *passim*.).
[5] L. GRYNBAUM et M. NICOD, « Avant-propos », *op. cit.*, p. V et s., spéc. p.VII.

contrat en évinçant sans modération le principe de l'intangibilité. Ce que relevait déjà JOSSERAND il y a plus d'un demi-siècle : « la force obligatoire du contrat ne présentait pas la moindre fissure, elle était une des assises fondamentales du droit privé, qui reposait sur elle comme un roc [...] voilà que ce roc est devenu sable-mouvant »[1]. En effet, au nom de la protection du débiteur impécunieux et de « l'hymne de la justice contractuelle et sociale qu'entonnent aujourd'hui en cœur le législateur et le juge »[2], l'exécution du contrat est de moins en moins prévisible pour le créancier. D'où la nécessité d'acter définitivement la mutation du principe de force obligatoire en ce qu'il doit désormais apparaître sous une conception nécessairement relativisée, afin de mettre en conformité le droit de l'exécution avec la prépondérance du droit de la défaillance économique[3]. En effet, notre étude démontre que la conception rigoriste de la force obligatoire ne peut plus composer sans les réalités économiques et sociales contemporaines entourant le contrat. C'est ainsi que les prévisions contractuelles doivent nécessairement intégrer les risques d'insolvabilité du contractant, les maladies de l'économie et les exigences de la solidarité sociale[4]. Ceci est d'autant plus fort que le droit du surendettement comme le droit des entreprises en difficulté, gouvernés par l'idée de justice sociale à l'endroit des débiteurs impécunieux, reflètent avec une particulière netteté l'idée selon laquelle « le sacro-saint principe de la force obligatoire n'est rien d'autre qu'un instrument au service de l'intérêt général »[5]. Dans ce droit de crise et de lutte contre l'exclusion qu'est le droit de la défaillance économique, le respect de la parole donnée ne peut plus être décemment invoqué par le créancier et la force de sa créance repose sur la nécessaire sauvegarde de la dignité du débiteur impécunieux[6]. En somme, il en résulte que la dimension solidariste est pleinement consacrée dans le droit au rebond. L'idée de clémence est d'ailleurs omniprésente puisque c'est aussi pardonner que de donner une seconde chance[7]. La compassion envers le débiteur impécunieux se traduit également par des justifications tenant à la sauvegarde de sa dignité.

§2 – Des justifications tenant au respect de la dignité du débiteur

Une solidarité transcendée. La solidarité contractuelle « contrainte » à l'égard du créancier d'un débiteur impécunieux reflète la philosophie solidariste du droit de la défaillance économique. Toute institution reposant sur le principe de solidarité fait prévaloir l'intérêt collectif sur l'intérêt individuel[8]. Tant le droit

---

[1] L. JOSSERAND, « Aperçu général des tendances actuelles de la théorie des contrats », *RTD civ.*, 1937, p.1 et s., spéc. n°17.
[2] D. MAZEAUD, art. préc., n°22.
[3] V. *supra*, titre 1, chapitre 2, 1ère partie.
[4] D. MAZEAUD, *ibid.*, n°29.
[5] *eod. loc.*
[6] D. MAZEAUD, « Le nouvel ordre contractuel », *RDC*, décembre 2003, spéc. n°41.
[7] K. LAFAURIE, thèse préc., n°391.
[8] A. SUPIOT, « La solidarité – Enquête sur un principe juridique », *Odile Jacob*, 2015, spéc. p.15.

du surendettement que le droit des entreprises en difficulté participent à renforcer l'existence du « droit social des contrats »[1] et du « droit contractuel de crise »[2]. De cette « humanisation de la solidarité contractuelle », il en résulte également la nécessité de protéger la dignité du débiteur. Cela se manifeste alors par « le déplacement du centre de gravité de la relation contractuelle sur la personne du contractant et ses droits fondamentaux »[3]. En d'autres termes, il s'agirait selon un auteur d'une « morale contractuelle transcendant individualisme et solidarisme »[4]. En droit de la défaillance économique, cet objectif de sauvegarde de la dignité du débiteur se retrouve en écho dans la volonté du législateur de lutter contre la pauvreté et l'exclusion. C'est ainsi qu'en droit du surendettement, l'article 1er de la loi du 29 juillet 1998 dispose que « la lutte contre les exclusions est un impératif national fondé sur le respect de l'égale dignité de tous les êtres humains », apparaissant comme une « priorité de l'ensemble des politiques publiques de la nation » destinée à « prévenir et à supprimer toutes les situations pouvant engendrer des exclusions ». Cette position a également été adoptée par la Cour de cassation qui, pour justifier les atteintes aux droits des créanciers engendrées par l'effacement des dettes et refuser, en conséquence, la transmission d'une question prioritaire de constitutionnalité relative à l'atteinte au droit de propriété, a considéré que « le dispositif critiqué répond à un objectif d'intérêt général de lutte contre la précarité et l'exclusion sociale en permettant le traitement de la situation des débiteurs en grande précarité »[5]. En somme, devant la viabilité économique très compromise des créances, il apparaît juste, pour lutter contre la pauvreté et les exclusions sociales, « d'euthanasier le passif résiduel afin de permettre au débiteur de vivre dans la dignité »[6]. En effet, comme le démontre la jurisprudence, les mesures de désendettement au bénéfice des débiteurs impécunieux traduisent une corrélation évidente entre la lutte contre l'exclusion et la pauvreté. De ce point de vue, l'impécuniosité peut certainement être perçue comme « une pente inexorable vers la pauvreté et la misère »[7], ce d'autant qu'elle n'épargne personne. Tout individu peut devenir un jour insolvable. D'ailleurs, l'insolvabilité est de nature à exclure la personne de nombreux domaines tels que le logement, l'emploi voire la santé[8]. Or, il serait

---

[1] K. LAFAURIE, thèse préc., n°392 ; *adde* D. MAZEAUD, « Constats sur le contrat, sa vie, son droit », *LPA*, 6 mai 1998, n°54, p.8.

[2] D. MAZEAUD, « Le nouvel ordre contractuel », art. préc., n°41. ; du même auteur « Droit du marché et droit commun des obligations : L'attraction du droit de la consommation », art. préc., n°26 et note sous Cass. 2e civ., 7 janvier 1998 n°96-12.979, spéc. n°5.

[3] L. MAURIN, *Contrats et droits fondamentaux*, thèse : LGDJ, 2013, préf. E. PUTMAN, n°234 ; *adde* K. LAFAURIE, thèse préc., n°392.

[4] M. MEKKI, art. préc. p.403 ; K. LAFAURIE, *eod. loc.*

[5] Cass. 2e civ., 19 décembre 2013, n°13-40065, *adde* note T. STEFANIA, *LPA*, 28 avril 2014 ; obs. S. GJIDARA-DECAIX, *RPC*, 2014, n°46.

[6] V. MARTINEAU-BOURGNINAUD, *Procédures de surendettement des particuliers et rétablissement personnel*, *op. cit*, spéc. n°822.

[7] Comité consultatif, Rapport sur la prévention et le traitement du surendettement des ménages, janvier 2003, spéc. p.175, (archives Banque de France).

[8] G. MORRIS-BECQUET, thèse préc., n°n°296 ; *adde* K. LAFAURIE, thèse préc., n°394.

particulièrement immoral de permettre l'exclusion de l'individu en l'empêchant d'accéder aux droits sociaux garantis par l'État, à cause de la gravité de sa situation financière. C'est ainsi que la solidarité collective se révèle comme le moyen efficace de lutter contre la pauvreté[1]. Aussi faut-il souligner que la lutte contre l'exclusion vise également à éviter la marginalisation financière et sociale de l'impécunieux. En effet, cette marginalisation empêche *ipso facto* toute chance de rebond pour le débiteur. Aussi, ce repli sur soi peut-il conduire à des situations dramatiques allant jusqu'au suicide du débiteur, lequel ne voit plus aucune issue à la gravité de sa situation financière[2]. Cet asservissement indigne du débiteur constitue manifestement une atteinte à la dignité que la morale ne peut cautionner. Comme un auteur l'a brillement souligné, la dignité humaine « postule [...] le droit de retrouver une certaine sérénité »[3] et cela implique, par conséquent, de garantir au débiteur son droit au rebond.

L'ordre public humaniste. Comme il a été précédemment observé, les conséquences ravageuses de l'insolvabilité conduisent à fonder la primauté de l'intérêt du débiteur impécunieux. De la sorte, le droit au rebond aurait pour objet de « faire triompher l'intérêt général à travers celui d'une personne qui a besoin du secours de la société »[4]. L'ordre public économique de direction résultant du droit de la défaillance assure ainsi la primauté de l'intérêt du débiteur, sur le fondement de la dignité, lorsque sa situation est désespérée[5]. La Charte des droits fondamentaux de l'Union européenne exprime à son propos : « la dignité de la personne humaine n'est pas seulement un droit fondamental en soi, mais constitue la base même des droits fondamentaux [...] il en résulte, notamment qu'aucun des droits inscrits dans cette Charte ne peut être utilisé pour porter atteinte à la dignité d'autrui »[6]. Selon la doctrine, la dignité de la personne humaine « suppose, dans la mesure du possible, d'assister et de secourir le débiteur qui connaît des difficultés pour honorer ses engagements »[7]. En somme, la prévention du risque d'exclusion sociale est opportunément jugée supérieure au

---

[1] K. LAFAURIE, *eod. loc.*

[2] V. *infra*, chapitre 2, titre 2, 2nde partie.

[3] J. ROCHFELD, « Du statut du contrat contractuel « de protection de la partie faible » : les interférences du droit des contrats, du droit du marché et des droits de l'homme », *in Études offertes à Geneviève Viney*, *LGDJ*, 2008, p.835, spéc. n°14.

[4] M. MEKKI, *L'intérêt général et le contrat – contribution à une étude de la hiérarchie des intérêts en droit privé*, thèse : LGDJ, 2004, préf. J. GHESTIN, spéc. n°440 ; *adde* P-Y GAUTIER, « Vers un ordre public humaniste : la dignité du cocontractant », *RDC*, avril 2005, n°2, p.523, spéc. n°5. ; C. ATIAS, *Philosophie du droit*, *PUF*, 2004, *passim*.

[5] K. LAFAURIE, thèse préc., n°551.

[6] Charte des droits fondamentaux de l'Union européenne, explication rattachée à l'article 1 intitulé « Dignité humaine », lequel est inséré au sein du titre I « Dignité » ; *adde* CJUE 9 octobre 2001 C-377/98 Pays-Bas contre Parlement européen et Conseil, rec. 2001, p.I-7079, points 70 à 77 : la Cour de justice confirme que le droit fondamental à la dignité humaine fait partie du droit de l'Union.

[7] G. PIETTE, *La correction du contrat*, thèse : PUAM, 2004, 2 tomes, préf. M. MENJUCQ, t.1, spéc. n°123.

paiement des créances[1]. Dans cette perspective, la dignité humaine est tantôt intégrée à l'ordre public politique tantôt à l'ordre public économique. Elle est à dire vrai le signe d'un « ordre public humaniste »[2]. C'est effectivement l'ordre public humaniste qui imprègne le contrat de valeurs morales de nature à le rendre plus juste et plus humain[3], et « en freinant les excès que peut porter l'idéologie de marché »[4]. L'humanisme permet d'observer que le Droit n'a pas pour unique objet d'organiser la société, il participe également à la protection de l'homme[5]. Ainsi, un droit humaniste est « un droit légitimé par un système de valeurs ordonné par la protection de l'humain »[6]. En effet, la valeur commune à tous les hommes, « la notion-programme, universelle et intemporelle », est incontestablement celle de la dignité humaine[7]. C'est dans cette perspective que le droit de la défaillance économique justifie la promotion du débiteur par rapport au créancier. La volonté du législateur de lutter contre l'exclusion sociale du débiteur démontre manifestement que c'est la protection de sa dignité qui est visée. En effet, comme un auteur l'a très justement relevé, l'insolvabilité irrémédiable est, d'un point de vue humain, « un problème fondamental dont le droit s'est saisi »[8]. Autrement dit, il s'agit pour le législateur de lutter contre cette situation d'exclusion provoquée par l'insolvabilité irrémédiable du débiteur, qu'il se refuse à voir comme une fatalité[9]. C'est ainsi que le droit au rebond traduit la manifestation de la primauté de la dignité humaine laquelle semble avoir acquis, outre sa dimension extrapatrimoniale, une dimension patrimoniale[10]. En effet, les mécanismes de purge des dettes démontrent parfaitement l'idée selon laquelle l'accumulation d'un passif démesuré nuit nécessairement à la dignité du débiteur.

Bilan. En définitive, il ressort de ces précédents développements que la nécessité de protéger la dignité du débiteur impécunieux a incontestablement inspiré le législateur pour la mise en œuvre de mesures favorables destinées à garantir son rebond. La sauvegarde de sa dignité est devenue tantôt une fin tantôt une valeur. Le recours aux droits fondamentaux apparaît comme un instrument

---

[1] J-B RACINE, « Faut-il encore payer ses dettes ? Le cas du surendettement des particuliers », *in Faut-il encore payer ses dettes ?*, Actes du colloque, Université du Sud Toulon-Var, 18 mai 2005, *LPA*, 29 mars 2006, p.37.

[2] M. MEKKI, « Considérations sociologiques sur les liens entre droit et morale : La fusion des corps et la confusion des esprits », art. préc., n°55.

[3] M. MEKKI, thèse préc., *passim*.

[4] P-Y GAUTHIER, art. préc., n°1.

[5] *Ibid.* ; *adde* J-M. TRIGEAUD, *Humanisme de la liberté et philosophie de la justice*, éd. Bière, 1985, t.1, vol.1, spéc. p.21.

[6] M. MEKKI, l'auteur cite : B. MATHIEU, « Sciences de la vie, droit et éthique », *Cahiers français*, janvier-février 2000, n°234, pp.66-67, spéc. p.66.

[7] *Ibid.* ; *adde* B. OPPETIT, « Droit et affaiblissement des valeurs non marchandes : l'exemple du commerce international », *in Droit et modernité*, *PUF*, 1998.

[8] K. LAFAURIE, thèse préc., n°552 : l'auteur opère un lien très intéressant entre la personnalité juridique et les finalités de la vie humaine, démontrant que la faculté d'exercer une activité juridique, essentielle à la vie de l'homme, peut devenir illusoire en cas d'insolvabilité irrémédiable.

[9] *Ibid.*

[10] *Ibid.*

de protection efficient au service des situations les plus désespérées, au nom d'une certaine conception de la dignité humaine. Celle-ci a manifestement servi de « boussole »[1] au législateur comme en témoigne la promotion de l'intérêt du débiteur impécunieux au nom de l'intérêt général.

[1] M. MEKKI, « Considérations sociologiques sur les liens entre droit et morale : La fusion des corps et la confusion des esprits », art. préc., n°55.

CONCLUSION DU CHAPITRE 1

Le débiteur impécunieux est incontestablement un sujet de droit à part entière. En effet, l'insolvabilité crée « un manque », « une lacune » dans la personnalité du sujet[1]. L'appréhension de sa condition juridique a été dominée par deux tendances. Une tendance dominante de sévérité à l'égard des débiteurs indélicats, justifiée par des impératifs moraux et économiques faisant du respect des engagements contractés un principe absolu. Une autre tendance correspondant à une morale plus humanitaire et sociale, animée par le souci de protéger les faibles auxquels sont assimilés les débiteurs impécunieux. Très vite, il est apparu que « le droit ne peut rester indifférent au sort des débiteurs malheureux qui ne peuvent faire face à leurs obligations »[2]. L'attention juridique n'a plus été portée sur leur défaillance mais plutôt sur la prise en compte de leurs difficultés. Ce courant d'indulgence s'est donc accru au fil du temps, au point que le débiteur impécunieux paraît aujourd'hui « triompher »[3].

Promu au rang de sujet de droit spécifique, reconnu personne à part, le droit de la défaillance économique le dote d'un statut privilégié. Ce souci de protection transparaît tant des textes légaux que de leur finalité, comme en témoigne le choix d'une terminologie humaniste. La prise en compte du facteur humain par le droit de la défaillance économique a eu une incidence déterminante sur la vision de la condition de débiteur impécunieux, lequel inspire désormais la compassion. L'inexécution « licite »[4] est apparue comme un instrument de justice sociale adapté au « droit contractuel de crise »[5]. En effet, « il eût été indécent de sacrifier, au nom de la pureté des principes qui composent notre droit classique des contrats, des centaines de milliers de débiteurs et de les maintenir en situation d'exclusion sociale »[6]. C'est ainsi que l'exigence de sécurité juridique a dû fléchir devant l'impératif de la sauvegarde de la dignité de la personne du débiteur, entraînant avec elle la force obligatoire du contrat. Devant l'extrême précarité de certains débiteurs, l'ordre public de protection poursuit manifestement un double objectif de direction de l'économie et de protection de certains individus. Dans cette perspective, le respect de la personne du débiteur impécunieux, de sa dignité, devait conduire le droit de la défaillance économique à lui octroyer légitimement le droit de rebondir. Ceci d'autant plus qu'un consensus s'installe aujourd'hui pour considérer qu'il est contraire à l'intérêt général que les difficultés irrémédiables conduisent à l'exclusion des débiteurs impécunieux. Aussi doit-on rappeler que le droit, y compris dans sa dimension technique, reste dominé par

---

[1] G. MORRIS-BECQUET, thèse préc., n°628.

[2] P. ANCEL, « Droit au recouvrement de sa créance ou droit de ne pas payer ses dettes ? », *in* « Que reste-t-il de l'intangibilité du contrat ? », Colloque de Chambéry, *Dr. et patr.*, mars 1998, p.88.

[3] C. GAU-CABÉE, « « Enchaîné, affranchi, protégé, triomphant » Endettement des particuliers et contrat sur fond de crise : étude diachronique », *RTD civ.*, 2012, p.33.

[4] C. CHABAS, *L'inexécution licite du contrat*, thèse préc., n°244.

[5] D. MAZEAUD, art. préc.

[6] *Ibid.*

la morale dans sa fonction normative. Du point de vue moral, les mesures de désendettement qui rompent avec le précepte classique du respect de la parole donnée, assurent, contrairement à ce dernier, la promotion de valeurs solidement ancrées, telles que le pardon, la solidarité, la lutte contre l'exclusion et la sauvegarde de la dignité de la personne[1]. Outre le fait de renforcer considérablement la protection du débiteur impécunieux, ces justifications morales appuient manifestement la légitimité de son droit au rebond. Aussi cette reconnaissance du droit à un « nouveau départ » s'analyse-t-elle au travers d'une dimension économique.

[1] K. LAFAURIE, thèse préc., n°446.

CHAPITRE 2
LE CHOIX D'UNE LÉGISLATION INSTRUMENTALE AU SERVICE DU TRAITEMENT JURIDIQUE DES SITUATIONS DÉSESPÉRÉES

> « *C'est tout à l'honneur du nouvel ordre contractuel d'avoir privilégié la flexibilité de notre droit des contrats sur une forme d'autisme juridique qui aurait ruiné sa pertinence et sa légitimité.* »[1]

Constats. De la flexibilité des règles découlant du droit de la défaillance économique, il apparaît que celui-ci est un droit « en bonne santé »[2]. Les dernières évolutions législatives ont conduit à une influence réciproque des droits des entreprises en difficulté et du surendettement. La personne défaillante n'est plus seulement considérée comme une simple débitrice mais bien comme une réalité économique qu'il convient d'appréhender. À la faveur d'un « droit contractuel de crise »[3], le « ménagement du débiteur est devenu une nécessité pour tous [...] mieux vaut un débiteur impécunieux que plus de débiteur du tout »[4]. En effet, les droits de l'insolvabilité sont dominés par des législations de crise qui heurtent des valeurs de référence du système juridique parce qu'elles constituent une législation instrumentale. Partant, le droit de la défaillance économique est devenu un « instrument politique animé par des considérations économiques »[5]. À cet égard, la fonction économique du droit au rebond est difficilement contestable. Le droit est forcément « influencé par la politique et l'économie et même par toute forme d'idéologie »[6]. En d'autres termes, le droit s'est adapté aux réalités économiques et sociales aux fins de « modifier ou même changer les règles, un peu comme au-delà d'une certaine force de vent, un voilier doit amener sa voilure normale et hisser une voile de cap »[7]. Or, si le système juridique a évolué dans cette direction, c'est uniquement par « souci d'effectivité du droit »[8]. De la sorte, le système juridique s'est construit autour du principe de pragmatisme. En effet, la mutation du droit de la défaillance économique traduit pleinement le pragmatisme avec lequel le rapport contractuel est appréhendé par

---

[1] D. MAZEAUD, « Le nouvel ordre contractuel », *RDC*, décembre 2003, p.295, spéc. n°43.
[2] J-J SARFATI, « Des limites à l'idée du droit flexible », *Association Le Lisible et l'illisible « Le Philosophoire*, 2012/2, n°38, p.227.
[3] D. MAZEAUD, obs. sous Cass. 2e civ., 7 janvier 1998, n°96-12979, *Defrénois*, 15 juin 1998, n°11, p.737, spéc. n°5.
[4] F. ZENATI, « Commentaire de la loi du 11 octobre 1985 », *RTD civ.*, 1986, p.209 et s., spéc. p.210.
[5] B. CAMBON, P. GOUBARD et V. LEGRAND, « Le traitement des difficultés, un outil de rebond du débiteur », *RPC*, juillet-août 2017, spéc. n°1.
[6] F. ROUVIÈRE, « Apologie de la casuistique », *Recueil Dalloz*, 2017, p.118-123, spéc. n°7.
[7] *Ibid.*, n°1 : l'auteur cite Y. GUYON « Le droit des contrats à l'épreuve du droit des procédures collectives », *in Mélanges Ghestin*, 2001, p.405.
[8] W. BARANES et M-A FRISON-ROCHE, « Le souci de l'effectivité du droit », *Dalloz*, 1996, n°5, p.301.

le législateur contemporain[1]. Ce « pragmatisme législatif »[2], patent en matière de droit au rebond, démontre que le droit contractuel n'est plus un « droit désincarné »[3]. Aussi, ce pragmatisme législatif envisage-t-il avant toute chose « l'utilité et l'efficacité »[4]. C'est ainsi que les mesures de purge des dettes traduisent une démarche pragmatique du législateur en raison de leur efficacité au regard de la situation particulière du débiteur impécunieux. En somme, le pragmatisme législatif en matière de droit de la défaillance économique, dont l'objet est de traiter l'insolvabilité, obéit à des logiques politiques, économiques et sociales différentes. Le droit au rebond du débiteur est donc la preuve de l'instrumentalisation de la règle de droit. En tant que législation instrumentale, le droit de la défaillance économique appelle donc à un raisonnement téléologique qui légitime la règle de droit « hors de toute référence à sa source mais en fonction de sa capacité à réaliser un but »[5]. La loi n'est donc plus une fin en soi, elle devient « un outil juridique utilisé dans le but d'obtenir un changement social » et « la dimension symbolique de l'ordre juridique régresse au profit d'exigences opérationnelles »[6]. De notre point de vue, le droit au rebond illustre parfaitement ce phénomène. Au fond, ce droit est l'expression d'une exigence de cohésion sociale et d'une « primauté donnée à l'intérêt collectif sur des intérêts individuels »[7]. En effet, à l'aune du rebond, le droit de la défaillance économique apparaît comme un droit « militant » en faveur des petits acteurs économiques à l'égard desquels il souhaite offrir « un nouveau départ ». Si la généralisation de cet objectif est justifiée, comme en témoigne l'effacement des frontières entre le débiteur particulier et le débiteur professionnel, il n'en reste pas moins que les mesures libératoires reposent sur un « critère du mérite » faisant du droit au rebond, un droit conditionné. Aussi, le droit de la défaillance économique répond à des impératifs de politique juridique et de réalisme économique. La défaillance n'est plus l'affaire des seuls créanciers. Elle intéresse aussi l'État dans la mesure où elle est la conséquence d'une crise qui atteint par paliers successifs des secteurs entiers de l'économie. Le sauvetage du débiteur impécunieux nécessite alors un « traitement particulier, voire préférentiel »[8]. Si le législateur n'ignore pas toujours l'intérêt des créanciers, le changement de paradigme en faveur du rebond démontre cependant qu'il lui préfère une autre idée-force fondée sur la situation économique du débiteur, surtout lorsque celle-ci est particulièrement obérée. De la sorte, la vision profondément économique du rebond relègue la fonction

[1] D. MAZEAUD, « Le nouvel ordre contractuel », art. préc., n°4.
[2] *Ibid.*
[3] *Ibid.*
[4] G. JAZOTTES, « Les grands axes de l'évolution », *BJE*, mars-avril 2022, n°BJE200m5, dossier, spéc. p.44.
[5] N. SAUPHANOR, *L'influence du droit de la consommation sur le système juridique*, thèse : LGDJ, 2000, préf. J. GHESTIN, spéc. n°576.
[6] *Ibid.*
[7] A. COURET, « Synthèses et réflexions sur le droit de la défaillance économique », *RPC*, n°1, janvier 2011, dossier 14, spéc. n°28.
[8] E. CHVIKA, *Droit privé et procédures collectives*, thèse : Defrénois, 2003, préf. T. BONNEAU, n°1.

traditionnelle de paiement des créanciers au second plan, même si le respect de la parole donnée doit en souffrir[1]. Partant, le traitement juridique des situations désespérées témoigne de la position adoptée par le législateur en faveur d'un « droit de situation »[2] dont le champ d'application est limité à une situation donnée et répond à des besoins particuliers : il s'agit d'un choix de politique législative (**Section 1**) et de technique juridique (**Section 2**) légitimant l'octroi au débiteur impécunieux de mesures de faveur.

SECTION 1
UNE POLITIQUE JURIDIQUE LÉGITIMANT LA SPÉCIFICITÉ DU DROIT AU REBOND

Le « droit contractuel de crise » est ainsi adapté à une situation désespérée, autrement dit, à une situation économique de crise. C'est donc plutôt en termes de politique juridique qu'il faut « apprécier l'hospitalité »[3] qu'offre le droit de la défaillance économique au débiteur impécunieux et malchanceux. L'étude du droit au rebond permet de comprendre qu'il s'agit d'une « pure question d'opportunité et de politique juridique »[4]. S'il existe plusieurs possibilités d'opposer le juridique et le politique, « la plus naturelle consiste à définir le premier comme ce qui relève du Droit, le second comme ce qui relève du Pouvoir »[5]. Cette définition appliquée à nos travaux permet d'examiner ce couple à l'aune du droit au rebond lequel permet l'octroi de mesures libératoires. Le droit de la défaillance économique est manifestement exposé à « la pénétration du facteur politique »[6] en raison de son adaptation aux réalités économiques et sociales. C'est donc bien une « politique juridique » qui accompagne les débiteurs, professionnels ou non, à rebondir. Cela nous conduit à nous interroger sur sa légitimité ayant permis l'admission du droit au rebond dans notre système juridique. La vérification de la légitimité de la politique en faveur du rebond est fondamentale pour « l'intelligibilité du système » mais aussi pour la « justification de sa solidité »[7]. Aussi faudra-t-il démontrer que cette politique juridique trouve sa légitimité dans la pérennité des mesures de faveur instituées lesquelles, bien qu'ayant un temps été regrettées par une partie de la doctrine, font aujourd'hui l'objet d'un large consensus. Solidement ancrées dans notre droit, « leur légitimité

---

[1] *Ibid.*, n°2.

[2] Les règles du droit de la défaillance économique traduisent le « mouvant », elles sont édictées en vue d'une situation déterminée afin d'être plus adaptées aux nécessités et à l'esprit du temps et de correspondre à l'émergence de nouveaux besoins.

[3] D. MAZEAUD, « Droit du marché et droit commun des obligations : l'attraction du droit de la consommation », *RTD com.*, 1998, p.95, spéc. n°8.

[4] G. ROUHETTE, « Droit de la consommation et théorie générale du contrat », *in Études offertes à René Rodière*, 1981, p.247-272, spéc. n°18.

[5] L. COHEN-TANUGI, « Chapitre III – Le juridique et le politique », *in Le droit sans l'État*, *PUF*, 2007, pp.91-137.

[6] H. CAPITANT, « Le régime de la violation des contrats », *DH*, 1934, chron. p.1.

[7] K. LAFAURIE, *La force obligatoire du contrat à l'épreuve des procédures d'insolvabilité*, thèse : LGDJ, 2020, préf. G. WICKER, spéc. n°372.

ne peut être sérieusement remise en cause »[1]. Et un auteur d'ajouter opportunément qu'« il est des revendications qui sonnent comme des anachronismes »[2]. C'est ainsi que le législateur a adopté au sein des droits des entreprises en difficulté et du surendettement des mesures tantôt réalistes (**§1**) tantôt efficaces (**§2**) afin de légitimer économiquement le rebond du débiteur.

§1 – L'adoption de mesures réalistes

Le réalisme économique. En matière de droit au rebond, on observe « une logique empreinte de réalisme qui vient prendre le pas sur la stricte application de la logique juridique »[3]. Il est régulièrement opposé que les mesures de faveur participeraient à nuire au principe de sécurité juridique[4]. En effet, en ce que les mécanismes de purge des dettes altèrent considérablement le principe de force obligatoire des contrats, cela induirait par conséquent une perte de confiance du créancier[5] voire une perturbation sur le crédit. Pourtant, aucune étude ne démontre l'impact des conséquences de l'effet de ces mécanismes à l'endroit du crédit. Au contraire, il apparaît que l'insolvabilité est une donnée économique intégrée à l'économie de marché. Dans ce contexte, un auteur a justement relevé que « déroger ainsi à l'intangibilité [de la force obligatoire] n'accroîtrait pas l'insécurité […] dans le climat de l'insolvabilité »[6]. S'il est incontestable que « les créanciers doivent trouver dans le système juridique les moyens de vaincre cette insolvabilité »[7], aussi faut-il relever que les mesures libératoires, au demeurant réalistes, ne font que tirer les conséquences sur le plan juridique de situations concrètes[8].

Le caractère illusoire de l'exécution. Le caractère réaliste des mesures de faveur peut aisément se justifier. En effet, face à un débiteur dont la situation ne pourra jamais s'améliorer, « le droit au paiement du créancier n'est qu'une illusion »[9]. Qu'il s'agisse de la mesure d'effacement des dettes ou du principe de non-reprise des poursuites, le créancier n'obtient aucune satisfaction. En effet, il est unanimement admis aujourd'hui que cette victoire de l'insolvabilité apparaît

---

[1] *Ibid.*, n°371 : l'auteur cite F. PÉROCHON, *Entreprises en difficulté*, n°1565 qui évoque l'ancrage dans notre droit tant de la non-reprise des poursuites du droit des entreprises en difficulté et de l'effacement de dettes du droit du surendettement. On s'autorisera d'ajouter celui de l'effacement des dettes de la procédure de rétablissement professionnel ; *adde* D. MAZEAUD, « Constats sur le contrat, sa vie, son droit », *LPA*, 6 mai 1998, n°54, p.8.
[2] X. LAGARDE, *L'endettement des particuliers*, 2e éd., *Joly éd.*, 2003, spéc. n°60.
[3] G. MORRIS-BECQUET, *L'insolvabilité*, thèse préc., n°322.
[4] J-M CAMPANA, « Le doute et la confiance en droit des affaires », *in Le doute et le droit, Dalloz*, 1994, p.79.
[5] V-L. BÉNABOU et M. CHAGNY, *La confiance en droit privé des contrats, Dalloz*, 2008, *passim*.
[6] K. LAFAURIE, thèse préc., n°375.
[7] S. GJIDARA, *L'endettement et le droit privé*, thèse : LGDJ, 1999, préf. A. GHOZI, n°54.
[8] D. MAZEAUD, *Le nouvel ordre contractuel*, art. préc., n°4.
[9] K. LAFAURIE, *ibid.*, n°376.

comme une fatalité « dont la prise d'acte, par le droit, n'a plus rien de choquant »[1]. D'ailleurs, on observe que dans certaines situations où la reprise des poursuites individuelles est possible, ou que l'effacement n'atteint pas certaines créances, le créancier préfère abandonner toute poursuite. Ceci serait notamment justifié par le fait que « la subsistance de dettes décourage[rait] les débiteurs à reprendre une nouvelle activité, et plus largement, à revenir à meilleure fortune »[2]. Le réalisme des mesures de faveur est aussi perceptible dans d'autres domaines du droit. Un auteur a justement observé que des règles du droit comptable et du droit fiscal permettent de considérer certaines créances à l'égard du débiteur insolvable comme définitivement perdues[3]. Dans cette perspective de réalisme économique, la pratique comptable a intégré, dans la rubrique des pertes, les créances considérées comme irrécouvrables sans que le droit de poursuite ait disparu, tout comme le droit fiscal s'agissant des « créances douteuses »[4]. En somme, le créancier, conscient du caractère illusoire de sa satisfaction, préfèrerait tout bonnement « abandonner ». Ce réalisme économique n'est d'ailleurs pas totalement inconnu de notre droit. De manière tout à fait pertinente, la doctrine a pu s'interroger : « en permettant aux créanciers de mettre à mort le débiteur failli, acte aussi cruel que désespéré, le droit romain ne faisait-il pas l'aveu du caractère irrécouvrable de la dette ? »[5]. De nos jours, on relèvera que « l'échec irrémédiable de la relation contractuelle »[6] est totalement assumé, preuve du nouveau paradigme du droit de la défaillance économique. En effet, les mesures libératoires prennent désormais en considération les conséquences inéluctables de l'insolvabilité. Aussi, doit-on souligner que les mécanismes permettant la purge du passif tirent purement et simplement « les conséquences du système économique dans lequel s'inscrivent les échanges et que les créanciers ne peuvent qu'intégrer au vue de la place qu'y occupe l'endettement »[7].

Les conséquences de l'endettement. L'admission par le droit de la défaillance économique des mesures de faveur n'est qu'une œuvre de réalisme économique consistant à tirer les conséquences de notre économie

---

[1] S. GOUNON, *L'insolvabilité en droit privé*, thèse préc., n°12.
[2] P. MALAURIE, L. AYNÈS, P. STOFFEL-MUNCK, *Les obligations*, *op. cit.*, n°1127.
[3] K. LAFAURIE, *ibid.* n°378.
[4] CGI, art. 38 et 39, 1, 5°. Les créances devenues irrécouvrables sont considérées comme des charges déductibles des résultats de l'exercice au cours duquel leur perte présente un caractère certain et définitif. Toutefois, une créance peut, sans toutefois être considérée comme « définitivement perdue », être compromise à la clôture d'un exercice en raison nomment de la mauvaise situation du débiteur. Cette hypothèse démontre pleinement ici l'acceptation par le créancier du caractère illusoire du paiement face à un débiteur impécunieux.
[5] K. LAFAURIE, *eod. loc.* : l'auteur soulève toutefois la nécessité de ne pas éluder le caractère comminatoire d'une telle peine comme celle de la contrainte par corps.
[6] *Ibid.*
[7] *Ibid.*

d'endettement[1]. Devant le constat des résultats concrets issus de l'insolvabilité irrémédiable du débiteur, « le droit de la défaillance économique n'est aussi qu'un corollaire réaliste du système économique dans lequel s'inscrit notre ordre juridique »[2]. En effet, il ne saurait être perçu à travers l'avènement du droit de la défaillance économique, « un parti pris en faveur des débiteurs qu'il conviendrait de satisfaire parce qu'ils sont plus nombreux et plus faibles que les créanciers »[3]. La défaillance du débiteur trouve bel et bien sa source dans l'économie d'endettement, et les mesures libératoires du droit au rebond ne font que tirer les conséquences économiques et sociales de ce constat. Le risque pour un créancier à être confronté à un débiteur insolvable n'est que « la traduction d'un risque économique, qui lui préexiste, et qui est lié au système économique d'endettement auquel il participe »[4]. Avec l'apparition de l'économie de marché et le développement du crédit au cours du XXe siècle, la défaillance s'est généralisée à tous les acteurs de la vie économique[5]. Aux fins de répondre à la multiplicité des besoins commerciaux et privés, le recours à l'endettement s'est pleinement affirmé au point de se banaliser. Justifié comme une nécessité de la vie moderne, le crédit a alors envahi tous les secteurs de l'économie. L'endettement a été perçu comme un élément déterminant de la croissance[6], de telle sorte que l'économie de marché est devenue synonyme d'économie d'endettement[7]. Sa prolifération a nécessairement favorisé la propagation de l'endettement et la multiplication des engagements, avec pour conséquence de créer autant d'occasions de ne pouvoir y faire face. Dès les années 1960, les entreprises ont eu massivement recours à l'endettement[8]. À cette époque de prospérité, les pouvoirs publics maintenaient le coût réel du crédit à un niveau très faible jusqu'au début des années 1980 favorisant ainsi l'endettement au mépris de la constitution de fonds propres. Longtemps réservé aux entreprises, l'endettement s'est au fur et à mesure du temps ouvert aux particuliers. De la même manière que chez les professionnels, on a assisté au développement du recours à l'emprunt non seulement pour financer l'acquisition de la résidence principale mais également pour consommer[9]. C'est ainsi qu'« au paiement comptant de nos ancêtres s'est substitué le paiement à tempérament de nos

[1] S. GJIDARA, *L'endettement et le droit privé*, thèse préc., n°224 ; *adde* P. DELEBECQUE, L. AYNÈS, R. LIBCHABER, D. MAZEAUD, « Le traitement civil de la dette », *in L'apurement des dettes, solution au surendettement*, (dir.) Y. CHAPUT, *Litec*, 1998, p.315, spéc. n°363.
[2] K. LAFAURIE, *ibid.*, n°379.
[3] *Ibid.*
[4] *Ibid.*, n°376.
[5] É. PERRU, *L'impayé*, thèse : LGDJ, 2005, préf. G. GOUBEAUX, n°14.
[6] D. MAZEAUD, « L'endettement des particuliers – Rapport français », *in L'endettement*, Travaux de l'Association Henri Capitant, journées argentines, *LGDJ*, 1995, p.127.
[7] B. OPPETIT, « L'endettement et le droit », *in Mélanges en hommage à André Breton et Fernand Derrida*, *Dalloz*, 1991, p.300.
[8] S. GJIDARA, thèse préc., n°32.
[9] Ceci s'explique à l'époque par les diverses politiques d'encouragement au crédit des particuliers et notamment les politiques sociales d'accession à la propriété.

parents »[1]. L'endettement, succédant à l'épargne, est devenu peu à peu « le mode habituel de gestion des patrimoines »[2] et le crédit, celui de la consommation des ménages[3]. Du point de vue juridique, l'endettement est une situation normale à laquelle n'est attachée aucune conséquence particulière. Ce n'est que lorsque l'endettement devient excessif, pathologique, que le droit s'en saisit véritablement[4]. En effet, c'est à partir du moment où les débiteurs ne pouvaient plus compter sur l'écoulement du temps pour alléger leur fardeau, ceci associé à un contexte de crise économique, que leur situation s'est brutalement aggravée et a donné naissance au phénomène du « surendettement ». Partant, le phénomène de l'endettement puis du surendettement sont devenus la principale cause de défaillance aussi bien pour les débiteurs professionnels que les débiteurs particuliers. Sujette à une crise chronique, l'économie moderne ne se conçoit plus sans endettement. C'est ainsi que dans cette économie d'endettement, l'insolvabilité est devenue « une donnée permanente de la vie économique »[5]. Ainsi, cette dernière ne pouvait-elle rester sans traitement. Devant l'accroissement des situations d'insolvabilité, tant des entreprises que des particuliers, « la réaction aurait pu être celle de la prévention accrue de la défaillance »[6]. Or, il est apparu que, sans choisir de réguler le crédit, le législateur a préféré un traitement *a posteriori* de l'endettement excessif débouchant sur le maintien de l'économie d'endettement[7]. De notre point de vue, il est difficile de pouvoir encourager le crédit tout en cherchant à prévenir le surendettement. En conséquence, il est logiquement apparu manifeste pour les acteurs économiques de se prémunir face à la réalité de l'impayé[8]. En effet, l'insolvabilité du débiteur est devenue « une probabilité que ne doit pas exclure le créancier »[9]. Autrement dit, devant le risque d'insolvabilité consubstantiel au contexte économique et social, le créancier ne peut ignorer la vulnérabilité économique et financière du débiteur. De la sorte, on ne saurait considérer que le principe de rémission des dettes constitue une atteinte à la sécurité juridique dès lors que l'insolvabilité qui la justifie constitue une probabilité que tout créancier doit nécessairement prendre en compte dans ses prévisions contractuelles[10]. Par ailleurs, la pratique

---

[1] V. MARTINEAU-BOURGNINAUD, *Procédures de surendettement des particuliers et rétablissement personnel*, *op. cit.*, n°9.

[2] B. OPPETIT, art. préc., p.295 et s.

[3] V. MARTINEAU-BOURGNINAUD, *ibid.*

[4] É. PERRU, *L'impayé*, thèse préc., n°16.

[5] G. MORRIS-BECQUET, *L'insolvabilité*, thèse préc., n°193.

[6] K. LAFAURIE, thèse préc., n°379.

[7] À cet égard, soulignons que les pouvoirs publics n'ont jamais abandonné la politique d'encouragement du crédit en raison de sa dépendance à la croissance et du fait que les entreprises en ont besoin pour investir tout comme le consommateur perçu comme le « maillon de la chaîne de l'activité économique » (v. en ce sens D. MAZEAUD, « Le droit de la consommation est-il un droit social ou économique ? », *Revue Lamy concurrence*, octobre-décembre 2006, n°9, spéc. p.137).

[8] É. PERRU, *L'impayé*, thèse préc., *passim.*

[9] B. OPPETIT, art. préc., p.310.

[10] S. GOUNON, *L'insolvabilité en droit privé*, spéc. n°421 ; *adde* B. OPPETIT, art. préc. ; L. AYNÈS, « Crise économique et rapports de droit privé », *in Droit de la crise : crise du droit ?*, Journées Savatier,

du crédit et sa mise en œuvre dans un contexte de crise, a donné toute sa signification à l'idée selon laquelle « la notion de crédit implique celle de confiance, qui elle-même sous-entend l'idée de risque »[1]. Partant, « la défaillance économique caractérisée par l'état d'insolvabilité est devenue fréquente »[2]. En somme, elle doit être envisagée comme un risque prévisible et prévu par l'ensemble des acteurs économiques. Si l'on ne peut que déplorer que l'insolvabilité soit devenue un phénomène de société à grande échelle, on doit toutefois souligner qu'elle n'est plus simplement un phénomène exceptionnel et imprévisible, mais bien « un évènement aléatoire et incertain »[3]. Ce bouleversement de perspective conduit par conséquent à légitimer la politique en faveur du rebond. En effet, ce n'est donc pas la mesure de purge des dettes qui constitue le risque mais bien la défaillance elle-même. Partant le droit au rebond ne fait que tirer les conséquences de ce constat. Ceci d'autant plus que les règles qui en découlent se veulent efficaces économiquement puisqu'elles permettent d'assurer un « nouveau départ » au débiteur, et plus largement « de favoriser le bon fonctionnement de l'économie globale »[4].

§2 – L'adoption de mesures efficaces

La recherche d'efficacité économique. Qu'il s'agisse du débiteur particulier ou professionnel, qu'il soit dans une situation difficile ou irrémédiablement compromise, les mesures qui lui sont appliquées conduisent toujours à « de meilleurs résultats que le statisme »[5]. Si notre champ d'étude se cantonne à l'analyse des situations les plus désespérées où aucune possibilité de redressement du débiteur n'est possible, il importe de souligner ici l'utilité des nombreuses mesures aménageant les dettes afin de dégager le débiteur d'une situation de nature à compromettre définitivement sa situation. Lorsque celle-ci n'est pas trop obérée, bénéficier de mesures de répit peut s'avérer bénéfique pour le débiteur car « il sera plus aisé de maintenir une activité encore existante que de la recréer lorsqu'elle aura disparu »[6]. D'une certaine manière, ces dernières s'apparentent à des mesures de rebond. Aussi, faut-il préciser l'intérêt pour le créancier qui a tout intérêt à accepter un paiement retardé lorsque la survie de son partenaire économique est en jeu, plutôt que d'assister à la disparition de ce

PUF, 1997, p.57 et s. ; S. GJIDARA, *L'endettement et le droit privé*, thèse préc., spéc. n°90 ; P. ANCEL, « Droit au recouvrement de sa créance ou droit de ne pas payer ses dettes ? », *Dr. et patr.*, mai 1998, n°60, spéc. p.89 ; C. JAMIN, « Révision et intangibilité du contrat ou la double philosophie de l'article 1134 du Code civil », *Dr. et patr.*, mars 1998, spéc. p.52. ; G. MORRIS-BECQUET, *L'insolvabilité*, thèse préc., n°194.

[1] L. AYNÈS, *ibid.* ; *adde* G. MORRIS-BECQUET, thèse préc., n°193.

[2] G. MORRIS-BECQUET, *ibid.*

[3] *Ibid.*, spéc. n°194.

[4] K. LAFAURIE, thèse préc., n°380.

[5] *Ibid.*, n°381.

[6] *Ibid.*, n°382 : l'auteur cite S. SCHILLER, « L'effacement des dettes permet-il un nouveau départ ? » Comparaison franco-américaine », *RID comp.*, 2004-3, p.665, spéc. n°15.

dernier au risque de rencontrer à son tour des difficultés[1]. Partant, les mesures de sauvetage du débiteur peuvent donc s'avérer économiquement efficaces. Ce constat est transposable à l'égard du débiteur dont la situation est totalement désespérée. Dans cette hypothèse, la situation du débiteur est telle que le lien contractuel ne peut être sauvegardé. C'est ainsi que le législateur conçoit un traitement de l'ensemble des dettes du débiteur impécunieux afin de le faire sortir d'une situation qu'il ne peut plus affronter seul. Apparaît alors pour le débiteur : « le droit de ne pas exécuter »[2]. Tant pour le professionnel que le particulier, l'octroi d'un tel droit constitue un moyen de traiter l'endettement excessif. Un auteur a relevé à cet égard que « l'état d'endettement [devient] une condition de l'obtention du droit de ne pas exécuter [...] et justifie la libération par faveur pour le débiteur »[3]. En somme, la naissance du droit de ne pas exécuter dépend donc de la constatation de la situation désespérée du débiteur. Le cas échéant, ce dernier est donc délié de ses engagements devenus trop lourds à porter, compte tenu du contexte économique et social[4]. En projetant l'objectif du rebond dans le droit économique, il apparaît que le débiteur, même impécunieux, remplit une fonction sociale, économique et politique[5]. De la sorte, les débiteurs insolvables apparaissent dans notre économie de marché comme des maillons de la chaîne économique[6]. Les règles protectrices portées par le droit de la défaillance économique visent donc à accepter la situation d'échec de ces débiteurs, en raison de leur fonction économique. En somme, les débiteurs impécunieux sont donc élevés au rang d'agents économiques de telle sorte qu'ils peuvent, si l'intérêt général le justifie, bénéficier de mesures de faveur. Dès lors, le droit de la défaillance économique ferait office à leur égard de « filet de sécurité »[7] aux fins de les maintenir dans le tissu économique. Il en résulte une solidarité de masse répartissant les sacrifices dans l'intérêt de l'ordre économique et social[8]. Appliquée au débiteur professionnel, cette analyse permet de garantir sa réintégration rapide dans le circuit économique. Du côté du débiteur particulier, la logique est similaire en ce qu'il constitue un maillon du circuit de la consommation. C'est ainsi qu'on observe que le phénomène économique est devenu un facteur et une occasion de protection supplémentaire à l'endroit des débiteurs impécunieux. Par conséquent, on déduit que la politique économique en faveur du rebond se montre alors clémente à l'égard des plus démunis qui

---

[1] L. GAUDIN, *La patience du créancier : contribution à l'étude de l'effectivité du paiement contractuel*, thèse : Defrénois, 2009, préf. G. PIGNARRE, spéc. n°160 et s.
[2] C. CHABAS, *L'inexécution du contrat*, thèse : LGDJ, 2002, préf. J. GHESTIN, spéc. n°199.
[3] *Ibid.*
[4] S. GJIDARA, thèse préc., spéc. n°433.
[5] C. CHAMPAUD, « La situation des entreprises en difficulté et enjeux de droit économique perturbant le droit privé », *Revue française de comptabilité*, 1974, p.374.
[6] S. GJIDARA, thèse préc., n°301.
[7] *Ibid.*, n°303.
[8] *Ibid.*, n°305.

constituent des « agents économiques vitaux » dont l'exclusion du circuit économique ne peut pas être envisagée[1].

Le bien-fondé du rebond. La politique d'acceptation de l'endettement a donc conduit à la naissance du droit au rebond. En acceptant l'échec comme un accident de parcours de la vie économique, la finalité du traitement juridique de la défaillance n'est plus de punir celui qui a manqué ses engagements mais de faciliter sa réinsertion dans le circuit économique. L'argument du rebond est incontestablement justifié par des considérations économiques légitimant les mesures destinées à libérer définitivement le débiteur de ses dettes. Outre le fait d'être justifié par son caractère réaliste, le rebond est économiquement efficace. En effet, « libéré des séquelles financières de son échec »[2], le débiteur peut désormais envisager un « nouveau départ ». Résultat d'une volonté politique commune, les droits des entreprises en difficulté et du surendettement donnent au débiteur malchanceux une deuxième chance en lui permettant de « repartir de zéro » sans traîner un passif qu'il ne pourra jamais résorber[3]. En étant purgé de ses dettes antérieures, le débiteur se voit offrir par le législateur une chance de rétablir sa situation économique[4]. Du point de vue économique, « l'effacement touche une forte population et une masse importante de dettes »[5]. De la sorte, le droit à un « nouveau départ » ne serait pas seulement une mesure sociale de solidarité répondant uniquement au besoin personnel d'un certain individu. En effet, la mesure de purge des dettes serait *in fine* « recommandée par l'économie capitaliste »[6], en ce qu'elle permettrait au débiteur de redevenir rapidement un membre productif. Cette réflexion a le mérite de satisfaire à la fois l'intérêt personnel du débiteur et l'intérêt général de l'ordre public économique. Assurer le traitement des situations les plus désespérées revient à réinsérer plus rapidement le débiteur dans le tissu économique. Les mesures libératoires encouragent le débiteur fraîchement rétabli à reprendre une activité ou tenter une nouvelle expérience entrepreneuriale. De la sorte, il redevient un « agent productif » dans l'intérêt de l'économie globale, surtout lorsqu'on observe que la réussite intervient souvent lors d'une seconde tentative comme a pu le relever la Commission européenne : « il semble démontré que les entrepreneurs faillis ont plus de chance de réussir la seconde fois »[7]. À défaut de réinvestir l'entrepreneuriat, le débiteur libéré de son passif pourra simplement rebondir

---

[1] *Ibid.*, n°268.
[2] K. LAFAURIE, thèse préc., n°385.
[3] C. REGNAUT-MOUTIER et J. VALLANSAN, « « Faillite » des entreprises et surendettement des particuliers », *in Mélanges dédiées à la mémoire du Doyen Jacques Héron*, LGDJ, 2008, spéc. pp.451-452.
[4] J-L VALLENS, « L'effacement des dettes du débiteur en liquidation judiciaire », *LPA*, 19 septembre 1997, p.4.
[5] S. SCHILLER, art. préc., n°13.
[6] *Ibid.* n°21.
[7] Recommandation de la Commission du 12 mars 2014 relative à une nouvelle approche en matière de défaillance et d'insolvabilité des entreprises (2014/135/UE), cons. n°20.

dans une activité salariale. De la même manière que l'entrepreneur, il s'agira là encore d'une reprise d'activité nécessairement favorable à l'économie globale[1]. La politique de rebond du droit de la défaillance économique a donc pour credo d'éviter la marginalisation et l'exclusion de l'impécunieux du circuit économique. De plus, comme un auteur a pu le souligner « une personne criblée de dettes [...] dont le remboursement s'avère impossible est vouée à l'assistance sociale ou à la recherche clandestine de ressources »[2]. Permettre légalement la réintégration rapide du débiteur dans le système économique garantit que celui-ci contribue ainsi à la production des richesses dans l'intérêt de l'économie globale[3]. Partant, il est difficile de nier l'utilité du droit à un « nouveau départ ». À l'aune du rebond, on observe que l'orthodoxie juridique est contrainte de cohabiter avec l'orthodoxie économique[4]. Tout bien considéré, « en [le faisant] sortir de l'ombre, car [...] tout le monde sait qu'il joue en coulisse un rôle important », il semblerait que la politique du rebond a érigé l'argument économique en argument de droit[5]. Cette politique juridique favorisant le rebond est susceptible de s'accroître sous l'impulsion du droit communautaire.

La politique européenne en faveur du rebond. Depuis plusieurs années, le législateur promeut le droit au rebond du débiteur. Il est d'ailleurs le précurseur en la matière. En effet, on a pu observer au fur et à mesure du temps un changement de mentalités conduisant à encourager le retour en activité de l'entrepreneur ayant connu un échec[6]. Très tôt cette « culture du droit au rebond » a trouvé son origine dans les actions des instances européennes favorables à un droit à la seconde chance pour le débiteur personne physique[7]. En mars 2014, le législateur européen invitait déjà les législateurs nationaux à « offrir une seconde chance, dans l'ensemble de l'Union, aux entrepreneurs honnêtes ayant connu la faillite » par une libération rapide et totale de leurs dettes[8]. À tel point d'en faire un des axes principaux de la directive du 20 juin

---

[1] K. LAFAURIE, thèse préc., n°385.
[2] *Ibid.*
[3] Précisons ici que si le droit au rebond possède des avantages économiques incontestables, il faut toutefois relativiser ces observations en indiquant que le rebond reste incertain pour le débiteur qui ressort particulièrement abîmé par la procédure d'insolvabilité : v. *infra*, titre 2, 2nde partie.
[4] S. GJIDARA, thèse préc., n°550 : l'auteur précise que « les arguments de l'orthodoxie juridique n'ont pas pris sur les esprits et l'orthodoxie économique a fait long feu ».
[5] P. JESTAZ, « Synthèse », *in* (dir.) N. DISSAUX et Y. GUENZOUI, *Les habitudes et le droit, Dalloz*, 2015, pp.127-139, spéc. p.139.
[6] F. MACORIG-VENIER et L. SAUTONIE-LAGUIONIE, « Le droit au rebond du débiteur après la directive du 20 juin 2019 – Quelles règles pour quelle réalité ? », *JCP E*, n°9, 27 février 2020, 1078, spéc. n°1.
[7] *Ibid.*
[8] Recommandation de la Commission du 12 mars 2014 relative à une nouvelle approche en matière de défaillance et d'insolvabilité des entreprises (2014/135/UE). Plus tôt encore la politique du rebond était déjà prégnante lorsque la Commission plaidait en faveur du droit à un « nouveau départ » pour le failli dans un rapport publié en 2002, v. notamment : Commission européenne, Direction générale des entreprises, « Aider les entreprises à surmonter leurs difficultés financières

2019 avec la haute ambition de créer une possible remise de dettes au bout de trois ans avec levée des déchéances[1]. De la sorte, il en ressort une politique juridique européenne promouvant le droit au rebond d'un point de vue macroéconomique[2]. En visant spécifiquement l'entrepreneur insolvable, le législateur européen véhicule l'idée selon laquelle il peut s'agir d'un accident de parcours susceptible d'être surmonté à l'avenir, et conduire à moyen terme, à encourager l'esprit d'entreprise[3]. Aussi doit-on souligner que le droit français avait déjà œuvré dans le bon sens comme en témoignent les mécanismes légaux mis en place destinés à favoriser le rebond tant à l'égard du débiteur professionnel que du débiteur particulier[4]. Ceci précisé, on soulignera la grande importance pour le législateur européen d'asseoir la légitimité d'un droit au rebond à l'échelle de l'Union européenne[5]. À cet égard, on relèvera que dans le texte de la directive, l'importance du droit au rebond est fréquemment soulignée, comme en témoignent les cinq occurrences de l'expression « seconde chance »[6] et les trois occurrences concernant le « nouveau départ »[7]. Aussi doit-on relever également en droit communautaire, l'existence d'une démarche pragmatique se traduisant par la recherche de ce qui sera le plus attractif et le plus efficace dans le traitement des difficultés des entreprises. La directive du 20 juin 2019 est à cet égard significative. En effet, elle a pour objectif le bon fonctionnement du marché intérieur, la levée des obstacles à la libre circulation des capitaux et à la liberté d'établissement. La recherche d'efficacité est donc un enjeu de taille. Dès le premier considérant, le terme « efficacité » est employé deux fois, après l'avoir été dans le titre[8]. Présentée sous l'angle d'un « enjeu concurrentiel »[9], la directive veille donc à assurer l'efficacité des procédures destinées à favoriser le rebond au sein des États membres. Cette volonté de faire converger les législations nationales autour du rebond s'inscrit dans l'intention de réguler l'économie de

– Guide de bonnes pratiques et de principes concernant la restructuration, le dépôt de bilan et le redémarrage ».

[1] Directive (UE) 2019/1023 du Parlement européen et du conseil du 20 juin 2019 relative aux cadres de restructuration préventive, à la remise de dettes et aux déchéances, et aux mesures à prendre pour augmenter l'efficacité des procédures en matière de restructuration d'insolvabilité et de remises de dettes, et modifiant la directive (UE) 2017/1132 (directive sur la restructuration et l'insolvabilité), cons. n°1 « la présente directive vise [garantir] que les entrepreneurs honnêtes insolvables ou surendettés peuvent bénéficier d'une remise de dettes totale au terme d'un délai raisonnable, ce qui leur offrirait une seconde chance ».

[2] F. MACORIG-VENIR et L. SAUTONIE-LAGUIONIE, art. préc., *eod. loc.*

[3] *Ibid.*, art. préc., n°2.

[4] V. *infra*, chapitres 1 et 2, titre 1, 2nde partie.

[5] Relevons à cet égard que dans le texte de la directive, le législateur européen insiste plusieurs fois sur l'importance du droit au rebond, en témoignent les cinq occurrences de l'expression « seconde chance » (cons. n° 1, 4, 21, 72 et 85) et les trois occurrences concernant le « nouveau départ » (cons. n°5 et 72).

[6] Cons. n°1, 4, 21, 72, 85.

[7] Cons. n°5, 72.

[8] G. JAZOTTES, « Les grands axes de l'évolution », *BJE*, mars-avril 2022, n°BJE200m5, dossier, spéc. p.45.

[9] *Ibid.*

marché[1]. L'obligation imposée aux législateurs nationaux de mettre en œuvre des mécanismes légaux en faveur de la « seconde chance » renforce le choix du recours à une législation instrumentale pour justifier la politique en faveur du rebond du débiteur. Dès lors, le droit français s'inscrit en parfaite conformité en la matière.

Bilan. En définitive, il apparaît que le droit de la défaillance économique répond à des impératifs de politique juridique et de réalisme économique. Cette politique en faveur du rebond démontre que l'activité humaine peut, dans certains cas, être réputée d'intérêt collectif. L'évolution du droit en faveur de la seconde chance, difficilement réversible, est fondée sur des justifications économiques qui légitiment son existence au sein de notre système juridique. L'approche téléologique du traitement des situations désespérées permet de donner une clé de compréhension du raisonnement juridico-politique adopté par le législateur en matière de rebond. Ce dernier assume complètement le choix d'instrumentaliser la règle de droit, « c'est son rôle d'imposer sa vision des choses, de déshabituer le peuple à quelque chose pour le réhabituer à autre chose »[2]. Le droit au rebond, via le législateur, apparaît comme la mise en œuvre d'un projet politique exprimant une conception de la vie économique. Partant, il assume parfaitement son choix de faire prédominer cet objectif, avec cette seule condition de servir l'intérêt général. Si le droit de la défaillance économique est justifié par une politique juridique légitimant le droit au rebond, il importe de souligner que sa légitimité est renforcée par l'adoption d'une technique juridique encadrant strictement les mesures de faveur.

SECTION 2 UNE LÉGITIMITÉ RENFORCÉE PAR UNE TECHNIQUE JURIDIQUE ENCADRANT STRICTEMENT LE DROIT AU REBOND

L'analyse du droit de la défaillance économique rend compte « du passage de la rigueur à l'indulgence généralisée »[3]. Pourtant, une chose est de constater que l'économique bouscule le juridique, « une autre est de penser que l'économique puisse se passer du juridique »[4]. La technique juridique est indispensable au fonctionnement du droit[5]. En droit, la technique sert à réaliser des finalités concrètes. Selon GÉNY, la finalité de la technique juridique est « l'adaptation des moyens à la fin, en vue d'assurer la pénétration efficace du droit dans la vie

[1] L. COHEN-TANUGI, « À la recherche d'un équilibre », *in* « Le droit français s'américanise-t-il ? », *Revue des deux mondes*, 2000, La Table ronde, p.76.
[2] Y. GUENZOUI, « Les habitudes du droit : une prise de conscience », *in* (dir.) N. DISSAUX et Y. GUENZOUI, *Les habitudes et le droit*, *Dalloz*, 2015, pp.4-14, spéc. p.13.
[3] *Ibid.* n°344.
[4] S. GJIDARA, *L'endettement et le droit privé*, thèse préc., n°548.
[5] F. GÉNY, *Science et techniques en droit privé positif*, Tome III, « Élaboration technique du droit positif », Sirey, 1921, n°181, p.2.

sociale »[1]. Autrement dit, la technique juridique est « un moyen de permettre au droit de se concrétiser et de réaliser ses finalités »[2]. Dans le cadre de notre étude, il importe de s'interroger sur la légitimité des règles au service de la politique de rebond. L'analyse de la technique juridique en la matière démontre que le droit au rebond, outre le fait d'être encadré, est éminemment conditionné. Ceci permet d'observer les tempéraments qui sont apportés afin d'éviter une protection inopportune du débiteur et un discrédit à l'endroit des créanciers. Ces tempéraments vont donc dans le sens d'une consolidation de la légitimité du droit au rebond et plus largement du droit de la défaillance économique. Autrement dit, il s'agit pour le législateur de veiller à maintenir un équilibre entre les intérêts du débiteur et ceux du créancier (**§1**). Aussi, doit-on souligner que l'approche téléologique du traitement des situations désespérées a été renforcée par la crise sanitaire liée à l'épidémie de covid-19, conduisant à la métamorphose de la technique juridique en matière de rebond (**§2**).

§1 – La recherche d'équilibre entre des intérêts divergents[3]

Un équilibre, source de légitimité. L'analyse de la physionomie de la technique juridique montre qu'il est nécessaire de trouver des équilibres entre des intérêts divergents, si ce n'est même contraires, et que chacun doit par conséquent trouver une limite. En effet, « la valeur d'un droit se mesure précisément à la qualité de l'équilibre qu'il ordonne »[4]. Un système de droit, bien qu'il doive concilier dans l'élaboration de ses règles, des intérêts variés et des impératifs divers[5], nécessite pour être bien accepté et efficace, de présenter une certaine sécurité, notamment par sa prévisibilité, afin de ne pas surprendre excessivement les sujets de droit dans leurs pratiques, leurs prévisions et leurs attentes[6]. La sécurité juridique « représente certainement l'un des impératifs ou des intérêts légitimes, que le législateur doit avoir à l'esprit lorsqu'il élabore ou modifie le droit, mais qu'il met en balance avec d'autres intérêts et besoins »[7]. Ainsi, il résulte de ces considérations que le droit au rebond ne doit pas avoir de conséquences tellement ravageantes que cela nuirait à sa légitimité. C'est ainsi que le législateur s'est efforcé de trouver un dosage subtil entre deux nécessités concurrentes, celle d'assurer le respect des engagements pris face aux créanciers,

---

[1] *Ibid.*

[2] R. ENCINAS DE MUNAGORRI, « Qu'est-ce que la technique juridique ? : Observations sur l'apport des juristes au lien social », *Recueil Dalloz*, 2004, pp.711-715.

[3] Ce paragraphe n'a pas la prétention de détailler l'ensemble des règles juridiques issues des mécanismes légaux favorisant le rebond. Il s'agit ici de démontrer seulement la philosophie globale de la technique juridique employée afin de justifier la légitimité du droit au rebond. Pour de plus amples développements, v. *infra* titre 1, 2nde partie.

[4] E. CHVIKA, *Droit privé et procédures collectives,* thèse préc., spéc. n°6.

[5] J. PAILLUSSEAU, « Le droit est aussi une science d'organisation (et les juristes sont parfois des organisateurs juridiques) », *RTD com.*, 1989, p.40.

[6] E. CHVIKA, *ibid.*

[7] F. POLLAUD-DULIAN, « À propos de la sécurité juridique », *RTD civ.*, 2001, p.491.

et celle de permettre le sauvetage économique du débiteur impécunieux. Ceci précisé, c'est une chose que de défendre la légitimité d'une politique juridique, c'en est une autre, tout aussi importante, que de constater l'opportunité des règles techniques et « leur aptitude à concrétiser l'objectif fixé »[1]. Il s'agit donc d'un passage indispensable pour s'assurer de la légitimité du droit au rebond.

Un droit conditionné[2]. Il est communément opposé par les détracteurs du droit au rebond le caractère immoral des mesures de faveur et l'insécurité juridique à l'endroit des créanciers. Afin d'asseoir la légitimité de sa politique en faveur du rebond, le législateur a institué des règles juridiques destinées à contrer ces critiques. Pour rassurer les sceptiques, c'est ainsi que plusieurs règles du droit de la défaillance économique permettent d'une part, de vérifier la moralité des débiteurs candidats au bénéfice des mesures libératoires, et d'autre part, de garantir une sécurité à l'égard de certains créanciers[3]. La meilleure règle juridique la plus à même de contrôler le comportement du débiteur pour le bénéfice d'une mesure de faveur, est incontestablement la bonne foi. Si le droit au rebond s'inscrit bel et bien dans le cadre d'une politique donnée, cela n'empêche pas que la bonne foi soit utilisée comme un moyen de sélection des bénéficiaires potentiels des mesures de clémence[4]. « Alliée précieuse de la sécurité juridique »[5], le législateur a donc fait de la bonne foi une condition subjective de recevabilité pour les débiteurs souhaitant prétendre au bénéfice de telles mesures[6]. L'objectif est effectivement de filtrer parmi les bénéficiaires ceux dont le comportement est digne. Les mesures de désendettement répondant à une logique curative, le dispositif protecteur ne saurait ainsi profiter à tout type de débiteur sans autre considération et à n'importe quelle situation d'endettement[7]. Aussi faut-il préciser que le comportement fautif ou immoral du débiteur risque évidemment de subvertir les règles de la procédure lesquelles lui sont extrêmement favorables[8]. Ainsi, le débiteur doit être digne de mériter la procédure destinée à favoriser son rebond. À défaut, il est nécessairement exclu du bénéfice des différentes procédures. En effet, les mesures ayant été pensées dans l'unique intérêt du débiteur, il n'y avait donc aucune raison d'écarter le contrôle de la bonne foi à l'ouverture de la procédure[9]. Si le droit au rebond constitue un objectif dont

---

[1] K. LAFAURIE, thèse préc., n°399.
[2] Pour de plus amples développements sur les conditions imposées pour le bénéfice des mesures de désendettement, v. *infra*, chapitres 1 et 2, titre 1, 2nde partie.
[3] K. LAFAURIE, *ibid.*
[4] Y. PICOD, *Le devoir de loyauté dans l'exécution du contrat*, thèse : LGDJ, 1989, préf. G. COUTURIER, spéc. n°59.
[5] D. MAZEAUD, « Le nouvel ordre contractuel », art. préc., spéc. n°29.
[6] Pour de plus amples développements sur la notion de bonne foi, v. *infra*, chapitres 1 et 2, titre 1, 2nde partie.
[7] Y. PICOD, « Bonne foi et droit de la consommation », *in Mélanges en l'honneur de Daniel Tricot, Litec-Dalloz*, 2011, pp. 121-136, spéc. n°14.
[8] K. LAFAURIE, *ibid.*, n°401.
[9] Sous réserve de l'exception en matière de liquidation judiciaire : v. *infra*, chapitre 1, titre 1, 2nde partie.

l'affirmation n'a de cesse de s'accroître, la condition relative au comportement du débiteur n'en est pas moins expressément exigée[1]. En instituant la bonne foi comme une règle juridique indispensable pour prétendre au rebond, le législateur renforce ainsi la moralisation du bénéfice du traitement de l'insolvabilité. S'agissant des créanciers, il est apparu que « l'inexécution licite »[2] au bénéfice du seul débiteur doive toutefois constituer l'exercice d'un « droit mesuré », laissant place à une certaine satisfaction du créancier. En effet, il a souvent été reproché aux mesures de clémence leur absence d'intérêt à l'égard des créanciers[3]. Devant la situation de certains créanciers fragiles, il est apparu nécessaire de relayer le droit au rebond du débiteur au second plan, afin d'assurer en priorité leur protection. Outre la volonté de prémunir les créanciers les plus fragiles contre les mesures du purge des dettes, le droit de la défaillance économique a opportunément souhaité éviter « toute contagion des difficultés »[4]. Dans cette perspective, plusieurs créances[5] sont logiquement exclues des mesures de désendettement surtout lorsqu'elles représentent un besoin vital pour son titulaire. C'est donc de manière tout à fait opportune que le droit au rebond doive céder dans pareille hypothèse, afin d'épargner les créanciers fragiles des conséquences néfastes de la purge des dettes à leur égard. Par ailleurs, il convient d'observer que des limites au droit de rebondir sont également apportées lorsque les créanciers ont anticipé la défaillance du débiteur par des sûretés ou autres garanties afin de se prémunir contre le risque de non-paiement[6]. Comme un auteur a justement pu le souligner : « c'est bien au moment où les créanciers sont les plus exposés au risque de défaillance du débiteur que l'efficacité de la garantie doit se révéler la meilleure »[7]. Sous peine de ruiner sa légitimité, le droit de la défaillance économique doit nécessairement assurer le jeu des garanties sur lesquelles comptent les créanciers, quitte à ignorer le droit au rebond du débiteur. En somme, la volonté de remédier à la faiblesse économique du débiteur ne doit pas conduire à une surprotection[8]. C'est en ce sens que s'inscrit également la technique juridique employée par le législateur européen pour la remise de dettes.

La technique juridique européenne en faveur du rebond. En dépit d'une orientation prioritairement en faveur des créanciers, le droit au rebond est pleinement consacré dans la directive du 20 juin 2019. Sans reprendre l'ensemble des modalités prévues par le régime de remise de dettes, on se contentera seulement de préciser que, comme le législateur français, la condition relative au

---

[1] K. LAFAURIE, *ibid.*
[2] C. CHABAS, thèse préc., n°243.
[3] M. VASSEUR, « Le crédit menacé. Brèves réflexions sur la nouvelle législation relative aux entreprises en difficulté. », *JCP G*, 1985, I, 3201, spéc. n°6 (l'auteur décrit des créanciers « mal aimés » voire « oubliés »).
[4] K. LAFAURIE, thèse préc., n°420.
[5] Pour de plus amples développements : v. *infra*, chapitres 1 et 2, titre 1, 2nde partie.
[6] V. *infra*, chapitres 1 et 2, titre 1, 2nde partie.
[7] K. LAFAURIE, *ibid.*, n°427.
[8] S. GJIDARA, thèse préc., n°263.

comportement du débiteur est expressément exigée par le législateur européen. La seconde chance visée par la directive s'adresse exclusivement au débiteur personne physique « honnête ». Aux termes du considérant 78, la directive prévoit qu'« une remise de dettes totale ou la fin de la déchéance après une période ne dépassant pas trois ans n'est pas appropriée dans toutes les circonstances, dès lors des dérogations à cette règle, dûment justifiées par des motifs précisés dans le droit national, pourraient devoir être introduites [...] par exemple, de telles dérogations devraient être introduites lorsque le débiteur est malhonnête ou a agi de mauvaise foi ». Avec la même volonté de protéger certains créanciers, le texte prévoit l'exclusion de plusieurs créances du mécanisme de la purge des dettes. Toutefois, on doit déplorer avec la doctrine que l'ambition européenne en faveur du rebond risque de n'être qu'un « mirage » [1], en raison notamment des multiples dérogations et exceptions qui peuvent être prévues par les droits internes, soit pour rallonger le délai de trois années, soit pour rendre certains débiteurs inéligibles au droit au rebond.

Bilan. En définitive, il apparaît que plusieurs règles assurent manifestement la légitimité des mesures de désendettement issues du droit de la défaillance économique. Le strict encadrement du droit au rebond par le législateur permet de rejeter les critiques autour des dérives supposées engendrées par ce droit. Le bénéfice des mesures de faveur ne s'adresse qu'aux débiteurs impécunieux et honnêtes en ce que leur mise en œuvre est conditionnée dans toutes les procédures par la nécessité de démontrer que le débiteur est digne par son comportement. Cette limite est indispensable pour que les créanciers et la société acceptent le droit au rebond. En outre, afin de renforcer son acceptation, des mesures de faveur sont prises à l'endroit de certains créanciers fragiles afin que la mesure de purge ne leur cause d'importantes difficultés financières et ou ne les décourage à s'engager. La recherche d'un équilibre est également illustrée par la volonté de maintenir l'efficacité des garanties constituées par les créanciers qui se sont prémunis contre la défaillance du débiteur. Aussi faut-il souligner que le droit de la défaillance économique manquerait son objectif s'il venait à ruiner l'efficacité des garanties[2]. De la sorte, la technique juridique employée octroie une légitimité certaine au droit au rebond, lequel est manifestement un droit proportionnel. C'est à l'occasion de la crise sanitaire liée à l'épidémie de covid-19 que la technique juridique en matière de rebond a également fait ses preuves.

[1] F. MACORIG-VENIER et L. SAUTONIE-LAGUIONIE, « Le droit au rebond du débiteur après la directive du 20 juin 2019 – Quelles règles pour quelle réalité ? », art. préc., spéc. n°20 et s. : les auteurs soulignent que depuis la proposition du 22 novembre 2016, le nombre d'exceptions ou dérogations a considérablement augmenté. De ce point de vue, il est effectivement à craindre une portée relative du droit au rebond à l'échelle des États membres.

[2] K. LAFAURIE, thèse préc., n°430.

§2 – La métamorphose de la technique juridique à l'aune de la crise sanitaire ou l'amplification de l'intérêt du rebond

Contexte. « Nous sommes en guerre »[1]. Le 12 mars 2020, la France, frappée par l'épidémie de covid-19, « s'est endormie sur injonction présidentielle »[2]. Face à l'urgence de la situation, de nombreuses mesures d'ordre public et sanitaire ont été prises[3]. En effet, il s'agissait d'enrayer une crise inédite d'origine sanitaire « aux conséquences économiques d'une lourdeur jamais imaginée »[4]. Dès le 17 mars 2020, un confinement total était décidé et entraînait la fermeture notamment des usines, des chantiers, des commerces non-essentiels, des écoles et des facultés. La fin du confinement intervenait le 11 mai 2020. Comme un auteur a pu le souligner, « les mois de mars, avril, et mai 2020, resteront, pour nombre de juristes, ceux des ordonnances dites covid-19 »[5]. En effet, on doit souligner la grande réactivité des pouvoirs publics ayant permis au Gouvernement d'agir très rapidement par la voie d'ordonnances. En effet, « le mécanisme de l'article 38 est souvent décrié, en particulier lorsqu'il permet la modification de pans entiers du vulnérable Code civil, mais il a fait en 2020 la preuve de son incontestable intérêt »[6]. Et la doctrine de féliciter le législateur « d'avoir en un temps record produit un très grand nombre de textes […] sans en faire dans la dentelle »[7], car « faire très vite et très bien du premier coup n'est pas chose facile en matière de légistique »[8]. Au 17 juin 2020, pas moins de soixante-deux ordonnances avaient été ainsi édictées et concernaient de nombreux domaines[9], preuve que toute l'activité humaine du pays se trouvait profondément affectée par l'épidémie. Notre but n'est pas d'examiner ici les mesures autorisées par l'état d'urgence sanitaire, mais de rendre compte de leurs

---

[1] Discours du président de la République Emmanuel MACRON lors de son allocution devant les français le 17 mars 2020.

[2] Association Droit et Commerce, (dir.) M. RINGLÉ, *Le droit des affaires, instrument de gestion et de sortie de crise : les entreprises à l'épreuve de la pandémie*, LGDJ, 2021, 4e de couverture.

[3] Loi n°2020-290 du 23 mars 2020 dite loi d'urgence pour faire face à l'épidémie de Covid-19 fixant l'état d'urgence au 12 mars 2020.

[4] *Ibid.*, M. RINGLÉ, « Avant-propos », spéc. p.13.

[5] P-M. LE-CORRE, « Le droit des entreprises en difficulté à la sauce covid-19 – propos introductifs », *Gaz. Pal.*, 13 juillet 2020, n°26.

[6] J. BOURDON, « L'État en ordre de bataille : l'arsenal juridique réquisitionné pour combattre l'épidémie de covid-19 », *in* (dir.) M. RINGLÉ, *Le droit des affaires, instrument de gestion et de sortie de crise : les entreprises à l'épreuve de la pandémie*, art. préc., spéc. p.42.

[7] M. MEKKI, « De l'urgence à l'imprévu de la covid-19 : quelle boîte à outils contractuels ? », *AJ contrat*, 2020, p.164.

[8] P-M. LE CORRE, *ibid.*

[9] De nombreux domaines ont été concernés : délais, contentieux et procédure (adaptation des procédures administratives et juridictionnelles notamment les délais et les règles de procédure pénale) difficulté et vie des entreprises (nous allons les évoquer dans ce paragraphe), droit social (adaptation des règles en matière d'arrêts maladie, mesures d'urgence en matière d'activité partielle, maintien des droits des assurés sociaux et l'accès aux soins), droit public et environnement (assouplissement des règles de fonctionnement des collectivités territoriales), droit immobilier (report de la trêve hivernale, paiement des loyers, factures d'eau, gaz, électricité) etc.

conséquences à l'aune du rebond, en particulier en droit des entreprises en difficulté. La politique et la technique juridique en la matière ont été amplifiées par la crise sanitaire, comme en témoigne l'extension de l'arsenal juridique en faveur du rebond.

L'amplification du rebond. La crise sanitaire pourrait avoir agi comme un « détonateur » au sein du droit de la défaillance économique[1]. Et un auteur de voir à travers les conséquences de la crise sanitaire sur le droit des entreprises en difficulté une « métamorphose kafkaïenne »[2]. Un « cocktail de choc » a donc été créé par le législateur afin de soutenir les entreprises et éviter leur agonie : généralisation du chômage partiel[3], création d'un fonds de solidarité[4], report du passif[5] et prêts garantis par l'État[6]. D'autres mesures ont quant à elles littéralement chamboulé la structure du droit des entreprises en difficulté[7] : modification des conditions d'ouverture des procédures, modification des délais applicables et des conséquences de l'état de cessation des paiements. En effet, en instaurant la cristallisation de l'état de cessation des paiements entre le 12 mars et le 23 août 2020, le législateur a bouleversé « la colonne vertébrale du droit des entreprises en difficulté »[8]. En état de cessation des paiements[9] depuis plus de quarante-cinq jours, le débiteur doit déposer son bilan et solliciter l'ouverture d'un redressement ou d'une liquidation judiciaire. Sous ce seuil, l'entreprise peut

---

[1] J-L. GAFFARD, « De la crise sanitaire à la crise économique ou la double exigence », *in* (dir.) M. RINGLÉ, *Le droit des affaires, instrument de gestion et de sortie de crise : les entreprises à l'épreuve de la pandémie*, art. préc., spéc. p.54.

[2] S. FARHI, « Droit des entreprises en difficulté et covid-19 : la métamorphose », *in* (dir.) P. OUDOT et S. FARHI, *Covid et Droit : le système juridique à l'épreuve de la première vague épidémique*, *Les Editions Ovadia*, 2021, p.169 et s.

[3] Décret n°2020-325 du 25 mars 2020 ; *adde* T. LAHALLE, « Covid et activité partielle », *LPA*, 5 juin 2020, n°113, p.15.

[4] Pour soutenir les entreprises dont le chiffre d'affaires a sévèrement chuté pendant le confinement, le législateur a permis aux TPE, indépendants et micro-entrepreneurs de bénéficier de plusieurs aides financières dans la limite de 10 000 euros. Ce dispositif a été communément appelé « la perfusion d'argent frais », v. ordonnance n°2020-371 du 25 mars 2020 ; *adde* X DELPECH, « Le fonds de solidarité pour les très petites entreprises désormais opérationnel », *Dalloz Actualité*, 1er avril 2020.

[5] Ordonnance n°2020-316 du 25 mars 2020 : les entreprises éligibles au fonds de solidarité ont bénéficié d'un droit au report des loyers commerciaux et des factures d'énergies. Aussi faut-il préciser que toutes les entreprises exposées à des difficultés majeures ont pu également solliciter un report de dettes fiscales, de cotisations sociales et de cotisations patronales. Un report général des délais échus entre le 12 mars et le 23 juin 2020 a également été adopté (Ordonnance n°2020-306 du 25 mars 2020 ; *adde* M. MEKKI, « De l'urgence à l'imprévu de la covid-19 : quelle boîte à outils contractuels ? », art. préc.).

[6] Depuis 2020, environ 700 00 entreprises ont bénéficié de plus de 135 milliards d'euros de prêts garantis par l'État.

[7] Ordonnance n°2020-341 du 27 mars 2020 et n°2020-596 du 20 mai 2020 ; *adde* P-M. LE CORRE, art. préc. *passim*.

[8] S. FARHI, art. préc., spéc n°10.

[9] Rappelons qu'il s'agit de la situation dans laquelle le débiteur est dans l'impossibilité de répondre à son passif exigible avec son actif disponible (C. com., art. L.631-1).

bénéficier d'une procédure de conciliation ou d'un mandat *ad hoc*. En l'absence de cessation des paiements, le bénéfice d'une procédure de sauvegarde est possible. De la sorte, la cessation des paiements structure le droit des entreprises en difficulté « entre volontaire et obligatoire, entre préventif et judiciaire »[1]. Cristalliser la date de cessation des paiements avait donc pour finalité de privilégier les mesures de prévention et plus largement de modifier les conditions d'ouverture des procédures du livre VI du Code de commerce. Les ordonnances covid ont également eu pour conséquence de modifier les conditions d'ouverture des procédures de sauvegarde, de la liquidation judiciaire simplifiée[2] et du rétablissement professionnel[3]. Si le législateur encourage à la prévention « à tout prix » lorsque les difficultés sont légères, il faut observer qu'en temps de crise économique, l'apparition des difficultés est au contraire particulièrement brutale et intense. Dès lors, il est évident que certains débiteurs ne peuvent jamais se relever d'un tel tremblement de terre économique[4]. Aussi est-il logique que pour certaines entreprises, la crise économique impose une liquidation immédiate, ce qui démontre les limites de la politique de la prévention « à tout prix ». C'est ainsi que le législateur avait initié la modification du paradigme préventif avec la création de la liquidation judiciaire simplifiée et du rétablissement professionnel. Pour autant, ces dispositifs ne sont pas destinés à tout type de débiteur. En augmentant voire en supprimant le seuil des conditions de ces procédures à l'occasion de la crise sanitaire, le législateur a manifestement souhaité généraliser leur accès. De la sorte, il a offert aux débiteurs « voués à la mort », la possibilité de disparaître rapidement sans être forcés d'effectuer vainement des tentatives de sauvetage. Implicitement, « le législateur accepte que « prévenir pour guérir » ne peut pas systématiquement fonctionner »[5], surtout lorsque la crise économique est aussi brutale qu'imprévisible. L'analyse des ordonnances covid démontre donc le changement de paradigme du droit des entreprises en difficultés qui accepte de greffer à sa vision préventive, une vision liquidative permettant d'assurer le rebond du débiteur. Devant une crise sans précédent laquelle a logiquement concerné de nombreux débiteurs, les conditions d'ouverture des mécanismes de purge des dettes ont été repensées à la faveur d'une plus large accessibilité. Partant, c'est aussi le droit au rebond qui devient accessible à une pluralité de débiteurs autrefois exclus de cette faveur. Aussi, ne s'agit-il pas là d'une promotion du droit au rebond assumée par le législateur ? On peut le penser aisément. Quoi qu'il en soit, l'argument du rebond a

---

[1] S. FARHI, *ibid.*
[2] Ordonnance n°2020-596 du 20 mai 2020, art. 6. : les conditions relatives au chiffre d'affaires et au nombre de salariés ont été supprimées pour les personnes physiques et la liquidation judiciaire peut être ouverte à « toute personne physique dont le patrimoine ne comprend pas de biens immobiliers » (sauf exception nécessitant un jugement motivé du tribunal).
[3] *Ibid.* : en tant que condition d'ouverture, le seuil de la valeur de l'actif du débiteur a été relevé à la somme de 15 000 euros (contre 5 000 euros auparavant).
[4] S. FAHRI, *ibid.*, n°28.
[5] *Ibid.*, n°29.

manifestement influencé la médecine juridique d'urgence[1] née de la crise sanitaire. Aussi doit-on souligner que si le droit s'est mis en ordre de bataille pour promouvoir des solutions pragmatiques à travers une utilisation particulièrement extensive de l'arsenal juridique, l'urgence normative n'a pas provoqué la dégradation normative en matière de rebond. Le droit né des ordonnances covid est un droit d'urgence, fait dans l'urgence, pour palier l'urgence de la crise économique. Il n'avait donc pas vocation à perdurer dans son intégralité[2]. Toutefois, la « métamorphose conceptuelle »[3] semble avoir laissé une empreinte durable comme en témoigne la pérennisation des améliorations législatives en faveur du rebond[4] à l'occasion de l'ordonnance du 15 septembre 2021 ayant transposé la directive du 20 juin 2019.

Bilan. En définitive, on doit reconnaître que la crise sanitaire a constitué un nouvel épisode dans le traitement juridique des situations désespérées et plus largement dans l'évolution du droit au rebond. Cette période de trouble économique a été le moment privilégié de tester un élargissement du droit au rebond dont les résultats ont convaincu le législateur à graver son évolution dans le marbre du Code de commerce. Régulièrement, on s'interroge sur l'utilité de légiférer et ce questionnement est tout à fait légitime. Toutefois, il est des cas où il ne faut pas regretter des améliorations conceptuelles surtout lorsque celles-ci se révèlent bénéfiques.

---

[1] J. BOURDON, « Conclusion : les masques ouvrent les yeux », *in* (dir.) M. RINGLÉ, *Le droit des affaires, instrument de gestion et de sortie de crise : les entreprises à l'épreuve de la pandémie*, art. préc., spéc. p.445.

[2] Remarquons que le changement de paradigme en matière de rebond s'est confirmé par la volonté de l'État de poursuivre son aide auprès des entreprises les plus fragiles. Par le biais de la « procédure de de traitement de sortie de crise » (ou redressement judiciaire simplifié), le législateur entend poursuivre son accompagnement afin de permettre à certaines entreprises (sous conditions) de disposer rapidement d'un plan pour rebondir grâce à la restructuration de leur dette (dispositif temporairement applicable jusqu'au 1er juin 2023). V. art. 13 de la loi n°2021-689 du 31 mai 2021 relative à la gestion de la sortie de crise sanitaire et décret n°2021-1354 du 16 octobre 2021 ; *adde* V. MARTINEAU-BOURGNINAUD, « L'élargissement des missions confiées aux professionnels du chiffre, aux administrateurs et mandataires judiciaires », *RPC*, n°1, janvier-février 2022, spéc. n°8.

[3] S. FAHRI, *ibid.*, n°7.

[4] Soulignons que le législateur va même au-delà de la simple pérennisation. Pour la liquidation judiciaire simplifiée, la loi ne reprend pas la faculté de dérogation posée dans la mesure provisoire lorsque le débiteur emploie au moins cinq salariés (C. com., art., R. 626-45). S'agissant du rétablissement professionnel, le réformateur précise que la valeur des biens insaisissables n'a pas à être prise en compte dans l'évaluation de cet actif (C. com., art.L.645-1 et R.645-1). Preuve de la nécessité de garantir à tout prix le rebond du débiteur. Pour de plus amples développements, v. *infra*, chapitres 1 et 2, titre 1, 2nde partie.

CONCLUSION DU CHAPITRE 2

Le droit « a cessé de s'alimenter exclusivement à sa source traditionnelle [...] après avoir puisé ses inspirations et sa substance, anciennement dans la religion, puis, à l'époque moderne, dans la morale et dans la tradition, il a subi progressivement l'attraction et le joug des faits économiques qui le dominent et dont il est devenu tributaire [...] ; longtemps il oscilla entre les deux pôles, le moral et l'économique, aujourd'hui c'est vers le dernier qu'il tend, constamment, comme l'aiguille aimantée se tourne vers le nord »[1]. En effet, l'approche économique renferme une marge de souplesse dans le choix des moyens et des objectifs qui « s'accommode mal de la plus grande rigueur du raisonnement juridique »[2]. La configuration spécifique du sujet de droit insolvable est façonnée par la technique, qui assure la représentation de celui-ci et l'ajuste aux mécanismes juridiques en fonction d'un choix politique[3]. Dans une telle perspective, le droit de la défaillance économique apparaît comme un instrument de réalisation du but économique qui essaye en raison de la multitude des intérêts en jeu, d'être en harmonie avec la situation qu'il régit. Aussi, se définit-il par un rapport d'instrumentalisation vis-à-vis de la réalité[4]. En effet, le droit de la défaillance économique est marqué par une adaptation aux bouleversements économiques et sociaux et se caractérise par la volonté de traduire à l'état de règle, le but qui a été entrevu par la politique juridique. Sans représenter un système fermé, statique, il apparaît comme un moyen d'atteindre certains buts et de promouvoir certaines valeurs, le droit au rebond en est une parfaite illustration. L'approche téléologique dans le traitement juridique des situations désespérées contribue à renforcer la nécessité de rendre plus effectif le droit au rebond. En effet, par son caractère réaliste et son efficacité économique, sa légitimité ne peut plus être remise en cause. L'encadrement strict dont il est l'objet permet d'une part, de réserver les mesures de faveur aux seuls débiteurs de bonne foi, et d'autre part, d'assurer la protection des créanciers les plus fragiles. En cela, le droit au rebond n'est ni un droit discrétionnaire ni un droit disproportionné. Ces éléments précisés empêchent également de voir dans les mesures de faveur, une technique froide de purge du passif en ce qu'elle est fondée sur un principe de justice distributive. Aussi faut-il souligner que la pertinence de l'argument du rebond a été amplifiée par la crise sanitaire et plus largement par la crise économique qui l'a suivie. En acceptant l'échec du débiteur, le droit de la défaillance économique soutient indubitablement la cause du rebond. Il en résulte que tant du point de vue de la politique juridique que de la technique juridique, le droit au rebond est légitime et mérite son intégration dans notre paysage juridique.

---

[1] L. JOSSERAND, « Un nouvel ordre juridique nouveau », *DH*, 1937, chron. p.41., spéc. p.44.
[2] R. RORDORF, « Le juge et l'économie », *RIDE*, 1997, p.227, spéc. p.228.
[3] G. MORRIS-BECQUET, thèse préc., n°628.
[4] M-A. FRISON-ROCHE, « Le législateur des procédures collectives et ses échanges », *in Procédures collectives et droit des affaires : Mélanges en l'honneur d'Adrienne Honorat, éd. Frison-Roche*, spéc. p.113.

CONCLUSION DE LA PREMIÈRE PARTIE

Le rebond du débiteur est né de l'avènement du droit de la défaillance économique. Orchestré par le droit, il est le résultat d'une longue évolution législative au cours de laquelle le législateur a oscillé entre le poids moral de la défaillance et la nécessité d'une faveur envers le débiteur impécunieux de bonne foi. La force d'innovation du législateur a permis d'intégrer pleinement la dimension du rebond dans notre système juridique et atteste de la prise en compte d'une situation durable née de nouvelles données économiques appelant à procéder d'une logique différente. Avec l'avènement du droit de la défaillance économique, il résulte que la conception classique de la force obligatoire du contrat est nécessairement perturbée. Cette altération portée par la politique de rebond est trop intense pour être ignorée. En l'état, la réception du droit de la défaillance économique par la théorie générale de la force obligatoire est insatisfaisante. En refusant de prendre en compte ces bouleversements, il en ressort un droit de l'exécution qui n'est plus en conformité avec le droit positif. Par ailleurs, la nécessité de protéger la dignité du débiteur impécunieux, au nom de l'intérêt général, a incontestablement inspiré le législateur pour la mise en œuvre de mesures destinées à favoriser son rebond. Promu au rang de sujet de droit spécifique, le droit de la défaillance économique dote le débiteur d'un statut privilégié. Un consensus s'installe aujourd'hui pour considérer qu'il est contraire à l'intérêt général que les difficultés irrémédiables conduisent à l'exclusion du débiteur impécunieux. En dépit de sa dimension technique, le droit reste aussi dominé par la morale dans sa fonction normative. Par la mise en avant de valeurs solidement ancrées, la légitimité du droit au rebond se retrouve renforcée. Si le législateur n'ignore pas toujours l'intérêt des créanciers, le changement de paradigme en faveur du rebond démontre cependant qu'il lui préfère une autre idée-force fondée sur la situation économique du débiteur, surtout lorsque celle-ci est particulièrement obérée. L'objectif de rebond porté par le législateur traduit la mise en œuvre d'une politique exprimant une certaine conception de la vie économique. L'approche téléologique dans le traitement juridique des situations désespérées contribue à renforcer le caractère réaliste et l'efficacité économique de l'argument du rebond, dont la légitimité ne peut plus dès lors être remise en cause.

SECONDE PARTIE
LE REBOND DU DÉBITEUR : INSTITUTIONNALISATION PAR LE DROIT DE LA DÉFAILLANCE ÉCONOMIQUE

Pérennisation. Le législateur soutient incontestablement la cause du rebond, au point d'avoir institutionnalisé cet objectif au sein du droit de la défaillance économique. Entérinée depuis plusieurs années, cette politique en faveur du rebond fait aujourd'hui l'objet d'un consensus. C'est ainsi que le législateur a institué au profit du débiteur ayant échoué de bonne foi, des mécanismes légaux destinés à promouvoir son rebond (**Titre 1**). Par mansuétude à l'égard des situations les plus désespérées, le législateur a légalisé plusieurs techniques juridiques permettant le désendettement sans paiement. Devant le constat de la situation financière particulièrement obérée du débiteur et de l'inopportunité de mettre en branle le système judiciaire pour un cas qui n'en vaut pas la peine, le législateur a préféré l'instauration d'un traitement plus rapide de rémission des dettes au bénéfice tant du débiteur professionnel que du débiteur particulier.

Perfectionnement. Fraîchement rétabli, encore faut-il que le débiteur puisse réellement rebondir. Pour ce faire, le législateur s'efforce d'assurer l'effectivité du rebond en levant certains obstacles sur le chemin de son nouveau départ (**Titre 2**). Malgré le soutien légal dont il bénéficie, le débiteur ressort généralement affaibli de cette épreuve, ce d'autant que le poids de l'échec demeure omniprésent. De la sorte, les mesures promouvant le rebond du débiteur paraissent manifestement manquer leur objectif. Pour autant, il apparaît que le droit au rebond n'est plus seulement la préoccupation du législateur. Objet de toutes les attentions, la politique de déstigmatisation de l'échec s'opère désormais à plusieurs mains et mobilise de nouveaux acteurs dans la pédagogie du rebond.

Titre 1 – Les mesures destinées à promouvoir le rebond

Titre 2 – Les mesures destinées à améliorer le rebond

TITRE 1
LES MESURES DESTINÉES À PROMOUVOIR LE REBOND

Paralysie définitive de l'exigibilité. Avec la volonté d'éviter un « acharnement thérapeutique », le législateur n'a pas souhaité maintenir artificiellement des unités économiques destinées à disparaître. Grâce au principe de non-reprise des poursuites individuelles découlant de l'effet de la clôture de la procédure de liquidation judiciaire pour insuffisance d'actif, le débiteur professionnel est libéré du poids de ses dettes (**Chapitre 1**). En paralysant irrémédiablement l'obligation et plus particulièrement son exigibilité, ce principe sacrifie manifestement les créanciers sur l'autel du rebond. Devant le redressement impossible de la « petite » entreprise, et dans un souci de célérité procédurale, le législateur a instauré la procédure de liquidation judiciaire simplifiée dont la réglementation spécifique témoigne d'un souffle nouveau en faveur du rebond.

Retranchement de l'obligation. Dans la même perspective de permettre la purge du passif, le droit de la défaillance économique envisage une ultime remise en cause du sacro-saint principe de la force obligatoire : l'effacement des dettes (**Chapitre 2**). Le législateur a souhaité aller manifestement plus loin que le principe de non-reprise des poursuites individuelles. À l'impossible nul n'est tenu et l'on ne saurait réclamer au débiteur l'exécution d'une prestation devenue définitivement irréalisable. Si le choix d'une telle technique est justifié sur le terrain de la politique juridique en faveur des débiteurs dont la situation est des plus obérées, il importe de discuter l'opportunité de l'éclatement du traitement de la défaillance par le recours à deux méthodes de désendettement. Qu'il s'agisse de la procédure de rétablissement personnel ou professionnel, le « rétablissement » du débiteur est apparu comme une fenêtre ouverte sur l'avenir favorisant son rebond.

Chapitre 1 – Le droit au rebond du débiteur par la règle de la non-reprise des poursuites individuelles

Chapitre 2 – Le droit au rebond du débiteur par la règle de l'effacement des dettes

CHAPITRE 1
LE DROIT AU REBOND PAR LA RÈGLE DE LA NON-REPRISE DES POURSUITES INDIVIDUELLES

Un certain nombre de mesures diversifiées offrant un répit au débiteur professionnel en difficulté existent. Toutefois, si l'état financier du débiteur ne laisse espérer aucun redressement de sa situation devenue fortement obérée, des mesures plus conséquentes doivent alors s'imposer. Aujourd'hui, la liquidation judiciaire est la procédure la plus couramment usitée (**Section 1**). En 2021, dans près de 46% des cas[1], la liquidation judiciaire apparaît comme le jugement le plus employé dans les ouvertures de procédures collectives. Premier dispositif français à instiller une logique de rebond, la liquidation judiciaire est présentée comme redoutable à l'égard des créanciers, en ce qu'en cas de clôture pour insuffisance d'actif, elle instaure la paralysie définitive du droit d'exiger un paiement au débiteur (**Section 2**). Sous réserves toutefois de quelques exceptions propres à protéger certains créanciers ou certains biens, tenant au comportement du débiteur, ou encore dans l'hypothèse d'une fraude du débiteur **(Section 3**).

SECTION 1
PROLÉGOMÈNES

Avec la volonté d'éviter un « acharnement thérapeutique »[2], le législateur n'a pas souhaité maintenir artificiellement des unités économiques destinées à disparaître. Dans l'hypothèse du redressement manifestement impossible d'une « petite » entreprise, et dans un souci de célérité procédurale, le législateur a instauré la procédure de liquidation judiciaire simplifiée (**§1**). En cas d'insuffisance d'actif, le jugement clôturant la procédure (**§2**) impose alors aux créanciers, l'interdiction de reprise des poursuites individuelles à l'égard du débiteur.

§1 – L'ambition de la procédure de liquidation judiciaire

Hypothèses de mise en œuvre. Dans l'hypothèse des procédures de sauvegarde ou de redressement judiciaire, le jugement peut ouvrir une période

[1] Bilan National des Entreprises 2021, Conseil National des Greffiers des Tribunaux de Commerce (CNGTC), « Bilan des ouvertures de procédures collectives en 2021 – La répartition par type de jugement », spéc. p.156 n°6.2, publié le 21 octobre 2021 ; v. aussi l'observatoire statistique du CNGTC [en ligne] ; v. aussi : Les chiffres clés de la Conférence Générale des juges consulaires de France, « activité commerciale 2020 des 134 tribunaux de commerce et des 7 chambres commerciales d'Alsace-Moselle », 29 628 procédures de liquidation judiciaire, contre 6 846 procédures de redressement judiciaire. Soulignons ici, la situation exceptionnelle des défaillances d'entreprises en France depuis 2020, en baisse régulière, justifiée notamment par l'aménagement des textes à l'initiative du législateur pendant la période de covid-19 ; en ce sens v. *supra* chapitre 2, Titre 2, 2nde partie.

[2] C. SAINT-ALARY-HOUIN, *Droit des entreprises en difficulté*, LGDJ, 12e éd., 2020, n°1213.

d'observation[1] au cours de laquelle l'entreprise poursuit son activité. Toutefois, à tout moment de cette période, le législateur envisage la liquidation judiciaire comme la solution ultime[2]. Si aucune mesure de redressement n'est possible ou que la cessation de l'activité se produit, le tribunal peut décider de la liquidation judiciaire de l'entreprise. Aussi, cette procédure peut faire office de sanction de l'inexécution en cas de résolution du plan de sauvegarde ou de redressement[3]. Elle est également envisagée par le Code de commerce en cas d'échec de la procédure de conciliation[4].

Réglementation principale. Ces éléments rappelés, on comprend que la liquidation judiciaire poursuit une logique différente, son but étant de « mettre fin à l'activité de l'entreprise ou de réaliser le patrimoine du débiteur par une cession globale ou séparée de ses biens »[5]. Sans détailler l'ensemble de la réglementation de la procédure, il y a lieu de s'arrêter sur certains points principaux intéressants notre étude. En vertu de l'article L.640-1 du Code de commerce, l'ouverture d'une procédure de liquidation judiciaire impose la réunion de deux conditions : la « cessation des paiements » et le « redressement manifestement impossible ». Dans 85 à 95% des cas[6], la procédure collective se termine hélas par une liquidation judiciaire. Elle est ouverte à la demande du débiteur, d'un créancier ou du procureur de la République[7]. L'ouverture d'une procédure de liquidation judicaire entraîne des restrictions majeures des droits des créanciers antérieurs puisque la « discipline collective » qui en découle impose aux titulaires de créances antérieures au jugement d'ouverture, l'interdiction notamment de poursuites individuelles contre le débiteur[8], corollaire de l'interdiction de paiement des créances antérieures et postérieures non privilégiées par le débiteur. Par ailleurs, ce principe a été érigé par la Cour de cassation comme étant d'ordre public[9]. Un mandataire judiciaire est nommé par le juge comme liquidateur. En raison du dessaisissement du débiteur, il va ainsi exercer ses droits et actions sur ses biens pendant toute la durée de la liquidation[10].

---

[1] C. com., art. L.621-3.
[2] C. com., art. L.622-10.
[3] C. com., art. L.626-27.
[4] C. com., art. L.640-4.
[5] C. com., art. L.640-1 al. 2.
[6] ALTARES, « Étude défaillances et sauvegardes des entreprises en France. Trimestre 4 et bilan 2019 » [en ligne], en 2019, 35 156 liquidations judiciaires directes ont été dénombrées contre 971 ouvertures de sauvegarde, et 15 875 de redressement judiciaire.
[7] En l'absence de procédure de conciliation en cours.
[8] C. com., L.622-7, L.622-21 et L.641-3.
[9] Cass. com., 1er juillet 2020, n°19-11.658 (impossibilité d'exercer une action en paiement constitutive d'une fin de non-recevoir devant être soulevée d'office par le juge) ; Cass. civ., 1ère civ., 6 mai 2009, n°08-10281 (principe d'ordre public international), Cass. com., 9 décembre 2020 n°19-17.462 (moyen soulevé d'office par le juge sur seule invocation du débiteur).
[10] C. com., L.641-9.

La spécificité de la liquidation judiciaire simplifiée. C'est par l'article 169 de la loi du 25 janvier 1985 que naît l'interdiction faite aux créanciers de poursuivre le débiteur. En dépit de la fréquence de la liquidation comme solution de la procédure, cette loi ne lui consacrait qu'une minorité de textes[1]. La loi du 10 juin 1994 a notamment organisé une liquidation judiciaire sans période d'observation. Dans un objectif de perfectionnement du dispositif, la loi du 26 juillet 2005 mérite notre attention. Le législateur a en effet complété le régime ordinaire de la liquidation par une procédure de liquidation judiciaire « simplifiée », permettant d'accélérer les opérations de liquidation des « petites » entreprises ne comportant pas d'actifs immobiliers. La simplification tenait ici à ce que le liquidateur procède à la vente des biens mobiliers de gré à gré ou aux enchères publiques, dans les trois mois suivant l'ouverture de la procédure, et qu'à l'issue de cette période, il soit procédé à la vente aux enchères publiques des biens subsistants. Aussi, seules les créances susceptibles de venir en rang utile dans les répartitions et les créances résultant d'un contrat de travail étaient vérifiées. Au plus tard, la clôture de la liquidation judiciaire devait intervenir dans un délai d'un an après l'ouverture[2]. Il faut souligner ici le pragmatisme du législateur qui n'a pas souhaité que les faibles actifs disponibles soient absorbés par les frais de justice. Si l'ordonnance du 18 décembre 2008 a complété le dispositif issu de la loi de 2005, elle a surtout donné un caractère obligatoire au régime simplifié de la liquidation judiciaire, moyennant l'allégement du régime antérieur[3]. Régime obligatoire dont il faut déduire une volonté de favoriser le dispositif et de renforcer son efficacité[4]. Afin d'accroître davantage la simplification, l'ordonnance du 12 mars 2014 a réduit le délai à six mois dans l'hypothèse d'une liquidation judiciaire simplifiée obligatoire.

Avec la loi du 22 mai 2019, un pas supplémentaire est franchi. Le législateur rend désormais la liquidation judiciaire simplifiée par principe obligatoire, à destination des petites et moyennes entreprises employant cinq salariés au maximum et réalisant moins de 750 000 euros de chiffre d'affaires[5]. Autrement dit, l'option en faveur de la liquidation judiciaire simplifiée est supprimée, dès lors que les seuils prévus pour la liquidation judiciaire simplifiée obligatoire correspondent à ceux en deçà desquels l'ancienne liquidation simplifiée était

---

[1] C. SAINT-ALARY-HOUIN, *op. cit.*, n°1214.

[2] La durée pouvait exceptionnellement atteindre quinze mois. À noter que la durée moyenne auparavant était d'environ trois ans.

[3] Dans le cas où l'actif du débiteur ne comprenait pas de biens immobiliers, que le nombre de ses salariés au cours des six mois précédant l'ouverture de la procédure et son chiffre d'affaires hors taxe étaient égaux ou inférieurs aux seuils fixés (300 000 euros hors taxes et un salarié), le tribunal devait ordonner l'application du régime simplifié à la liquidation judiciaire. Dans l'hypothèse, en revanche, d'une absence de bien immobilier mais d'un nombre de salariés et d'un chiffre d'affaires supérieurs aux seuils, le tribunal, comme avant l'ordonnance, n'était pas tenu d'appliquer le régime simplifié.

[4] F. PÉROCHON, « À propos de la réforme de la liquidation judiciaire par l'ordonnance du 18 décembre 2008 », *Gaz. proc. coll.*, 2014, dossier 13, art. 21, p.58.

[5] V. décret n°2020-100 du 7 février 2020.

facultativement proposée. La loi *PACTE* a également souhaité accélérer le déroulement de la procédure en imposant que la clôture intervienne « dans un délai de six mois à compter de la décision ayant ordonné ou décidé l'application de la procédure simplifiée »[1], porté à un an si dépassement des seuils. Le tribunal peut cependant, par un jugement spécialement motivé, proroger la procédure pour une durée ne pouvant excéder trois mois. Par ailleurs, si ces délais ne parvenaient pas à être tenus, le tribunal, par décision spécialement motivée également, peut décider de ne plus faire application des dérogations du régime simplifié. L'ordonnance du 20 mai 2020 prise pendant la crise sanitaire de l'épidémie de covid-19, a modifié les seuils d'ouverture de la procédure de la liquidation judiciaire simplifiée. Afin d'accélérer le rebond[2] du débiteur dans le contexte d'état d'urgence sanitaire, elle écarte les conditions de seuils[3] pour les personnes physiques dont le patrimoine ne comprend pas de biens immobiliers. Le texte envisage cependant une dérogation si le nombre de salariés du débiteur, au cours des six mois précédant l'ouverture de la procédure, est supérieur à cinq. Parce qu'il facilite le rebond du débiteur et présente un intérêt indépendamment des difficultés liées à la crise sanitaire[4], l'article 6 de l'ordonnance du 20 mai 2020 est pérennisé par l'ordonnance du 15 mai 2021 portant modification du livre VI du Code de commerce. D'ailleurs, pour le débiteur personne physique, seule est exigée la condition qu'il ne détienne aucun bien immobilier[5]. Enfin, la loi du 14 février 2022 en faveur de l'activité professionnelle indépendante[6] a parachevé ce mouvement en allégeant un peu plus les conditions d'ouverture de la liquidation judiciaire simplifiée pour les débiteurs, personnes physiques : l'insaisissabilité de plein droit de la résidence principale ne pourra pas faire obstacle à la procédure simplifiée[7].

Un régime en faveur du rebond. Depuis plusieurs années, on constate que la réglementation spécifique à la liquidation est animée d'un « souffle nouveau »[8]. Promouvant la « dédramatisation »[9] de la liquidation judiciaire, le législateur est désormais conscient qu'elle peut traduire un « accident de parcours ». De la sorte,

[1] C. com., art. L.644-5.
[2] Le terme de « rebond » est employé dans le Rapport remis au président de la République.
[3] Ordonnance n°2020-596 du 20 mai 2020, art. 6 : « La procédure de liquidation judiciaire simplifiée prévue au chapitre IV du titre IV du livre VI du code de commerce est ouverte à l'égard de toute personne physique dont le patrimoine ne comprend pas de biens immobiliers. Toutefois, si le nombre de salariés du débiteur au cours des six mois précédant l'ouverture de la procédure est supérieur à cinq, le tribunal peut décider, par un jugement spécialement motivé, de ne pas faire application des dérogations prévues pour cette procédure. ».
[4] C. HOUIN-BRESSAND, « La pérennisation des mesures Covid », *Rev. pro. coll.*, janvier-février 2022, n°7.
[5] C. com., art. L.641-2 et R.641-10.
[6] Loi n°2022-172 du 14 février 2022 en faveur de l'activité professionnelle indépendante, art. 5, I, 15°.
[7] C. com., art. L.641-2 et L.526-1.
[8] C. SAINT-ALARY-HOUIN, *op. cit.*, n°1214.
[9] *Ibid.*

il donne au débiteur la possibilité de prendre un « nouveau départ » et s'inscrit en conformité avec la volonté de la Commission européenne dont les recommandations ont débouché sur la directive européenne du 20 juin 2019 imposant aux États membres de donner une « seconde chance » au débiteur honnête et insolvable en le libérant rapidement de ses dettes[1].

§2 – Les principes directeurs du jugement de clôture pour insuffisance d'actif

Délai raisonnable de clôture. Commun aux procédures de liquidation classique ou simplifiée, le délai est celui fixé par le tribunal dans le jugement d'ouverture « au terme duquel la clôture de la procédure devra être examinée »[2]. À l'inverse du délai légal maximal posé par l'article L.644-5 du Code de commerce concernant la procédure simplifiée, le délai classique est purement indicatif et invite plutôt, comme a pu le qualifier un auteur, à « un rendez-vous judiciaire »[3]. L'absence de délai légal a fait l'objet d'une question prioritaire de constitutionnalité que la Cour de cassation n'a cependant pas souhaité transmettre au Conseil des Sages[4]. Pour la juridiction suprême, la demande ne faisait que dénoncer, dans un cadre spécifique, la durée estimée non raisonnable de la procédure[5]. Pourtant, ce serait omettre les condamnations en la matière de la France par la Cour européenne des droits de l'homme, sur le fondement de l'article 6 de la Convention européenne des droits de l'homme[6], en raison du non-respect du caractère raisonnable du délai des procédures[7]. Dans le souci de respecter la Convention européenne des droits de l'homme (CEDH), le législateur français tend à limiter la durée des liquidations judiciaires[8] et une décision de la Cour de cassation en veut pour preuve[9]. Dans le cadre d'une procédure ayant duré trente-trois ans, un débiteur sollicitait la clôture de la liquidation judiciaire ouverte à son encontre. Les magistrats du quai de l'Horloge

---

[1] Directive (UE) 2019/1023 du 20 juin 2019, préambule, (1).

[2] C. com., art. L.643-9 ; Ce délai est susceptible de prorogation par le tribunal dont la décision est qualifiée de mesure d'administration judiciaire insusceptible de recours fût-ce pour excès de pouvoir, v. en ce sens Cass. com., 9 juillet 2013, n°12-13.193, *Gaz. Pal.*, 29 septembre-1er octobre, p. 26, obs. D. VOINOT.

[3] P. PÉTEL, « Le nouveau droit des entreprises en difficulté », JCP E 2005, 1730, n°53.

[4] M. MENJUCQ, B. SAINTOURENS, B. SOINNE, *Traité des procédures collectives*, LexisNexis, 3e éd., 2021, n°3054.

[5] Cass. com., 14 septembre 2010, n°10-40.020.

[6] Convention européenne des droits de l'homme, art. 6 : « Toute personne a droit à ce que sa cause soit entendue équitablement, publiquement, et dans un délai raisonnable (...) ».

[7] CEDH, 17 janvier 2002, n°41476/78, v. note J-P SORTAIS, *RJ com.* 2002, p.272 ; CEDH, 22 septembre 2011, n°60983/09, v. B. SAINTOURENS et P. DUPRAT, « CEDH : condamnation de la France pour dure excessive d'une liquidation judiciaire et incidence sur le dessaisissement », *Rev. proc. coll.*, 2012, étude 3.

[8] G. BERTHELOT, « La durée de la liquidation judiciaire à l'épreuve du temps », *JCP E*, 2016, 1295.

[9] Cass. com., 16 décembre 2014, n°13.19402 ; v. aussi obs. C. LEBEL, *JCP E*, 2015, 1010 ; comm. D. VOINOT, *Gaz. Pal.*, 5 mai 2015, n°125, p.13 ; obs. C. DELATTRE, *BJE*, 2015-2, p.90.

ont estimé, outre le fait que la durée de la procédure excédait le délai raisonnable de l'article 6§1 de la CEDH, que celle-ci constituait une violation de son droit de propriété protégé par l'article 1er du Protocole n°1[1]. La Cour de cassation a considéré ici qu'en présence d'un actif réalisable de nature à désintéresser en tout ou partie les créanciers, la violation des droits du débiteur à être jugé dans un délai raisonnable, d'administrer ses biens et d'en disposer, n'est pas sanctionnée par la clôture de la procédure de liquidation des biens mais par la recevabilité d'une action en responsabilité de l'État fondée sur l'article L.141-1 du Code de l'organisation judiciaire. Aujourd'hui, on constate que la tendance est à l'amélioration, en témoignent les dernières réformes entreprises pour accélérer le rythme des procédures liquidatives. Et encore plus, au lendemain de la directive européenne du 20 juin 2019 qui impose aux États membres de donner à l'entrepreneur insolvable et honnête la possibilité d'une remise totale de dettes dans un délai ne dépassant pas trois ans[2]. Remarquons d'ailleurs que « l'encouragement d'une clôture rapide »[3] se traduit aussi par l'élargissement des possibilités de saisine du tribunal à cette fin : il peut se saisir d'office, être saisi à tout moment par le liquidateur ou par tout créancier[4]. Appliquée à notre étude, cette amélioration de la célérité des procédures liquidatives démontre la volonté du législateur d'assurer rapidement le rebond du débiteur professionnel.

Hypothèses de clôture. Deux hypothèses de clôture existent. Statistiquement marginale et exceptionnelle[5], nous exclurons celle de la clôture pour « extinction du passif » puisque dans ce cas, soit il n'y a plus de passif exigible, soit le liquidateur est parvenu à désintéresser l'ensemble des créanciers. En cas de clôture pour « insuffisance d'actif », la situation est, à l'inverse, celle où la poursuite des opérations de liquidation judiciaire est rendue impossible, en raison justement de l'insuffisance de l'actif. Faute d'actif à liquider, la procédure n'a donc pas d'intérêt à perdurer. L'article L.643-9 du Code de commerce énonce encore que la clôture peut intervenir « lorsque l'intérêt de cette poursuite est disproportionné par rapport aux difficultés de réalisation des actifs résiduels ». Cette formulation issue de l'ordonnance du 12 mars 2014 met fin la jurisprudence[6] qui interdisait de clôturer la liquidation tant que subsistait le moindre actif appartenant au débiteur. Ceci a le mérite de mettre fin aux procédures inutilement longues de liquidation alors que des actifs invendables existent. Dans ce contexte, un auteur a pu imaginer l'application de cette disposition à la situation dans laquelle le débiteur est propriétaire de terrains pollués lorsque la valeur vénale des terrains est inférieure au coût de la

[1] Relatif à la protection de la propriété privée notamment.
[2] Directive (UE) 2019/1023 du 20 juin 2019, préambule, (75).
[3] F-X. LUCAS, *Manuel de droit de la faillite*, PUF, 3e éd., 2021, n°342.
[4] Seulement à l'expiration d'un délai de deux ans à compter du jugement de liquidation judiciaire.
[5] F-X LUCAS, *Manuel de droit de la faillite*, *op. cit.*, n°343.
[6] Cass. com., 5 mars 2002, n°98-22.646 : ici, la Cour de cassation a précisé que l'insuffisance d'actif n'est pas caractérisée lorsque, compte tenu de la rémunération du débiteur, « il reste une quotité saisissable […] par mois permettant de désintéresser partiellement les créanciers ».

dépollution[1]. De la même manière, la réforme opérée en 2014 a autorisé la clôture par anticipation avant l'achèvement des opérations engagées, en désignant un mandataire ayant pour mission de poursuivre les instances en cours, et de répartir les actifs le cas échéant. On comprend ici que ces innovations participent à l'accélération de la procédure en faveur de la libération du débiteur et de son potentiel rebond.

Perspective de rebond. En vertu de l'article L.643-11, I, du Code de commerce, « le jugement de clôture pour insuffisance d'actif ne fait pas recouvrer aux créanciers l'exercice individuel de leurs actions contre le débiteur ». L'emploi de la négativité démontre la volonté de trancher avec le régime de la loi de 1967 qui rétablissait au profit de chaque créancier l'exercice de ses poursuites individuelles[2]. Cela confirme, d'une certaine manière, le changement de philosophie du droit des entreprises en difficulté à l'égard du débiteur défaillant de bonne foi. La clôture de la procédure de liquidation judiciaire met fin au dessaisissement du débiteur. Il redevient ainsi « maître de ses droits »[3] et ne subit plus aucune restriction, sauf s'il fait l'objet d'une interdiction de gérer ou d'une faillite personnelle. Dans une perspective de rétablissement, la clôture suspend les effets de la mesure d'interdiction d'émettre des chèques[4]. Le débiteur est donc libre de contracter à nouveau et même de créer une nouvelle entreprise. C'est d'ailleurs cette volonté de ré-entreprendre qui est de plus en plus encouragée par le législateur. Elle est d'autant plus légitime qu'elle participe à la bonne marche de l'économie. Aussi, afin d'assurer le rebond du débiteur, le prononcé de la liquidation judiciaire n'entraîne aucune sanction patrimoniale[5]. Ceci s'explique logiquement par la distinction du sort de l'homme et de l'entreprise[6]. Constatons également qu'il n'est plus fait mention du jugement de liquidation judiciaire au bulletin n°2 du casier judiciaire du débiteur. Dès lors, on ne peut qu'approuver ces dispositions assurant au débiteur la possibilité d'entrevoir un « nouveau départ »[7] dans les affaires. Un autre effet, « indispensable au rebond », est celui du « principe de non-reprise des poursuites individuelles ».

---

[1] D. VOINOT, « Les modifications intéressant la liquidation judiciaire issue de l'ordonnance du 12 mars 2014 », *Gaz. Pal.*, 6 avril 2014, n°96, v. aussi du même auteur, « L'avenir de la société en liquidation judiciaire », *Dr. Patr.*, décembre 2014, n°242, pp.66-70 ; v. aussi sur l'application de cette possibilité de clôture, CA Lyon, 3e ch. A, 6 décembre 2018, n°18/04344.
[2] M. MENJUCQ, B. SAINTOURENS, B. SOINNE, *Traité des procédures collectives*, LexisNexis, 3e éd., 2021, n°3072.
[3] F-X. LUCAS, *Manuel de droit de la faillite*, *op. cit.*, n°344.
[4] C. com., L.643-12, précisons que cette mesure d'interdiction reprend effet lorsque le débiteur est privé du bénéfice de la règle de non-reprise des poursuites après le jugement de clôture.
[5] C. SAINT-ALARY-HOUIN, *Droit des entreprises en difficulté*, *op. cit.*, n° 1404.
[6] V. *supra* chapitre 1, titre 1, 1ère partie.
[7] C. SAINT-ALARY-HOUIN, « " Le rebond " du débiteur en liquidation judiciaire : vrai ou faux départ ? », *in Mélanges en l'honneur de Daniel Tricot*, Dalloz, 2010, p.579.

SECTION 2
LE PRINCIPE DE L'INTERDICTION DE REPRISE DES POURSUITES À L'ISSUE DE LA CLÔTURE POUR INSUFFISANCE D'ACTIF

Par l'effet de la clôture pour insuffisance d'actif, le créancier perd l'exercice individuel de son droit de poursuite à l'égard du débiteur. De ce principe, il en découle un mécanisme paralysant définitivement l'obligation à la charge du débiteur (§**1**). Autrement dit, il s'agit, à l'égard du créancier, d'une négation définitive de son droit d'exiger un paiement du débiteur. Dès lors, il importera d'apprécier la nature précise de cette paralysie définitive de l'exigibilité[1] de l'obligation (§**2**).

§1 – L'affirmation de la paralysie définitive de l'exigibilité de l'obligation

Principe. En vertu des dispositions de l'article L.643-11 du Code de commerce, successeur du célèbre article 169 de la loi de 1985, le législateur pose le principe de l'extinction du droit de poursuite des créanciers. À l'ouverture de la procédure, la situation des créanciers qui s'étaient vus imposer le gel du passif et l'interdiction de poursuivre le débiteur en paiement d'une somme d'argent, devient définitive par l'effet du jugement de clôture de la procédure. Autrement dit, la perte des droits par l'effet du jugement d'ouverture devient définitive par celui de la clôture. À cet égard, nous rejoignons la doctrine selon laquelle le domaine de l'interdiction de reprise des poursuites est calqué sur celui de l'arrêt des poursuites. En effet, hormis le cas des créanciers postérieurs privilégiés[2], aucun créancier ne recouvre son droit de poursuite individuelle[3], le caractère régulier ou non de sa créance n'important pas au demeurant. On déduit aisément le caractère général de l'absence de reprise des poursuites. Par ailleurs, les créanciers n'étant pas désintéressés[4], il y a lieu de souligner ici que le passif est considéré comme ayant été apuré. La Cour de cassation a d'ailleurs admis le principe de non-reprise des poursuites comme étant d'ordre public[5]. À la lecture de l'article L.622-24 du Code de commerce, seules les créances déclarées à la procédure sont concernées. Ainsi, le principe concerne toutes les créances antérieures quelques soient la nature et la garantie dont elles sont assorties. Il en va de même pour les créances postérieures non privilégiées. Peu important donc que ces créances soient ou non en relation avec l'activité professionnelle du

[1] Cette qualification est notamment défendue par le professeur LAFAURIE dans sa thèse : *La force obligatoire du contrat à l'épreuve des procédures d'insolvabilité*, thèse : LGDJ, 2020, préf. G. WICKER, n°321 et s.
[2] C. com., art. L.622-17.
[3] M. MENJUCQ, B. SAINTOURENS, B. SOINNE, *op. cit.*, n°3077.
[4] Sauf les hypothèses de reprise, v. *infra* section 3.
[5] Cass. com., 8 juillet 2008, n°05-20.497.

débiteur[1]. C'est assurément ici la possibilité pour le débiteur de reprendre une nouvelle activité sans reprendre le passif de la procédure clôturée. Pour autant, si la possibilité d'un rebond se présente au débiteur sous les meilleurs auspices, elle l'est beaucoup moins lorsque ce dernier est marié sous le régime de la communauté.

L'effet personnel de la purge. En effet, la purge du passif énoncée à l'article L.643-11 du Code de commerce est un effet personnel de la procédure. Aucune difficulté dès lors que les époux sont mariés sous le régime de la séparation de biens. Logiquement, le créancier ne dispose d'aucun droit contre le conjoint séparé de biens, sauf si ce dernier s'est porté caution ou s'est engagé conjointement avec le débiteur. Les choses se complexifient en matière de régime de communauté. Par principe, il faut rappeler que le dessaisissement concerne les biens de communauté. Dès l'ouverture de la procédure, le législateur a souhaité que l'ensemble des biens de communauté soient attraits à la procédure et soumis à l'effet réel. On comprend logiquement que le conjoint *in bonis* soit dessaisi de ses pouvoirs pendant la liquidation judiciaire. À la clôture de la procédure pour insuffisance d'actif, les biens communs ont été réalisés. En vertu de l'article 1413 du Code civil[2], chacun des époux est tenu des dettes de solidarité. Par le mécanisme de l'article L.643-11, I, si l'action contre l'époux ne peut plus être exercée après le jugement de clôture pour insuffisance d'actif, celle-ci est en revanche possible à l'égard du conjoint. Autrement dit, à l'issue du jugement de clôture, les biens communs peuvent faire l'objet de poursuite de la part des créanciers puisque le conjoint non déclaré en état de liquidation judiciaire n'est aucunement protégé par les dispositions du Code de commerce[3]. D'où l'importance de rappeler que l'effet réel de la procédure collective ne peut perdurer après la clôture de la procédure. Ce serait ici confondre effet réel et effet personnel.

À cet égard, la Cour de cassation a récemment rappelé que « l'époux commun en biens, codébiteur solidaire d'un emprunteur objet d'une liquidation judiciaire clôturée pour insuffisance d'actif, ne peut invoquer l'interdiction de reprendre les poursuites contre son conjoint prévue par l'article L.643-11 du Code de commerce, qui ne lui profite pas en raison de sa qualité tenu d'une obligation distincte »[4]. Sans tenter d'apprécier la notion d'obligation distincte mise en exergue par la haute juridiction, on se réfèrera à d'autres motivations ayant notamment relevé que « la non-reprise des poursuites est une exception

---

[1] Cass.com., 28 juin 2017, n°15-22.838.

[2] C. civ., art. 1413 : « Le paiement des dettes dont chaque époux est tenu, pour quelque cause que ce soit, pendant la communauté, peut toujours être poursuivi sur les biens communs, à moins qu'il n'y ait eu fraude de l'époux débiteur et mauvaise foi du créancier, sauf la récompense due à la communauté s'il y a lieu ».

[3] CA Caen, 29 novembre 2017, n°06/1368.

[4] Cass. com., 2 février 2022, n°20-18.79, note. P. RUBELIN, *BJE*, mai-juin 2022, n°BJE200o6, spéc. p.18.

purement personnelle au débiteur qui ne peut être opposée par le codébiteur solidaire »[1]. Quoi qu'il en soit, ces situations traduisent les inconvénients du choix d'un régime communautaire car dans l'hypothèse d'une liquidation judiciaire, « seul l'époux débiteur profitera de son droit si prisé à une seconde chance »[2]. Après la clôture de la procédure, les créanciers saisiront les revenus du conjoint *in bonis*, voire les nouvelles ressources de l'ex-débiteur. La solution à cette difficulté doit être recherchée, soit dans un changement de régime matrimonial à la faveur de la séparation de biens, soit dans l'ouverture d'une procédure de liquidation judiciaire à l'encontre du couple. Mieux encore, depuis le 16 février 2022, le conjoint peut solliciter le bénéfice d'une procédure de surendettement pour laquelle il n'existe plus de distinction entre les dettes personnelles et professionnelles[3]. À défaut, et pour paraphraser le constat d'un auteur[4], « le rebond à quatre pieds » n'aura pas lieu.

§2 – L'appréciation de la paralysie définitive de l'exigibilité de l'obligation

La suppression de l'exigibilité. La règle de la non-reprise des poursuites de l'article L.643-11 du Code de commerce se traduit comme une atteinte véritable et absolue portée aux droits du créancier. En effet, cette mesure nie vigoureusement et définitivement le droit du créancier de demander le recouvrement de sa créance. Sa justification peut s'expliquer pour plusieurs raisons. D'abord, c'est dans un souci humanitaire à l'égard des débiteurs malchanceux et honnêtes que cette mesure a été instaurée. Nous évoquions précédemment le pragmatisme du législateur, il se traduit ici par une prise en compte de la réalité pratique et la mise en œuvre d'un dispositif adapté. Les situations étant extrêmement dégradées, la position en l'état du débiteur dans les affaires ne paraît plus crédible. Avant la loi de 1985, instaurer le principe de l'absence de reprise des poursuites individuelles revenait dans l'esprit collectif à entraîner des pertes considérables pour les créanciers[5]. Mais à y regarder de plus près, la situation est tellement dégradée que le créancier ne peut que vainement tenter d'espérer un quelconque paiement de la part du débiteur. Dès lors, il paraît plus opportun pour le créancier d'abandonner rapidement et définitivement tout espoir de poursuite. Quoi qu'il en soit, c'est aujourd'hui la volonté du législateur dans pareille hypothèse[6]. La procédure de liquidation judiciaire s'apparente *in fine* à une sorte d'enquête de moralité au terme de laquelle le tribunal décide que le débiteur, au vu de sa collaboration avec les organes de la procédure, « mérite »

[1] Cass. com., 24 mars 2004, n°01-17.288.
[2] P. RUBELIN, note préc., sous Cass. com., 2 février 2022, n°20-18.79, *ibid.*
[3] C. consom., art. L.711-1, loi n°2022-172 du 14 février 2022, v. *infra*, chapitre 2, titre 1, 2nde partie.
[4] P. RUBELIN, note préc., *ibid.*
[5] M. MENJUCQ, B. SAINTOURENS, B. SOINNE, *op. cit.*, n°3075.
[6] Précisons ici le principe de l'absence de reprise des poursuites individuelles contre le débiteur est prôné par la recommandation 194 du Guide législatif sur le droit de l'insolvabilité de la Commissions des Nations unies pour le droit commerciale international (CNUDI).

effectivement le bénéfice du principe de non-reprise des poursuites individuelles à son encontre. D'ailleurs, c'est par un phénomène de contamination que cette philosophie à l'égard des débiteurs impécunieux et honnêtes s'est propagée en droit du surendettement[1]. Au fond, ce n'était qu'admettre que parallèlement aux « accidentés de la vie des affaires », il y a aussi et surtout les « accidentés de la vie quotidienne ».

L'analyse de la règle de non-reprise des poursuites résultant de la clôture de la liquidation judiciaire pour insuffisance d'actif met en évidence une altération au principe de l'intangibilité du contrat. Si l'on se penche de nouveau sur la lettre de l'article L.643-1, I, du Code de commerce, il convient d'observer que le législateur se contente de préciser seulement que les créanciers ne recouvrent pas l'exercice de leur droit de poursuite. La qualification de la règle n'apparaît pas *stricto sensu* et appelle dès lors à une discussion. Un auteur a justement relevé que « la loi elle-même reflète l'embarras du législateur, en édictant la règle, sans la qualifier : elle exprime l'interdiction faite aux créanciers de reprendre l'exercice de leurs actions individuelles, comme un effet légal de la clôture, qui fait perdurer l'arrêt des poursuites individuelles au-delà de celle-ci, et non comme une nouvelle faveur du débiteur »[2]. Ce constat résume convenablement l'effet de la règle de l'absence de reprise des poursuites, à ceci près qu'elle représente pour nous une mesure de faveur, à tout le moins, le « prolongement »[3] de la faveur prononcée à l'ouverture de la procédure. De la sorte, la paralysie temporaire de l'exigibilité à l'ouverture de la procédure[4] devient définitive à la clôture de la procédure pour insuffisance d'actif. En effet, à l'article L.622-21, I, il est expressément indiqué que « le jugement d'ouverture interrompt ou interdit toute action en justice de la part de tous les créanciers ». Ainsi, l'interruption et l'interdiction deviennent définitives à l'article L.643-11 puisque la clôture pour insuffisance d'actif « ne pas fait pas recouvrer aux créanciers l'exercice individuel de leurs actions contre le débiteur ». À cet égard, nous partageons la remarque d'un auteur ayant relevé que le vocabulaire utilisé par le législateur « appartient davantage au domaine processuel que substantiel »[5].

Le juriste se retrouve contraint de distinguer l'action du droit lui-même[6]. Ici, il ne s'agit pas de seulement mettre fin au droit du créancier d'agir en justice. Le législateur n'a pas souhaité protéger le débiteur en neutralisant seulement l'action

[1] F. MACORIG-VENIER, « L'effacement des dettes dans le droit du surendettement », *Dr. et patr.*, septembre 2009, n°184, p.54 ; v. *infra*, chapitre 2, titre 1, 2nde partie.
[2] M. MENJUCQ, B. SAINTOURENS, B. SOINNE, *op. cit.*, *eod. loc.*
[3] J-L. VALLENS, « L'effacement des dettes du débiteur en liquidation judiciaire », *LPA*, 19 septembre 1997, n°113, p.4.
[4] C. com., art. L.622-21, I.
[5] K. LAFAURIE, thèse préc., n°344.
[6] M. MENJUCQ, B. SAINTOURENS, B. SOINNE, *op. cit.*, n°3076.

en justice du créancier[1]. La démarche est beaucoup plus large et concerne davantage le droit d'exiger en tant que tel. Pour un auteur, « la paralysie de l'action en justice n'est que la conséquence d'une atteinte substantielle à l'exigibilité de l'obligation »[2]. Ceci précisé, on déduit que cette dernière serait détachée de l'action. En d'autres termes, il faut comprendre ici la volonté de « neutraliser le pouvoir de contrainte du créancier, de sorte que l'obligation du débiteur est atteinte dans son caractère obligatoire »[3]. Ainsi, en atteignant la force exécutoire de l'obligation, le législateur assure au débiteur une « virginité patrimoniale » par la disparition du caractère contraignant de l'obligation. La démarche est ici plus globale, il ne s'agit pas seulement d'un coup d'arrêt porté à la force obligatoire. Par la disparition du caractère contraignant, le créancier ne peut plus exiger de son débiteur l'exécution de son obligation[4]. Partant, outre l'altération du droit d'agir en justice, c'est aussi l'amputation du caractère contraignant de l'obligation qui caractérisent la règle de l'absence de reprise des poursuites individuelles. Par conséquent, l'exigibilité de la créance est définitivement suspendue. Il est important de souligner ici que le législateur n'a pas souhaité l'extinction de la créance mais seulement celle relative à son exigibilité.

Dans la suite de notre appréciation du processus juridique libérant le débiteur de ses dettes, il faut relever que la doctrine majoritaire s'accorde à reconnaître que le principe de non-reprise des poursuites individuelles atteint le cœur de l'obligation. Dans le rapport d'obligation, de nombreux auteurs distinguent ce qu'il est courant d'appeler la *Schuld* et l'*Haftung*, notions empruntes de l'allemand pour distinguer les composants de l'obligation. La première représente le lien de droit entre un créancier et son débiteur, ici, l'engagement contractuel. La seconde, représente le pouvoir de contrainte du créancier, l'*obligatio*, son droit d'exiger l'exécution forcée de l'obligation, cela traduit aussi la force contraignante de l'obligation. Appliquée à notre étude, cette analyse dualiste de l'obligation permet de mieux saisir les conséquences de la règle de non-reprise des poursuites sur le rapport obligatoire. L'absence de reprise des poursuites traduirait ainsi la disparition de l'*Haftung*. En d'autres termes, la clôture pour insuffisance d'actif entraîne « la perte du droit substantiel d'exiger du créancier, lequel constitue l'élément contraignant »[5] qu'est l'*Haftung*. La disparition de la force contraignante de l'obligation ne permet plus au créancier d'en obtenir l'exécution forcée. Si le législateur n'a pas souhaité faire du principe de la non-reprise des poursuites une extinction de la dette mais seulement paralyser la force contraignante, il apparaît que l'obligation subsiste d'une certaine manière.

---

[1] A-S. DUPRÉ-DALLEMAGNE, *La force contraignante du rapport d'obligation*, thèse : PUAM, 2004, préf. P. DELEBECQUE, n°453.
[2] G. MORRIS-BECQUET, *L'insolvabilité*, thèse : PUAM, 2002, préf. H. CROZE, n°360.
[3] *Ibid.*
[4] K. LAFAURIE, thèse préc., n°345.
[5] *Ibid.*, n°347.

La subsistance de l'obligation[1]. De l'analyse qui précède, nous avons conclu, pour qualifier la règle de non-reprise des poursuites individuelles, à ce que celle-ci n'est pas une extinction pure et simple de l'obligation mais seulement celle de sa force contraignante. Pour appuyer nos propos, rappelons à cet égard que la Cour de cassation a eu l'occasion de préciser que « si le jugement de clôture pour insuffisance d'actif n'entraîne pas l'extinction des dettes, il interdit aux créanciers l'exercice individuel de leurs actions contre le débiteur »[2]. De cette affirmation jurisprudentielle, il importe de confirmer que la dette n'est donc pas éteinte. En ne remettant pas en cause l'existence même de l'obligation, la doctrine a pu s'étonner toutefois en dénonçant une certaine forme de schizophrénie dans l'intention réelle du législateur, et certains d'y voir une hypocrisie[3] à l'encontre des créanciers dont il faudrait leur faire croire que leurs créances subsistent.

En raison du fait qu'elle n'éteint pas l'obligation, la clôture pour insuffisance d'actif laisse une obligation naturelle à la charge du débiteur. C'est le constat que nous devons tirer de l'article L.643-11 du Code de commerce. Reprenons quelques instants la distinction précédente de la *Schuld* et l'*Haftung*. Nous avons vu précédemment que c'est bien la clôture pour insuffisance d'actif qui fait disparaître l'*Haftung*. Partant, il subsiste l'autre composant de l'obligation, à savoir la *Schuld*. C'est à travers cette notion qu'apparaît la subsistance de l'obligation naturelle[4]. Comme a pu le résumer parfaitement un auteur, on assiste ici à « l'affaiblissement d'une obligation subsistante »[5]. En effet, si la *Schuld* n'est l'expression que du lien de droit unissant le créancier et le débiteur, autrement dit du rapport obligatoire, elle n'intègre pas le droit pour le créancier d'exiger l'exécution. Par conséquent, il est permis d'identifier une sorte de « devoir » au bénéfice du créancier, devoir auquel resterait soumis le débiteur uniquement en sa conscience dans l'hypothèse d'un retour à meilleure fortune. Dans ce cadre, l'exécution serait nécessairement et logiquement volontaire.

S'il est unanimement admis que la clôture pour insuffisance d'actif n'éteint pas l'obligation, la doctrine a pu considérer que dans cette circonstance, « l'obligation n'est soutenable que s'il est admis que l'obligation naturelle constitue une obligation juridique »[6]. Pour les besoins de la démonstration, rappelons qu'une obligation civile confère au créancier le pouvoir d'obtenir l'exécution forcée. Par l'existence d'un rapport mêlant créancier, débiteur et lien

---

[1] V. en ce sens : S. GJIDARA, *L'endettement et le droit privé*, thèse : LGDJ, 1999, préf. A. GHOZI, *passim* ; C. CHABAS, *L'inexécution licite du contrat*, thèse : LGDJ, 2002, préf. J. GHESTIN, *passim* ; A-S. DUPRÉ-DALLEMAGNE, *La force contraignante du rapport d'obligation*, thèse : PUAM, 2004, préf. P. DELEBECQUE, *passim* ; G. MORRIS-BECQUET, *L'insolvabilité*, thèse : PUAM, 2002, préf. H. CROZE, *passim* ; E. PERRU, *L'impayé*, thèse : LGDJ, 2005, préf. G. GOUBEAUX, *passim*.
[2] Cass. 2e civ., 17 janvier 2007, n°04-30.797, v. aussi Cass. com., 8 juin 1993 n°91-13.295.
[3] K. LAFAURIE, thèse préc., n°348.
[4] G. FORET, *Essai sur la notion d'obligation*, thèse : Dalloz, 2012, préf. F. LEDUC, *passim*.
[5] K. LAFAURIE. n°343.
[6] *Ibid.*, n°349.

de droit, il y a nécessairement une dimension punitive en cas d'inexécution. À l'inverse, l'obligation naturelle, plutôt décrite comme un devoir moral, est justement dépourvue de sanction, faisant du lien de droit un lien imparfait. Combattant la doctrine selon laquelle ce raisonnement apparaît rédhibitoire car « l'obligation naturelle ne serait pas une obligation civile dégénérée »[1], une partie de la doctrine[2] propose tout de même de lui donner un caractère juridique. Dépourvue de sanction car elle n'est pas une obligation juridique, l'obligation naturelle pourrait recevoir des effets juridiques.

Si le débiteur exécute volontairement un paiement, il ne règle pas l'indu. En effet, son paiement est irrépétible même s'il est involontaire. Toutefois, est-ce vraiment la priorité d'un débiteur fraîchement libéré de ses dettes que d'honorer un engagement à l'égard d'un ancien créancier ? Nous n'en sommes pas persuadés. Pour autant, dans l'hypothèse d'un retour à meilleure fortune, les choses seraient évidemment envisageables. On imagine ici le débiteur qui en conscience déciderait de s'acquitter malgré tout de sa dette. D'ailleurs, il importe de rappeler que les effets de la clôture pour insuffisance d'actif étant d'ordre public, l'intégration d'une clause de retour à meilleure fortune obligeant le débiteur défaillant au retour d'une santé financière plus apaisée à honorer son obligation naturelle, est impossible. La tentation qui consisterait ici à doter l'obligation naturelle de l'*Haftung* n'est pas envisageable. D'ailleurs, elle porterait un coup d'arrêt à la logique de rebond du débiteur défendue par le législateur. En dehors d'une clause de retour à meilleure fortune, la situation semble quelque peu différer. Le caractère d'ordre public de la clôture pour insuffisance d'actif n'interdit pas au débiteur de s'engager à l'issue de la procédure au règlement de ses dettes[3]. Puisqu'une obligation naturelle demeure, le débiteur peut parfaitement renoncer au « bénéfice » de la règle de non-reprise des poursuites. S'il peut renoncer à la faveur de l'article L.643-11, I, cette renonciation ne peut cependant intervenir à l'avance. Quoi qu'il en soit, il ne faut pas perdre de vue que la clôture pour insuffisance d'actif instaure un « droit à l'impayé »[4] dont le débiteur est libre de se passer.

Pour autant, il convient de faire preuve de pragmatisme et de considérer que ces situations seront extrêmement marginales. En effet, la règle de non-reprise des poursuites possède un objectif louable, celui de donner un nouveau départ au débiteur fraîchement libéré du poids de ses dettes. Si le retour à meilleure fortune se profile, il serait peut-être plus opportun pour le débiteur de solidifier davantage sa situation financière et anticiper l'avenir. À tout le moins, pourrait-t-on comme un auteur, imaginer que « le nouveau départ par le développement d'une nouvelle entreprise, puisse passer par le paiement d'anciens partenaires

---

[1] G. RIPERT, *La règle morale dans les obligations civiles*, LGDJ, 2013, n°192 et 193.
[2] B. BEIGNER, *L'honneur et le droit*, thèse : LGDJ, 1995, préf. J-FOYER, p.527.
[3] M. MENJUCQ, B. SAINTOURENS, B. SOINNE, *op. cit.*, n°3078.
[4] E. PERRU, thèse. préc., n°610.

dans l'optique d'un renouvellement des relations contractuelles ou d'amélioration de sa réputation »[1].

Critique de l'automaticité de la décharge. Ceci précisé, attardons-nous désormais sur la remise en cause de l'automaticité du principe de non-reprise des poursuites individuelles en cas de clôture pour insuffisance d'actif. En effet, une partie de la doctrine[2] s'oppose à l'automaticité de la décharge de dettes en faveur du débiteur. Cette opposition dénonce l'absence de considération à l'égard de certains créanciers. Le droit au rebond reconnu au débiteur ayant échoué de bonne foi serait constitutif d'un préjudice pour les créanciers. La liquidation judiciaire serait davantage perçue comme « un moyen commode d'échapper au paiement de ses dettes que comme un outil de régulation de l'économie »[3]. En effet, en permettant au débiteur professionnel d'être déchargé totalement de ses dettes, il est souvent admis que des « petits » créanciers subissent de plein fouet les conséquences d'une telle faveur à l'égard du débiteur. À ce titre, on imagine couramment la situation du retraité, aux ressources limitées, qui ne pouvant plus compter sur le paiement de son débiteur, connaît à son tour une situation irrémédiablement comprise. Anciennes parties fortes, les créanciers dans cette hypothèse, ne seraient-ils pas devenus la nouvelle partie vulnérable ? Cette interrogation est tout à fait légitime. Les créanciers subissant le principe de l'absence de reprise des poursuites individuelles ne sont pas toujours des institutions ou administrations lesquelles ne ressentent que légèrement les conséquences de la défaillance d'un « petit » débiteur professionnel, personne physique. Les créanciers, victimes de la décharge totale, connaissent eux aussi des turbulences économiques. Dans cette perspective, un auteur a proposé de reconnaître au tribunal la possibilité d'aménager la décharge au profit de créanciers justifiant d'un motif impérieux[4], en insérant par exemple une clause de retour à meilleure fortune dans le jugement de clôture pour insuffisance d'actif, en faveur de ces « petits » créanciers. Cette proposition aurait effectivement le mérite de restaurer l'équilibre entre le droit au rebond du débiteur impécunieux et la nécessité de moraliser la décharge de dettes. Pour autant, ces propositions, bien que louables, affecteraient considérablement la logique de rebond défendue depuis plusieurs années par le législateur. Ce sacrifice ultime des créanciers, et notamment des « petits » créanciers, est malheureusement indispensable pour assoir un véritable droit au rebond. L'intérêt général paraît dans cette situation l'emporter même si des créanciers doivent en payer le prix. Sans bafouer la situation de ces « petits » créanciers, nous rejetons cette proposition doctrinale consistant à aménager le principe de la non-reprise des poursuites individuelles.

---

[1] K. LAFAURIE, thèse. préc., n°349.

[2] F. MACORIG-VENIER, « Le devenir du chef d'entreprise – le poids passé : le poids du passif impayé après la clôture de la procédure », *RPC*, juin 2003, p.186.

[3] D. DEFRANCE, *Le retour à meilleur fortune : étude en droit des difficultés économiques*, thèse, Université de Limoges, 2016, Français. NTT : 2016LIMO0041. Tel-03360704, [HAL open science], spéc. n°90.

[4] *Ibid.*

Cela serait perçu comme un « rétropédalage » du droit de la défaillance économique. Le principe de non-reprise des poursuites se traduit, selon nous, par un régime équilibré et les nombreuses limitations apportées par le législateur au fil des réformes justifient amplement son caractère proportionnel.

SECTION 3
L'EXCEPTION
DE REPRISE DES POURSUITES À L'ISSUE DE LA CLÔTURE POUR INSUFFISANCE D'ACTIF

Alors que l'article L.643-11 du Code de commerce consacre un « droit à l'impayé »[1], gage de rebond du débiteur professionnel, le principe de l'absence de reprise des poursuites individuelles en découlant fait exception dans un certain nombre de cas. En effet, si le législateur a souhaité organiser la libération du débiteur insolvable et honnête par un mécanisme de purge des dettes, il a aussi tenu à préserver l'intérêt de certains créanciers et de certaines de leurs créances (§**1**). Outre la protection des coobligés et garants (§**2**), le législateur ouvre la voie de la reprise des poursuites individuelles, dont certaines sur autorisation (§**5**), à tous les créanciers dans les situations tenant au comportement du débiteur (§**3**) et sa malhonnêteté (§**4**). Partant, notre raisonnement sera mené chronologiquement en regard de l'architecture de l'article L.643-11 du Code de commerce, lequel aborde également les autorisations de reprise du droit de poursuite (§**5**).

§1 – Les exceptions protégeant certains créanciers

Dans un but de moralisation des affaires, doublé d'un souci d'équité, le législateur a exclu certaines créances à connotation morale hors du champ de la règle de non-reprise des poursuites. Ces exceptions sont liées à l'acquisition au titre d'une succession (**A**), la reconnaissance de la culpabilité du débiteur et aux droits attachés à la personne du créancier (**B**), ainsi qu'aux manœuvres frauduleuses préjudiciant les organismes de protection sociale (**C**).

A) L'exception fondée sur l'acquisition au titre d'une succession

L'article L.643 11, I, 1° du Code de commerce ouvre aux créanciers le droit de rependre des poursuites individuelles pour « les actions portant sur des biens acquis au titre d'une succession ouverte pendant la procédure de liquidation judiciaire ». Cette disposition, instaurée par l'ordonnance du 12 mars 2014, n'est autre que la traduction d'une consécration jurisprudentielle faisant interdiction au liquidateur, sauf accord du débiteur, de « réaliser les biens ou droits acquis au titre d'une succession ouverte après l'ouverture ou le prononcé de la liquidation

[1] E. PERRU, thèse. préc., n°610.

judiciaire, ni provoquer le partage de l'indivision pouvant en résulter »[1]. En effet, dans un souci de célérité de la procédure en vue de se conformer aux recommandations européennes, le réformateur de 2014 a soustrait les biens successoraux acquis au cours de la procédure. Avant l'ordonnance, ceux-ci tombaient dans le gage commun des créanciers et les prérogatives du liquidateur[2]. Cette exception n'a donc pas de vocation humanitaire[3] comme a pu justement le relever un auteur, puisque les biens sont mis « hors procédure » dans l'objectif de réduire le délai de la procédure de liquidation judiciaire.

Si le législateur permet au débiteur de faire échapper à l'effet de saisie collective opérée par la liquidation judiciaire, les biens acquis au titre d'une succession ouverte pendant la procédure, il a toutefois imposé une contrepartie. Après la clôture de la procédure pour insuffisance d'actif, la faveur momentanée envers le débiteur pendant la procédure se mue en une faveur définitive pour les créanciers antérieurs qui pourront reprendre leurs poursuites individuelles sur les biens et droits nés de la succession. En d'autres termes, cette exception traduit la conséquence logique et équitable[4] de la règle faisant échapper à l'effet réel de la procédure collective, les biens dévolus au débiteur par succession au cours de liquidation judiciaire. Pour autant, il convient de relativiser cette analyse car avec la volonté de réduire le délai de la procédure et favoriser le rebond rapide du débiteur, le législateur reporte *in fine* la charge de la réalisation de l'actif successoral, ce qui n'est pas une mince affaire pour les créanciers.

B) Les exceptions fondées sur la protection de certaines créances

En écartant le principe de la non-reprise des poursuites individuelles pour certains créanciers, le législateur a souhaité protéger spécifiquement certains d'entre eux à l'égard desquels la libération du débiteur aurait été jugée inacceptable. C'est le cas lorsque la culpabilité du débiteur est établie (**1**) ou que la créance porte sur les droits attachés au créancier (**2**).

1. La reprise des poursuites pour condamnation pénale

En vertu de l'article L.643-11, I, 2° du Code de commerce, les créanciers conservent leur droit de poursuite « lorsque la créance trouve son origine dans une infraction pour laquelle la culpabilité du débiteur a été établie ». Dans pareille hypothèse, on comprend aisément que le débiteur ne puisse mériter d'obtenir les chances de rebondir. La préservation des droits à indemnisation de la victime l'emporte nécessairement sur le droit au rebond du débiteur. En effet, lorsque le

[1] Cass. com., 3 décembre 2013, n°12-23.050, P IV, n°175, Dalloz 2013, actu. 2910, obs. A. LIENHARD.
[2] Cass. com., 13 janvier 2015, n°13-12.590.
[3] D. DEFRANCE, thèse préc., spéc. n°95.
[4] F-X LUCAS, *Manuel de droit de la faillite*, *op. cit.*, n°345.

comportement du débiteur est condamné pénalement, il est logique que la règle de non-reprise des poursuites ne lui soit pas profitable. En d'autres termes, dès lors que sa culpabilité est reconnue, le débiteur, même acculé de dettes, perd l'indulgence du législateur. À cet égard, le texte ne distingue[1] pas selon que la condamnation sanctionne des infractions relatives à l'activité professionnelle ou à la vie privée du débiteur. Ainsi, toutes les créances[2] nées d'une condamnation pénale confèrent à la victime le droit d'exercer des poursuites contre le débiteur à l'issue de la clôture pour insuffisance d'actif.

2. La reprise des poursuites résultant de créances attachées à la personne du créancier

Née de l'article 169 de la loi du 25 janvier 1985, cette exception au principe de non-reprise des poursuites présente d'évidentes similitudes[3] avec l'article 1341-1 du Code civil en vertu duquel « lorsque la carence du débiteur dans l'exercice de ses droits et actions à caractère patrimonial compromet les droits de son créancier, celui-ci peut les exercer pour le compte de son débiteur, à l'exception de ceux qui sont exclusivement rattachés à sa personne ». Il n'existe pas de définition de la notion de « droits attachés à la personne ». S'il l'on s'en réfère à la jurisprudence ayant interprété l'article 1341-1 du Code civil, il en résulte l'existence d'un droit « qui a son fondement dans un intérêt moral »[4]. Appliqué à notre analyse, il s'agit généralement de droits dont l'exercice suppose l'appréciation d'un « intérêt moral »[5] ou des considérations personnelles d'ordre moral ou familial. Relevons que l'article L.643-11, I, 2° du Code de commerce n'impose pas que les droits soient « exclusivement » rattachés. L'appréciation est par conséquent plus large, il suffit selon la doctrine que l'exercice de l'action soit *a minima* inspiré par des considérations d'ordre moral ou familial. Il apparaît que dans cette hypothèse, le législateur prend en considération la spécificité de la situation de ces créanciers. Dans cette perspective, la haute juridiction a ainsi reconnu la demande en réparation du préjudice professionnel[6] comme un droit attaché à la personne du créancier ainsi que toutes les créances de nature alimentaire[7] et même la créance indemnitaire ou salariale d'un salarié licencié[8]. La Cour de cassation rejette en revanche la demande en réparation d'une créance du remboursement d'un prêt[9]. Comme le droit au rebond, qui se justifie par une

---

[1] L'article 169 de la loi de 1985 visait la condamnation pour des faits « étrangers à l'activité professionnelle ».
[2] Sur l'hypothèse d'une action en recouvrement d'une créance née d'une condamnation pour fraude fiscale, v. Cass. com., 28 juin 2011, n°10-19.417.
[3] M. MENJUCQ, B. SAINTOURENS, B. SOINNE, *op. cit.*, n°3084.
[4] Cass. com., 28 juin 2011, n°10-19.417.
[5] M. MENJUCQ, B. SAINTOURENS, B. SOINNE, *op. cit., eod.loc.*
[6] Cass. soc., 23 mai 1996, n°93-11.621.
[7] Cass. com., 16 novembre 2010, n°09-71.160.
[8] Cass. soc., 29 septembre 2010, n°09-42.679.
[9] Cass. com., 29 mai 2001, n°98-18.918.

considération éminemment morale, la situation de certains créanciers et de certaines de leurs créances dotées d'un fondement moral, mérite que le législateur les gratifie de sa protection par priorité.

C) Les exceptions fondées sur des manœuvres frauduleuses commises au préjudice des organismes de protection sociale

Issu de la loi n°2015-1702 du 21 décembre 2015 de financement de la sécurité sociale pour 2016, l'article L.643-11, I, 3°, autorise la reprise des poursuites individuelles « lorsque la créance a pour origine des manœuvres frauduleuses commises au préjudice des organismes de de protection sociale ». Ici, le texte précise que l'origine frauduleuse doit nécessairement être établie « soit par une décision de justice, soit par une sanction prononcée par un organisme de sécurité sociale », et opère un renvoi aux dispositions du Code de la sécurité sociale. On déduit de cette exception qu'elle s'inscrit dans l'objectif de lutte contre la fraude en matière de prestations sociales. De la même manière que précédemment, on doit relever ici que le candidat au rebond doit être exempt de toute manœuvre frauduleuse, surtout à l'égard des organismes de prestations sociales pour espérer une libération de dettes et envisager un nouveau départ.

§2 – L'exception profitant aux coobligés et garants

Selon la dernière version de l'article L.643-11, II, issue de l'ordonnance du 12 mars 2014, les coobligés et les personnes ayant consenti une sûreté personnelle ou ayant affecté ou cédé un bien en garantie peuvent poursuivre le débiteur s'ils ont payé à sa place. Le réformateur de 2014 a effectivement réparé les omissions de ses prédécesseurs de 2005[1] et 2008[2], qui ne visaient que les cautions et coobligés, à l'exclusion de tous autres garants, lesquels n'étaient donc pas concernés par la reprise des poursuites.

L'effet personnel de la clôture pour insuffisance d'actif. L'absence d'extinction de la créance a pour conséquence que « les coobligés et les personnes ayant consenti une sûreté personnelle ou ayant affecté ou cédé un bien en garantie peuvent poursuivre le débiteur s'ils ont payé à la place de celui-ci »[3]. En effet, dans le cadre de l'article L.643-11, I, le législateur ne vise que les actions concernées par le principe de non-reprise des poursuites. Il faut comprendre ici qu'en raison de l'effet personnel de la clôture pour insuffisance d'actif, la règle profite uniquement au débiteur. La jurisprudence a pu confirmer que « si le

---

[1] Le législateur avait omis de modifier le texte du II de l'article L.643-11 par rapport à celui de l'ancien article L.622-32, II. Par conséquent, il n'était prévu aucune extension aux personnes ayant consenti une garantie autonome.

[2] Le législateur avait omis d'étendre le texte aux personnes ayant consenti une sûreté personnelle ou ayant affecté ou cédé un bien en garantie.

[3] C. com., art. L.643-11, II.

jugement de clôture ne fait pas recouvrer aux créanciers l'exercice de leurs actions contre le débiteur, cette exception purement personnelle au débiteur ne peut être opposée par le codébiteur solidaire »[1]. En effet, puisque le rapport d'obligation entre le créancier et son débiteur persiste, et que seul le droit d'exiger du créancier disparaît par l'effet de la clôture, la caution peut toujours être poursuivie. Ainsi, la créance n'étant pas éteinte, les créanciers conservent leur droit de poursuite[2] à l'encontre de la caution du débiteur[3]. Peu important que la caution ait ou non exercé son recours[4], ni le moment auquel le paiement est intervenu[5], soit antérieurement ou postérieurement au jugement d'ouverture. Relevons à cet égard que la caution n'est libérée que dans l'hypothèse où la clôture est déclarée par extinction du passif[6]. À défaut, elle reste tenue de répondre en lieu et place du débiteur mais conserve son recours contre le débiteur.

Les rapports créanciers-garants. Par l'effet de la clôture pour insuffisance d'actif, la force contraignante du lien de droit entre créancier et son débiteur disparaît totalement. De la sorte, le débiteur devient « intouchable » par son créancier. Pour autant, en raison de l'absence d'extinction de dette, le lien de droit entre le créancier et la caution est logiquement maintenu. Un auteur a pu relever à cet égard que « la subsistance du lien permet de laisser intacte la force obligatoire du contrat liant [...] le créancier à un garant »[7]. Le fait que le principe de non-reprise des poursuites individuelles ne porte pas sur l'obligation en tant que telle, n'impacte aucunement l'engagement des débiteurs garants. On comprend ici l'intérêt de valoriser l'efficacité de la garantie. Constatons avec un auteur que « le mécanisme technique de cette décharge résidant en l'extinction d'une partie des droits du créancier contre le débiteur, il n'est pas inexacte de dire que l'exception est personnelle au débiteur [...], celle-ci n'est donc pas « inhérente à la dette » »[8]. En d'autres termes, priver le créancier de son droit d'exiger constitue bien « une exception qui ne concerne que les rapports entre le créancier et son débiteur »[9], et non une exception inhérente à la dette.

Rôle primordial de la caution. Dans le sens de notre argumentation, observons que, si le législateur de l'ordonnance du 15 septembre 2021 a élargi le champ d'application des dispositions spéciales permettant à la caution de se

[1] Cass. com., 24 mars 2004, n°00-18.532.
[2] J-P. DELVILLE, « Les incidences de la clôture de la liquidation judiciaire pour insuffisance d'actif sur le cautionnement », *JCP G*, 1996, I, 3961.
[3] Cass. com., 8 juin 1993, n°91-13.295.
[4] Cass. com., 12 mai 2009, n°08-13.430.
[5] Cass. com., 28 juin 2016, n°14-21.810.
[6] F. PÉROCHON et P. ROUSSEL-GALLE, « Controverse amicale sur la non-reprise des poursuites après la clôture de la liquidation judiciaire pour extinction de passif », *in Mélanges en l'honneur de Daniel Tricot*, Dalloz, 2011, p.559.
[7] K. LAFAURIE, thèse préc., n°350.
[8] G. FOREST, thèse préc., n°463 et n°469.
[9] K. LAFAURIE, thèse préc., *ibid.*

prévaloir des mesures légales ou judiciaires dont bénéficie le débiteur en conséquence de sa défaillance[1], il n'a pas souhaité saisir l'occasion d'offrir à la caution le bénéfice de la non-reprise des poursuites[2]. De la sorte, le législateur « persiste et signe » en maintenant que la caution du débiteur peut être poursuivie en cas de clôture pour insuffisance d'actif à l'égard du débiteur. On doit se satisfaire d'un tel maintien. L'inverse aurait conduit à omettre ouvertement l'intérêt du cautionnement : « suppléer à la défaillance du débiteur »[3]. À cet égard, le raisonnement d'un auteur résume parfaitement notre démonstration, donnons-lui la parole : « si punir l'échec n'est pas le meilleur moyen de renouer avec l'esprit d'entreprise, encourager le défaut de paiement n'est sûrement pas la meilleure solution de restaurer le crédit de l'entreprise »[4]. Quoi qu'il en soit, la reprise des poursuites ne bénéficie qu'aux personnes visées ayant payé à la place du débiteur[5]. En dépit de quelques hésitations jurisprudentielles, la chambre commerciale[6] de la Cour de cassation admet la reprise des poursuites par la caution soit au titre de son recours subrogatoire, à la condition que le créancier ait déclaré sa créance, soit au titre de son recours personnel, à la condition que la caution ait elle-même déclaré sa créance[7]. Relevons encore que la Cour de cassation a refusé de transmettre une question prioritaire de constitutionnalité portant sur le recouvrement du droit de poursuite individuelle de la caution en cas de clôture d'une liquidation judiciaire pour insuffisance d'actif. La haute cour a, en effet, estimé que « les dispositions de l'article L.643-11, II, en ce qu'elles dérogent à la règle de la libération du débiteur, ne portent pas atteinte à l'égalité entre les débiteurs cautionnés, dont la situation, distincte de celle des débiteurs non cautionnés, peut justifier une différence de traitement dans l'intérêt des cautions, lesquelles, en l'absence de ce texte, supporteraient définitivement une dette dont le débiteur principal serait lui-même déchargé »[8]. Cette solution jurisprudentielle démontre bien la volonté du législateur de ne pas faire de la caution du débiteur le « spectateur » du rebond octroyé au débiteur principal.

---

[1] C. civ., art. 2298, al. 1er, issu de l'ordonnance n°2021-1192 du 15 septembre 2021 portant réforme du droit des sûretés.

[2] V. MARTINEAU-BOURGNINAUD, « Le rebond du débiteur », *BJE*, mars-avril 2022, n°BJE200n2, spéc. p.61.

[3] *Ibid.*

[4] *Ibid.*

[5] À l'exclusion de celles qui agissent avant paiement, v. en ce sens Cass. com., 3 février 2009, n°06-20.070.

[6] Cass. com., 12 mai 2009, n°08-13.430.

[7] M. MENJUCQ, B. SAINTOURENS, B. SOINNE, *op. cit.*, n°3086.

[8] Cass. com., 21 juin 2011, n°11-40.015, v. aussi A. LIENHARD, *Procédures collectives*, Encyclopédie Delmas, 2020, 9e éd., n°126-94.

§3 – Les autres exceptions profitant à tous les créanciers

Le paragraphe III de l'article L.643-11 du Code de commerce prévoit quatre hypothèses de reprise du droit de poursuite individuelle au profit de tous les créanciers. D'une part, en cas de faillite personnelle du débiteur ou lorsque celui-ci a été reconnu coupable du délit de banqueroute (**A**). D'autre part, si le débiteur a déjà été soumis à une procédure de liquidation judiciaire depuis moins de cinq ans ou s'il a bénéficié d'une procédure de rétablissement professionnel sur la même période (**B**). Le législateur envisage, enfin, l'hypothèse où la procédure a été ouverte en tant que procédure territoriale dans le cadre du règlement européen relatif aux procédures d'insolvabilité (**C**).

A) La faillite personnelle et la banqueroute

Aux termes de l'article L.643-11, III, 1°, 2°, le législateur restaure, à l'issue de la clôture pour insuffisance d'actif, le droit de poursuite individuelle à l'égard de tous les créanciers antérieurs en cas de faillite personnelle[1] du débiteur, ou lorsque ce dernier est reconnu coupable du délit de banqueroute[2]. Dans les deux cas, le débiteur a agi de manière frauduleuse justifiant le fait qu'il puisse tomber sous le coup d'une interdiction de diriger, gérer, administrer ou contrôler quelconque entreprise. Dans ce contexte, on déduit aisément la volonté du législateur d'écarter ce type de débiteur indigne du bénéfice de la libération des dettes. Ces deux exceptions traduisent aussi une logique évidente de moralisation des affaires que l'on doit pleinement saluer ici. Dans pareille hypothèse, le débiteur ne mérite pas la mesure de faveur tirée de l'effet de la clôture pour insuffisance d'actif. Par la gravité de son comportement, il met fin à toute perspective de rebond. En instituant la reprise du droit de poursuite individuelle des créanciers antérieurs dans ces cas spécifiques, le législateur renforce, selon nous, la légitimité du droit au rebond. La mesure de faveur n'est jamais acquise, et le débiteur doit montrer « patte blanche » s'il veut obtenir la décharge de ses dettes.

B) Le bénéfice antérieur d'une procédure de liquidation judiciaire clôturée pour insuffisance d'actif ou d'un rétablissement professionnel

En vertu de l'article L.643-11, III, 3° du Code de commerce, la reprise des poursuites individuelles intervient lorsque « le débiteur, au titre de l'un quelconque de ses patrimoines, ou une personne morale dont il a été le dirigeant a été soumis à une procédure de liquidation judiciaire antérieure clôturée pour insuffisance d'actif moins de cinq ans avant l'ouverture de celle à laquelle il est soumis ainsi que le débiteur qui, au cours des cinq années précédant cette date, a bénéficié des dispositions de l'article L.645-11 ». Le législateur cantonne strictement la reprise des poursuites à la procédure de liquidation judiciaire

[1] C. com., L.653-1 et s.
[2] C. com., L.654-1 et s.

clôturée pour insuffisance d'actif et celle du rétablissement professionnel. Si l'on raisonne *a contrario*, on déduit que dans l'hypothèse d'une liquidation judiciaire clôturée pour extinction du passif, ces dispositions ne peuvent s'appliquer. Du reste, le texte envisage tant la situation du débiteur personne physique que personne morale. La doctrine a pu relever les maladresses des anciens textes[1] qui comportaient des éléments superflus comme l'état de cessation des paiements à l'égard de la personne morale ou omettaient notamment de spécifier que le débiteur, personne physique ou morale, devait avoir bénéficié d'une liquidation judiciaire antérieure. La Cour de cassation est venue à cet égard compléter les lacunes du texte[2]. Si la doctrine a pu s'interroger sur le fait de savoir, si la reprise des poursuites concernait également les créanciers de la première liquidation judiciaire, il convient d'affirmer que seuls les créanciers de la seconde sont ici concernés. Les juges du fond ont d'ailleurs pu rappeler que les créanciers de la première liquidation perdent définitivement leur droit de poursuite[3]. S'agissant du délai de cinq années, si la nouvelle procédure a été ouverte plus de cinq ans après la clôture de la précédente, le principe de non-reprise des poursuites est maintenu. Dans cet énième cas d'exclusion, l'objectif du législateur est clairement affiché. Le débiteur ayant déjà bénéficié d'une mesure de faveur par le passé, l'argument de moralisation des affaires refait ici surface. Le débiteur ayant bénéficié de mesures libératoires antérieures doit patienter avant de recevoir une nouvelle fois la protection du législateur. À défaut de respecter le « délai légal du droit à une seconde chance »[4], le débiteur est contraint de subir la reprise des poursuites individuelles de ses créanciers antérieurs. Un auteur a pu justement relever qu'« à la différence du consommateur, le droit à « ne pas payer ses dettes » du professionnel est rechargeable tous les cinq ans »[5]. Quoi qu'il en soit, l'espoir d'une reprise des poursuites à l'issue d'une liquidation semble vain pour le créancier puisque le débiteur subissant la liquidation à deux reprises, s'enlise dans l'insolvabilité.

---

[1] C. com., art. L.622-32, III « Les créanciers recouvrent leur droit de poursuite individuelle en cas de fraude à l'égard des créanciers, de faillite personnelle, d'interdiction de diriger ou contrôler une entreprise commerciale ou une personne morale, de banqueroute ou lorsque le débiteur ou la personne morale dont il a été le dirigeant a été déclaré en état de cessation des paiements et que la procédure a été clôturée pour insuffisance d'actif. ».

[2] Cass. com., 9 juin 1998, n°95-21.620.

[3] CA Aix-en-Provence, 8e ch. C, 15 janvier 2002 : JurisData n°2002-1741.84.

[4] Ici, le terme « seconde chance » n'est pas vraiment approprié si justement le débiteur peut espérer rebondir tous les cinq ans. Il faudrait alors préférer celui de « deuxième chance ».

[5] D. DEFRANCE, thèse préc., n°106 ; v. aussi F. PÉROCHON, *Entreprises en difficulté*, 10e éd., LGDJ, 2014, n°1280 : « par faveur pour l'initiative économique, le débiteur personne physique a ainsi le droit de rebondir aux frais de ses créanciers une fois tous les cinq ans, pourvu que ce soit sans fraude ».

C) L'ouverture d'une procédure secondaire dans l'Union européenne

Aux termes de l'article L.643-11, III, 4° du Code de commerce, les créanciers retrouvent leur droit de poursuite individuelle lorsque la procédure a été ouverte en tant que procédure territoriale au sens du paragraphe 2 de l'article 3 du règlement (CE) n°1346/2000 du Conseil du 29 mai 2000 relatif aux procédures d'insolvabilité. La mention au règlement (UE) n°2015/848 du 20 mai 2015 a été ultérieurement apportée par voie d'ordonnance[1]. Dans cette hypothèse, l'objectif est d'éviter qu'à l'issue de la clôture de la liquidation judiciaire, le débiteur ne reprenne aussitôt une activité commerciale en France[2]. Les dispositions visées renvoient aux procédures d'insolvabilité secondaires pouvant être ouvertes en France à l'encontre d'un débiteur qui possède un établissement sur le territoire français et dont le centre de ses intérêts principaux se situe dans un autre État membre. Avec un auteur[3], on peut s'interroger sur la portée de cette disposition puisque l'ouverture d'une procédure secondaire en France signifie nécessairement qu'une procédure principale a été ouverte ailleurs. Très souvent, les créanciers français auront déclaré leur créance à la procédure ouverte dans l'État membre. Dans le cas contraire, malgré la reprise de leur droit de poursuite en France, celle-ci sera logiquement inopposable à la procédure principale étrangère.

§4 – La reprise du droit de poursuite en cas de fraude

L'article L.643-11, IV, du Code de commerce dispose qu'« en cas de fraude à l'égard d'un ou de plusieurs créanciers, le tribunal autorise la reprise des actions individuelles de tout créancier à l'encontre du débiteur ». On doit d'abord souligner ici que cette dernière version du texte est plus précise. En effet, l'ancienne disposition visait la fraude à l'égard « des créanciers » et non pas seulement à l'égard d'au moins l'un d'eux. La doctrine a pu s'interroger sur la portée de cette expression. Selon la Cour de cassation, « l'emploi du pluriel n'oblige pas à ne prendre en considération que les seules fraudes concernant l'ensemble des créanciers »[4]. Cette interprétation jurisprudentielle est aujourd'hui consacrée au paragraphe IV de l'article visé. Désormais, il faut déduire que la fraude commise à l'égard d'un seul créancier suffit à profiter à tous les créanciers. En effet, dans l'hypothèse où un seul créancier subit la fraude du débiteur, le tribunal « autorise la reprise des actions individuelles de tout créancier » et pas seulement du créancier dont les droits ont été fraudés[5]. Aussi, on remarque que

---

[1] Ordonnance n°2017-1519 du 2 novembre 2017 portant adaptation du droit français au règlement 2015/848 du Parlement européen et du Conseil du 20 mai 2015 relatif aux procédures d'insolvabilité.

[2] J-L. VALLENS, « Réforme des procédures collectives : un premier commentaire de l'avant-projet de loi », *Lamy droit commercial*, novembre 2003, p.1.

[3] M. MENJUCQ, B. SAINTOURENS, B. SOINNE, *op. cit.*, n°3090.

[4] Cass. com., 7 novembre 1994, n°93-93.951.

[5] M. MENJUCQ, B. SAINTOURENS, B. SOINNE, *op. cit.*, n°3091.

le choix de restaurer le droit de reprise individuelle des poursuites au bénéfice de « tout créancier », permet *de facto* de viser aussi les créanciers n'ayant pas déclaré leur créance à la procédure. Leur créance, toujours existante, n'était seulement inopposable à la procédure faute d'avoir été déclarée. La doctrine accueille favorablement ce choix du législateur car avec la disparition de la procédure par l'effet de la clôture, il est apparu logique que les exceptions prévues par l'article L.643-11 leur soient également profitables et qu'ils recouvrent leur droit de poursuite individuelle[1]. Ce sont alors les poursuites de tous les créanciers qui peuvent être reprises et non plus seulement celles d'une certaine catégorie de créanciers victimes des agissements du débiteur[2]. Par ailleurs, le texte ne distingue pas selon que la fraude a été commise avant ou après l'ouverture de la procédure collective[3].

Aussi, la fraude n'impose pas que soit établie l'intention du débiteur de nuire au créancier[4]. Une jurisprudence audacieuse avait toutefois qualifié de fraude, la dissimulation opérée par le débiteur dans la liste des créanciers remise au mandataire ayant conduit à l'extinction de la créance faute de déclaration[5]. Dans un souci de rigueur juridique, le créancier bénéfice désormais d'un relevé de forclusion. En l'absence de définition légale de la fraude dans ce contexte, un auteur a relevé que « celle-ci suppose la volonté et la conscience de causer un préjudice au créancier »[6]. Ainsi, il semblerait que l'existence d'une simple faute ne suffise pas. Mais la simple constatation par le juge de la connaissance par le débiteur du préjudice causé au créancier suffirait. D'ailleurs, la chambre commerciale a récemment considéré que « la faute prévue à l'article L.643-11, IV, du Code de commerce n'impose pas que soit établie l'intention de nuire »[7]. Ainsi, la jurisprudence a-t-elle pu admettre la faute lorsque les actes commis par le débiteur sont constitutifs d'une infraction. Il en va ainsi en cas d'abus de biens sociaux ou lorsque le débiteur poursuit une activité déficitaire ou occulte sa comptabilité[8]. Cela peut donc s'étendre à toute hypothèse quelconque d'aggravation du passif ou de dissimulation d'actifs. La jurisprudence a pu retenir la fraude à l'égard du débiteur ayant dissimulé une créance fiscale due à une administration fiscale étrangère[9], ou encore lorsqu'il ne fait pas apparaître la banque sur la liste certifiée de ses créanciers, ou qu'il ne fait pas état auprès de la banque de la procédure collective dont il est l'objet[10].

---

[1] J. VALLANSAN, *J.-Cl. proc. coll.,* Fasc. 2770, n°112.
[2] F-X LUCAS, *Manuel de droit de la faillite*, *op. cit.*, n°345.
[3] Cass. com., 15 février 2005, n°03-14.547.
[4] Cass. com., 26 juin 2019, n°17-31. 236.
[5] Cass. com., 26 octobre 1999, n°97-12.092, Cass. com., 13 novembre 2007, n°06-14.372, Cass. com., 12 juillet 2011, n°10-21.726.
[6] M. MENJUCQ, B. SAINTOURENS, B. SOINNE, *op. cit.*, n°3092.
[7] Cass. com., 26 juin 2019, n°17-31.236, Cass. com., 5 février 2020, n°18-22.569.
[8] M. MENJUCQ, B. SAINTOURENS, B. SOINNE, *op. cit.*, n°3092. *eod. loc.*
[9] Cass. com., 27 mai 2014, n°13-14.425, Cass. com., 8 mars 2017, n°15-16.628.
[10] Cass. com., 5 décembre 2006, n°05-17.598.

En ajoutant le paragraphe VI à l'article L.643-11 du Code de commerce, le législateur envisage la fraude de l'entrepreneur individuel dont le nouveau statut est issu de la loi n°2022-172 du 14 février 2022[1], et celle de l'entrepreneur individuel à responsabilité limitée (EIRL). Le tribunal, en cas de fraude à l'égard d'un ou de plusieurs créanciers, « autorise les actions individuelles de tout créancier sur les biens compris dans le patrimoine personnel ou le patrimoine non affecté de cet entrepreneur ». Ici, il est permis de constater que cette disposition s'inscrit dans le prolongement des dispositions de l'article L.526-24 du code de commerce concernant l'EIRL[2]. La sanction est donc particulièrement sévère pour le débiteur fraudeur. Au fond, on peut observer que dans la procédure « collective », lorsque le débiteur adopte un comportement frauduleux, la punition a des répercussions « collectives » puisque c'est ensemble que les créanciers antérieurs retrouvent leur droit de poursuite. Remarquons également que le paragraphe VII de l'article L.643-11 donne au tribunal la possibilité, lorsque la clôture de la liquidation judiciaire pour insuffisance d'actif est prononcée à l'issue d'une procédure ouverte à raison de l'activité d'un débiteur, personne physique, à laquelle il n'avait pas affecté « volontairement » un patrimoine distinct, d'imposer dans le jugement de clôture des délais uniformes de paiement des créances visées par l'article L.641-13, dans la limite de deux années, et à l'exception de celles des administrations financières et institutions sociales[3]. En cas de fraude, il est tout à fait légitime que cette indulgence ne soit pas octroyée à l'entrepreneur de mauvaise foi.

En somme, la caractérisation de la fraude prive le débiteur du bénéfice de l'avantage de l'absence de poursuites individuelles des créanciers. On ne peut ici que renouveler le constat selon lequel le débiteur, par son comportement frauduleux indigne au bénéfice de la libération de ses dettes, annihile volontairement ses chances de rebondir.

§5 – Les autorisations de reprise du droit de poursuite

Par principe, la clôture de la procédure de liquidation judiciaire est définitive et libère le débiteur du poids de ses dettes. Toutefois, dans l'hypothèse des cas de reprise du droit de poursuite individuelle évoqués précédemment, les créanciers doivent au préalable obtenir une autorisation.

---

[1] La loi n°2022-172 du 14 février 2022 en faveur de l'activité professionnelle indépendante a supprimé le statut de l'EIRL au profit d'un statut unique de l'entrepreneur individuel (intégrant les avantages de l'EIRL), dont l'entrée en vigueur a été fixée au 15 mai 2022. Pour les EIRL créées avant l'entrée en vigueur de la loi, les dispositions continueront toutefois à s'appliquer ; v. *infra*, chapitre 1, titre 2, 2nde partie.

[2] C. com., art. L.526-12, II, al. 2 : « Il est également responsable sur la totalité de ses biens et droits en cas de fraude ou en cas de manquement grave aux obligations prévues à l'article L.526-13.

[3] C. com., art. L.643-11, VII.

En cas de fraude, l'article L.643-11, IV, du Code de commerce évoque deux hypothèses. D'une part, le tribunal qui constate la fraude peut statuer immédiatement lors de la clôture pour insuffisance d'actif. Le texte impose au préalable d'avoir « entendu ou dûment appelé le débiteur, le liquidateur et les contrôleurs »[1]. Autre possibilité, si le tribunal n'a pas pu profiter du jugement de clôture pour autoriser la poursuite, il peut être ultérieurement saisi à la demande de tout créancier intéressé et statue dans les mêmes conditions. Le doctrine relève que le droit à la reprise des poursuites n'a pas besoin d'être constaté autant de fois qu'il y a de créanciers[2]. Le jugement faisant droit à la demande d'un créancier serait donc suffisant. Il importera toutefois pour chacun des créanciers concernés d'obtenir l'autorisation individuelle requise conformément aux dispositions du Code de commerce. Aussi, précisons que si l'interdiction d'émettre des chèques avait été suspendue par l'effet de la clôture pour insuffisance d'actif, elle reprend en même temps que le droit de poursuite individuelle[3]. D'autres hypothèses de reprise peuvent également se présenter.

En raison des différentes innovations visant à encourager la clôture plus rapide des liquidations[4], il est des situations où la clôture intervient de façon « prématurée » n'ayant pas permis la réalisation de certains actifs ni l'engagement de certaines poursuites par les créanciers au cours de la procédure. Dans ce cas, la reprise est possible à la demande du liquidateur précédemment désigné, du ministère public ou de tout créancier intéressé. L'article L.643-11, V, précise les modalités de reprise du droit de poursuite individuelle selon que les créances ont été admises ou n'ont pas été vérifiées. Ainsi, les créanciers qui recouvrent leur droit de poursuite et dont les créances ont été admises, ne peuvent exercer ce droit sans avoir un titre exécutoire. Les créanciers disposant d'un tel titre doivent seulement recueillir une autorisation constatant que les conditions de reprise sont réunies. Saisi, le président du tribunal statue alors par ordonnance laquelle vise l'admission définitive du créancier et le jugement de clôture pour insuffisance d'actif. Comportant l'injonction de payer, elle est logiquement revêtue, par le greffier, de la formule exécutoire[5]. Dans l'hypothèse où la créance n'a pas été vérifiée, les créanciers recouvrent l'exercice individuel de leurs actions, dans les conditions du droit commun.

---

[1] V. aussi c. com., art. R643-18, s'agissant des publicités légales.
[2] P-M. LE CORRE, *Droit et pratique des procédures collectives*, Dalloz, 11e éd., 2020, n°592.73.
[3] C. com., art. R.643-23.
[4] F-X. LUCAS, *Manuel de droit de la faillite*, *op. cit.*, n°346.
[5] A. LIENHARD, *Procédures collectives*, Encyclopédie Delmas, 2020, 9e éd., n°126-98.

CONCLUSION DU CHAPITRE 1

La liquidation judiciaire est incontestablement une procédure de rebond. En instituant le régime simplifié de la liquidation, le législateur a cherché à accroître la célérité de la procédure, laquelle est nécessairement la « meilleure alliée du rebond »[1]. L'objectif ici n'est plus de sauver l'entreprise mais de faire preuve de déférence à l'égard du débiteur professionnel ayant échoué de bonne foi dans les affaires. Grâce au principe de non-reprise des poursuites découlant de l'effet de la clôture pour insuffisance d'actif, le débiteur est libéré du poids de ses dettes. En paralysant irrémédiablement l'obligation et plus particulièrement son exigibilité, le principe de l'absence de reprise des poursuites individuelles « sacrifie les créanciers sur l'autel du rebond »[2]. Ces derniers sont définitivement privés de toute faculté d'agir à l'encontre du débiteur. Principe reconnu d'ordre public, le débiteur ne peut renoncer, par avance, au bénéfice de cette mesure de faveur. Même en cas de retour à meilleure fortune, les créanciers ne pourront rien exiger du débiteur. Seul l'espoir d'un paiement spontané pourrait les contenter. Si à l'issue de la procédure, le débiteur professionnel déchargé de ses dettes peut désormais s'engager sur le chemin du rebond, le législateur a toutefois prévu certaines dérogations.

Dans un souci de moralisation de la purge des dettes, il a assorti le principe de l'absence de reprise des poursuites individuelles de plusieurs exceptions, entravant *de facto* la dynamique du rebond. Devant la nécessité de protéger certains créanciers, le droit au rebond est pondéré. Par équité, d'autres impératifs sont apparus prioritaires aux yeux du législateur. Dans ce cas, il faut accepter que le droit au rebond devienne un objectif de second plan. Dès lors, le rétablissement du droit de poursuite individuelle profitant à certains créanciers risque de précipiter à nouveau le débiteur « dans le gouffre abyssal d'un passif dont il se croyait libéré »[3]. Pour autant, du côté des créanciers, on peut imaginer que certains se résigneront tant l'espoir d'un paiement est illusoire et le retour à meilleure fortune, utopique. Lorsque le débiteur a agi frauduleusement, il est logique qu'il soit évincé du bénéfice de la purge de son passif. Cela démontre bien que le droit de rebondir n'est pas acquis et qu'il doit nécessairement se mériter.

---

[1] M-H. MONSÈRIÉ, « Le projet de la loi PACTE, une avancée pour le droit des entreprises en difficulté ? », *BJE*, septembre 2018, n°BJE116g4.
[2] V. MARTINEAU-BOURGNINAUD, « Le rebond du débiteur », art. préc., spéc. p.61.
[3] *Ibid.*

CHAPITRE 2
LE DROIT AU REBOND PAR LA RÈGLE DE L'EFFACEMENT DES DETTES

Justifications. Aux fins d'alléger le poids du passif du débiteur dont la situation est particulièrement obérée, le droit de la défaillance économique envisage une ultime remise en cause du sacro-saint principe de la force obligatoire : l'effacement des dettes. Par mansuétude à l'égard des situations les plus désespérées, le législateur a légalisé une technique juridique permettant le désendettement sans paiement. Un effet aussi radical n'existait qu'avec le principe de non-reprise des poursuites de la clôture de la liquidation judiciaire pour insuffisance d'actif. Ici, le législateur a souhaité aller plus loin en permettant la purge des dettes, par une procédure exceptionnelle, dans les cas où aucun espoir de paiement n'est possible et où l'avenir du débiteur serait définitivement condamné. À l'impossible nul n'est tenu et l'on ne saurait réclamer au débiteur l'exécution d'une prestation devenue définitivement irréalisable. Au fond, il s'est agi de consacrer une situation de fait face à des dettes ne pouvant plus être honorées. Le législateur ferait ainsi œuvre de réalisme plutôt que de générosité à l'endroit des débiteurs impécunieux. Devant le constat de la situation d'échec du débiteur et de « l'inopportunité de mettre en branle le système judiciaire pour un cas qui n'en vaut pas la peine » [1], le législateur a instauré un traitement rapide permettant au débiteur impécunieux et de bonne foi, de rebondir, déchargé du poids de ses dettes. Dans cette hypothèse, il est apparu que le « rétablissement » de l'insolvable ne pouvait être escompté qu'au prix de la rémission définitive du passif auquel il était tenu[2]. Ce redressement du débiteur, par le recours à des procédures valant « solde de tout compte », est apparu comme la fenêtre ouverte sur l'avenir favorisant son rebond.

Naissance des procédures de rétablissement. Tant le débiteur particulier que le débiteur professionnel peuvent connaître des turbulences économiques susceptibles de les conduire à l'asphyxie. Le droit du surendettement est sans conteste le « chef de file » de cette technique juridique. Voici l'été 2003, « Que faisiez-vous aux temps chauds ? peut dire le créancier à son débiteur. La fourmi apprendra que, par une loi du 1er août 2003, la cigale a obtenu l'extension de son droit d'être définitivement libéré de ses dettes »[3]. C'est effectivement à l'occasion

[1] N. LELBLOND, « L'expérience du surendettement des particuliers » », *Dr. Patr.*, Dossier 6, décembre 2014, n°242, pp.71-75, spéc. p.74.
[2] S. GOUNON, *L'insolvabilité en droit privé*, thèse : Lyon 3, 2004, dir. J. RUBELLIN-DEVICHI, n°430.
[3] S. SCHILLER, « L'effacement des dettes permet-il un nouveau départ ? Comparaison franco-américaine », *RID comp.*, mars 2003, pp.656-674, spéc. p. 657.

de la loi *Borloo*[1] du 1er août 2003[2] que le « rétablissement personnel » a été instauré au profit des débiteurs particuliers dont la situation est « irrémédiablement compromise ». La procédure, similaire à la liquidation judiciaire des professionnels, permet la vente des biens du débiteur aux fins d'apurement du passif. Depuis le 1er juillet 2010, pour les débiteurs les plus démunis ne disposant pas d'un actif suffisant, le législateur a instauré le rétablissement personnel sans liquidation judiciaire, sous le contrôle de la commission de surendettement[3], dont le seul objectif est de parvenir à l'effacement des dettes du débiteur. Dans les deux hypothèses de rétablissement personnel, le débiteur particulier obtient un effacement pur et simple de ses dettes non professionnelles nées avant l'ouverture de la procédure, à l'exception de certaines dettes[4] comme les dettes alimentaires, les amendes et ou les créances fondées sur le recours de la caution. Par un phénomène de contagion, le rétablissement a également bénéficié au « petit » débiteur professionnel.

En raison de la lourdeur de la liquidation judiciaire, malgré l'instauration d'un régime simplifié, le législateur, par l'ordonnance du 12 mars 2014[5], a instauré la procédure de « rétablissement professionnel » faisant entrer à son tour le « petit » débiteur professionnel dans le giron de l'effacement des dettes. En effet, la procédure ne concerne que les personnes physiques remplissant les conditions de la liquidation judiciaire et certaines tenant à l'absence de salarié embauché les six derniers mois et dont l'actif déclaré est inférieur à 15 000 euros[6]. L'intérêt des créanciers est apparu peu lésé en raison de la faiblesse des actifs concernés. Outre l'allègement et la célérité de la procédure, le rétablissement professionnel emporte l'effacement des dettes dont la créance est née antérieurement au jugement d'ouverture et uniquement celles portées à la connaissance du juge. Les dettes visées par la mesure d'effacement, ou épargnées par lui, sont les mêmes que celles de la liquidation judiciaire, sauf qu'ici l'effet est plus spectaculaire que la non-reprise des poursuites.

En promouvant ces mesures de rétablissement permettant de rétablir la « virginité patrimoniale » du débiteur, le législateur a proclamé le célèbre « droit de ne pas payer ses dettes » fustigé par le Doyen RIPERT. Pour autant, il importe

---

[1] Loi n°2003-710 du 1er août 2003 d'orientation et de programmation pour la ville et la rénovation urbaine.

[2] Précisons ici que la technique d'effacement a d'abord été introduite en 1998 au bénéfice des débiteurs insolvables dont il résultait, qu'à l'issue d'un moratoire, leur situation était identique.

[3] Depuis la loi n°2016-1547 du 18 novembre 2016 de modernisation de la justice du XXIe siècle, en raison de la suppression de la procédure d'homologation judiciaire des mesures recommandées, la commission de surendettement peut prononcer, seule, le rétablissement sans liquidation judiciaire, qui n'est soumis à l'examen du juge qu'en cas de contestation de cette mesure ; v. C. consom., L.741-1.

[4] C. consom., art. L.711-4 et L.711-5.

[5] Ordonnance n°2014-32 du 12 mars 2014 portant réforme de la prévention des difficultés des entreprises et des procédures collectives.

[6] C. com., art. R.645-1.

de nuancer l'existence d'un tel droit qui ne saurait être entendu *stricto sensu*. En effet, l'effacement des dettes n'est pas acquis de plein droit et n'est pas davantage un droit généralisé, puisque là encore, le législateur a instauré des limites à l'effacement. La rémission du passif n'intervient qu'après l'examen de la situation du débiteur aux fins de vérification des conditions imposées (**Section 1**). Les procédures de rétablissement sont réservées à des débiteurs méritants. Leur bonne foi constitue une condition *sine qua non* de l'obtention de la mesure d'effacement. L'absolution de dettes s'inscrit, par conséquent, dans la perspective de rétablissement d'un débiteur qui pourra reprendre « un nouveau départ » sans être inquiété par la poursuite de créanciers antérieurs. Chaque procédure, en raison de la spécificité du débiteur auquel elle s'adresse, possède un régime qui lui est propre (**Section 2**). Dans ces procédures de rétablissement, le créancier voit donc ses prévisions contractuelles entièrement ruinées, en ce qu'il ne reste plus rien des obligations nées du contrat[1]. Cette observation étant rappelée, on discutera à cet égard de la légitimité de la technique d'effacement (**Section 3**).

Perfectionnement de l'effacement des dettes. Quoi qu'il en soit, l'objectif est apparu légitime et « l'économie de la règle d'effacement des dettes [...] s'intègre dans le droit contemporain de l'insolvabilité »[2]. Ceci est d'autant plus vrai au regard des dernières innovations légales ayant considérablement révolutionné le traitement du droit de la défaillance économique, et plus spécifiquement la règle de l'effacement des dettes. Apparue dans le contexte de crise sanitaire liée à l'épidémie de covid-19, la loi du 17 juin 2020[3] a modifié les articles L.741-2 et L.742-22 du Code de la consommation relatif aux effets du rétablissement personnel avec ou sans liquidation judiciaire, entraînant désormais l'effacement de toutes les dettes professionnelles. Autrement dit, l'effacement des dettes concerne aujourd'hui tant le passif professionnel que le passif non professionnel du débiteur particulier. Cette innovation traduit la volonté d'assurer un véritable droit au rebond aux débiteurs particuliers. Malgré cette avancée, certains débiteurs restaient exclus de la procédure de surendettement des particuliers en raison du maintien du critère d'ouverture relatif à la nature du passif, constitué exclusivement de dettes non professionnelles. Ils n'étaient pas davantage éligibles aux procédures du livre VI du Code de commerce, engendrant alors un vide juridique. Ce n'était sans compter sur la loi du 14 février 2022[4] en faveur de l'activité professionnelle indépendante, laquelle a modifié le statut de l'entrepreneur individuel afin de renforcer sa protection et simplifier le transfert de son patrimoine. En effet, cette dernière innovation législative a pallié le manque d'audace de la loi du 17 juin 2020 en intégrant désormais les dettes

[1] K. LAFAURIE, *La force obligatoire du contrat à l'épreuve des procédures d'insolvabilité*, thèse : LGDJ, 2020, préf. G. WICKER, n°340.

[2] J-L. VALLENS, « L'effacement des dettes du débiteur en liquidation judiciaire », *LPA*, 19 septembre 1997, n°113, p.4.

[3] Loi n°2020-734 du 17 juin 2020 relative à diverses dispositions liées à la crise sanitaire, à d'autres mesures urgentes ainsi qu'au retrait du Royaume-Uni de l'Union européenne, art. 39.

[4] Loi n°2022-172 du 14 février 2022 en faveur de l'activité professionnelle indépendante.

professionnelles dans l'appréciation de la recevabilité des dossiers de surendettement des particuliers, et ce avec application immédiate au 16 février 2022. À l'égard du rétablissement professionnel, l'innovation est également de taille. Si la procédure n'était pas ouverte à l'entrepreneur individuel ayant affecté un patrimoine séparé à l'activité professionnelle en difficulté, la nouvelle loi consacre désormais l'éligibilité de ce débiteur en fonction d'un seuil prenant en compte l'ensemble des patrimoines professionnel et personnel. Ces bouleversements apportés tant en matière de rétablissement personnel que professionnel traduisent une recherche d'efficacité manifeste en faveur du rebond du débiteur. Il s'agit ici de reconnaître une parfaite universalité du traitement de l'insolvabilité par la technique de l'effacement des dettes[1]. D'une inspiration sémantique[2] à une similitude juridique, il importera de vérifier si cette inspiration réciproque des mesures de rétablissement participe effectivement au rebond des débiteurs concernés par elles.

SECTION 1
LES CONDITIONS DE L'EFFACEMENT DES DETTES

Du rétablissement personnel au rétablissement professionnel, il n'y avait qu'un pas que le législateur a franchi[3]. Dans le souci de traiter rapidement les procédures impécunieuses, il a cependant posé plusieurs conditions tenant à l'éligibilité de certains débiteurs (**§1**), de certaines de leurs dettes (**§2**) et au critère de bonne foi (**§3**).

§1 – Les débiteurs éligibles

Alors que les conditions d'ouverture vis-à-vis du débiteur particulier sont subjectives (**A**), la législation du droit des entreprises en difficulté impose des conditions plutôt objectives à l'égard du débiteur professionnel (**B**).

A) En droit du surendettement

Il importe ici de distinguer les débiteurs éligibles à la procédure de rétablissement personnel avant la loi du 14 février 2022 (**1**), de ceux à l'égard desquels la mesure peut désormais être ouverte (**2**).

1. Avant la loi du 14 février 2022

Une situation de surendettement. L'article L.711-1 du Code de la consommation délimite le champ d'application des procédures de

[1] K. LAFAURIE, « Les dettes professionnelles du particulier en rétablissement personnel : avancée à petits pas pour le rebond économique », *RPC*, n°5, septembre 2020, étude 23.
[2] N. LELBLOND, art. préc., spéc. p.72.
[3] *Ibid.*, p.71.

désendettement par référence à l'objectif assigné par le législateur aux commissions du surendettement des particuliers[1]. Selon cette disposition, la situation de surendettement est « caractérisée par l'impossibilité manifeste de faire face à l'ensemble de ses dettes non professionnelles exigibles ou à échoir ». Le seul fait d'être propriétaire de sa résidence principale dont la valeur estimée est égale ou supérieure au montant de l'ensemble des dettes ne fait pas obstacle à la caractérisation de la situation de surendettement. Par ailleurs, l'impossibilité de faire face à un engagement de cautionner ou d'acquitter solidairement la dette d'un entrepreneur individuel ou d'une société[2] caractérise également une situation de surendettement.

Une personne physique ne relevant pas du livre VI du Code de commerce. À l'exclusion des personnes morales, seules les personnes physiques connaissant une situation de surendettement peuvent bénéficier des dispositifs prévus au sein des articles L.711-1 et suivants du livre VII du Code de la consommation. En effet, aux termes de l'article L.711-3, « les dispositions du présent livre ne s'appliquent pas lorsque le débiteur relève des procédures instituées par le livre VI du Code de commerce ». Autrement dit, est exclue du champ d'application du droit du surendettement, toute personne physique qui relève des procédures prévues par le Code de commerce. *A contrario*, les dispositions du Code de commerce sont applicables à toute personne physique exerçant une activité commerciale ou artisanale, à tout agriculteur, à toute autre personne physique exerçant une activité professionnelle indépendante, y compris une profession libérale soumise à un statut législatif ou règlementaire ou dont le titre est protégé. Ainsi, pour l'ensemble de ces personnes, le bénéfice du traitement du surendettement est totalement exclu, alors même que leur demande ne concernerait que des dettes domestiques[3]. Il en résulte un principe de subsidiarité vis-à-vis du dispositif légal relatif aux entreprises en difficulté, preuve de « la suprématie du droit des entreprises en difficulté sur le droit du surendettement »[4].

L'éligibilité au rétablissement personnel. La situation irrémédiablement compromise est une condition d'ouverture commune à la procédure de rétablissement personnel avec liquidation judiciaire et sans liquidation judiciaire. Elle se caractérise par l'impossibilité manifeste de mettre en œuvre toute autre mesure de désendettement négociée ou imposée par la commission dans le délai imparti de sept ans[5]. Aux termes de l'article L.724-1 du Code de la

[1] V. VIGNEAU, G-X. BOURIN, C. CARDINI, *Droit du surendettement des particuliers*, LexisNexis, 2e éd., 2012, n°29.
[2] Alors qu'elle *a fortiori* une origine professionnelle.
[3] V. MARTINEAU-BOURGNINAUD, *Procédures de surendettement des particuliers et rétablissement personnel*, LGDJ, 2018, n°92.
[4] *Ibid.*
[5] Voire au-delà dans l'hypothèse où les mesures concernent le remboursement d'un prêt contracté pour l'achat d'un bien immobilier constituant la résidence principale du débiteur.

consommation, lorsque la situation irrémédiablement compromise est caractérisée, la commission peut d'une part, « soit imposer un rétablissement personnel sans liquidation judiciaire si elle constate que le débiteur ne possède que des biens meublants nécessaires à la vie courante et des biens non professionnels indispensables à l'exercice de son activité professionnelle, ou que l'actif n'est constitué que de biens dépourvus de valeur marchande ou dont les frais de vente seraient manifestement disproportionnés au regard de leur valeur vénale »[1]. D'autre part, elle doit saisir, avec l'accord du débiteur, le juge des contentieux de la protection aux fins d'ouverture d'une procédure de rétablissement personnel avec liquidation judiciaire, « si elle constate que le débiteur n'est pas dans la situation mentionnée au 1° ». Autrement dit, la différence entre le rétablissement personnel avec liquidation judiciaire et celui sans liquidation judiciaire tient à la présence dans le patrimoine du débiteur d'un actif réalisable[2]. La jurisprudence a pu préciser que « lorsque le débiteur se trouve dans l'impossibilité d'apurer sa situation de surendettement par la mise en œuvre éventuellement combinée des mesures prévues aux articles L.331-7 et L.331-7-1 du Code de la consommation[3], il est dans une situation irrémédiablement compromise au sens de l'article L.330-1 du même code[4] conduisant à l'ouverture d'une procédure de rétablissement personnel »[5]. Ici, on doit comprendre que le montant des remboursements du débiteur est tel que sa capacité de remboursement est inexistante. À ce propos, la Cour de cassation a toutefois précisé que l'existence d'une capacité de remboursement n'exclut pas nécessairement que le débiteur se retrouve dans une situation irrémédiablement compromise[6]. Si le Code de la consommation limite le bénéfice des mesures de désendettement, et notamment le rétablissement personnel, aux seules personnes physiques dans une situation irrémédiablement compromise découlant d'une impossibilité manifeste de faire face à l'ensemble de ses dettes non professionnelles exigibles ou à échoir, il importe de préciser que cette restriction a engendré des difficultés ayant conduit à l'exclusion de certains débiteurs.

Une exclusion malencontreuse de certains débiteurs. En dépit du principe de subsidiarité, de l'élargissement du domaine des entreprises en difficulté et d'une procédure de traitement de surendettement des particuliers, les

---

[1] Certaines juridictions du fond ont considéré que la caractérisation de la situation irrémédiablement compromise implique l'absence d'actif du débiteur : CA Douai, 20 janvier 2011, n°11/06972, JurisData n°2011-001182 ; *adde* S. GJIDARA, *J.-Cl. proc. coll.*, fasc. 1710 n°136 : « le débiteur ne doit disposer d'aucune capacité de remboursement, d'aucun élément d'actif cessible, d'aucun patrimoine immobilier ou mobilier réalisable ».

[2] V. MARTINEAU-BOURGNINAUD, *op. cit.*, n°866. L'auteur précise également que « la liquidation judiciaire suppose que le débiteur possède un actif mobilier ou immobilier réalisable et d'une valeur suffisante pour désintéresser en partie les créanciers, déduction faite des frais liés à sa vente », spéc. n°867.

[3] Ces articles sont devenus les articles L.733-1 et L.733-3.

[4] Devenu l'article L.724-1.

[5] Cass., avis, 10 janvier 2005, n°05-0001.

[6] Cass., 2e civ., 22 mai 2008, n°07-11.329.

critères imposés dans chacune de ces législations ont entraîné l'inéligibilité de certains débiteurs au bénéfice de ces procédures. En d'autres termes, cette catégorie de débiteurs ne répondait ni aux critères posés par le droit des entreprises en difficulté ni à ceux du droit du surendettement en raison de la nature professionnelle de leur endettement. Alors que tout débiteur devrait bénéficier d'une procédure d'insolvabilité, le législateur et la jurisprudence ont tenté de remédier à ces difficultés. Il en est ainsi de la situation du commerçant ayant cessé son activité. Avant la réforme de 2005, ce débiteur n'était attrait devant le tribunal que dans l'hypothèse d'une sanction. Ainsi, seuls le créancier ou le ministère public pouvaient solliciter à son égard, l'ouverture d'une procédure collective[1]. À défaut, le débiteur était condamné à subir son endettement professionnel qui l'excluait *de facto* de la procédure de surendettement. La réforme de 2005 a largement modifié cette fâcheuse situation en ouvrant la possibilité pour l'ex-professionnel de demander, sans limite de temps, l'ouverture d'une procédure collective dans l'hypothèse où son passif résulte de son ancienne activité[2]. Des difficultés s'étaient également posées à l'égard des dirigeants s'étant portés caution d'une entreprise. En effet, en sa qualité de dirigeant n'exerçant pas une activité indépendante mais agissant au nom de la personne morale dont il est le représentant, il n'était pas éligible à la législation commerciale[3]. Si la loi *Borloo* de 2003 avait ouvert le bénéfice des procédures de surendettement aux débiteurs ayant cautionné une dette d'entreprise, elle avait cependant exclu les dirigeants de droit ou de fait d'un tel bénéfice. Ce dernier restait ainsi criblé de dettes en raison du cautionnement ou de l'engagement solidaire souscrit pour la société dont il était mandataire. Mais avec la loi du 4 août 2008 de modernisation de l'économie, il a été intégré au bénéfice du traitement du surendettement en ce que l'article 711-1 du Code de la consommation a supprimé la qualité de dirigeant dans cette hypothèse[4].

L'impossibilité de faire face à un engagement de cautionner ou d'acquitter solidairement la dette d'un entrepreneur individuel ou d'une société caractérise également une situation de surendettement. En dépit de ces interventions législatives, d'autres situations de débiteurs exclus n'étaient pas résolues. La jurisprudence est donc intervenue à cette fin dans plusieurs hypothèses. Les associés à risque illimité, en raison de leur engagement indéfini, étaient logiquement exclus du bénéfice des procédures de surendettement du fait de leur passif professionnel. Pour autant, le droit des entreprises en difficulté ne leur était pas favorable, faute pour eux d'exercer une activité indépendante au sens de l'article L.620-2 du Code de commerce. Par un arrêt du 5 décembre 2003, la Cour

---

[1] Dans un délai d'un an à compter de la radiation du RCS ou de la cessation d'activité.

[2] C. com., art. L.631-3 devenu art. L.640-3.

[3] Cass. com., 12 novembre 2008, n°06-16.998, *JCP E*, 2009, note C. LEBEL ; v. aussi pour les associés, Cass. com., 9 février 2010 n°08-17.144, *RPC*, 2010, comm. 131, C. LEBEL.

[4] « L'impossibilité de faire face à un engagement de cautionner ou d'acquitter solidairement la dette d'un entrepreneur individuel ou d'une société caractérise également une situation de surendettement ».

de cassation va cependant reconnaître que « les associés gérants d'une société en nom collectif qui ont de droit la qualité de commerçant sont réputés exercer une activité commerciale au sens des articles L.631-2 et L.640-2 du Code de commerce »[1]. Partant, elle ouvre aux associés à risque illimité ayant la qualité de commerçants, le bénéfice des dispositions du Code de commerce. La jurisprudence est, par ailleurs, intervenue à l'égard des dirigeants et associés de sociétés civiles. Nous avons vu précédemment que depuis 2008, les dirigeants et associés endettés bénéficient du traitement du surendettement en raison de leur engagement de caution ou de coobligé. S'ils sont exclus des dispositions du droit des entreprises en difficulté, c'est bien en raison de l'absence d'activité indépendante. Or, il est évident que ces personnes exercent une activité professionnelle faisant nécessairement naître des dettes professionnelles et peuvent voir leur responsabilité professionnelle engagée à plusieurs égards[2]. Pour autant, la jurisprudence a admis leur éligibilité aux procédures de surendettement en reconnaissant que « la seule qualité de gérant(e) d'une société, ne suffit pas à faire relever la personne concernée du régime des procédures collectives et à l'exclure du champ d'application des dispositions du Code de la consommation relatives au surendettement des particuliers »[3]. Autrement dit pour la haute juridiction, la qualité de dirigeant ou d'associé, ni même la nature professionnelle de certaines de leurs dettes, n'exclut pas leur éligibilité au droit du surendettement[4]. Dès lors, en qualité de personnes physiques ne relevant pas du droit des entreprises en difficulté, les dirigeants et associés sont éligibles au droit du surendettement. Du reste, si ces critères d'éligibilité sont bien définis, il apparaît de manière tout à fait paradoxale que les conditions d'ouverture des procédures de surendettement restent cantonnées à la nature des dettes à l'origine des difficultés. De la sorte, les situations malvenues d'exclusion de certains débiteurs ont logiquement persisté.

En effet, alors que les conditions d'éligibilité des procédures d'insolvabilité permettent à toute personne de bénéficier d'un traitement de ses difficultés, les conditions d'ouverture posées par le droit du surendettement, tenant notamment à la nature du passif, excluent nécessairement certains débiteurs. L'article L.711-1 du Code de commerce conditionne l'ouverture d'une procédure de surendettement à l'existence d'une situation de surendettement de nature non

---

[1] Cass. com., 2e civ., 5 décembre 2013, n°11-28.092, *JCPE E*, 2014, 1207, obs. C. LEBEL.

[2] J. VALLANSAN, « La protection du dirigeant social surendetté », *in La protection du dirigeant social*, acte du colloque organisé le 12 décembre 2014 par le Centre de recherche juridique de Grenoble, dir. N. BORGA, LGDJ, 2016, pp.85-88.

[3] Cass. com., 2e civ., 21 janvier 2010, n°08-199.84, *JCP E*, 2010, 1357, note C. LEBEL ; v. aussi la même solution jurisprudentielle à l'égard d'un associé unique d'EURL : Cass. com., 2e civ., 13 octobre 2016, n°15-24.301.

[4] K. LAFAURIE, *La force obligatoire du contrat à l'épreuve des procédures d'insolvabilité*, thèse préc., n°469. ; v. aussi Cass com., 2e civ., 12 avril 2012, n°11-10228, Cass. com., 1ère civ., 7 novembre 2000, n°99-04058, Cass. 2e civ., 8 juillet 2004, n°03-04.125, Cass. 2e civ., 6 janvier 2005, n°03-04.160, Cass. 2e civ., 25 février 2010, n°10-24.068, Cass. 2e civ., 13 janvier 2012, n°10-24.068.

professionnelle, l'impossibilité pour le débiteur de faire face à son passif ne devant être apprécié qu'en prenant uniquement en compte les dettes non professionnelles[1]. Ainsi, les dirigeants demeuraient exclus lorsque leurs difficultés trouvaient leur origine dans des dettes de sécurité sociale par exemple. Cette affirmation a été rappelée par la Cour de cassation dans un avis du 8 juillet 2016[2]. Tenu par des dettes d'URSSAF, un gérant majoritaire d'une SARL, inéligible au droit des entreprises en difficulté, sollicitait l'ouverture d'une procédure de surendettement. Interrogée sur la nature des dettes, la haute juridiction avait déclaré qu'« assises sur le revenu de l'activité professionnelle au sens de l'article L.131-6 du Code de la sécurité sociale et versées au titre d'une activité professionnelle selon la définition donnée par la Cour de cassation (2e civ., 8 avril 2004, n°03-04.013, Bull., 2004, II, n°190), ces cotisations et contributions revêtent le caractère de dette professionnelle pour l'application du livre VII du Code de la consommation ». Ce raisonnement était pareillement transposable à l'associé à risque illimité exerçant son activité au sein d'une société civile professionnelle notamment. Cette exclusion des dirigeants et associés, en raison de la nature de leur endettement, a été unanimement regrettée par la doctrine. On ne peut que partager l'interrogation d'un auteur se demandant « en quoi les dirigeants et associés [...] méritent-ils moins de se voir accorder un nouveau départ que d'autres personnes ? ». En effet, il apparaît totalement injustifié que les dirigeants et associés soient de la sorte exclus du bénéfice d'une procédure de surendettement, ce d'autant qu'il est évident qu'ils ne sont ni des entrepreneurs individuels ni des personnes exploitant une entreprise, susceptibles d'appartenir au droit des entreprises en difficulté. Dès lors, la doctrine a appelé de ses vœux, l'abandon pur et simple du critère relatif à la nature de la dette, source d'exclusion injustifiée[3]. C'est dans ce contexte qu'est intervenue la loi du 14 février 2022 en faveur de l'activité professionnelle indépendante.

2. Depuis la loi du 14 février 2022

L'article 10 de la loi du 14 février 2022 modifie l'article L.711-1 du Code de la consommation dont la situation du surendettement est désormais définie comme « l'impossibilité manifeste de faire face à l'ensemble de ses dettes, professionnelles et non professionnelles, exigibles et à échoir »[4]. En modifiant cette disposition, le réformateur de 2022 simplifie considérablement la situation

---

[1] V. VIGNEAU, G-X. BOURIN, C. CARDINI, *Droit du surendettement des particuliers*, *op. cit.*, n°138 et s.

[2] Cass. avis. 8 juillet 2016, n°16-70.005, v. aussi au sujet des cotisations de RSI d'un gérant de SARL, CA Grenoble, 10 décembre 2013, 2e ch., n°13/01590.

[3] K. LAFAURIE, thèse préc., n°474, v. aussi du même auteur « Les dettes professionnelles du particulier en rétablissement personnel : avancée à petits pas pour le rebond économique », art. préc., spéc. n°11 ; E. MOUIAL-BASSILANA, « La redéfinition du surendettement des particuliers par l'inclusion des dettes professionnelles : enjeux et conséquences », *Gaz. Pal.*, 19 avril 2022, n°13, GPL43u9.

[4] Le reste de l'article reste inchangé.

de nombreux débiteurs, dont les dirigeants de société. Outre le fait de constituer assurément une source de simplification au regard de la distinction dettes professionnelles et non professionnelles, la loi du 14 février 2022 permet une franche amélioration de la situation des personnes ne relevant pas du livre VI du Code de commerce[1]. En effet, en abandonnant le critère relatif à la nature de l'endettement, le législateur rétablit la cohérence du traitement de la situation de surendettement en mettant fin à toute exclusion de débiteurs d'une procédure d'insolvabilité[2]. Le droit du surendettement appréhende désormais l'ensemble du passif du débiteur afin de prendre l'exacte mesure de ses difficultés et lui permettre de rebondir en le libérant de ses dettes. De la sorte, le législateur met fin au non-sens du critère antérieur consistant à refuser au débiteur l'ouverture d'une procédure de surendettement aux motifs que l'impossibilité du débiteur de faire face à son passif tient à l'existence de dettes professionnelles. Malgré cet abandon du critère relatif à la nature de l'endettement, il importe de préciser ici le maintien du principe de subsidiarité posé à l'article L.711-3 du Code de la consommation, en vertu duquel le droit des entreprises en difficulté est prioritairement applicable sur le droit du surendettement constituant le droit commun de l'insolvabilité. Un auteur a justement pu relever à cet égard que « débarrassé du critère perturbateur de la nature du passif »[3], le droit de l'insolvabilité devient universel sans délaisser quiconque débiteur. L'inclusion des dettes professionnelles dans le surendettement ne laisse subsister que la qualité de débiteur. Désormais, l'associé d'une société civile immobilière ou encore le membre GAEC pourront ainsi bénéficier d'une procédure de surendettement s'ils sont dans l'impossibilité de faire face à leur endettement, quelle que soit la nature de celui-ci. Le gérant de SARL, particulièrement visé par cette évolution législative, pourra également voir son dossier recevable même si ce sont ses dettes professionnelles qui rendent sa situation irrémédiablement compromise au sens de l'article L.711-1 du Code de la consommation. En définitive, le droit du surendettement retient aujourd'hui, au titre de l'appréciation de la recevabilité d'un dossier de surendettement pour le bénéfice notamment d'une procédure de rétablissement personnel, tous les engagements souscrits par le débiteur vis-à-vis d'un créancier, qu'il soit ou non établissement de crédit, ainsi que désormais ses dettes professionnelles.

B) En droit des entreprises en difficulté

De la même manière que précédemment, la loi du 14 février 2022 a élargi le bénéfice de la procédure de rétablissement professionnel. Seront successivement évoqués les débiteurs antérieurement éligibles à la nouvelle loi (**1**), et ceux à l'égard desquels la procédure est désormais ouverte (**2**).

---

[1] E. MOUIAL-BASSILANA, art. préc., *passim.*

[2] K. LAFAURIE, « Les dettes professionnelles du particulier en rétablissement personnel : avancée à petits pas pour le rebond économique », art. préc., n°12.

[3] *Ibid.*, n°13.

1. Avant la loi du 14 février 2022

Une procédure réservée aux personnes physiques. Constatant qu'un tiers des procédures collectives ouvertes en France concernaient des entreprises dont l'actif était estimé à une valeur inférieure à 2 500 euros, et ne permettant pas de régler les professionnels de l'insolvabilité, la procédure de rétablissement professionnel a été conçue pour suggérer une simplification du traitement de l'insolvabilité[1]. En raison du taux de sauvetage particulièrement faible, le législateur a instauré cette procédure plus rapide, comme une alternative à la liquidation judiciaire simplifiée. Aux termes de l'article L.645-1 du Code de commerce, il est institué une procédure de rétablissement professionnel sans liquidation ouverte « à tout débiteur, personne physique […] ». En effet, le rétablissement professionnel est réservé aux personnes physiques éligibles aux procédures collectives. Plus particulièrement à celles exerçant une activité indépendante : commerciale, artisanale, agricole ou libérale. Il s'en déduit que les personnes morales[2] et les non professionnels[3] sont donc ici exclus. La doctrine[4] a pu s'interroger sur le choix du législateur d'évincer les personnes morales du bénéfice de cette procédure. Cela pouvait s'expliquer par le fait qu'on a pu craindre que le rétablissement professionnel ne devienne « un moyen de liquider à bon compte une société »[5]. Or, on ne peut que s'étonner d'une telle explication lorsque l'on sait que la liquidation judiciaire simplifiée s'adresse tant aux personnes physiques qu'aux personnes morales.

Une procédure excluant les EIRL. Selon l'alinéa 2 de l'article L.645-1 du Code de commerce, « la procédure ne peut être ouverte à l'égard d'un débiteur qui a affecté à l'activité professionnelle en difficulté un patrimoine séparé de son patrimoine personnel en application de l'article L.526-6 ». Autrement dit, le débiteur qui a limité sa responsabilité par l'affectation à son activité professionnelle en difficulté d'un patrimoine distinct de son patrimoine personnel ne peut bénéficier de l'ouverture d'une procédure de rétablissement professionnel[6]. Cette exclusion est classiquement justifiée par le fait que la partition imposée par le régime de l'EIRL peut poser des difficultés quant à l'objectif de célérité vanté par la procédure de rétablissement professionnel. Un

---

[1] F-X. LUCAS et M. SÉNÉCHAL, « La procédure d'enquête pour le rétablissement professionnel (PERP) », *Dalloz*, 2013, p.1852.

[2] Il en est de même pour les associés et dirigeants.

[3] Ils relèvent effectivement de la procédure de rétablissement personnel régie par le Code de consommation.

[4] F-X. LUCAS, *Manuel de droit de la faillite*, PUF, 3e éd., 2021, n°60.

[5] *Ibid.*

[6] À cet égard, la Cour de cassation a précisé que « la seule circonstance que le patrimoine affecté de l'entrepreneur individuel à responsabilité limitée relève de la procédure instituée par les titres II à IV du livre VI du Code de commerce relative au traitement des difficultés des entreprises n'était pas de nature à exclure le patrimoine non affecté du débiteur de la procédure de traitement des situations de surendettement », Cass. com., 27 septembre 2018, n°17-22.013.

auteur a pu supposer le signe d'une « suspicion » du législateur à l'égard d'un débiteur en EIRL ayant pu organiser son insolvabilité[1]. Pourtant, on doit préciser que la majorité des EIRL est susceptible de correspondre aisément aux strictes conditions imposées par le texte. D'ailleurs, cette exclusion est d'autant plus regrettable lorsqu'on souligne que le rétablissement professionnel reste ouvert à l'entrepreneur individuel sans patrimoine affecté s'il remplit les conditions d'éligibilité de la liquidation judiciaire.

Des conditions objectives d'ordre économique. Conçu dans la même perspective que la liquidation judiciaire, le législateur impose au débiteur candidat au rétablissement professionnel, de réunir les conditions d'ouverture de la liquidation judiciaire. D'abord, le débiteur doit se trouver en état de cessation des paiements, son redressement doit être impossible. Aux termes de l'alinéa 1er de l'article L.631-1 du Code de commerce, l'état de cessation des paiements est caractérisé lorsque le débiteur est « dans l'impossibilité de faire face au passif exigible avec son actif disponible ». Il s'ensuit la réunion de conditions négatives. L'article L.645-1 impose que le débiteur n'ait employé aucun salarié au cours des six derniers mois, il ne doit pas avoir cessé son activité depuis plus d'un an ni être partie à un contentieux prud'homal. Aussi, le débiteur ne doit pas disposer d'actifs significatifs. L'article R.645-1 impose une « condition d'impécuniosité »[2] en fixant la valeur de réalisation des actifs déclarés par le débiteur à une somme inférieure à 5 000 euros. Toutefois, l'ordonnance du 20 mai 2020 portant adaptation des règles relatives aux difficultés des entreprises[3], prise pendant l'épidémie de covid-19, a rehaussé ce montant à la somme de 15 000 euros[4]. Cette mesure avait été unanimement soulignée par la doctrine[5] compte tenu du contexte de crise sanitaire particulièrement défavorable au monde des affaires. L'ordonnance du 15 septembre 2021 a pérennisé[6] cette augmentation du seuil d'ouverture de la procédure de rétablissement professionnel afin de favoriser le rebond du débiteur professionnel[7]. À cet égard, le réformateur de 2021 est allé encore plus loin en précisant dans l'article commenté que la valeur des biens

---

[1] *Ibid.* n°61.
[2] *Ibid.*, n°62.
[3] V. *supra*, chapitre 2, titre 2, 1ère partie.
[4] C. VINCENT, « Les articles 6 et 7 de l'ordonnance du 20 mai 2020 : le choix du rebond au détriment des créanciers », *BJE*, juillet-août 2020, n°117z5, spéc. p.84 ; v. aussi B. FERRARI, « Liquidation judiciaire simplifiée et rétablissement professionnel après l'ordonnance n°2020-596 du 20 mai 2020 », *Gaz. Pal.*, 13 juillet 2020, n°26, spéc. p.86 ; *adde* sur la notion d'actif à prendre en compte dans le rétablissement professionnel, TGI Valenciennes, 15 juillet 2015, 15/02146, *LEDEN*, n°8, septembre 2015, 121, p.3, obs. C. DELATTRE.
[5] E. MOUIAL-BASSILANA, « Covid-19 : le rebond de l'entrepreneur facilité », *LEDEN*, n°6, p.6, n°113k8.
[6] C. HOUIN-BRESSAND, « La pérennisation des mesures Covid », *Rev. pro. coll.*, janvier-février 2022, n°7.
[7] C. com., art. L.641-2 et R.641-10.

insaisissables[1] n'a pas à être prise en compte dans l'évaluation de cet actif[2]. C'est dire ici la volonté du législateur d'augmenter les chances de rebond d'une plus large catégorie de débiteurs. Enfin, le débiteur ne doit pas avoir fait l'objet d'une procédure de liquidation judiciaire clôturée pour insuffisance d'actif ou d'une procédure de rétablissement professionnel dans les cinq années précédentes[3]. À l'inverse du droit de surendettement, le débiteur « récidiviste » est admis au bénéfice du rétablissement professionnel seulement tous les cinq ans. Le raisonnement est semblable à celui de la liquidation judiciaire permettant la reprise des poursuites individuelles à l'égard du débiteur « récidiviste », où le droit à « ne pas payer ses dettes » du professionnel est rechargeable tous les cinq ans[4]. Et un auteur d'ajouter que « le rétablissement professionnel constitue pour le débiteur un antidote contre la faillite qui ne peut lui être administré plus d'une fois par période de cinq ans »[5]. Là encore, le législateur affiche une volonté de moraliser la vie des affaires et plus particulièrement la purge de dettes découlant du rétablissement professionnel.

Demande d'ouverture. La procédure, sous le régime de l'ordonnance du 12 mars 2014, ne reposait que sur une initiative du débiteur qui, par le même acte, devait conjointement solliciter l'ouverture de la liquidation judiciaire et du rétablissement professionnel[6]. Cette dernière demeurait une option facultative qui ne pouvait être refusée dès lors qu'elle était sollicitée. Le tribunal ne pouvait choisir le rétablissement professionnel qu'après avoir vérifié que ses conditions légales étaient remplies et requis l'avis du ministère public. Après quelques années d'application, il est apparu que le rétablissement professionnel n'avait pas tenu toutes ses promesses[7]. En raison surtout de la méconnaissance de la procédure, les débiteurs en liquidation judiciaire n'ont que peu bénéficié des avantages du rétablissement professionnel. Afin d'élargir le recours à cette procédure plus dynamique, la loi *PACTE* du 22 mai 2019 a imposé au tribunal, dans certaines hypothèses de déclenchement d'une liquidation judiciaire, de « s'enquérir de la

---

[1] V. en ce sens, loi n°2015-990 du 6 août 2015 pour la croissance, l'activité et l'égalité des chances économiques.

[2] Notons qu'à l'égard du nouveau statut de l'entrepreneur individuel, le seuil de l'actif est déterminé en prenant en compte l'ensemble de ses patrimoines personnel et professionnel (C. com., art. L.645-1, al.2).

[3] C. com., L.645-2.

[4] D. DEFRANCE, thèse préc., n°106 ; v. aussi F. PEROCHON, *Entreprises en difficulté*, 10e éd., LGDJ, 2014, n°1280 : « par faveur pour l'initiative économique, le débiteur personne physique a ainsi le droit de rebondir aux frais de ses créanciers une fois tous les cinq ans, pourvu que ce soit sans fraude ».

[5] F-X LUCAS, *op. cit.*, n°63.

[6] CA Paris, 5-8, 15 janvier 2019, n°18/18185, *adde* « Précisions sur les conditions d'ouverture d'une procédure de rétablissement professionnel », *BJIE*, mars-avril 2019, n°116u7, comm. C. DELATTRE.

[7] A. LIENHARD, *Procédures collectives*, Encyclopédie Delmas, 2020, 9e éd., n°128.11, *adde* C. DELATTRE « Le rétablissement professionnel : premiers retours jurisprudentiels », *BJE*, mai-juin 2015, n°112f4.

possibilité d'ouvrir un rétablissement professionnel en lieu et place d'une liquidation judiciaire »[1]. Selon l'étude d'impact de cette loi, il apparaissait que seuls environ 500 rétablissements professionnels avaient été ouverts entre 2014 et 2017. Désormais, lorsque le tribunal est saisi d'une demande d'ouverture de liquidation judiciaire, il doit[2] examiner si les conditions du rétablissement professionnel sont réunies[3]. Le débiteur n'a donc plus l'obligation de demander le bénéfice de la procédure[4]. Aussi, cela signifie que le tribunal ne pouvait auparavant choisir d'appliquer cette procédure si le débiteur n'en avait pas fait la demande, alors même que les conditions auraient été réunies. Ici, on remarque que le législateur facilite le recours au rétablissement professionnel puisque « la loi nouvelle part de l'idée que l'entrepreneur individuel qui répond aux conditions du rétablissement professionnel mais qui n'en a pas conscience mérite également d'en profiter »[5]. La fin du monopole de l'initiative donnée au débiteur est, selon nous, plus cohérente. En conférant un caractère obligatoire à l'examen des critères d'ouverture d'une procédure de rétablissement professionnel, cette dernière devient « une procédure par défaut », permettant « d'éviter tout acharnement judiciaire parfaitement inutile sur un débiteur impécunieux en vue de faciliter son rebond »[6]. Précisons que le tribunal ne saurait pour autant ouvrir automatiquement le rétablissement professionnel à la place de la liquidation[7]. Il doit, au préalable, solliciter l'accord du débiteur.

2. Depuis la loi du 14 février 2022

Ouverture de la procédure au nouvel entrepreneur individuel. La loi du 14 février 2022 en faveur de l'activité professionnelle institue un nouveau statut de l'entrepreneur individuel distinguant son patrimoine personnel de son patrimoine professionnel. En d'autres termes, la réforme dote de plein droit tous les entrepreneurs individuels de deux patrimoines distincts, afin de cloisonner les droits de poursuite des créanciers[8]. Ce nouveau statut est largement inspiré de celui de l'EIRL, mis en extinction par la loi. Le statut de l'EIRL n'étant abrogé que pour l'avenir, précisons tout de même que les entrepreneurs ayant adopté le statut de l'EIRL continueront d'exercer sans difficulté sous son régime[9]. Alors

[1] F-X. LUCAS, *op. cit.*, n°67.

[2] C. com., L.641-1.

[3] Remarquons qu'il en est de même en cas de résolution d'un plan de sauvegarde ou de redressement en liquidation.

[4] Comme l'exigeait l'ancien art. L.645-3 du C. com.

[5] J. VALLANSAN, « La liquidation judiciaire et le rétablissement professionnel après la loi PACTE », *RPC*, juillet-août 2019, dossier 26, p.33.

[6] V. MARTINEAU-BOURGNINAUD, « Le rebond du débiteur dans la loi PACTE », *BJE*, juillet-août 2019, n°117c2, spéc. p.53 ; v. aussi du même auteur « Le rebond du débiteur », *BJE*, mars-avril 2022, n°BJE200n2.

[7] C. SAINT-ALARY-HOUIN, *Droit des entreprises en difficulté*, LGDJ, 12e éd., 2020, n°1411.

[8] R. MORTIER, « Le nouveau patrimoine professionnel de l'entrepreneur individuel », *Rev. sociétés*, n°5, mai 2022, étude 6.

[9] Soulignons que le modèle de l'EIRL est assez similaire au nouveau régime.

que la procédure de rétablissement professionnel excluait antérieurement le débiteur ayant limité sa responsabilité par l'affectation à son activité professionnelle en difficulté d'un patrimoine distinct de son patrimoine personnel, il était manifeste que les conditions d'ouverture de la procédure tiennent compte de cette évolution notable. Ainsi, en devenant applicable au nouveau statut de l'entrepreneur individuel, la procédure de rétablissement accorde désormais le bénéfice aux EIRL qui peuvent *de facto* prétendre au mécanisme de la purge des dettes. Cette énième avancée législative démontre, comme en droit du surendettement, la volonté d'offrir un « droit à un nouveau départ » à une pluralité de débiteurs.

§2 – Les dettes éligibles

Après l'étude des critères d'ouverture des procédures de rétablissement personnel et professionnel, il importe à présent d'évoquer les dettes éligibles à l'effacement des dettes en droit du surendettement (**A**) et en droit des entreprises en difficulté (**B**).

A) En droit du surendettement

Comme analysé précédemment, les dernières innovations légales ont impacté l'éligibilité de certaines dettes à la procédure de rétablissement personnel. Il conviendra d'évoquer celles concernées avant la loi du 17 juin 2020 (**1**) et celles éligibles depuis son entrée en vigueur[1] (**2**).

1. Avant la loi du 17 juin 2020

Un effacement commun. Aux termes de l'article L.741-2 du Code de la consommation, le rétablissement personnel sans liquidation entraîne l'effacement de toutes les dettes non professionnelles du débiteur[2], arrêtées à la date de la décision de la commission. La procédure entraîne par ailleurs l'effacement de la dette résultant de l'engagement que le débiteur a pris de cautionner ou d'acquitter solidairement la dette d'un entrepreneur individuel ou d'une société[3]. Autrement dit, seules les créances nées antérieurement à la décision de la commission imposant le rétablissement personnel sans liquidation font l'objet d'un effacement total[4]. Il en est de même pour le rétablissement personnel avec liquidation judiciaire. Aux termes de l'article 742-22 du Code de la consommation, « la clôture entraîne l'effacement de toutes les dettes non

[1] Entrée en vigueur au 19 juin 2020.
[2] En l'absence de contestation des mesures imposées par la commission.
[3] En dépit de leur nature professionnelle lorsqu'elles résultent de l'engagement contracté par le débiteur solidairement avec l'entrepreneur individuel, v. notamment Cass. 2e civ., 26 juin 2014, n°13-14.576.
[4] V. MARTINEAU-BOURGNINAUD, *op. cit.*, n°824.

professionnelles du débiteur, arrêtées à la date du jugement d'ouverture [...] cette clôture entraîne aussi l'effacement de la dette résultant de l'engagement que le débiteur a donné de cautionner ou d'acquitter solidairement la dette d'un entrepreneur individuel ou d'une société ». Ainsi, on observe un véritable parallélisme des procédures de rétablissement personnel s'agissant des dettes éligibles à la règle de l'effacement des dettes.

La persistance d'une incohérence. Aux termes des articles L.741-2 et L.742-22 du Code de la consommation, nous avons constaté que le rétablissement personnel se limite à l'effacement des dettes non professionnelles. Or, à observer plus largement la technique de l'effacement des dettes au sein des mesures de surendettement, il est apparu que certaines personnes, en raison de l'importance de leur passif non professionnel, ont pu bénéficier des dispositions du Code de la consommation. Alors que le passif professionnel est normalement exclu au moment de l'examen des conditions d'ouverture, les dettes professionnelles ont pu faire l'objet de réaménagements dans la procédure classique du surendettement, relative au plan. Dans ce contexte, un auteur a pu relever que « la distinction des dettes professionnelles et des dettes non professionnelles, présente au stade de l'ouverture de la procédure, s'efface donc durant son déroulement »[1]. La Cour de cassation a, en effet, validé le rééchelonnement d'une dette professionnelle[2], la suspension de l'exigibilité[3] de la dette sur le fondement de l'article L.733-1 du Code de la consommation, et même son effacement partiel[4] en regard de l'article L.733-4. Cette audace jurisprudentielle est classiquement justifiée par le silence des textes consuméristes quant à l'exclusion des dettes professionnelles des plans[5]. On avance également en doctrine le risque d'échec du redressement de la situation du débiteur si ses dettes professionnelles n'étaient pas prises en compte[6]. Quoi qu'il en soit, cette différence de traitement induit nécessairement une inégalité entre les débiteurs éligibles aux procédures de surendettement. Comment justifier réellement que le débiteur du plan de surendettement se voit effacée, ne serait-ce que partiellement, ses dettes professionnelles, alors qu'une telle opération est proscrite à l'égard du débiteur dont la situation est pourtant « irrémédiablement compromise » ? Cette dichotomie entre l'ouverture et le dénouement de la procédure traduit manifestement une sévérité injustifiée à l'endroit de certains débiteurs et constitue un frein au rebond du débiteur, qui à l'issue de la procédure de rétablissement personnel reste accablé de dettes professionnelles. Et un auteur de déplorer : « quelle logique y-a-t-il à s'inquiéter du sort des dettes professionnelles au moment du dénouement de la procédure, tout en ayant

---

[1] V. VIGNEAU, G-X. BOURIN, C. CARDINI, *op. cit.*, n°138 et 142.
[2] Cass. 1ère civ., 2 octobre 2002, n°01-04.140.
[3] Cass. 2e civ., 23 octobre 2002, n°02-04.113.
[4] Cass. 2e civ., 21 décembre 2016, n°05-20.980.
[5] Cass. 1e civ., 2 décembre 1992, n°91-04.158.
[6] V. VIGNEAU, G-X. BOURIN, C. CARDINI, *op. cit.*, n°143.

assumé, au stade de l'ouverture de la procédure, l'exclusion d'un débiteur de tout traitement de l'insolvabilité en raison de l'importance de son passif professionnel ? »[1]. Quoi qu'il en soit, le résultat est particulièrement insatisfaisant et laisse apparaître un système dénué de cohérence. La distinction entre les dettes professionnelles et les dettes non professionnelles est dépourvu d'intérêt. Pour preuve, le droit des entreprises en difficulté n'opère aucunement cette distinction et se positionne davantage en faveur de l'unité du patrimoine du débiteur[2]. D'ailleurs, la règle de cessation des paiements de la législation commercialiste prend en considération toutes les dettes professionnelles et non professionnelles du débiteur. Le droit du surendettement assume cependant de malmener ce principe d'unité du patrimoine, en tout cas jusqu'à la loi du 17 juin 2020.

2. Depuis la loi du 17 juin 2020

Un effacement cohérent. La loi du 17 juin 2020 modifie considérablement la philosophie des articles L.741-2 et L.742-22 du Code de la consommation lesquels précisent désormais que le rétablissement personnel, avec ou sans liquidation judiciaire, entraîne « l'effacement de toutes les dettes, professionnelles et non professionnelles, du débiteur [...] »[3]. Cette intervention législative mérite entière approbation et participe une fois de plus à la logique de rebond portée par le droit de la défaillance depuis plusieurs années. On doit relever avec la doctrine qu'« à l'incohérence antérieure du traitement du passif en droit du surendettement, succède l'unité du traitement du passif »[4]. De la sorte, le réformateur met également fin à la différence de traitement ayant pu exister au sein des mesures de surendettement. L'effacement du rétablissement personnel concerne désormais toutes les dettes du débiteur[5]. Soulignons également que les articles L.741-2 et L.742-22 abandonnent la mention « entraîne aussi l'effacement de la dette résultant de l'engagement que le débiteur a donné de cautionner ou d'acquitter solidairement la dette d'un entrepreneur individuel ou d'une société ». En effet, cette précision ne présente plus d'intérêt dès lors que toutes les dettes professionnelles sont éligibles à la mesure d'effacement. Cette précision antérieure constituait d'ailleurs une exception au critère du passif retenant uniquement les dettes non professionnelles du débiteur[6]. En rétablissant une véritable cohérence dans le traitement du passif, le législateur restaure ici l'unité

---

[1] K. LAFAURIE, thèse préc., n°475. L'auteur relève également à juste titre « faut-il avoir plus de dettes non professionnelles que de dettes liées à l'entreprenariat, pourtant favorable à la croissance, pour mériter une procédure de surendettement ? ».
[2] A-L. THOMAT-RAYNAUD, *L'unité du patrimoine : essai critique*, thèse : Defrénois, 2007, préf. D. THOMASSIN ; *adde* T. PIAZZON, « Le principe de l'unité du patrimoine à l'épreuve des procédures de surendettement », *RLDC*, décembre 2010, n°77, p.80.
[3] Ces textes sont applicables depuis le 19 juin 2020.
[4] K. LAFAURIE, « Les dettes professionnelles du particulier en rétablissement personnel : avancée à petits pas pour le rebond économique », art. préc., spéc. n°4.
[5] Sauf exceptions légales, évoquées *infra*.
[6] K. LAFAURIE, *ibid.*, spéc. n°7.

du patrimoine du débiteur. Il en résulte la restauration d'une égalité entre les créanciers personnels et professionnels. Ces derniers ayant jusque-là bénéficié d'une « immunité »[1] desservant considérablement le rebond du débiteur. Pour autant, si cette avancée législative est à saluer, il faut cependant relever son manque d'audace. Si les nouvelles dispositions permettent désormais l'effacement de toutes les dettes professionnelles et non professionnelles du débiteur, le législateur a, de manière assez schizophrénique, maintenu la distinction au stade de la caractérisation de la situation de surendettement du débiteur. Sans reprendre nos précédents développements à cet égard[2], ce maintien invraisemblable a continué d'exclure les débiteurs victimes des difficultés d'articulation des procédures d'insolvabilité. Avec la loi du 14 février 2022 en faveur de l'activité professionnelle indépendante, la cohérence est définitivement rétablie puisqu'en modifiant la définition du surendettement, le législateur prend désormais en compte les dettes professionnelles et non professionnelles dans la caractérisation de la situation de surendettement du débiteur. La réforme de 2022, dans une logique de parachèvement, instaure ainsi une véritable symétrie tant au stade de l'ouverture qu'au stade du dénouement de la procédure.

B) En droit des entreprises en difficulté

Aux termes de l'article L.645-11 du Code de commerce, la clôture de rétablissement professionnel entraîne « effacement des dettes à l'égard des créanciers dont la créance est née antérieurement au jugement d'ouverture de la procédure, a été portée à la connaissance du juge commis par le débiteur et a fait l'objet de l'information prévue par l'article L.645-8 ». Par cette disposition, le débiteur professionnel est libéré de son passif[3]. L'effacement des dettes concerne ici tant les dettes non professionnelles que les dettes professionnelles. Cette conséquence est assez logique si l'on rappelle l'une des conditions d'ouverture pour le bénéfice du rétablissement professionnel : la cessation des paiements. De l'alinéa 1er de l'article L.631-1 du Code de commerce, il résulte que l'état de cessation des paiements est caractérisé lorsque le débiteur est « dans l'impossibilité de faire face au passif exigible avec son actif disponible ». De la sorte, les dettes éligibles à l'effacement résultant de la procédure de rétablissement professionnel s'inscrivent en cohérence avec le critère de cessation des paiements[4]. Puisqu'avec ce critère, toutes les dettes du débiteur, sans distinction, sont retenues pour établir son état de cessation des paiements, il était donc évident que ce raisonnement se retrouve dans l'effet de la clôture du rétablissement professionnel. Précisons, par ailleurs, que les dettes effacées doivent être mentionnées dans l'ordonnance de clôture après avoir été portées

---

[1] *Ibid.*
[2] V. *supra*, chapitre 1, titre 1, 1ère partie.
[3] Sous réserves là encore des exceptions légales, v. *infra*.
[4] V. MARTINEAU-BOURGNINAUD, *op. cit.*, n°205.

par le débiteur à la connaissance du juge commis et par le mandataire judiciaire à la connaissance des créanciers comme l'exige l'article L.645-8. Si certaines conditions de l'effacement des dettes diffèrent selon la procédure de rétablissement personnel ou de rétablissement professionnel, il apparaît cependant que ces deux procédures se rejoignent quant à l'exigence de bonne foi de leurs demandeurs.

§3 – La bonne foi

Tant à l'égard du débiteur particulier (**A**) que du débiteur professionnel (**B**), le législateur impose la bonne foi pour le bénéfice d'une procédure de rétablissement personnel ou professionnel.

A) L'exigence de bonne foi du débiteur particulier

Un contrôle *a priori*. Aux termes de l'article L.711-1 du Code de la consommation, « le bénéfice des mesures de traitement des situations de surendettement est ouvert aux personnes physiques de bonne foi ». La procédure de surendettement est une procédure favorable au débiteur en difficulté, elle permet dans notre hypothèse d'étude de tendre à l'effacement des dettes. Dès lors, il serait inacceptable et inéquitable de faire bénéficier le débiteur de mauvaise foi d'une telle mesure de faveur. Le choix du législateur d'introduire une condition relative au comportement du débiteur est, selon nous, la preuve de la légitimité des mesures de désendettement sans paiement. Ici, la technique de l'effacement des dettes est prévue dans l'unique intérêt du débiteur. Partant, cela justifie pleinement la nécessité d'un contrôle de la bonne foi à l'ouverture de la procédure de surendettement. Afin d'accroître la légitimité de ces mesures, le législateur a organisé scrupuleusement le contrôle de la bonne foi. De la sorte, elle constitue une condition d'ouverture commune[1] à toute procédure de surendettement, et notamment de la procédure de rétablissement personnel. Il appartient donc à la commission de surendettement, et en cas de contestation des mesures, au juge des contentieux de la protection, d'apprécier la bonne foi du débiteur. Non seulement obligatoire à l'ouverture de la procédure de surendettement, le contrôle de cette condition innerve différents stades de la procédure. Elle est spécifiquement réexaminée à l'occasion d'une procédure de rétablissement personnel.

Une absence de définition légale. L'article L.711-1 précédemment cité ne définit pas la notion de bonne foi. La doctrine retient qu'elle se manifeste généralement par une attitude loyale sans intention de porter atteinte aux droits

[1] En atteste l'intégration de l'article L.711-1 dans le titre visant les « dispositions générales relatives au traitement des situations de surendettement ».

d'autrui[1]. La notion se définit communément au regard de son antonyme[2], la mauvaise foi, exprimée selon un auteur comme « l'accomplissement par le débiteur d'un acte délibéré, non justifié par un motif légitime, qui aggrave une situation déjà obérée et compromet notablement et en connaissance de cause les possibilités de rembourser son passif existant »[3].

La présomption de bonne foi. En matière de surendettement, la Cour de cassation a posé le principe selon lequel le débiteur qui demande le bénéfice des mesures de traitement des situations de surendettement est présumé de bonne foi[4]. Partant, il appartient à celui qui allègue la mauvaise foi du débiteur d'apporter la preuve de celle-ci. La doctrine a pu souligner à cet égard que « le débiteur, même malveillant, voit son admission facilitée puisque dispensé de la charge de la preuve de sa bonne foi »[5]. En effet, par le jeu de cette présomption légale[6], le débiteur n'a qu'à justifier de sa situation de surendettement. L'appréciation de la bonne ou mauvaise foi du débiteur relève du pouvoir souverain du juge du fond[7]. Pour ce faire, la jurisprudence a choisi de cumuler la conception procédurale et contractuelle de la bonne foi[8].

La double nature de la bonne foi. La bonne foi contractuelle se mesure « à l'aune de l'attitude du débiteur à l'égard de ses cocontractants »[9]. Elle s'inscrit dans le souci de rendre légitime les mesures prononcées en faveur du débiteur. Si par principe, l'insolvabilité ne se commande pas, la jurisprudence retient la nécessité pour le débiteur de ne pas avoir sciemment provoqué ou aggravé sa situation. Le comportement du débiteur n'est alors plus analysé dans le cadre de la procédure mais antérieurement à la saisine de la commission, *in fine* au jour de la conclusion des engagements contractuels. Dès lors, la simple absence de mauvaise foi suffit[10]. Ainsi, dans l'hypothèse d'un surendettement « passif » survenu à la suite d'un « accident de la vie quotidienne », l'appréciation de la bonne foi ne pose aucune difficulté. Il en est autrement en matière de

---

[1] V. MARTINEAU-BOURGNINAUD, *Procédures de surendettement des particuliers et rétablissement personnel*, *op. cit.*, n°169.

[2] *Ibid.* n°173.

[3] A. MARTIN-SERF, note sous CA Versailles, 28 juin 1990, *Gaz. Pal.*, 1990, 2, 6.

[4] Cass., 1ère civ., 4 avril 1991, n°90-04.008, n°90-04.042, n°90-04.004.

[5] V. MARTINEAU-BOURGNINAUD, *op. cit.*, n°172.

[6] Relevons ici qu'il s'agit d'une présomption simple et que le créancier peut établir la preuve de la mauvaise foi du débiteur. Toutefois, en l'absence de définition légale de la bonne foi, cette entreprise peut s'avérer difficile.

[7] Cass. 1ère civ., 4 avril 1991, préc. cités., Cass. 2e civ., 11 mai 2006, n°05-04.036. Précisons ici que la loi n°2008 du 3 janvier 2008 pour le développement de la concurrence au service des consommateurs a affranchi le juge en lui conférant le pouvoir de soulever d'office toutes les dispositions du Code de la consommation, au-delà des articles limités au seul rétablissement personnel ; v. aussi Cass. 2e civ., 26 septembre 2013, n°12-23.686.

[8] *Ibid.*

[9] V. MARTINEAU-BOURGNINAUD, *op. cit.*, n°187.

[10] Y. PICOD, « Bonne foi et droit de la consommation », *in Mélanges en l'honneur de Daniel Tricot*, LexisNexis, 2011, p.79.

surendettement dit « actif », lorsque le débiteur a volontairement cumulé plusieurs crédits. La jurisprudence a pu distinguer les situations des débiteurs n'ayant pas cherché à s'en sortir[1], de ceux emportés dans la spirale du crédit[2]. Elle a pu caractériser la mauvaise foi du débiteur ayant accru de façon délibérée une dette de loyer sans nécessité de conserver un toit[3]. Il faut souligner ici la volonté de ne pas offrir le bénéfice du traitement du surendettement aux débiteurs « menteurs et profiteurs »[4]. S'agissant de la bonne foi procédurale, elle apparaît comme une condition d'éligibilité au dispositif légal de traitement du surendettement. Elle s'apprécie au jour de la saisine de la commission, autrement dit au jour du dépôt du dossier de surendettement. Dans ce cadre, la bonne foi est appréciée au regard de la sincérité de la déclaration de surendettement du débiteur, de sa volonté de trouver une issue à ses difficultés[5]. Il est manifeste ici que le débiteur doive démontrer sa capacité à mériter le bénéfice du traitement du surendettement. Il doit être honnête, transparent et ne rien dissimuler quant à sa situation. À défaut, le débiteur n'est pas digne de prétendre à « un nouveau départ » et encore moins aux mesures de traitement allant jusqu'à l'effacement des dettes[6].

Sanction de la mauvaise foi. S'il est établi que le débiteur a fait de fausses déclarations, ou remis des documents erronés, falsifiés ou inexacts pour tromper la commission, cette dernière conclura logiquement à l'irrecevabilité de sa situation[7]. L'intérêt de l'examen de la bonne foi au moment de la demande d'ouverture de la procédure permet, lorsque la mauvaise foi est patente, d'évincer le débiteur avant qu'il ne bénéficie d'une quelconque mesure[8]. Elle est sanctionnée spécifiquement par la fin de non-recevoir et démontre ainsi la légitimité des mesures de traitement du surendettement. Si la mauvaise foi du débiteur est caractérisée au cours de la procédure, la sanction est qualifiée de déchéance[9]. L'article L.761-1 du Code de la consommation précise à cet effet que le débiteur est « déchu du bénéfice du présent livre ». Elle apparaît selon nous comme une sanction adaptée en privant le débiteur de son droit au rebond[10].

---

[1] CA Douai, 8e ch., 21 janvier 2016, JurisData n°2016-003258, CA Grenoble, 26 août 2015, JurisData n°1015-019215.
[2] K. LAFAURIE, thèse préc., n°413.
[3] CA Caen, 24 avril 2014, *CCC*, 2014, n°236, obs. G. RAYMOND.
[4] P-L. CHATELAIN, « Surendettement des particuliers et des familles : la notion de bonne foi à l'épreuve de la jurisprudence », *JCP E*, 1992, I, 121, n°12.
[5] Y. PICOD, art. préc., n°16.
[6] K. LAFAURIE, thèse préc., n°414.
[7] Cass. 2e civ., 10 novembre 2016, n°15-25.211.
[8] K. LAFAURIE, *ibid.*, n°415.
[9] Cette sanction est intéressante en ce qu'elle entraîne l'effet rétroactif des mesures ayant déjà été prononcées en faveur du débiteur.
[10] Un auteur a pu *a contrario* contesté la notion de bonne foi en ce qu'elle s'oppose au principe de lutte contre l'exclusion sociale en encourageant les débiteurs de mauvaise foi à se marginaliser : M. STEFANIA, *L'effacement des dettes et la non-reprise des poursuites : procédures de désendettement sans paiement*, thèse : Paris 1, 2011, dir. P. LE CANNU.

Relevons toutefois l'indulgence du droit du surendettement qui permet la « rémission »[1] du débiteur ayant été exclu de la procédure pour mauvaise foi. En effet, si une précédente décision a constaté l'irrecevabilité à la procédure de surendettement pour mauvaise foi, cette décision a autorité de chose jugée si le débiteur dépose un nouveau dossier de surendettement sans justifier d'un élément nouveau. *A contrario*, cela signifie que si le débiteur, antérieurement irrecevable en sa demande, apporte un élément nouveau devant la commission, l'autorité de la chose jugée ne lui est pas opposable[2]. Au fond, n'est-ce pas là consacrer un « droit à un nouveau départ » que de permettre au débiteur, antérieurement exclu pour mauvaise foi, d'apporter des éléments nouveaux attestant de l'évolution de son comportement ? La jurisprudence a ainsi admis en tant qu'élément nouveau, le fait qu'un débiteur ait soldé certaines de ses dettes[3], ou qu'il ait vendu un bien immobilier pour s'acquitter de ses dettes[4].

Bonne foi et rétablissement personnel avec liquidation judiciaire. En raison du caractère évolutif de la notion de bonne foi, l'article L.742-3 du Code de la consommation impose au juge saisi aux fins d'ouverture d'une procédure de rétablissement personnel avec liquidation judiciaire d'apprécier de nouveau la bonne foi du débiteur avant de rendre son jugement. Si le législateur impose cette obligation d'appréciation dans l'hypothèse du rétablissement personnel avec liquidation judiciaire, il en est autrement en matière de contestation du rétablissement personnel sans liquidation judiciaire imposé par la commission, où l'article L.741-5 ne suggère ici qu'une simple vérification[5].

B) L'exigence de bonne foi du débiteur professionnel

Un contrôle *a priori* ? Comme en droit du surendettement, et de manière tout aussi légitime, le droit des entreprises en difficulté impose la bonne foi du débiteur pour le bénéfice d'une procédure de rétablissement professionnel. Pour autant, il importe de préciser que pour l'ensemble des procédures du livre VI du Code de commerce, hormis le cas du rétablissement professionnel[6], le contrôle du comportement du débiteur ne s'effectue pas au moment de l'ouverture de la procédure[7]. En raison de la distinction du sort de l'homme et de l'entreprise, le législateur exclut la bonne foi comme condition d'ouverture de la procédure. En effet, ce dernier, dans un objectif purement économique, n'a pas souhaité faire subir à l'entreprise le comportement du débiteur. Pour ce faire, il a privilégié un

---

[1] K. LAFAURIE, *ibid.*, n°417.
[2] Cass. 2e. civ., 8 janvier 2015, n°13.26.710.
[3] Cass. 2e civ., 5 janvier 2000, Bull. civ, II, n°2.
[4] Cass. 1ère civ., 7 juin 2007, n°06-15.732.
[5] V. MARTINEAU-BOURGNINAUD, *op. cit.*, n°868.
[6] J-L. VALLENS, « La bonne foi a fait son entrée dans le droit des entreprises en difficulté », *BJE*, janvier-février, 2015, p.9.
[7] K. LAFAURIE, thèse préc., n°403.

contrôle *a posteriori* pour sanctionner indépendamment le débiteur fautif[1]. Un auteur a pu relever la volonté de « moraliser la procédure tout en préservant son efficacité »[2]. S'agissant du rétablissement professionnel, celui-ci s'inscrit dans une démarche quelque peu différente. En effet, l'article L.645-9 du Code de commerce dispose que « à tout moment de la procédure de rétablissement professionnel, le tribunal peut [...] ouvrir la procédure de liquidation judiciaire sur laquelle il a été sursis à statuer s'il est établi que le débiteur n'est pas de bonne foi ou si l'instruction a fait apparaître l'existence d'éléments susceptibles de donner lieu aux sanctions prévues par le titre V du présent livre ou à l'application des dispositions des articles L.632-1 à L.632-3 ». Dès lors, on doit remarquer ici que l'ouverture du rétablissement professionnel est « tacitement » conditionnée par la bonne foi du débiteur. De la stricte interprétation de l'article précité, il apparaît que la loi n'impose pas l'examen de la bonne foi du débiteur au stade de l'ouverture de la procédure. C'est ainsi que les juges du fond[3] ont appliqué la lettre de la loi en infirmant la juridiction[4] ayant écarté une demande d'ouverture d'une procédure de rétablissement professionnel au motif à la fois que le débiteur était susceptible de faire l'objet d'une mesure d'interdiction de gérer pour n'avoir pas déclaré son état de cessation des paiements dans le délai de quarante-cinq jours, et pour avoir été gérant d'une société dont la liquidation judiciaire avait été clôturée pour insuffisance d'actif moins de cinq ans auparavant. Pour autant, il semble que d'autres jurisprudences aient choisi une interprétation plus libérale du texte en faisant de la bonne foi, une véritable condition d'ouverture de la procédure, position à laquelle nous adhérons pleinement.

Ouverture de la procédure et mauvaise foi. D'autres décisions ont effectivement écarté la demande du débiteur en se fondant sur sa mauvaise foi. Comme en droit du surendettement, cette jurisprudence admet la mauvaise foi comme le fait d'organiser son insolvabilité, justifiant dès lors le rejet de la demande d'ouverture de la procédure de rétablissement professionnel[5]. Suivant ce raisonnement, les juges du fond ont pu retenir que le débiteur avait « organisé son insolvabilité afin d'échapper à ses créanciers »[6], en raison de la création artificielle du statut d'auto-entrepreneur destinée à effacer un passif encombrant.

---

[1] Les dispositions du Code de commerce visent essentiellement des critères relatifs à l'ampleur des difficultés de l'entreprise. Malgré l'existence d'une faute grave imputable au débiteur, celle-ci n'impactera pas l'ouverture de la procédure collective. D'ailleurs, l'ouverture d'une procédure collective pourra difficilement être le résultat d'une fraude, puisqu'elle est obligatoire dans l'hypothèse notamment d'un redressement ou d'une liquidation judiciaire. Ainsi, seul le passif pourrait donc résulter d'une fraude.

[2] K. LAFAURIE, *eod. loc.*

[3] CA Versailles, 14 avril 2016, n°15/07606, *Dalloz*, 2016, p.892 ; *adde Dr. et patr.*, 2016, n°260, p.90, obs. F. MACORIG-VENIER.

[4] TGI Nanterre, 23 octobre 2015, n°15/00062, *Act. proc. coll.*, 2016/1, alerte 3, obs. P. CAGNOLI.

[5] T. com. Créteil, 4e ch., 20 novembre 2019, n°2019L01631, *LEDEN*, janvier 2020, n°112z6, p.1, obs. F-X LUCAS ; CA Paris, 5-9, 28 mai 2020, n°19/22336, *LEDEN*, juillet 2020, n°113n1, p.5, obs. F. FAVRE ROCHEX.

[6] *Ibid.*, spéc. obs. F. FAVRE ROCHEX.

Dans cette espèce, le fait que les dettes soient nées d'une activité antérieure, pas davantage que le montant considérable du passif, n'auraient entravé l'ouverture de la procédure de rétablissement professionnel. Ce sont, en revanche, les artifices du débiteur qui ont conduit les juges à rejeter la demande d'ouverture au vu de l'intention délibérée du demandeur de tenir en échec les droits des créanciers[1]. Et un auteur de rappeler que « l'effacement des dettes n'ayant pas été conçu pour les débiteurs trop habiles, l'ouverture d'une procédure de liquidation judiciaire s'imposait »[2].

Le basculement vers la procédure de liquidation judiciaire. Après l'ouverture de la procédure, celle-ci doit nécessairement basculer en une procédure de liquidation judiciaire s'il apparaît que les conditions du rétablissement professionnel n'étaient pas réunies à la date à laquelle le tribunal avait statué ou qu'elles ne le sont plus. Ainsi est-il du dépassement de la condition d'impécuniosité si le patrimoine du débiteur dépasse le seuil de 15 000 euros d'actif, de l'existence de contrats de travail ou d'un contentieux prud'homal. Aussi et surtout, la privation du rétablissement professionnel résultera également du constat que le débiteur n'est pas de bonne foi ou que des sanctions doivent être prononcées ou des actions en reconstitution du gage commun engagées[3]. En d'autres termes, s'il apparaît que le débiteur a commis des gestes condamnables dans la gestion de l'entreprise notamment, le rétablissement professionnel sera exclu et cèdera sa place à la liquidation judiciaire. Partant, il s'agira d'un retour au principe de l'ouverture indépendante de la mauvaise foi et du contrôle *a posteriori* du comportement du débiteur[4]. C'est ainsi que la jurisprudence retient le prononcé de la liquidation judiciaire dans l'hypothèse où il est mis en exergue l'existence d'un passif fiscal semblant caractériser un état de cessation des paiements antérieur à plus de dix-huit mois susceptible d'encourir une interdiction de gérer fondée sur l'article L.653-8 du Code de commerce[5]. De la même manière, une juridiction a pu retenir que le paiement préférentiel au bénéfice d'un créancier caractérise l'absence de bonne foi du débiteur[6] et justifie,

---

[1] En l'espèce, un débiteur avait contracté de nombreuses dettes en qualité d'associé de sociétés ultérieurement placées en liquidation judiciaire. Ce dernier s'était par suite immatriculé en tant qu'auto-entrepreneur pour l'exercice d'une nouvelle activité dans l'édition consistant à ne percevoir que des droits d'auteur. Peu après, il avait sollicité l'ouverture d'un rétablissement professionnel en vue de bénéficier de l'effacement de ses dettes fiscales et bancaires d'un montant supérieur à 2,5 millions d'euros.

[2] CA Paris, 5-9, 28 mai 2020, n°19/22336, art. préc., obs. F. FAVRE ROCHEX.

[3] F-X. LUCAS, *op. cit.*, n°74.

[4] K. LAFAURIE, thèse préc., n°406.

[5] TGI Paris, 18 juin 2015, n°15/00086, *LEDEN*, septembre 2015, n°8, 122, p.3, obs. C. DELATTRE.

[6] En l'espèce, le débiteur, avocat, avait réalisé un paiement préférentiel en faveur de la Caisse Nationale des Barreaux Français et de l'Ordre des avocats aux fins d'obtenir sa réinscription au tableau d'ordre. Le rapport du mandataire avait relevé l'existence de dettes fiscales semblant caractériser un état de cessation des paiements de plus de 18 mois, susceptible d'entraîner une interdiction de gérer. Toutefois, un auteur a justement relevé l'impossibilité « qu'une telle

par conséquent, le prononcé de la liquidation judiciaire[1]. Ces décisions attestent de la nécessité d'une vigilance accrue de la part des acteurs de la procédure afin d'éviter le détournement de la procédure par des débiteurs peu scrupuleux. À cet égard, on ne peut que partager la mise en garde d'un auteur à l'encontre de ces débiteurs : « la procédure de rétablissement professionnel n'a pas pour vocation d'absoudre celui qui a commis des fautes de gestion méritant des sanctions »[2].

Par ailleurs, aux termes de l'article L.645-12 du Code de commerce, les créanciers dont les créances avaient fait l'objet de la mesure d'effacement recouvrent leurs droits « lorsqu'après le prononcé de la clôture de la procédure de rétablissement professionnel [...] il apparaît que le débiteur a obtenu le bénéfice de cette procédure par une description incomplète de son actif ou de son passif ». C'est assurément ici un manquement à la bonne foi du débiteur qui provoque *a posteriori* la déchéance de la mesure d'effacement des dettes[3]. Précisons dans cette hypothèse que le tribunal doit être saisi aux fins de liquidation judiciaire pour que l'effacement puisse être remis en cause. Le texte indique que le tribunal peut dans ce cas fixer la date de cessation des paiements à la date de l'ouverture de la procédure de rétablissement professionnel sans qu'elle puisse être antérieure de plus de dix-huit mois par rapport à la date de ce jugement[4].

Bilan. L'analyse des conditions de l'effacement des dettes tant dans la procédure de rétablissement personnel que celle du rétablissement professionnel permet d'observer une parfaite universalité du traitement de l'insolvabilité pour le bénéfice de la purge des dettes. Au gré des évolutions législatives, le législateur n'a pas hésité à élargir un peu plus l'éligibilité de certains débiteurs et de certaines de leurs créances aux procédures de rétablissement. L'inclusion récente des dettes professionnelles dans le surendettement a emporté disparition de l'un des critères de répartition entre les deux procédures d'effacement. Aussi, le nouveau statut de l'entrepreneur individuel participe manifestement au renforcement de l'objectif de rebond. Dès lors, il est permis d'affirmer qu'« aucun débiteur [personne physique] ne semble désormais laissé sur le bord du chemin de

---

motivation puisse prospérer dès lors qu'avocat, relevant d'un ordre professionnel, ne peut faire l'objet d'une mesure d'interdiction de gérer par le tribunal de la procédure collective en raison de l'immunité prévue à l'article L.653-1 du Code de commerce » : TGI Poitiers, 10 juin 2011, n°11/01309, *RPC*, mai 2011, étude 28, obs. C. DELATTRE.

[1] TGI Paris, 25 juin 2105, n°14/18609, *LEDEN*, septembre 2015, n°8, 122, p.3, obs. C. DELATTRE.

[2] *Ibid.*, obs. C. DELATTRE.

[3] M. MENJUCQ, B. SAINTOURENS, B. SOINNE, *Traité des procédures collectives*, LexisNexis, 3e éd., 2021, n°3141, *adde* A. LIENHARD, *Procédures collectives*, *op. cit.*, n°128.66.

[4] Dans cette hypothèse, les créanciers dont les créances avaient été effacées, recouvrent leurs droits et sont *de facto* dispensés de déclaration dans la procédure de liquidation judiciaire ouverte. Cet effet est donc automatiquement attaché à la « décision du tribunal » (C. com., art. L.645-12).

l'effacement des dettes »[1]. Toutefois, soucieux de moraliser le bénéfice d'une telle faveur, le législateur impose plusieurs conditions tenant notamment au comportement du débiteur, dont l'honnêteté est un absolu nécessaire légitimant le droit au rebond. Un comportement fautif du débiteur risquerait, en effet, de subvertir les règles de la procédure particulièrement bénéfiques à sa réhabilitation. Une fois de plus, le droit au rebond doit se mériter. De l'étude de ces conditions, il importe désormais d'aborder le régime de l'effacement des dettes.

SECTION 2
LE RÉGIME DE L'EFFACEMENT DES DETTES[2]

À l'instar des conditions d'ouverture des procédures de rétablissement personnel ou professionnel, le régime de l'effacement des dettes traduit là encore une logique de parenté, bien que l'étendue de l'effacement diffère selon que l'on soit en présence d'un débiteur particulier (**§1**) ou d'un débiteur professionnel (**§2**).

§1 – La procédure de rétablissement personnel

Instituée par la loi *Borloo* du 1er août 2003, la procédure de rétablissement personnel est destinée à apurer définitivement le passif du débiteur, personne physique, dont la situation est irrémédiablement compromise, caractérisée par l'impossibilité manifeste de mettre en œuvre les mesures de traitement du surendettement[3]. La procédure, opérant liquidation judiciaire des actifs et effacement total des dettes, a pour finalité d'accorder au débiteur un droit au rebond en étant libéré de son passif. Avec la loi *Lagarde* du 1er juillet 2010 ayant amélioré le dispositif existant, il est depuis institué deux procédures de rétablissement personnel, la première sans liquidation judiciaire dans l'hypothèse où le débiteur est dépourvu d'un patrimoine réalisable, la seconde avec liquidation judiciaire lorsqu'il dispose de biens réalisables aux fins d'apurer ses dettes (**A**). Si dans les deux cas, la procédure débouche sur un effacement total,

---

1 E. MOUIAL-BASSILANA, « La redéfinition du surendettement des particuliers par l'inclusion des dettes professionnelles : enjeux et conséquences », art. préc.

2 Nos travaux se limitant exclusivement aux débiteurs dont la situation est très obérée, l'étude de l'effacement partiel des dettes prévu dans le cadre du plan de surendettement et des mesures imposées par la commission seront ici exclues (C. consom., art. L.731-1 et s., notamment art. L.733-4).

3 G. PAISANT, « La réforme de la procédure de traitement du surendettement par la loi du 1er août 2003 sur la ville et la rénovation urbaine », *RTD com.*, 2003, 671 ; S. PIEDELIÈVRE « Le droit à l'effacement des dettes », *Defrénois*, 2004, n°37852 ; B. SOINNE, « La procédure de rétablissement personnel, propos introductifs », *JCP*, 2003, actu., 475 ; P. JULIEN « Surendettement et rétablissement personnel : éléments d'une présentation », *Dr. famille*, 2004, chro.14 ; F. VAUVILLÉ « Les praticiens du droit face à la réforme du surendettement », *Dr. et patr.*, 2004, n°126, p.38 ; J-B. RACINE, « Faut-il encore payer ses dettes ? Le cas du surendettement des particuliers », *LPA*, 29 mars 2006, n°63, p.37.

le législateur a protégé certaines créances de la purge des dettes. Dès lors, il importera de mesurer l'étendue de la règle de l'effacement des dettes pour chacune des procédures (**B**).

A) L'orientation de la mesure de rétablissement personnel

Alors que le rétablissement personnel sans liquidation judiciaire est une mesure que la commission peut imposer, ainsi que le juge à l'occasion d'une contestation des mesures imposées par la commission (**1**), le rétablissement personnel avec liquidation judiciaire ne peut être ouvert qu'à l'initiative du juge, la commission n'ayant à cette occasion qu'un rôle de saisine (**2**). Au-delà des exigences communes précédemment évoquées, il existe désormais des règles spécifiques aux différentes variantes du rétablissement personnel.

1. Le rétablissement personnel sans liquidation judiciaire

Une mesure imposée. Devant l'absence d'actif réalisable du débiteur et l'absence d'intérêt à réaliser certains actifs, le législateur a choisi d'éviter la phase de liquidation. Ce pragmatisme couplé à l'engorgement des juridictions en raison notamment du « succès »[1] de la procédure de rétablissement personnel, a permis à la commission de surendettement, dans un premier temps, de simplement recommander le rétablissement personnel sans liquidation judiciaire. Cette recommandation était alors nécessairement soumise à l'homologation du juge. Mais depuis le 1er janvier 2018[2], le législateur a supprimé l'homologation judiciaire en octroyant à la commission un monopole complet lui permettant, sans contrôle préalable du juge, d'imposer un rétablissement personnel sans liquidation judiciaire. Cette initiative législative a été perçue comme une atteinte grave portée aux droits des créanciers puisque la mesure imposée entraîne *de facto* l'effacement des dettes du débiteur[3]. Le législateur n'ayant permis l'accès au juge qu'à l'occasion de la contestation de cette mesure.

La décision de la commission. Aux termes de l'article L.724-1 du Code de la consommation, la commission de surendettement peut imposer un rétablissement personnel sans liquidation judiciaire, soit en cours de procédure sur saisine du débiteur[4], soit lors de l'examen de la demande de traitement de la situation de surendettement. Il importe au préalable de vérifier que le débiteur

---

[1] M. MENJUCQ, B. SAINTOURENS, B. SOINNE, *Traité des procédures collectives*, *op. cit.*, n°3809.
[2] Date de l'entrée en vigueur de la loi n°2016-1547 du 18 novembre 2016 de modernisation de la justice du XXIe siècle ; v. *supra* chapitre 1, titre 1, 1ère partie.
[3] V. MARTINEAU-BOURGNINAUD, *Procédures de surendettement des particuliers et rétablissement personnel*, *op. cit.*, n°797.
[4] C. consom., art. L.724-1 et L.733-2, soit à l'occasion des mesures de traitement négociées ou imposées, soit à l'issue du moratoire.

est dans une situation irrémédiablement compromise[1], qu'il ne possède que des biens meublants nécessaires à la vie courante et des biens non professionnels indispensables à l'exercice de son activité professionnelle, ou que son actif n'est constitué que de biens dépourvus de valeur marchande[2], et enfin qu'il est de bonne foi. Dès lors, la commission peut imposer *ab initio* un rétablissement personnel sans liquidation judiciaire. Elle peut également l'imposer à l'issue de la phase d'instruction du dossier. L'article R.712-19 du Code de la consommation précise que la décision de la commission d'imposer un rétablissement personnel sans liquidation judiciaire est notifiée par lettre recommandée avec demande d'avis de réception, ou par télécopie ou voie électronique. Elle peut faire l'objet d'une contestation dans un délai de trente jours à compter de sa notification.

La contestation de la décision de la commission. Dans l'hypothèse d'une contestation[3] du rétablissement personnel sans liquidation judiciaire imposée par la commission, cette dernière doit transmettre au juge l'ensemble du dossier concernant le débiteur, lequel comporte les pièces utiles à l'examen de la contestation. Lorsqu'il est saisi d'une contestation, on remarque que le juge retrouve la plénitude de son pouvoir juridictionnel. De nouveau, le juge des contentieux de la protection va vérifier l'existence d'une situation irrémédiablement compromise, l'absence de biens réalisables, et éventuellement la bonne foi du débiteur. Aux termes de l'article L.741-5 du Code de la consommation, le juge peut également prescrire toute mesure d'instruction qu'il estime utile, et obtenir communication de tous renseignements lui permettant d'apprécier la situation du débiteur. Chaque fois que le juge estime que la situation du débiteur n'est pas irrémédiablement compromise et permet d'envisager des mesures classiques de désendettement, il doit alors renvoyer le dossier à la commission[4], faute d'être habilité à établir un plan dans pareille hypothèse. À l'inverse, si le juge constate que le débiteur est bien dans une situation irrémédiablement compromise, il « prononce » le rétablissement personnel sans liquidation judiciaire du débiteur, sans l'accord de ce dernier[5]. Remarquons ici qu'il ne s'agit pas pour autant de « confirmer » la décision de la commission. Si le juge constate, en revanche, que le débiteur en situation irrémédiablement compromise possède des actifs réalisables, il ouvre, avec l'accord du débiteur, une procédure de rétablissement personnel avec liquidation

[1] Caractérisée par l'impossibilité de mettre en œuvre les mesures de traitement négociées ou imposées prévues aux articles L.732-1, L.733-1, L.733-4 et L.733-7.

[2] Et dont les frais de vente seraient manifestement disproportionnés au regard de leur valeur vénale, v. C. consom., art. L.724-1, 1°.

[3] Il peut s'agir d'une contestation à l'initiative du débiteur ou d'un créancier.

[4] C. consom., art. L.741-6 et L.743-2.

[5] Depuis la loi n°2013-672 du 26 juillet 2013 de séparation et de régulation des activités bancaires, le juge des contentieux de la protection peut prononcer un rétablissement personnel sans liquidation judiciaire lorsqu'il statue en application de l'article L.733-13, la loi n'imposant pas l'accord du débiteur.

judiciaire[1]. Le jugement par lequel le juge du surendettement prononce le rétablissement personnel sans liquidation judiciaire est notifié au débiteur et aux créanciers intéressés[2] par lettre recommandée avec demande d'avis de réception[3]. Ce jugement est susceptible d'appel[4]. De son côté, la commission est informée par lettre simple.

Les effets de la décision à l'égard des créanciers. La décision de rétablissement personnel sans liquidation judiciaire entraîne des effets à l'égard des créanciers, puisqu'à compter de la décision, les poursuites individuelles sont suspendues. Il en est ainsi des procédures d'exécution et des cessions des rémunérations. En effet, les procédures diligentées dans ces hypothèses[5] sont suspendues ou interdites, en l'absence de contestation, jusqu'à la décision de la commission imposant le rétablissement personnel, ou jusqu'au jugement du juge des contentieux de la protection le prononçant, ou en cas de contestation des mesures imposées par la commission[6], pendant un délai maximal de deux années[7]. La doctrine a pu relever ici la possibilité pour les créanciers de poursuivre le débiteur en vue d'obtenir un titre à hauteur des sommes dues, « l'ouverture de la procédure de rétablissement personnel entraînant seulement la suspension des procédures d'exécution »[8]. De la même manière, la décision de recevabilité du dossier du débiteur entraîne la suspension des mesures d'expulsion pour une durée maximale de deux années et également jusqu'à la décision de la commission imposant le rétablissement personnel sans liquidation judiciaire ou jusqu'au jugement le prononçant en cas de contestation des mesures imposées par la commission[9]. Le jugement prononçant le rétablissement personnel sans liquidation judicaire emporte effacement total des dettes du débiteur, sauf exceptions légales. Il importera d'en mesurer l'étendue à l'issue de l'étude du rétablissement personnel avec liquidation judiciaire.

---

[1] C. consom., art. L.741-6 al.3 ; à défaut d'accord, la commission reprend sa mission afin d'établir un plan négocié ou de prendre les mesures imposées visées aux articles L.733-1, L.733-4 et L.733-7 du même code.

[2] Le greffe procède à des mesures de publicité (C. consom., art. R.741-3 et R.741-13) pour permettre aux créanciers qui n'auraient pas été avisés de former tierce opposition à l'encontre du jugement. Les créances nées avant le prononcé du rétablissement personnel sans liquidation judiciaire, et dont les titulaires n'auraient pas formé tierce opposition dans un délai de deux mois à compter de la publicité, sont éteintes (C. consom., art. L.741-6 et R.741-14).

[3] C. consom., art. R.713-11.

[4] C. consom., art. R.733-17 et R.741-16.

[5] Sauf les dettes alimentaires.

[6] V. MARTINEAU-BOURGNINAUD, *op. cit.*, n°818.

[7] C. consom., art. L.722-3, L.724-4 et R.724-5.

[8] V. MARTINEAU-BOURGNINAUD, *ibid.*

[9] C. consom., art. L.722-9.

2. Le rétablissement personnel avec liquidation judiciaire

L'existence d'actifs réalisables. Outre les exigences communes précédemment énoncées[1], la procédure de rétablissement personnel avec liquidation judiciaire impose l'existence d'actifs susceptibles d'être réalisés. Autrement dit, il doit résulter du patrimoine du débiteur « une consistance suffisante »[2] autre que des biens meublants nécessaire à la vie courante et des biens non professionnels indispensables à l'exercice de l'activité professionnelle du débiteur ou des biens dépourvus de valeur marchande et dont les frais de vente seraient manifestement disproportionnés au regard de leur valeur vénale[3]. Pour ce faire, il est impératif de déterminer la valeur nette des actifs en mettant en balance la valeur vénale des biens avec les frais nécessaires[4] à leur réalisation[5].

L'accord du débiteur. Eu égard à la gravité des conséquences du rétablissement avec liquidation judiciaire à l'égard du patrimoine du débiteur, le législateur a imposé l'accord préalable de ce dernier avant l'ouverture de la procédure. Aux termes de l'article L.742-1 du Code de la consommation lequel prévoit que si le débiteur se trouve dans une situation irrémédiablement compromise et dispose de biens susceptibles d'être liquidés, la commission doit convoquer le débiteur et obtenir son accord[6], avant de saisir le juge des contentieux de la protection aux fins d'ouverture d'une procédure de rétablissement personnel avec liquidation judiciaire. Précisons ici que le défaut de réponse du débiteur à la convocation vaut refus de la saisine du juge. Le débiteur seul ne peut saisir le juge du surendettement aux fins d'ouverture de ladite procédure. En effet, seule la commission de surendettement est habilitée à cette fin conformément aux dispositions de l'article L.712-2 du Code de la consommation. En cela, la démarche est différente du droit des entreprises en difficulté où seul le débiteur peut solliciter à l'occasion d'une demande de liquidation judiciaire, l'ouverture d'un rétablissement professionnel. Ici, le législateur n'a pas souhaité octroyer cette initiative au débiteur surendetté[7]. Une

---

[1] La situation irrémédiablement compromise, la bonne foi et la qualité du débiteur.

[2] M. MENJUCQ, B. SAINTOURENS, B. SOINNE, *op. cit.*, n°3828.

[3] C. consom., art. L.724-1.

[4] Il peut s'agir ici des frais de mainlevée d'hypothèque, les frais d'adjudication, les diagnostics, les frais d'annonce, la commission due au mandant chargé de la vente, l'état daté du syndic, les éventuels remboursements de TVA, l'impôt éventuel sur la plus-value, les droits de partage, la rémunération du mandataire prélevée sur le produit de la vente des actifs etc.

[5] V. MARTINEAU-BOURGNINAUD, *op. cit.*, n°867.

[6] L'accord du débiteur est donné par écrit sur un formulaire l'informant que la procédure est susceptible d'entraîner une décision de liquidation et porte à sa connaissance les dispositions législatives afférentes (C. consom., art. R.742-1).

[7] Précisons ici que le tribunal, s'il ne peut pas se saisir d'office, peut toutefois, avec l'accord du débiteur, ouvrir incidemment une procédure de rétablissement personnel avec liquidation judiciaire lorsqu'il est saisi par le débiteur, par une partie ou même par la commission d'un recours en contestation du passif ou des mesures imposées (C. consom., art. L.742-2). Il doit en revanche

fois le juge saisi par la commission, le débiteur n'a pas à renouveler son accord et son défaut de présentation, selon la jurisprudence, ne saurait être considéré comme un refus d'accord[1]. Le juge pourra rendre un jugement prononçant tout de même l'ouverture de la procédure après s'être assuré toutefois que l'accord du débiteur a été donné à la commission. La décision de la commission saisissant le juge en vue de l'ouverture d'une procédure de rétablissement personnel avec liquidation judiciaire n'est pas susceptible de recours. Les créanciers pourront toutefois faire valoir leurs contestations lors de l'audience d'ouverture.

Le jugement d'ouverture. L'ouverture de la procédure de rétablissement personnel avec liquidation judiciaire suppose impérativement une décision du juge des contentieux de la protection. Aux termes des articles L.742-3 et R.742-4 du Code de la consommation, le juge convoque le débiteur et les créanciers connus à l'audience. S'il estime que les conditions sont réunies, il peut ouvrir la procédure de rétablissement personnel avec liquidation judiciaire. À l'inverse, si le juge constate lors de l'audience d'ouverture, que le débiteur se trouve dans la situation visée à l'article L.742-21, c'est-à-dire un actif constitué de biens dépourvus de toute valeur marchande ou seulement composé de biens nécessaires à la vie courante et à l'exercice de l'activité professionnelle, il peut, par un même jugement, ouvrir et clôturer la procédure de rétablissement personnel avec liquidation judiciaire pour insuffisance d'actif[2]. La jurisprudence impose cependant au juge des contentieux de la protection de constater expressément ces éléments dans sa motivation[3]. Dans ce cas, des mesures de publicité sont prises pour permettre aux créanciers n'ayant pas été convoqués à l'audience de former tierce-opposition dans les deux mois de la publicité, à peine d'extinction de leurs créances[4]. Le jugement « ouverture-clôture » est, par ailleurs, susceptible d'appel[5].

Au stade du jugement d'ouverture, le juge peut désigner un mandataire choisi sur une liste établie par le procureur de la République[6]. Celle-ci comprend des mandataires judiciaires au redressement et à la liquidation des entreprises, des huissiers de justice[7], des associations tutélaires, familiales ou de consommateurs, voire des membres de ces associations. La désignation d'un mandataire est effectivement facultative pour le juge des contentieux de la protection qui peut

obtenir l'accord du débiteur, lequel peut être donné oralement à l'occasion de l'audience de contestation (pris en note par le greffier, art. R.-742-2).

[1] Cass., 2e civ., 30 janvier 2014, n°13-11.265.

[2] Avant les modifications législatives issues de loi *Lagarde* du 1er juillet 2010, le juge d'instance (ancienne appellation) ouvrait la procédure dans un premier temps et rendait un second jugement la même journée par lequel il prononçait la clôture de la procédure pour insuffisance d'actif.

[3] Cass. 2e civ., 2 juillet 2020, n°17-15.736.

[4] C. consom., art. R.742-54 et L.742-20, al.2.

[5] C. consom., art. R.742-55.

[6] C. consom., art. L.742-4 et R.742-5.

[7] Sous réserve qu'ils n'aient pas antérieurement procédé à des poursuites à l'encontre du débiteur.

décider de conserver la gestion du dossier. Le rôle du mandataire est d'assister le tribunal dans la procédure. Dans l'hypothèse du choix d'un mandataire, ce dernier peut refuser sa désignation ou être remplacé en cas de manquement à ses devoirs. À défaut d'actif réalisable suffisant ou de ressources du débiteur, la rémunération du mandataire incombe au Trésor[1]. Conformément à l'article R.742-9 du Code de la consommation, il incombe au mandataire judiciaire désigné, ou à défaut au greffe, de faire procéder à une publicité de la décision au *BODACC* dans les quinze jours de la réception du jugement. Ici, il est manifeste que la publicité a pour objectif de recenser l'ensemble des créanciers[2]. L'obligation de déclaration ne concerne, par analogie avec les procédures collectives du Code de commerce, que les créances existantes au jour du jugement d'ouverture. Ensuite, le mandataire judiciaire est chargé de dresser un bilan de la situation économique et sociale du débiteur, de vérifier les créances et d'évaluer les éléments d'actif et de passif[3]. Soulignons que le mandataire, contrairement au mandataire judiciaire des procédures collectives, n'a pas qualité à agir au nom et dans l'intérêt collectif des créanciers. Un auteur a justement précisé qu'« en ce qu'il diligente la procédure de déclaration et de vérification des créances, il s'apparente au mandataire judiciaire ; en ce qu'il dresse le bilan économique et social du débiteur, il s'inscrit dans la mission dévolue à l'administrateur judiciaire »[4]. Aux termes de l'article R.742-14 du Code de la consommation, le mandataire désigné doit dresser dans un délai de six mois à compter de la publication du jugement d'ouverture, le bilan économique et social du débiteur, et le cas échéant proposer un plan. Contrairement au droit des entreprises en difficulté, le droit du surendettement n'impose pas de dresser un inventaire des biens du débiteur. Ce bilan est adressé par lettre recommandée avec demande d'avis de réception aux créanciers et envoyé par lettre simple ou remis au greffe. Le greffe adresse ensuite une convocation aux parties à une audience destinée à trancher leurs contestations[5].

Les effets du jugement d'ouverture à l'égard des créanciers. Conformément à l'article R.742-11 du Code de la consommation, les créanciers doivent déclarer leurs créances dans les deux mois de la publicité au *BODACC.* Le texte n'impose aucune exigence quant à la forme de la déclaration. Toutefois, à peine d'irrecevabilité, la déclaration de créances doit comporter le montant en principal, intérêts, accessoires et frais de créance au jour de la déclaration, l'origine de la créance, la nature du privilège ou de la sûreté dont elle est

---

[1] C. consom., art. R.742-6 et R.742-7 ; La tarification de sa rémunération est déterminée par arrêté du garde des Sceaux du 24 octobre 2011 (NOR : JUSC1128867A). Elle est prélevée prioritairement sur le produit de la réalisation des actifs.

[2] Le jugement d'ouverture précise le cas échéant l'identité du mandataire et les conditions dans lesquelles les créances doivent être déclarées.

[3] C. consom., art. L.742-12.

[4] V. MARTINEAU-BOURGNINAUD, *op. cit.*, n°884.

[5] Ces contestations doivent être formées dans un délai de quinze jours.

éventuellement assortie ainsi que les voies d'exécution déjà engagées[1]. À défaut de déclaration dans le délai imparti, leurs créances sont éteintes[2], sauf relevé de forclusion[3]. Par ailleurs, aux termes de l'article L.742-7 du Code de la consommation, le jugement d'ouverture de la procédure de rétablissement avec liquidation judiciaire emporte suspension et interdiction des procédures d'exécution diligentées à l'égard des biens du débiteur[4]. Il emporte également la suspension et l'interdiction des cessions des rémunérations consenties par le débiteur et portant sur les dettes autres qu'alimentaires[5]. Le jugement d'ouverture entraîne enfin la suspension des mesures d'expulsion du logement du débiteur[6].

Les effets du jugement d'ouverture à l'égard du débiteur. Dans le but de préserver les droits des créanciers, le débiteur, à compter du jugement prononçant l'ouverture de la procédure de rétablissement personnel avec liquidation judiciaire, ne peut plus aliéner ses biens sans l'accord du mandataire, ou du juge, en l'absence de mandataire[7]. Saisi d'une demande d'autorisation d'aliénation de ses biens par le débiteur, le juge statue par voie d'ordonnance[8]. Pour la doctrine, il n'existe pas de véritable dessaisissement du débiteur[9] mais plutôt un gel de son passif[10] puisqu'aucune sanction n'est prévue quant à cet acte qui serait réalisé sans autorisation. En effet, dans cette hypothèse, le débiteur s'expose uniquement à la déchéance de la procédure conformément à la lettre de l'article L.761-1-3° du Code de la consommation. D'ailleurs, dans le silence de l'article L.761-2 du Code de la consommation, on doit considérer que l'acte n'est pas frappé de nullité. Un tel laxisme a pu agacer la doctrine en raison de la comparaison de la situation du surendetté avec le débiteur professionnel soumis à une procédure collective[11]. Ce dernier ne peut effectivement accomplir seul aucun acte de disposition étranger à la gestion courante sans l'autorisation du

[1] C. consom., art. R.742-12 et R.761-1. Notons qu'il n'est pas exigé de pièces justificatives s'agissant d'une simple déclaration.

[2] C. consom., art. L.742-11.

[3] C. consom., art. L.742-13 : une action en relevé de forclusion peut être formée par les créanciers auprès du juge dans un délai de six mois à compter de la publicité du jugement d'ouverture au *BODACC*. Le créancier doit par ailleurs indiquer les circonstances de fait extérieures à sa volonté ayant justifié son défaut de déclaration.

[4] La jurisprudence n'empêche pas cependant le débiteur d'obtenir un titre exécutoire, v. Cass. 2e civ., 5 février 2009, *Bull. civ.* 2009, n°38.

[5] M. MENJUCQ, B. SAINTOURENS, B. SOINNE, *Traité des procédures collectives*, *op. cit.*, n°3840.

[6] À l'exception de celles ordonnées sur le fondement de l'article 2198 al. 3 du Code civil : « À moins que le bien soit loué, le débiteur en est constitué séquestre sauf à ce que les circonstances justifient la désignation d'un tiers ou l'expulsion du débiteur pour cause grave ».

[7] C. consom., art. L.742-9.

[8] C. consom., art. R.742-10. À cet égard, remarquons que l'accord du mandataire peut étrangement suffire à autoriser le débiteur à aliéner ses biens, sans qu'un recours ne soit possible.

[9] M. MENJUCQ, B. SAINTOURENS, B. SOINNE, *op. cit.*, n°3843.

[10] V. MARTINEAU-BOURGNINAUD, *op. cit.*, n°900.

[11] *op. cit.*, n°901.

juge commissaire[1]. Dans l'hypothèse d'un acte de vente sans autorisation du juge commissaire, celui-ci est frappé de nullité absolue et le débiteur professionnel s'expose à des sanctions pénales en raison de l'irrégularité de l'acte. On doit déplorer avec un auteur que « cette disparité entre les procédures commerciales et les procédures consuméristes peut surprendre dans la mesure où surendettement ne signifie pas forcément indigence »[2]. Par ailleurs, aux termes de l'article L.742-4 du Code de la consommation, si la situation du débiteur l'exige, le juge peut faire procéder à une enquête sociale. Selon les conclusions qui en découlent, le juge peut inviter le débiteur à solliciter une mesure d'aide ou d'action sociale, et notamment une mesure d'accompagnement social personnalisé[3]. Ce soutien traduit la volonté du législateur de permettre un accompagnement du débiteur sur le chemin de son rebond.

La liquidation. La seconde étape de la procédure de rétablissement personnel avec liquidation judiciaire, après le jugement d'ouverture, est le jugement d'orientation dans lequel le juge des contentieux de la protection décide de l'issue à donner à la procédure avant de la clôturer. Notre recherche étant exclusivement orientée vers le débiteur dont la situation est totalement obérée, nous exclurons ici l'étude de la situation où il apparaît que la liquidation peut être évitée. En effet, on se bornera à rappeler que dans cette hypothèse, sur proposition du mandataire, un plan peut être arrêté par le juge lequel estime qu'une solution de redressement avec paiement des créances est possible. À défaut de perspective d'adoption d'un plan, le juge prononce la liquidation et désigne un liquidateur qui peut être le mandataire précédemment désigné. Sans détailler toute la phase liquidative du patrimoine du débiteur[4], on rappellera seulement que le liquidateur a pour mission de procéder dans un délai de douze mois[5] à la réalisation des actifs susceptibles de l'être, par voie amiable ou par vente forcée, et au paiement des créanciers avec le produit né de cette réalisation. Aux termes de l'article R.742-18 du Code de la consommation, le liquidateur est désigné parmi les personnes figurant sur la liste établie par le procureur de la République[6]. S'il refuse la mission confiée, son remplacement est envisagé. Il en est de même en cas de manquement à ses devoirs. L'alinéa 3 de l'article R.742-18 interdit au liquidateur de se porter acquéreur des biens du débiteur. Par ailleurs,

---

[1] Cette autorisation est requise même si le débiteur est assisté d'un administrateur dont l'accord est sans effet.

[2] V. MARTINEAU-BOURGNINAUD, *ibid.*

[3] C. consom., art. L.742-5.

[4] V. en ce sens M. MENJUCQ, B. SAINTOURENS, B. SOINNE, *op. cit.*, n°3847 et s. ; *adde* V. MARTINEAU-BOURGNINAUD, *op. cit.*, n°935 et s.

[5] C. consom., art. L.742-15, une demande de prolongation peut être formée par le liquidateur.

[6] C. consom., art. L.742-5. Sa rémunération est déterminée selon le même arrêté que celui du mandataire (24 octobre 2011, NOR : JUSC1128867A), C. consom., art. R.742-19. Elle est subordonnée à l'exécution correcte de sa mission et au dépôt d'un rapport sur les opérations de réalisation dans les trois mois de la liquidation. Elle est ensuite prélevée sur le produit de réalisation des actifs avant répartition au profit des créanciers (C. consom., art. R.742-52 et R.742-42).

le prononcé de la liquidation judiciaire emporte « dessaisissement du débiteur de la disposition de ses biens »[1]. Dès le jugement de liquidation, le liquidateur exerce les droits et actions du débiteur sur son patrimoine personnel, et ce pendant la totalité de la période de liquidation. La doctrine majoritaire estime que le débiteur ne semblerait privé que de ses droits de disposition et non d'administration[2]. De la sorte, le débiteur peut logiquement exercer ses droits extrapatrimoniaux, il reste libre de défendre ses droits même si le produit de l'action risque d'être intégré à l'actif à liquider[3]. Eu égard à la mention de dessaisissement, il nous semble que la sanction d'un acte qui serait réalisé sans autorisation entraînerait l'inopposabilité de celui-ci[4].

La clôture de la procédure. Dans la même perspective que précédemment, nous exclurons ici l'hypothèse où l'actif réalisé est suffisant pour permettre le désintéressement des créanciers, et que le juge prononce la clôture de la procédure pour « extinction du passif »[5]. Aux termes du deuxième alinéa de l'article L.742-21 du Code de la consommation, le juge prononce la clôture pour insuffisance d'actif « lorsque l'actif réalisé est insuffisant pour désintéresser les créanciers » mais également « lorsque le débiteur ne possède rien d'autre que des biens meublants nécessaire à la vie courante et des biens non professionnels indispensables à l'exercice de son activité professionnelle », ou encore « lorsque l'actif n'est constitué que de biens dépourvus de valeur marchande ou dont les frais de vente seraient manifestement disproportionnés au regard de leur valeur vénale ». Conformément à l'article R.742-55 du Code de la consommation, le jugement de clôture est susceptible d'appel. La clôture de la procédure de rétablissement personnel avec liquidation judiciaire entraîne l'effacement total des dettes du débiteur, sauf exceptions légales. Il importe dès à présent d'en mesurer l'étendue.

B) L'étendue de l'effacement

Il y a peu, l'effet « spectaculaire » produit par le rétablissement personnel était l'effacement des dettes non professionnelles du débiteur. Or, depuis la loi du 17 juin 2020, l'effacement concerne désormais tant les dettes professionnelles que

---

[1] C. consom., art. L.742-15.
[2] M. MENJUCQ, B. SAINTOURENS, B. SOINNE, *op. cit.*, n°3846, V. VIGNEAU, G-X. BOURIN, C. CARDINI, *Droit du surendettement des particuliers*, *op. cit.*, n°606 , *adde* Y. PICOD et V. VALETTE-ERCOLE, « Surendettement des particuliers », *Rép. civ. Dalloz*, n°152.
[3] Il en est ainsi par exemple du rachat d'une assurance-vie, de l'acceptation d'une succession ou de l'exercice de ses droits en qualité de salarié.
[4] S. PIEDELIÈVRE, « Rétablissement personnel et réalisation des biens du débiteur », *RD bancaire et fin.*, janvier 2011, comm. 26.
[5] L'usage des guillemets est ici volontaire puisque l'article L.742-21 du Code de la consommation se contente d'évoquer « la clôture de la procédure » lorsque « l'actif réalisé est suffisant pour désintéresser les créanciers ». Partant, l'usage de l'expression « clôture pour extinction du passif » serait propre aux dispositions commercialistes.

les dettes non professionnelles[1]. Qu'il s'agisse du rétablissement personnel avec ou sans liquidation judiciaire, les deux procédures tendent aujourd'hui à l'effacement de dettes similaires (**1**). Pour autant, cet effacement n'est pas absolu. En effet, le caractère absolu que confère à la règle l'emploi de l'adjectif indéfini « toutes » n'est qu'apparent et nécessite d'examiner plus en avant le périmètre des créanciers qui sont effectivement concernés[2]. Dans un souci de protection de certains créanciers et de moralisation du bénéfice de la purge des dettes, le législateur a choisi d'épargner certaines créances de cette mesure de faveur (**2**). L'analyse des dispositions relatives à l'étendue de l'effacement issu de la procédure de rétablissement personnel avec liquidation judiciaire nous conduira à relever un certain manque de clarté de la part du législateur dans l'éviction de certaines créances. Au point de laisser planer la possibilité d'une disparité entre les débiteurs bénéficiant du rétablissement personnel.

1. Les dettes concernées par l'effacement

Les dettes professionnelles et non professionnelles. Aux termes des articles L.741-2 et L.742-22 du Code de la consommation, le rétablissement personnel avec ou sans liquidation judiciaire entraîne l'effacement de « toutes les dettes, professionnelles et non professionnelles, du débiteur »[3]. En effet, avant la loi du 17 juin 2020, seules les dettes non professionnelles étaient concernées par la mesure d'effacement. Avec cette réforme, le législateur permet désormais un effacement complet du passif antérieur du débiteur. Il s'agit également de la fin de la dichotomie entre les différentes mesures de traitement[4], l'effacement dans le cadre du rétablissement personnel ne se limitant plus aux dettes non professionnelles. Ainsi, les dettes de RSI et cotisations URSSAF destinées à assurer la couverture sociale du dirigeant d'entreprise ou de l'associé par exemple, bénéficient de l'effacement consécutif à la protection de rétablissement personnel. Partant, l'élargissement de la purge totale en faveur du débiteur permet de mieux garantir ses chances de rebondir puisqu'il n'est plus seulement libéré de ses dettes non professionnelles. La consécration de l'effacement complet du passif assure une réelle possibilité de nouveau départ pour le débiteur. Il s'observe que par cette innovation législative, le droit au rebond est logiquement renforcé.

Les dettes de cautionnement. Avant la loi du 17 juin 2020, l'effacement ne concernait que les dettes non professionnelles. Toutefois, certaines dettes susceptibles d'être qualifiées de dettes professionnelles pouvaient être également effacées : les dettes résultant de l'engagement que le débiteur avait donné de

---

[1] Loi n°2020-734 du 17 juin 2020, art. 39, v. *supra*, chapitre 1, titre 1, 1ère partie.
[2] V. VIGNEAU, G-X. BOURIN, C. CARDINI, *Droit du surendettement des particuliers*, *op. cit.*, n°564.
[3] Version en vigueur depuis le 19 juin 2020.
[4] K. LAFAURIE, « Les dettes professionnelles du particulier en rétablissement personnel : avancée à petits pas pour le rebond économique », *RPC*, n°5, septembre 2020, étude 23, spéc. n°7.

cautionner ou d'acquitter solidairement la dette d'un entrepreneur individuel ou d'une société[1]. Or, depuis le 19 juin 2020, date de l'entrée en vigueur de la nouvelle loi, la précision antérieure selon laquelle le rétablissement personnel « entraîne aussi l'effacement de la dette résultant de l'engagement que le débiteur a pris de cautionner ou d'acquitter solidairement la dette d'un entrepreneur individuel ou d'une société »[2], a été logiquement supprimée, eu égard à la prise en compte des dettes professionnelles en rétablissement personnel. D'ailleurs, précisons que cette mention n'avait que pour seul objectif de permettre, par exception, l'effacement des dettes pouvant être considérées comme professionnelles[3].

Un critère temporel. Comme évoqué précédemment, l'effacement est emporté par le rétablissement personnel sans liquidation judiciaire imposé par la commission[4] ou prononcé par le juge après contestation de la décision de la commission[5], ainsi que par le rétablissement personnel sans liquidation prononcé par le juge[6]. Sur le plan du critère temporel, seules les dettes arrêtées à la date de la décision de la commission ou de celle du juge sont visées par l'effacement. S'agissant du rétablissement personnel avec liquidation judiciaire, la loi indique que seules sont effacées « les dettes arrêtées à la date du jugement d'ouverture de la procédure ». Auparavant, l'article L.742-22 du Code de la consommation ne comportait aucun critère chronologique. La jurisprudence avait toutefois admis que seules les dettes nées « antérieurement » à la décision d'ouverture de la procédure étaient effacées, à l'exclusion des dettes nées postérieurement à celle-ci[7]. La doctrine a pu déplorer le choix d'une formule « restrictive et quelque peu maladroite » et s'interroger de savoir s'il s'agit uniquement des dettes recensées, c'est-à-dire celles communiquées par le débiteur ?[8] En dépit de cette maladresse rédactionnelle, il s'agit assurément des dettes nées à la date du jugement d'ouverture.

L'abandon de la distinction des dettes professionnelles et non professionnelles participe assurément à l'effectivité du rebond du débiteur. Par l'appréhension complète de son patrimoine, le droit du surendettement retrouve sa cohérence et assoit, dès lors, la légitimité d'une réelle possibilité de « nouveau

[1] Depuis la loi n°2008-776 du 4 août 2008 de modernisation de l'économie ayant ajouté une nouvelle disposition à l'ancien article L.332-9 devenu L.742-22 (ajouté également à l'article L.741-2).
[2] Avant le 19 juin 2020, cette précision figurait respectivement aux articles L.741-2 et L.772-22 du Code de la consommation.
[3] K. LAFAURIE, art. préc., n°7.
[4] C. consom., art. L.741-2.
[5] C. consom., art. L.741-6 renvoyant à l'art L.741-2.
[6] C. consom., art. L.741-7.
[7] Cass., 2e civ., 6 juin 2013, n°12-19.155 ; La loi *ALUR* n°2014-366 du 24 mars 2012 (art. 27-III) a codifié cette solution.
[8] M. MENJUCQ, B. SAINTOURENS, B. SOINNE, *op. cit.*, n°3856,

départ » pour le débiteur. On imagine que cette évolution en matière de rétablissement personnel renforcera certainement l'attrait déjà existant pour cette procédure. Pour autant, l'effacement n'est pas absolu et certaines dettes échappent ainsi à la purge.

2. Les dettes protégées de l'effacement

Dans les deux procédures de rétablissement personnel, le législateur a choisi de préserver certaines créances de la règle de l'effacement des dettes. L'étude des dispositions relatives à l'étendue des dettes protégées en rétablissement personnel avec liquidation judiciaire attirera particulièrement notre attention sur la possibilité d'une disparité entre les débiteurs bénéficiant de cette procédure (**b**) et ceux n'ayant pas subi de liquidation (**a**).

a) En matière de rétablissement personnel sans liquidation judiciaire

Des exclusions explicites. Aux termes de l'article L.741-2 du Code de la consommation, si la loi permet l'effacement de « toutes les dettes, professionnelles et professionnelles, du débiteur », elle exclut cependant les dettes dont le montant a été payé au lieu et place du débiteur par la caution ou le coobligé, personnes physiques » d'une part, et exclut d'autres créances, d'autre part, en opérant un renvoi « aux articles 711-4 et L.711-5 ».

Un raisonnement *a contrario*. D'abord, il importe de rappeler par un raisonnement *a contrario* que les dettes nées postérieurement à la décision de la commission ou celle du juge en cas de contestation, échappent logiquement à l'effacement et doivent être payées à leur échéance.

Les dettes alimentaires. Par renvoi à l'article 711-4 du Code de la consommation, les dettes alimentaires sont exclues de tout effacement. Selon la jurisprudence, la dette alimentaire suppose « l'existence d'un lien direct personnel entre le créancier et son fournisseur d'aliment, qui fonde la nature juridique de la dette d'aliment », partant, « la notion d'aliment suppose un créancier dans une situation de besoin »[1]. Ainsi, la créance d'allocation de soutien familial versée, à titre d'avance par la caisse d'allocations familiales, subrogée dans les droits du créancier d'aliments et mandatée par lui pour recouvrer le surplus de la pension alimentaire non couvert par l'allocation[2], constitue pour le débiteur surendetté une dette alimentaire[3]. Par conséquent, elle est nécessairement exclue de l'effacement des dettes[4]. Toutefois, ne sont pas considérées comme des dettes alimentaires au sens de l'article L.711-4 1° du Code de la consommation, les

[1] Cass. 2e civ., 19 mars 2009, n°07-20.315.
[2] C. de la sécurité sociale, art. L.581-2 al.3 et L.581-3 al. 1 et 2.
[3] Cass. avis, 5 septembre 2016, n°16-009, demande n°16-70007.
[4] V. MARTINEAU-BOURGNINAUD, *op. cit.*, n°828.

créances correspondant à la nourriture, l'hébergement, les soins et les dépenses nécessaires à la vie courante d'une maison de retraite[1] ou les dettes à l'égard d'une collectivité publique pour des créances portant sur des frais de restauration scolaire[2], ou encore les dettes à l'égard d'un établissement hospitalier correspondant à des frais d'hospitalisation[3] d'un enfant du débiteur[4].

Les créances trouvant leur origine dans un comportement frauduleux. De la même manière, les réparations pécuniaires allouées aux victimes[5] dans le cadre d'une condamnation pénale et les dettes ayant pour origine des manœuvres frauduleuses commises au préjudice des organismes de protection sociale énumérés à l'article L.114-12 du Code de la sécurité sociale, sont logiquement exclues de toute possibilité d'effacement[6], sauf accord du créancier[7]. Il en est de même s'agissant des « amendes prononcées dans le cadre d'une condamnation pénale ». Dans la même lignée, l'article L.711-4 du Code de la consommation a été complété d'un 4° issu de la loi n°2021-1900 du 30 décembre 2021, dite « loi de finances pour 2022 »[8], excluant certaines dettes fiscales de toute possibilité d'effacement[9]. Sont donc désormais exclues les majorations de 40% et 80% ne pouvant faire l'objet de remises dans les situations telles que les omissions ou inexactitudes dans les déclarations remises, la déclaration ou le dépôt d'un acte dans le délai prescrit, l'évaluation d'office des bases d'imposition[10]. Sont également exclues les dettes fiscales en cas de condamnation pénale pour fraude fiscale ou complicité de fraude et en cas de condamnation du dirigeant d'une personne morale au paiement de l'impôt dû et des pénalités y afférentes. Relevons cependant qu'en dehors de ces hypothèses, les autres dettes fiscales[11] restent susceptibles d'effacement. L'article L.711-4 du Code de la consommation

---

[1] Cass. 2e civ., 19 mars 2009, n°07-20.315.

[2] Cass. 2e civ., 3 juillet 2008, n°07-15.223.

[3] Cass. 2e civ., 23 octobre 2008, n°07-17.649.

[4] V. MARTINEAU-BOURGNINAUD, *ibid.*

[5] Cass. 2e civ., 24 janvier 2008, n°06-19.959 ; v. aussi Cass. 2e civ., 12 mai 2016 n°15-13.742 : dans cette espèce, la haute juridiction a estimé que le Fonds de Garantie des victimes des actes de Terrorisme et d'autres Infractions, ayant versé à la victime une provision sur l'indemnité fixée, peut se prévaloir de l'exclusion de toute mesure d'effacement en cas de rétablissement personnel sans liquidation judiciaire recommandé par la commission ayant reçu force exécutoire par le juge. *Contra* v. Cass. 2e civ., 25 septembre 2014, n°13-21.976 : faute d'avoir la qualité de victime, l'organisme social intervenant volontairement dans la procédure pour l'obtention du remboursement de ses prestations, n'échappe pas à la mesure d'effacement.

[6] Exclusion de toute remise, rééchelonnement ou effacement.

[7] *Ibid.*

[8] Entrée en vigueur au 1er janvier 2022, C. consom., art. L.711-4, 4° « les dettes fiscales dont les droits dus ont été sanctionnés par les majorations non rémissibles mentionnées au II de l'article 1756 du code général des impôts et les dettes dues en application de l'article 1745 du même code et de l'article L.267 du livre des procédures fiscales ».

[9] Exclusion de toute remise, rééchelonnement ou effacement.

[10] Il s'agit ici de la fixation d'office par l'administration fiscale de la base imposable d'un contribuable qui n'a pas souscrit de déclaration ou l'a souscrite tardivement.

[11] Cass., 1ère civ., 18 février 1992, n°90-04.057, *Bull.*1992, n°56, p.39.

précise, par ailleurs, que « l'origine frauduleuse de la dette est établie soit par une décision de justice, soit par une sanction prononcée par un organisme de sécurité sociale dans les conditions prévues aux articles L.114-17 et L.114-17-1 du Code de la sécurité sociale ». L'ajout récent d'une nouvelle catégorie d'exclusion atteste de la volonté du législateur de cantonner le bénéfice de l'effacement des dettes au débiteur honnête. Par son comportement frauduleux, le débiteur surendetté est indigne de mériter les faveurs du droit du surendettement. Il est donc seul responsable de l'annihilation de son droit au rebond.

Autre exception légale. Par renvoi à l'article L.711-5 du Code de la consommation, sont également exclues de toute possibilité d'effacement, « les dettes issues de prêts sur gage souscrits auprès des caisses de crédit municipal en application de l'article L.514-1 du Code monétaire et financier ». Le prêt sur gage permet d'obtenir un prêt lequel est garanti par un objet de valeur. Il s'agit pour le débiteur en difficulté d'un moyen d'obtenir une trésorerie immédiate. En cas de défaillance de l'emprunteur dans le remboursement des fonds prêtés par les caisses, celles-ci pourront réaliser leur gage à la date prévue au contrat, et ce malgré la suspension des mesures d'exécution[1]. De la sorte, le législateur préserve le système de prêt sur gage dont les caisses de crédit municipal ont le monopole. Cette consécration légale a mis fin à la jurisprudence ayant considéré que les prêts sur gage accordés par le Crédit Municipal de Paris ne figuraient pas dans la liste des dettes exclues, et partant, confirmé le jugement ayant entériné la recommandation de la commission tendant à l'effacement total des créances[2]. On ne peut que regretter le choix du législateur de viser cette catégorie de débiteurs. En effet, dans l'objectif de préservation des intérêts de certains créanciers, d'autres auraient mérité une telle immunité. On pense notamment aux créanciers personnes physiques qui, à la différence des caisses de crédit municipal, n'auront peut-être pas l'assise financière leur permettant de passer aussi facilement en perte et profit leurs créances[3]. En immunisant de la sorte les caisses de crédit municipal, le législateur sacrifie manifestement l'objectif de rétablissement du débiteur surendetté. Aussi, il favorise, selon nous, l'intérêt de cette catégorie de créanciers de manière disproportionnée à l'égard de celui du débiteur surendetté. On doit déplorer avec un auteur qu'« il est piquant de relever que le législateur s'est résigné en 2003 à soumettre les dettes fiscales au droit commun des mesures de traitement du surendettement afin de faciliter le désendettement du débiteur et de constater que quelques années plus tard, il fait échapper à ce dispositif les créances des caisses de crédit municipal »[4].

Les dettes de cautionnement. Conformément à l'article L.741-2 du Code de la consommation, sont exclues de tout effacement, « les dettes dont le

---

[1] V. VIGNEAU, G-X. BOURIN, C. CARDINI, *Droit du surendettement des particuliers*, *op. cit.*, n°383.
[2] CA Paris, 13 mars 2007, n°06/00076.
[3] V. VIGNEAU, G-X. BOURIN, C. CARDINI, *op. cit.*, *eod. loc.*
[4] *Ibid.*

montant a été payé au lieu et place du débiteur par la caution ou le coobligé, personnes physiques »[1]. De l'interprétation stricte de ce texte, il résulte que seules les dettes dont le montant a été payé au lieu et place du débiteur par la caution ou le coobligé, personnes physiques, sont exclues de l'effacement. Dès lors, *quid* de la situation de la caution n'ayant pas payé et qui préfèrerait résister à toute demande de paiement du créancier en attendant la décision de rétablissement personnel du débiteur principal ? D'abord, il importe de souligner que cette démarche s'inscrit aux antipodes de l'objet même du cautionnement qui est de « se soumettre envers le créancier à satisfaire l'obligation garantie, si le débiteur n'y satisfait pas lui-même »[2]. D'ailleurs, la jurisprudence considère que les mesures de traitement de surendettement imposées aux créanciers bénéficient au seul débiteur principal et sont « sans influence sur les obligations des cautions qui ne peuvent s'en prévaloir »[3]. Le fait que la caution soit toujours tenue vis-à-vis du créancier tandis que le débiteur se trouve libéré à son encontre confère à l'effacement de dette un caractère personnel[4]. On ne peut que saluer ici la volonté du législateur de maintenir l'efficacité de la sûreté[5]. La doctrine estime à cet égard que l'effacement ne constitue qu'une simple mesure de faveur au profit du surendetté, au bénéfice de laquelle la caution ne saurait prétendre n'étant pas elle-même en situation de surendettement[6]. Ainsi, doit-on relever les similitudes du droit du surendettement avec les dispositions de l'article L.643-11, II, du Code de commerce[7] concernant les exceptions au principe de non-reprise des poursuites individuelles dans le cas d'une clôture de liquidation judiciaire pour insuffisance d'actif. Dans cette hypothèse, les dispositions commerciales autorisent la caution qui a payé à la place du débiteur principal à le poursuivre, en dépit de la clôture. Comme nous le formulions précédemment lors de l'étude des effets de la clôture de la liquidation judiciaire, en permettant à la caution un recours contre le débiteur, cela démontre la volonté du législateur de ne pas faire de la caution, un « spectateur » du rebond octroyé au débiteur principal. En effet, c'est en toute logique que ce recours lui est accordé puisque le créancier peut la poursuivre alors même que le débiteur est libéré par l'effet de l'effacement[8]. Ainsi, la caution actionnée en paiement peut-elle après paiement exercer ses recours personnel et subrogatoire contre le débiteur. Constatons avec un auteur

---

[1] Fussent-elles, avant la loi du 17 juin 2020, de nature professionnelle, v. en ce sens Cass., 2e civ., 26 juin 2014, n°13-14.576.

[2] C. civ., art. 2288.

[3] Cass., 1ère civ., 26 avril 2000, n°98-10693, la haute juridiction précisant que peu important que le paiement effectué par la caution ait eu lieu avant ou après la décision de la commission.

[4] V. MARTINEAU-BOURGNINAUD, *op. cit.*, n°835.

[5] L'effacement de dette résultant d'un rétablissement personnel est une exception purement personnelle au débiteur que la caution, personne physique, ne peut opposer conformément aux dispositions de l'article 2313 du Code civil.

[6] F. MACORIG-VENIER, « L'effacement des dettes dans le droit du surendettement », *in* dossier « L'effacement des dettes », *Dr. et patr.*, septembre 2009, p.54.

[7] « Les coobligés et les personnes ayant consenti une sûreté personnelle ou ayant affecté ou cédé un bien en garantie peuvent poursuivre le débiteur s'ils ont payé à la place de celui-ci ».

[8] V. MARTINEAU-BOURGNINAUD, *op. cit.*, n°834.

que « ces recours risquent fort de compromettre tout espoir de rebond du débiteur, voire de précipiter la caution personne physique en situation de surendettement par un effet domino »[1]. Toutefois, il reste au débiteur la possibilité de saisir à nouveau la commission si l'action en paiement de la caution le conduit de nouveau en situation de surendettement, pour espérer bénéficier de nouvelles mesures de traitement. Quoi qu'il soit, il importe de remarquer que, très souvent, la caution du débiteur principal est un proche. Or, sauf à espérer un retour à meilleur fortune du débiteur, il sera assez marginal de voir la caution exercer un quelconque recours contre ce proche tout juste « rétabli ».

b) En matière de rétablissement personnel avec liquidation judiciaire

Conformément à l'article L.742-22 du Code de la consommation, la clôture de la procédure de rétablissement personnel avec liquidation judiciaire entraîne l'effacement de toutes les dettes, professionnelles et non professionnelles du débiteur, arrêtées à la date du jugement d'ouverture, « à l'exception de celles dont le montant a été payé en lieu et place du débiteur par la caution ou le coobligé, personnes physiques ».

Un raisonnement *a contrario*. D'abord, comme précédemment, il importe de rappeler par un raisonnement *a contrario* que l'effacement ne vise que les dettes arrêtées à la date du jugement d'ouverture. Ainsi, les créances nées postérieurement au jugement d'ouverture de la procédure de rétablissement personnel avec liquidation judiciaire, échappent logiquement à l'effacement et doivent être payées à leur échéance.

Des exclusions implicites ? L'article L.742-22 du Code de la consommation ne vise explicitement parmi les exceptions à l'effacement que les dettes, que les dettes payées par la caution ou le coobligé, personnes physiques, en lieu et place du débiteur. Contrairement à l'article L.741-2 du Code de la consommation relatif à l'effacement du rétablissement personnel sans liquidation judiciaire, l'article commenté ne fait aucunement référence aux exceptions légales des articles L.711-4 et L.711-5 du même code. S'agit-il d'une omission du législateur ou au contraire, d'une volonté affichée de réduire la liste des dettes protégées par l'effacement au bénéfice des débiteurs du rétablissement personnel avec liquidation judiciaire ? Une partie de la doctrine a paru s'émouvoir de cette absence de renvoi laissant supposer que les dettes alimentaires, celles ayant pour origine un comportement frauduleux du débiteur, certaines dettes fiscales, et les

---

[1] *Ibid.* À cet égard, précisons que le législateur, soucieux de protéger les débiteurs personnes physiques du surendettement, et par là même les cautions personnes physiques, permet dans les rapports entre la caution et le créancier le maintien d'un « reste à vivre » conformément aux dispositions de l'article 2301 du Code civil. Rappelons par ailleurs, que les cautions personnes physiques sont également éligibles aux mesures de traitement des situations de surendettement (C. consom., art. L.711-1).

dettes issues de prêts sur gage souscrits auprès des caisses de crédit municipal, échappent à l'effacement[1]. En effet, il est possible de reconnaître qu'un doute puisse subsister en l'absence de renvoi exprès par le législateur aux textes précédemment cités. Il peut paraître regrettable que le législateur, pourtant peu avare de renvois, répétitions et de redondances, n'ait pas saisi l'occasion d'instaurer une parfaite symétrie concernant le choix des créances épargnées par l'effacement dans les deux procédures de rétablissement. En effet, si l'effacement des dettes est réellement limité aux seules exceptions visées par la loi, « cette situation révèle une certaine discrimination entre le débiteur ayant fait l'objet d'une procédure de rétablissement personnel sans liquidation judiciaire, et le surendetté qui a bénéficié d'un jugement de clôture de procédure de rétablissement personnel avec liquidation judiciaire »[2]. Par un prolongement du raisonnement, il existerait alors une inégalité entre le débiteur surendetté bénéficiant d'un rétablissement personnel avec liquidation judiciaire et le débiteur professionnel bénéficiant de la procédure de rétablissement professionnel du livre VI du Code de commerce. En effet, l'article L.645-11 du Code de commerce que nous avons étudié précédemment, vise des hypothèses d'exclusions de dettes similaires à celles du rétablissement personnel sans liquidation judiciaire, adoptant pareillement la technique du renvoi. Si une doctrine minoritaire appelle à une réaction du législateur aux fins de préciser le sort de chaque dette pour les débiteurs des deux procédures de rétablissement personnel[3], nous ne formulons pas la même exhortation.

En effet, si contrairement à l'article L.741-2 du Code de la consommation lequel vise expressément l'exclusion des dettes prévues aux articles L.711-4 et L.711-5 du même code, il est permis d'affirmer que l'article L.742-22 opère, selon nous, un renvoi indirect à ces dispositions. Si l'on observe l'emplacement des articles L.711-4 et L.711-5, ceux-ci sont intégrés dans le titre premier « dispositions générales relatives au traitement des situations de surendettement » et plus spécifiquement dans la deuxième section « exclusions » du premier chapitre intitulé « définition et champ d'application ». Dès lors, il importe de considérer, qu'outre les dispositions générales visées par les articles L.711-4 et L.711-5 excluant certaines créances de tout effacement, l'article L.742-22 exclut au surplus et de manière explicite, d'autres créances. Ainsi, on doit considérer que le renvoi est ici sous-entendu même si une mention expresse aurait permis d'ôter les doutes. De cette démonstration, il ressort que les dettes exclues de l'effacement sont identiques selon l'une ou l'autre des procédures de rétablissement personnel.

---

[1] V. MARTINEAU-BOURGNINAUD, *op. cit.*, n°964.
[2] *op. cit.*, n°968.
[3] *Ibid.*

Bilan. Alors que la procédure de rétablissement personnel a pour but affiché d'offrir une « deuxième chance » aux débiteurs les plus surendettés par la suppression radicale de leurs dettes passées, la loi prévoit toutefois une litanie de dettes exclues de l'effacement. Si pour certaines d'entre elles, de solides raisons le justifient, pour d'autres les motivations du législateur sont déconcertantes en regard de la logique de rebond promue par lui depuis bon nombre d'années. Le maintien d'un tel passif entrave nécessairement le rebond du débiteur. On ne doit cependant pas oublier les dernières innovations légales qui, outre le fait d'avoir révolutionné le droit du surendettement, ont renforcé la légitimité du droit au rebond du débiteur par l'élargissement du domaine de l'effacement. Ainsi, la contrepartie de cette (r)évolution ne suggère-t-elle pas d'accepter l'équilibre imposé par le législateur dans la préservation des droits de certains créanciers ?

§2 – La procédure de rétablissement professionnel

Le constat de l'impécuniosité d'une importante proportion de dossiers de procédures de liquidation judiciaire et celui de l'inutile recours à cette procédure générant des frais trop élevés ont conduit doctrine et pratique[1] à proposer la création d'une nouvelle procédure plus rapide et moins lourde que la liquidation judiciaire[2]. Sans instaurer la radiation administrative de ces entreprises[3], le législateur a fait le choix d'instituer une nouvelle procédure aux côtés de la liquidation judiciaire simplifiée. C'est ainsi que l'ordonnance du 12 mars 2014 poursuit l'objectif de « dédramatisation des procédures collectives »[4] en consacrant la procédure de « rétablissement professionnel »[5]. La connotation positive de sa dénomination tranche avec celle très négative de « liquidation »[6]. La terminologie choisie atteste de la volonté du législateur de réhabiliter le débiteur professionnel, personne physique, dans le circuit économique. Cela se traduit *in fine* par une dédramatisation de l'échec en vue d'assurer le rebond du débiteur. À cet égard, soulignons que le site officiel d'information administrative pour les entreprises « Entreprendre.Service-Public.fr » décrit le rétablissement professionnel comme une procédure qui « offre à l'entreprise une possibilité de

---

[1] F-X. LUCAS et M. SÉNÉCHAL, « La procédure d'enquête pour le rétablissement professionnel (PERP) », art. préc.

[2] M. MENJUCQ, B. SAINTOURENS, B. SOINNE, *Traité des procédures collectives*, *op. cit.*, n°3102.

[3] Comme c'est le cas par exemple en Allemagne.

[4] C. SAINT-ALARY-HOUIN, *Droit des entreprises en difficulté*, *op. cit.*, n°56.

[5] En ce sens, v. F. REILLE, « Une nouvelle procédure qui n'en est pas une : le rétablissement professionnel », *RPC*, mars 2014, dossier 22, p.61 ; F. MACORIG-VENIER, « Le rétablissement professionnel », *Dr. et patr.*, 2014, n°238, p.52 ; M. SÉNÉCHAL, « Le rétablissement professionnel par effacement relatif de certaines dettes », *BJE*, mars 2014, p.96 ; P-M. LE CORRE, « Premiers regards sur l'ordonnance du 12 mars 2014 réformant le droit des entreprises en difficulté », *Dalloz*, 2014, p.733 ; P. PÉTEL « Entreprises en difficulté : encore une réforme », *JCP E*, 2014, 1223 ; F-X. LUCAS, « Présentation de l'ordonnance portant réforme de la prévention des difficultés des entreprises et des procédures collectives », *BJE*, mars 2014, n°2, p.111.

[6] M. MENJUCQ, B. SAINTOURENS, B. SOINNE, *ibid.*

rebondir rapidement en bénéficiant d'un effacement des dettes »[1]. Ce nouveau départ est en effet permis par la règle de l'effacement des dettes. L'effet spectaculaire de l'effacement est justement plus fort que le principe de non-reprise des poursuites individuelles après la clôture de la procédure de liquidation judiciaire pour insuffisance d'actif. L'originalité de cette procédure tient au fait qu'elle n'est pas une procédure collective : ni discipline collective des créanciers ni dessaisissement du débiteur pendant la procédure. Inspirée de la procédure de rétablissement personnel issue du droit du surendettement, la procédure de rétablissement professionnel présente tout de même certaines différences même si leur régime présente dans son ensemble une logique similaire[2]. Mesure de faveur au profit du débiteur impécunieux et honnête, elle est cependant strictement encadrée. N'ayant pas eu le succès escompté, la loi *PACTE* du 22 mai 2019 l'a instituée comme une procédure par défaut. L'ordonnance du 20 mai 2020 a favorisé l'ouverture de la procédure de rétablissement professionnel en rehaussant sensiblement le seuil de l'actif permettant d'en solliciter le bénéfice. Cette initiative législative a été pérennisée par l'ordonnance du 15 septembre 2021. Enfin, la loi du 14 février 2022 en faveur de l'activité professionnelle indépendante a élargi le bénéfice de la procédure à une nouvelle catégorie de débiteurs professionnels, personnes physiques. Aussi, le rétablissement professionnel est infiniment plus simplifié et plus rapide que la liquidation judiciaire « simplifiée »[3] (**A**). Comme en droit du surendettement, la clôture de la procédure entraîne un effacement de dettes, sous réserves de quelques exceptions légales qui nous conduiront à mesurer son étendue (**B**).

A) Le déroulement de la procédure

Une initiative partagée de l'ouverture de la procédure. Depuis l'adoption de la loi *PACTE* du 22 mai 2019, il n'appartient plus au débiteur qui demande l'ouverture d'une procédure de liquidation judiciaire de solliciter, dans le même temps, le bénéfice d'un rétablissement professionnel à titre subsidiaire. En effet, le tribunal doit désormais, avant de statuer, examiner d'office si les conditions du rétablissement professionnel sont réunies, et le cas échéant, ouvrir la procédure sous réserve de recueillir l'accord du débiteur[4]. S'il apparaît en revanche que le débiteur ne remplit pas les conditions requises pour bénéficier de la procédure de rétablissement professionnel, le tribunal rejette sa demande et statue sur la demande d'ouverture d'une procédure de liquidation judiciaire. Contrairement à

[1] https://entreprendre.service-public.fr/vosdroits/F32095 [en ligne, consulté le 15 mai 2022].

[2] Notamment si l'on compare le rétablissement professionnel et le rétablissement personnel sans liquidation judiciaire.

[3] F-X. LUCAS, *Manuel de droit de la faillite*, *op. cit.*, n°59.

[4] C. com., art. L.641-1. Il en est de même en cas de résolution d'un plan de sauvegarde ou de redressement judiciaire (C. com, art. L.626-17 et L.631-20-1). Le tribunal ne doit cependant pas examiner d'office les conditions du rétablissement professionnel lorsqu'il prononce la liquidation judiciaire pendant la période d'observation d'une sauvegarde (C. com., art. L.622-10) ou d'un redressement judiciaire (C. com., art. L.631-15).

la solution retenue concernant la procédure de rétablissement personnel du droit du surendettement, ce n'est pas un juge unique qui est compétent pour ouvrir la procédure de rétablissement professionnel, mais un tribunal, le même qui est d'ailleurs compétent pour ouvrir la procédure de liquidation judiciaire. Par ailleurs, aux termes de l'article L.645-3 du Code de commerce, « l'avis du ministère public est requis préalablement à l'ouverture de la procédure »[1]. En effet, le ministère public est « appelé à jouer le rôle d'un ultime filtre avant la décision d'ouverture grâce, à la fois à sa présence, propre à dissuader les initiatives de débiteurs indélicats, et aux informations dont il peut le cas échéant disposer »[2].

L'ouverture de la procédure. Le tribunal qui ouvre une procédure de rétablissement professionnel désigne un juge commis « chargé de recueillir tous renseignements sur la situation patrimoniale du débiteur, notamment le montant de son passif et la valeur de ses actifs »[3]. Le tribunal désigne également un mandataire judiciaire[4] chargé d'assister le premier. Le tribunal a d'ailleurs la possibilité de désigner un huissier de justice ou un commissaire-priseur judicaire[5]. Ce dernier est, en effet, chargé de réaliser une enquête permettant de vérifier que le débiteur répond effectivement aux conditions légales requises pour bénéficier d'un rétablissement professionnel. Il en rend compte au juge commis. La procédure est ouverte pour une période fixe de quatre mois[6], sans renouvellement possible[7]. La décision d'ouverture de la procédure de rétablissement professionnel est susceptible d'appel par le ministère public[8]. Par souci de simplification et d'économie, aucune mesure de publicité n'est prévue au stade de l'ouverture de la procédure. Cela s'entend par le fait que le jugement n'emportant pas effet réel, il est logique de l'avoir dispensé de publicité[9]. Pour mener à bien sa mission, le juge commis dispose des mêmes pouvoirs que ceux octroyés au juge-commissaire à l'article L.623-2 du Code de commerce[10]. Il communique sans délai au mandataire qui l'assiste, tous renseignements et

---

[1] Précisons également que son avis sera de nouveau requis sur l'issue de la procédure.

[2] M. MENJUCQ, B. SAINTOURENS, B. SOINNE, *Traité des procédures collectives*, *op. cit.*, n°3122, *adde* P. ROUSSEL-GALLE, « Le rétablissement professionnel : de l'effacement des dettes au rebond, à propos de l'ordonnance du 12 mars 2014 », *Gaz. Pal.*, 6-8 avril 2014, n°11

[3] C. com., art. L.645-4.

[4] La rémunération du mandataire est prélevée sur les sommes affectées au fonds destiné à la rémunération des dossiers impécunieux. En effet, le rétablissement professionnel est financé par la solidarité nationale grâce à l'intervention du Fonds de Financement des Dossiers Impécunieux (FFDI) qui prend en charge les honoraires du mandataire de justice et se finance par prélèvement d'une partie des intérêts produits par les sommes déposées en compte à la Caisse des dépôts et consignations (C. com., art. L.663-3).

[5] Relevons à cet égard que les deux métiers ont fusionné sous la profession unique de « commissaire de justice », depuis le 1er juillet 2022.

[6] C. com., art. L.645-1, al.3.

[7] Cela est justifié par le fait que cette procédure se veut encore plus rapide que celle de la liquidation judiciaire simplifiée.

[8] C. com., art. L.661-11. Précisons que l'appel est suspensif.

[9] F-X. LUCAS, *Manuel de droit de la faillite*, *op. cit.*, n°65.

[10] Il peut ainsi interdire que lui soit opposé le secret professionnel de ses interlocuteurs.

documents utiles à l'accomplissement de sa mission. Ainsi, si le mandataire se retrouve en difficulté pour l'obtention d'une information, il peut solliciter le juge commis par lettre simple afin que ce dernier fixe un délai de réponse aux demandes de renseignements. Relevons que dans un souci d'impartialité, le juge commis ne peut siéger dans les formations de jugement ni participer au délibéré de la procédure de rétablissement professionnel pour laquelle il a été désigné[1]. Comme évoqué précédemment, l'originalité du rétablissement professionnel réside dans le fait qu'il n'existe pas de discipline collective des créanciers. De la sorte, ils peuvent poursuivre le débiteur afin d'obtenir le paiement de leurs créances, comme ils peuvent aussi mettre en œuvre des mesures d'exécution forcée sur le patrimoine du débiteur. Toutefois, afin de protéger le débiteur au cours de la procédure, le législateur permet au juge commis, en cas de mise en demeure ou poursuite du débiteur par un créancier et sur demande du débiteur, de reporter le paiement des sommes dues dans la limite de quatre mois et d'ordonner, pour cette même durée, « la suspension des procédures d'exécution qui auraient été engagées par le créancier »[2]. Toute stipulation contraire est réputée non écrite. Il faut souligner ici que ces règles constituent l'équivalent de la règle de l'arrêt des poursuites individuelles et des voies d'exécution[3]. Elles étaient logiquement nécessaires en ce que le rétablissement professionnel n'astreint pas les créanciers à des règles de discipline collective. La procédure ne produit pas d'atteinte aux pouvoirs du débiteur lequel n'est pas dessaisi. Le mandataire peut toutefois « faire tous les actes nécessaires à la conservation des droits du débiteur »[4], à charge d'en rendre compte sans délai au juge commis. Dans un souci de simplification et d'accélération de la procédure, le rétablissement professionnel ne donne pas lieu à déclaration de créances suivie d'une vérification, qui n'aurait guère de sens s'agissant par hypothèse d'une procédure impécunieuse ne devant déboucher sur aucune répartition, faute d'actif à répartir[5]. Toutefois les créanciers connus sont invités par le mandataire « à lui communiquer le montant de leur créance » ainsi que « toute information utile relative aux droits patrimoniaux dont ils indiquent être titulaires à l'égard du débiteur »[6]. Le mandataire leur communique l'inventaire des biens et la liste des créances qu'a établis le débiteur[7]. S'agissant des cautions et garants du débiteur, ils sont, quant à eux, avertis de l'ouverture de la procédure par lettre recommandée avec demande d'avis de réception. Aucun dispositif relatif aux contrats en cours n'est institué. La loi ne prévoit pas non plus de réaliser les actifs du débiteur qui conservera la propriété de ses biens jusqu'à l'issue de la procédure. Aussi, aucune action en reconstitution du gage commun ou en

---

[1] C. com., art. L.662-7, 4°.
[2] C. com., art. L.645-6.
[3] A. LIENHARD, *Procédures collectives*, *op. cit.*, n°128.41.
[4] C. com., art. L.645-7.
[5] A. LIENHARD, *op. cit.*, n°128.43.
[6] C. com., art. L.645-8.
[7] C. com., art. R.645-10.

responsabilité ne peut être engagée. C'est en ce sens que la procédure est simplifiée au maximum et qu'elle peut s'achever en quatre mois[1].

Le basculement de la procédure vers la liquidation judiciaire. Outre l'hypothèse de basculement précédemment analysée tenant à la mauvaise foi du débiteur, d'autres situations peuvent conduire le juge commis à renvoyer l'affaire devant le tribunal pour ouvrir une procédure de liquidation judiciaire[2]. Ainsi en est-il lorsque l'enquête a fait apparaître l'existence d'éléments susceptibles de donner lieu aux sanctions prévues par le titre V du livre VI du Code de commerce ou à l'application des dispositions régissant les nullités de la période suspecte[3], ou que les conditions du rétablissement professionnel ne se révèlent finalement pas réunies. Autrement dit, le débiteur bénéficiant d'un rétablissement professionnel reste sans cesse exposé à la possibilité d'une liquidation judiciaire. Comme la doctrine a pu le relever, cela démontre que le rétablissement n'est finalement qu'une « option procédurale »[4] voire une « mesure de faveur réversible »[5]. Il en résulte que le droit au rebond du débiteur, par le bénéfice de la purge des dettes, n'est donc pas pleinement assuré. En effet, le jugement par lequel le tribunal ouvre la procédure de liquidation judiciaire met fin de plein droit à la procédure de rétablissement professionnel sans que les dettes soient effacées. *A contrario*, si les conditions légales du rétablissement professionnel sont réunies, le juge commis renvoie l'affaire devant le tribunal aux fins de faire prononcer la clôture de la procédure[6].

La clôture de la procédure. Aux termes de l'article R.645-17 du Code de commerce, le jugement de clôture comprend l'état chiffré des créances effacées avec l'indication, selon le cas, du nom ou de la dénomination et du domicile ou siège des créanciers. Il entraîne *de facto* la caducité de la demande d'ouverture d'une procédure de liquidation judiciaire. Le jugement est ensuite notifié au débiteur et communiqué au ministère public par le greffier. L'article R.645-19 prescrit, en outre, une publicité très complète de la décision de clôture : mention au RCS, au répertoire des métiers ou sur le registre ouvert au greffe du tribunal judiciaire, avis au *BODACC* et dans un journal d'annonces légales du lieu où le

---

[1] F-X. LUCAS, *op. cit.*, n°69.
[2] Le juge commis doit préalablement recueillir l'avis du ministère public et sur le rapport du mandataire judiciaire.
[3] C. com., art. L.645-9 et L.645-10.
[4] F-X. LUCAS, *op. cit.*, n°66.
[5] D. DEFRANCE, thèse préc., n°208.
[6] C. com., art. L.645-10. Le mandataire judiciaire transmet son rapport au juge commis et au ministère public. Après avoir recueilli l'avis du ministère public, le juge commis dépose son rapport au greffe du tribunal au plus tard trois jours avant l'audience. Le juge commis qui renvoie l'affaire devant le tribunal fait convoquer le débiteur à comparaître dans le délai qu'il fixe par les soins du greffier, par lettre recommandée avec avis de réception. Le débiteur a la possibilité de prendre connaissance du rapport du juge commis. Aussi, il importe de rappeler que le juge commis ne peut siéger dans la formation collégiale, ni participer à son délibéré, sous peine de nullité du jugement.

débiteur a son activité professionnelle[1]. Cette publicité s'impose logiquement eu égard aux conséquences du jugement de clôture à l'égard des créanciers. Celui-ci peut faire l'objet d'un appel même si l'on conçoit mal que le débiteur puisse interjeter appel d'une telle décision favorable à son rebond[2]. La clôture de la procédure de rétablissement professionnel produit « un effet autrement plus spectaculaire que celle de la liquidation judiciaire »[3] puisqu'elle « entraîne effacement des dettes [...] »[4]. Cet effacement emporté par la décision de clôture est bel et bien inspiré du régime de la procédure de rétablissement personnel. C'est la première fois que le terme d'effacement apparaît dans les dispositions du livre VI du Code de commerce[5]. Comme en droit du surendettement, le législateur ne définit pas l'effacement. Pour la doctrine, il n'est ni inconditionnel ni général[6]. En effet, aux termes de l'article L.645-11 du Code de commerce, la clôture « entraîne effacement des dettes à l'égard des créanciers dont la créance est née antérieurement au jugement d'ouverture de la procédure, a été portée à la connaissance du juge commis par le débiteur et a fait l'objet de l'information prévue à l'article L.645-8 ». Enfin, comme pour le rétablissement personnel, le législateur a choisi d'exclure certaines dettes de l'effacement du rétablissement professionnel. Il importe, dès lors, d'en mesurer l'étendue.

B) L'étendue de l'effacement

La clôture de la procédure de rétablissement professionnel entraîne l'effacement des dettes (**1**). Toutefois, pour les mêmes motivations que celles du législateur consumériste[7], la législation commerciale évince certaines dettes de la mesure de faveur issue du rétablissement professionnel (**2**).

1. Les dettes concernées par l'effacement

Un effacement complet. La faveur de l'effacement des dettes, accordée au débiteur à l'issue de la procédure de rétablissement professionnel, va bien au-delà de la protection par l'interdiction de reprendre les poursuites après la clôture de la liquidation judiciaire pour insuffisance d'actif, laquelle n'a pas pour effet l'extinction des créances[8]. L'article L.645-1 du Code de commerce étant

---

[1] À l'initiative du greffier dans les quinze jours de la décision. La publicité est différée en cas de voie de recours.

[2] L'appel du ministère public est suspensif. En cas d'infirmation ou d'annulation d'un jugement ouvrant la procédure de rétablissement professionnel ou la clôturant, la cour d'appel peut, d'office, statuer sur une demande d'ouverture de la procédure de liquidation judiciaire.

[3] F-X. LUCAS, *op. cit.*, n°71.

[4] C. com., art. L.645-11.

[5] M. MENJUCQ, B. SAINTOURENS, B. SOINNE, *op. cit.*, n°3138.

[6] *Ibid.*

[7] Notamment dans un souci de protection de certains créanciers et de certaines de leurs créances, outre la volonté de moraliser la purge des dettes.

[8] A. LIENHARD, *Procédures collectives*, *op. cit.*, n°128.64.

d'interprétation stricte, seules bénéficient donc de l'effacement « les dettes à l'égard des créanciers dont la créance est née antérieurement au jugement d'ouverture de la procédure ». Cette extinction des dettes du débiteur rétabli est subordonnée à la triple condition[1] qu'elles aient été portées à la connaissance du juge commis par le débiteur, que le créancier ait été informé par le mandataire judiciaire de l'ouverture de la procédure avec indication de l'inventaire des biens du débiteur et des créances qu'il a déclarées[2], et surtout qu'elles aient été mentionnées dans le jugement de clôture[3] lequel doit comporter des indications précises à cet égard[4]. Par ailleurs, précisons que l'effacement des dettes concernera tant les dettes professionnelles que les dettes non professionnelles. Depuis la loi du 17 juin 2020 ayant intégré la possibilité d'effacer les dettes professionnelles en matière de surendettement, on doit reconnaître ici une parfaite concordance de l'effacement issu des procédures de rétablissement personnel ou professionnel. Cette symétrie de l'étendue de la purge des dettes participe assurément à l'effectivité du rebond du débiteur, personne physique. Qu'il soit débiteur professionnel ou particulier, chacun peut espérer reprendre un « nouveau départ ».

La remise en cause de l'effacement. Précédemment évoquée à l'occasion de l'étude de la condition de bonne foi comme condition d'ouverture de la procédure, il importe toutefois de rappeler certains éléments pour les besoins de la démonstration. L'effacement emporté par la clôture de la procédure de rétablissement professionnel n'est pas définitivement acquis. En effet, il résulte des dispositions de l'article L.645-12 du Code de commerce que, si après la clôture de la procédure, il apparaît que le débiteur a bénéficié du rétablissement professionnel par « une description incomplète de l'actif et du passif du débiteur », le tribunal peut ouvrir une procédure de liquidation judiciaire. Le texte précise que dans cette hypothèse, le tribunal peut fixer la date de la cessation des paiements à la date de l'ouverture de la procédure de rétablissement professionnel sans qu'elle puisse être antérieure de plus de dix-huit mois par rapport au jugement d'ouverture de la liquidation judiciaire. S'agissant des créanciers dont les créances avaient été effacées, ils recouvrent leurs droits et sont même dispensés de déclaration dans la procédure de liquidation ouverte. Par conséquent, on observe que la réouverture de la procédure de rétablissement professionnel par voie de déclenchement d'une liquidation judiciaire constitue une perspective inquiétante au rebond du débiteur. En effet, la simple « description incomplète » suffit à le faire basculer en liquidation judiciaire. On doit remarquer avec un auteur que l'imprécision d'une telle formule est d'autant plus préoccupante que les conséquences de la réouverture sont très graves pour

---

[1] F-X. LUCAS, *op. cit.*, *eod. loc.*
[2] C. com, art. L.645-8 et R.645-10.
[3] C. com., art. R.645-11.
[4] C. com., art. R.645-17.

le débiteur fraîchement rétabli qui voit ses dettes effacées ressusciter[1]. Dès lors, la perspective de rebond s'annonce en demi-teinte. Ceci précisé, évoquons désormais les dettes échappant à la règle de l'effacement des dettes.

2. Les dettes protégées de l'effacement

Comme en droit du surendettement, plusieurs dettes sont préservées de l'effacement (**a**). Au lendemain de l'entrée en vigueur de la loi du 14 février 2022 en faveur de l'activité professionnelle indépendante, l'article L.645-11 du Code de commerce a été complété par de nouvelles dispositions élargissant l'exclusion de certaines dettes[2] (**b**), lesquelles entravent manifestement les possibilités de rebond du débiteur.

a) Avant la loi du 14 février 2022

Une interprétation *a contrario*. Aux termes de l'article L.645-11 du Code de commerce, nous avons vu que l'effacement ne concerne que les créances antérieures au jugement d'ouverture de la procédure de rétablissement professionnel. Cet article étant d'interprétation stricte, ne bénéficieront donc pas de la mesure d'effacement les créances nées pendant la période d'instruction ni celles qui n'auront pas été portées à la connaissance du juge commis et logiquement les dettes nées postérieurement à l'ouverture de la procédure.

Des exclusions explicites. Par ailleurs, l'article précité vise expressément une liste de créances échappant à la mesure d'effacement. Ne peuvent être effacées les dettes correspondant « aux créances des salariés, aux créances alimentaires et aux créances mentionnées aux 1° à 3° du I et au II de l'article L.643-11 ». L'article visé par la technique de renvoi n'est autre que celui relatif à la liste des exceptions au principe de non-reprise des poursuites individuelles après la clôture de la liquidation judiciaire pour insuffisance d'actif. Ainsi en est-il des « actions portant sur des biens acquis au titre d'une succession ouverte pendant la liquidation judiciaire »[3], « lorsque la créance trouve son origine dans une infraction pour laquelle la culpabilité du débiteur a été établie ou lorsqu'elle porte sur des droits attachés à la personne du créancier »[4] et « lorsque la créance a pour origine des manœuvres frauduleuses commises au préjudice des organismes de protection sociale […] »[5]. Quant au II, il concerne la créance de cautions, coobligés et des personnes ayant consenti une sûreté personnelle ou réelle et ayant payé à la place du débiteur[6]. Ceci précisé, quelques observations

[1] F-X. LUCAS, *op. cit.*, n°73.
[2] Version en vigueur depuis le 15 mai 2022 (art. 19, I, loi n°2022-172 du 14 février 2022).
[3] C. com., art. L.643-11, I, 1°.
[4] C. com., art. L.643-11, I, 2°.
[5] C. com., art. L.643-11, I, 3°.
[6] C. com., art. L.643-11, II.

s'imposent. S'agissant, d'abord, des créances salariales. Remarquons que, par définition, elles ne devraient pas exister en cas de rétablissement professionnel[1]. Pour rappel, l'article L.645-1 du Code de commerce impose parmi les conditions d'ouverture de la procédure que le débiteur n'ait employé « aucun salarié au cours des six derniers mois ». Dès lors, il s'agira du cas où le débiteur possède des créances envers un ou plusieurs salariés mais lorsque la fin du contrat de travail est nécessairement antérieure de plus de six mois à l'ouverture de la procédure[2]. Ainsi, en regard des conditions d'ouverture, ces créances seront assez rares. S'agissant du renvoi opéré par le législateur aux 1° à 3° du I et au II de l'article L.643-11 du Code de commerce, celui-ci semble comporter une erreur. En effet, le renvoi au 1° sur les « actions portant sur des biens acquis au titre d'une succession ouverte pendant la procédure de liquidation judiciaire » n'a guère de sens dans la procédure de rétablissement professionnel laquelle proscrit l'existence d'actifs de valeur[3] et n'emporte pas dessaisissement du débiteur. On supposera ici qu'il s'agit d'une maladresse rédactionnelle[4]. Du reste, le renvoi aux créances pour lesquelles la culpabilité du débiteur a été établie, ou portant sur les droits attachés à la personne du créancier ainsi que celles ayant pour origine des manœuvres frauduleuses au préjudice des organismes de protection sociale nous paraît aisément justifié. Comme nous l'avons évoqué lors de l'étude des effets de la clôture de la procédure de liquidation judiciaire pour insuffisance d'actif, la purge des dettes ne peut légitimement profiter au débiteur malhonnête. Par son comportement frauduleux, ce dernier n'est pas digne de bénéficier de la protection du législateur et annihile, par conséquent, ses chances de rebondir.

b) Depuis la loi du 14 février 2022

De nouvelles exclusions. Depuis le 15 mai 2022, l'article L.645-11 du Code de commerce est doté de deux nouveaux alinéas élargissant l'exclusion de certaines dettes de la mesure d'effacement[5]. En effet, cette loi institue un nouveau statut de l'entrepreneur individuel distinguant son patrimoine personnel de son patrimoine professionnel. En d'autres termes, la réforme dote de plein droit tous les entrepreneurs individuels de deux patrimoines distincts, afin de cloisonner les droits de poursuite des créanciers[6]. Ce nouveau statut est largement inspiré de celui de l'EIRL, mis en extinction par la nouvelle loi. Alors que la procédure de rétablissement professionnel excluait antérieurement le débiteur ayant limité sa responsabilité par l'affectation à son activité professionnelle en difficulté d'un

[1] A. LIENHARD, *Procédures collectives*, *op. cit.*, n°128.65.
[2] F-X. LUCAS, *op. cit.*, n°71.
[3] Pour rappel, le seuil de l'actif est limité à la somme de 15 000 euros.
[4] Remarquons cependant qu'en dépit de la modification de l'article L.645-11 intervenue à l'occasion de la loi du 14 février 2022 en faveur de l'activité professionnelle indépendante, ce renvoi au 1° du I de l'article L.643-11 est curieusement maintenu.
[5] Date de l'entrée en vigueur de la loi du 14 février 2022.
[6] R. MORTIER, « Le nouveau patrimoine professionnel de l'entrepreneur individuel », *Rev. sociétés*, n°5, mai 2022, étude 6.

patrimoine distinct de son patrimoine personnel, il était manifeste que les conditions d'ouverture de la procédure tiennent compte de cette évolution notable. Ainsi, en devenant applicable au nouveau statut de l'entrepreneur individuel, la procédure de rétablissement accorde désormais le bénéfice aux EIRL qui peuvent *de facto* prétendre au mécanisme de la purge des dettes. Cette énième avancée législative démontre, comme en droit du surendettement, la volonté d'offrir un droit à « un nouveau départ » à une pluralité de débiteurs. Toutefois, le législateur a souhaité poser certaines limites à cette faveur. Ainsi, le nouvel alinéa 2 de l'article L.645-11 dispose que « ne peuvent être effacées les dettes grevant un patrimoine dont la situation n'est pas irrémédiablement compromise ». En outre, le nouvel alinéa 3 de l'article ajoute qu'« aucune dette ne peut être effacée lorsqu'il apparaît que le montant du passif total est disproportionné au regard de la valeur de l'actif, biens insaisissables de droit non compris ». En effet, depuis l'ordonnance n°2021-1193 du 15 septembre 2021, la procédure de rétablissement professionnel peut être ouverte à l'égard d'un débiteur, personne physique, propriétaire de sa résidence principale puisque « les biens que la loi déclare insaisissables de droit ne sont pas pris en compte pour déterminer la valeur de l'actif »[1]. Autrement dit, la résidence principale du débiteur n'est pas prise en compte dans l'appréciation de l'actif lequel ne doit pas dépasser 15 000 euros. Cette disposition était donc particulièrement favorable au débiteur candidat au rétablissement professionnel. Or, c'eût été oublier la situation du prêteur ayant financé l'acquisition de la résidence principale lequel ne pouvait qu'assister impuissant à l'effacement du crédit octroyé. Vent debout face à cette situation, la doctrine majoritaire a jugé « choquant » que le débiteur propriétaire d'un ou plusieurs immeubles puisse ainsi bénéficier de la procédure de rétablissement professionnel en dépit de sa qualité de propriétaire d'actifs immobiliers importants[2]. En effet, concevoir que la solution puisse aboutir à ce que la dette contractée pour acquérir l'immeuble insaisissable soit effacée, sans que cet immeuble ne soit appréhendé, était tout simplement inimaginable[3]. Pour la doctrine, il y avait donc des limites à ne pas franchir en matière de rebond. C'est en réponse à ce mécontentement doctrinal que le nouvel article L.645-11 précise désormais qu'« aucune dette ne peut être effacée lorsqu'il apparaît que le montant du passif total est disproportionné au regard de la valeur de l'actif, biens insaisissables de droit non compris ». Cette situation corrigée, le tribunal pourra alors écarter la possibilité de l'effacement des dettes au détriment du créancier qui aurait financé l'immeuble du débiteur. Par conséquent, on déplorera de ce « rétropédalage législatif », un droit au rebond en demi-teinte pour le débiteur professionnel imparfaitement rétabli. D'ailleurs, il est à imaginer que cette

---

[1] C. com., art. L.645-1, al.1.

[2] F-X. LUCAS, *op. cit.*, n°62, *adde* J-L. VALLENS, « L'entrepreneur individuel et ses patrimoines », *Recueil Dalloz*, 7 juillet 2022, n°25.

[3] F-X. LUCAS, *op. cit.*, *eod. loc.* ; *adde* P-M. LE CORRE, « Le rétablissement professionnel », *Gaz. Pal.*, 28 juin 2016, p.73 : cet auteur relevait très justement, avant la réforme de 2022, que la présence d'un immeuble insaisissable devrait logiquement être tenue comme un facteur de complexité de la procédure et constituer un motif de ne pas faire bénéficier le débiteur du rétablissement.

nouvelle disposition risque fort d'amenuiser l'attrait du rétablissement professionnel.

Bilan. En définitive, le rétablissement professionnel apparaît plus favorable au débiteur que ne l'est la clôture de la liquidation judiciaire pour insuffisance d'actif. En effet, la clôture du rétablissement professionnel emporte extinction pure et simple du passif antérieur et ce, alors même que le débiteur conserve ses actifs lesquels ne peuvent subir le gage des créanciers. Pour autant, la procédure pose de nombreuses limites. Dès lors que seules les dettes signalées par le débiteur et mentionnées dans le jugement de clôture sont éteintes, « il n'y a pas de purge globale et totale comme à l'issue d'une liquidation judiciaire »[1]. De la sorte, le débiteur nouvellement rétabli peut encore être poursuivi après la clôture au titre des dettes qu'il n'aurait pas signalées, faute d'en avoir eu connaissance. Partant, ses chances de rebond se rétrécissent. Aussi, la possibilité d'un basculement en liquidation judiciaire apparaît comme une épée de Damoclès suspendue au-dessus de la tête du débiteur pendant toute la durée de la procédure et même au-delà. En ce sens, elle n'apparaît plus comme une véritable procédure de « seconde chance »[2]. Si pour certains, le rétablissement professionnel constitue un « enterrement discret et définitif du débiteur »[3], nous pensons au contraire qu'il est la solution ultime face au constat d'une situation sans espoir pour le débiteur lui permettant de repartir déchargé du poids de ses dettes. Attrayante par sa grande rapidité d'exécution, la procédure de rétablissement professionnel est assurément une procédure de rebond lorsque « le débiteur jouera scrupuleusement le jeu en étant de bonne foi et en faisant preuve d'une parfaite transparence à l'égard des organes de la procédure et des créanciers »[4]. De l'étude du régime de l'effacement des dettes, il importe désormais de discuter l'appréciation de la technique d'effacement.

SECTION 3
L'APPRÉCIATION DE LA TECHNIQUE DE L'EFFACEMENT DES DETTES

Le droit de la défaillance économique a franchi une étape supplémentaire dans l'atteinte aux droits des créanciers. Le sacrifice imposé ne se résout plus par la patience mais par l'abandon « forcé » d'une créance[5]. Le rebond procuré par l'effacement des dettes ne peut pas être perçu comme une mesure anodine. La portée de l'effacement des dettes a récemment été précisée par la Cour de

[1] F-X. LUCAS, *op. cit.*, n°75.
[2] N. LEBLOND, « L'expérience du surendettement des particuliers », *Dr. et patr.*, décembre 2014, n°242, pp.71-75, spéc. p.75, Dossier « Réforme du droit des entreprises en difficulté : nouveau rebond pour le débiteur ? », Actes du colloque organisé par le Centre René Demogue, Université de Lille, le 23 mai 2014.
[3] *Ibid.*
[4] F-X. LUCAS, *op. cit.*, *eod. loc.*
[5] C. AMPHOUX, *Le crédit judiciaire*, thèse : Paris 1, 1998, dir. I. URBAIN-PARLEANI, p.336.

cassation qui a jugé que l'effacement emporte extinction de la dette[1]. Toutefois, elle a curieusement estimé que cette extinction ne provoquait pas la disparition de la propriété réservée. Partant, l'extinction de la créance ne serait qu'un miroir aux alouettes (**§1**). Ce constat est d'autant plus pertinent à l'aune de l'épineuse question du sort des garants ayant souscrit un engagement accessoire à celui du débiteur, et ayant été actionné après la mesure d'effacement. De la sorte, il en résulte une remise en cause de la technique de l'effacement des dettes (**§2**).

§1 – L'effacement des dettes, une extinction en trompe-l'œil

Une absence de définition légale. Le droit de la défaillance économique consacre officiellement la technique de l'effacement des dettes tant à l'égard du débiteur particulier que du débiteur professionnel, personne physique. L'objectif est clair : accepter l'échec et accorder une nouvelle chance au débiteur en organisant son rebond. Pour autant, le législateur ne définit aucunement l'effacement. En tentant de le définir négativement, on peut dire que cette technique n'est pas assimilable à une remise de dette au sens du Code civil[2], parce que le créancier ne manifeste pas sa volonté et que, même s'il s'oppose à la mesure, l'effacement lui est tout de même imposé. En effet, la perte du droit du créancier est nécessairement la conséquence d'une décision judiciaire. Aussi, l'effacement ne peut pas être considéré comme une sanction dirigée contre le créancier qui aurait commis une faute en accordant un crédit sans prendre les précautions qui pouvaient s'imposer[3]. Le choix de l'effacement est uniquement ordonné en considération de l'insolvabilité persistante du débiteur ou de sa situation irrémédiablement compromise. Il intervient à titre subsidiaire, si aucune autre mesure ne permet le redressement de la situation du débiteur. À défaut de définition légale, optons pour la définition classique du *Petit Robert* qui définit le verbe « effacer » comme « faire disparaître sans laisser de trace ». Ainsi, l'effacement traduit-il la disparition des dettes du débiteur, entraînant avec elle la libération du débiteur à l'égard de ses créanciers. Sur le plan juridique, le Doyen CORNU définit la « libération » comme « le dénouement de l'engagement du débiteur, le fait de ne plus être tenu d'une obligation quelle que soit la cause de l'extinction de celle-ci ». Dès lors, il est permis d'affirmer que l'effacement constitue un mode d'extinction sans paiement définitif. La mesure d'effacement est sans doute l'une des plus contestables, si l'on considère que l'effacement atteint la créance en plus du droit de poursuite du créancier.

---

[1] Cass. 2e civ., 27 février 2014, n°13-10.891.

[2] C. civ., art. 1350 et s.

[3] J. GHESTIN, M. BILLIAU, G. LOISEAU, *Le régime des créances et des dettes*, LGDJ, 2005, n°1554, p.1312.

Un effacement source d'extinction ? Le choix d'un tel vocable laisse perplexe le juriste qui garde à l'esprit les causes d'extinction de l'obligation de l'ancien article 1234 du Code civil[1], dans lequel « l'effacement » ne figurait pas[2]. D'ailleurs, l'ordonnance du 10 février 2016 ne l'a pas davantage consacré à l'occasion de la refonte du Livre III du Code civil. Même s'il débouche sur « un résultat concret comparable »[3] à celui de la non-reprise des poursuites, l'effacement du rétablissement personnel ou professionnel s'en distingue en ce qu'il affecte l'obligation, non pas seulement dans sa force contraignante, mais « dans son existence même »[4]. De la sorte, l'effacement des dettes est considéré comme une extinction de l'obligation[5]. À cet égard, la Cour de cassation l'a qualifié comme une « extinction de la créance » soulignant, toutefois, qu'il « n'équivalait pas à son paiement » laissant ainsi intacte l'existence d'une clause de réserve de propriété[6]. Pour une partie de la doctrine, il y a lieu de relever ici la confusion terminologique employée par la haute juridiction laquelle « contrevient à la logique du rebond du débiteur » [7]. Le Code civil énumère effectivement les cas généraux de l'extinction de l'obligation : le paiement[8], la compensation[9], la confusion[10] et la remise de dette[11]. Au sein du Code de la consommation par exemple, « l'effacement » cohabite avec le mot « extinction » mais ne saurait y être assimilé. Pour un auteur, l'effacement de dettes trouve son origine dans la procédure de rétablissement et est une exception personnelle au débiteur, tandis que l'extinction de la créance trouve sa cause dans le comportement négligeant du créancier qui a omis de produire sa créance ou de faire tierce-opposition dans les délais légaux[12], et que la loi vient sanctionner[13]. Dès lors, il apparaît que l'effacement et l'extinction de la créance ne peuvent produire les mêmes effets et

[1] C. civ., anc. art. 1234, « Les obligations s'éteignent : par le paiement, la novation, la remise volontaire, la compensation, la confusion, la perte de la chose, la nullité ou la rescision, l'effet de la condition résolutoire [...] et la prescription [...] ». Depuis l'ordonnance du 10 février 2016, les causes d'extinction de l'obligation bénéficient respectivement d'une section insérée au chapitre IV « L'extinction de l'obligation » du Titre IV « Du régime générale des obligations », au sein du livre III « Des différentes manières dont on acquiert la propriété ». Et la technique d'effacement en tant que cause d'extinction n'y figure pas.

[2] C. SAINT-ALARY-HOUIN, « L'effacement des dettes », *Dr. et patr.*, septembre 2009, p.53 ; N. SAUPHANOR, *L'influence du droit de la consommation sur le système juridique*, thèse préc., n°491.

[3] G. PAISANT, « Le traitement du surendettement : l'économie générale de la réforme », *LPA*, 21 mai 1999, p.38, n°13.

[4] K. LAFAURIE, *La force obligatoire du contrat à l'épreuve des procédures d'insolvabilité*, thèse préc., n°355.

[5] V. BOURASSIN, « Sûretés et surendettement des particuliers », *LPA*, 10 octobre 2012, p.4, n°38

[6] Cass. 2e civ., 27 février 2014, n°13-10.891 ; *RD banc. et fin*, 2014, comm. 13, obs. S. PIEDELIÈVRE, *BJE*, juillet-août 2014, p.245, note F. MACORIG-VENIER.

[7] V. MARTINEAU-BOURGNINAUD, *op. cit.*, n°841.

[8] C. civ., art. 1342.

[9] C. civ., art. 1347.

[10] C. civ., art. 1349.

[11] C. civ., art. 1350.

[12] C. consom., art. L.741-3 et L.741-6.

[13] V. MARTINEAU-BOURGNINAUD, *op. cit.*, n°823. Le raisonnement serait également transposable au rétablissement professionnel.

que les conséquences qui y sont attachées doivent être différentes. De cette analyse, l'effacement fait que le créancier ne peut plus poursuivre en paiement le débiteur, mais l'absence d'extinction de la créance fait que les accessoires qui y sont attachés, tels que la propriété réservée ou le cautionnement pour en garantir le paiement, demeurent[1]. Une hésitation persistait effectivement quant à la question de savoir si la libération du débiteur profitait aux garants ayant souscrit un engagement accessoire au débiteur, dans l'hypothèse précise où l'effacement était déjà intervenu au profit du débiteur principal. Rappelons en effet que lorsque le garant est actionné avant l'effacement, il doit logiquement payer, mais la loi lui octroie un recours contre le débiteur[2]. Pour un auteur, « la logique du rétablissement [...] devrait conduire à voir dans la libération que procure au débiteur sa clôture une exception qui lui est purement personnelle et qui, faute d'être inhérente à la dette, ne profite pas à la caution »[3]. Une autre partie de la doctrine postulait au contraire que l'effacement avait bel et bien pour conséquence l'extinction de la dette[4], et que partant, il profitait également aux garants[5]. Si les deux thèses étaient juridiquement valables sans que l'une ait pu prévaloir sur l'autre[6], l'ordonnance n°2021-1192 du 15 septembre 2021 portant réforme des suretés et notamment du droit du cautionnement[7] semble avoir mis fin au débat.

Le sort des garants. « S'il est incontestable que le débiteur se trouve libéré de la quasi-totalité de son passif, lui offrant le départ promis, il demeure l'épineuse question du sort des garants »[8]. La question de savoir si la caution peut bénéficier ou non de l'effacement était effectivement omniprésente en doctrine, en ce qu'elle impactait nécessairement la portée des mesures de rétablissement. Le cautionnement a pour finalité de garantir le créancier contre la défaillance du débiteur. Il présente un caractère accessoire dans la mesure où il est affecté au service de l'obligation principale qu'il garantit. Partant, toutes les causes d'extinction du principal conduisent nécessairement à éteindre le cautionnement[9]. Avant la réforme du 15 septembre 2021, l'article 2313 du Code civil autorisait la caution à « opposer au créancier toutes les exceptions qui appartiennent au débiteur principal, et qui sont inhérentes à la dette ». En revanche, le même texte refusait que la caution puisse opposer les exceptions

---

[1] V. MARTINEAU-BOURGNINAUD, *op. cit.*, n°841.
[2] C. consom., art. L.741-2, C. com., art. L.645-11.
[3] F-X. LUCAS, *op. cit.*, n°72 ; *adde* J-J. TAISNE, « Le paiement des créances éteintes », *Dr et patr.*, décembre 2014, n°242, pp.51-55, spéc. p.55 : « il paraît raisonnable de penser que l'effacement pour cause de rétablissement sera au contraire tenu en jurisprudence comme personnel au débiteur ».
[4] V. BOURASSIN, « Sûretés et surendettement des particuliers », *LPA*, 10 octobre 2012, p.4, n°38.
[5] K. LAFAURIE, thèse préc., n°357 et n°443, *adde* V. VIGNEAU, G-X. BOURIN, C. CARDINI, *Droit du surendettement des particuliers*, op. cit., n°566.
[6] B. GHANDOUR, A. MITTELETTE, F. SENEZ, « Rétablissement professionnel : la réforme du droit des sûretés à la rescousse de la caution d'une dette effacée ? », *LPA*, 4 février 2021, n°25.
[7] V. notamment la loi *PACTE* du 22 mai 2019, art. 60, I, 1°.
[8] *Ibid.*, spéc. p.19.
[9] *Ibid.*, spéc. p.20.

purement personnelles au débiteur. C'est ici que demeurait l'opposition doctrinale. L'avant-projet de réforme du droit des sûretés de l'association Henri Capitant[1] avait permis cependant un éclairage novateur vidant le débat de sa substance[2]. L'article 2299 découlant du projet disposait que « la caution peut opposer au créancier toutes les exceptions, personnelles ou inhérentes à la dette, qui appartiennent au débiteur ». Ici, le texte renouait manifestement avec le caractère proprement accessoire du cautionnement. Approuvée par la doctrine, il semblait que la caution d'un débiteur en difficulté « puisse dans un avenir proche et en toutes circonstances, se prévaloir de l'effacement de la dette qu'elle a cautionnée »[3]. Il en résultait alors la validation de la thèse selon laquelle l'effacement des dettes est un mécanisme extinctif.

Si l'ordonnance du 15 septembre 2021 a suivi à la lettre l'avant-projet de réforme puisque l'article 2293 dispose aujourd'hui que « la caution peut opposer au créancier toutes les exceptions, personnelles ou inhérentes à la dette, qui appartiennent au débiteur, sous réserve des dispositions du deuxième alinéa de l'article 2293 » – suggérant que la caution puisse ainsi se prévaloir de l'effacement – le réformateur a définitivement tranché le débat doctrinal en précisant que « toutefois la caution ne peut se prévaloir des mesures légales ou judiciaires dont bénéficie le débiteur en conséquence de sa défaillance, sauf disposition spéciale contraire ». Dès lors, on déduit que toute poursuite contre la caution à la suite de l'effacement est définitivement possible pour le créancier. Cette réforme traduit le renforcement manifeste de l'efficacité du cautionnement. De la sorte, l'inégalité qui persistait s'agissant du sort des cautions actionnées avant l'effacement et celles actionnées postérieurement a disparu au profit d'un traitement symétrique qu'il faut ici saluer. Abordons désormais l'effet de l'effacement à l'égard de la propriété réservée.

L'efficacité de la clause de réserve de propriété. « La méfiance est reine des sûretés »[4]. Le droit des sûretés a pour finalité d'instaurer une certaine confiance dans un contexte où elle n'existe plus. C'est probablement en raison de l'échec des sûretés traditionnelles à protéger suffisamment le créancier quand le débiteur est insolvable, que la propriété est utilisée depuis quelques années comme une garantie[5]. Il est fréquent en pratique qu'un créancier veuille se prémunir contre l'insolvabilité de son débiteur en se réservant la propriété de la

[1] Association Henri Capitant, « Avant-projet de réforme du droit des sûretés », 2017, [en ligne], *adde* A. BÉZERT, « L'avant-projet de réforme du droit des sûretés de l'Association Henri Capitant : un coup d'épée dans l'eau ? », *RLDC*, 2018, n°155.
[2] B. GHANDOUR, A. MITTELETTE, F. SENEZ, art. préc., p.21.
[3] *Ibid.*
[4] L. GAUDIN, *La patience du créancier : contribution à l'étude de l'effectivité du paiement contractuel*, thèse préc., n°266, l'auteur cite la fable de J. DE LA FONTAINE « Le chat et le vieux rat ».
[5] M. LAROCHE, *Revendication et propriété : du droit des procédures collectives au droit des biens*, thèse : Defrénois, 2007, préf. P. THÉRY, n°159.

chose vendue[1]. Afin d'éviter son sacrifice sur l'autel d'un aléatoire redressement du débiteur, le créancier a souvent imaginé se transformer en propriétaire. Il ajoute ainsi aux garanties de droit commun dans lesquelles il n'a plus tout à fait confiance, « des garanties plus fortes, et plus exactement la plus forte de toutes les garanties, la garantie absolue, celle qui en principe, prime sur tous les privilèges et les superprivilèges, la propriété du bien »[2]. La réserve de propriété offre ainsi la sécurité à laquelle un créancier peut légitiment s'attendre : le paiement[3]. Ainsi, la clause de réserve de propriété est « un mécanisme conventionnel de transfert différé de la propriété qui a pour but de protéger l'aliénateur contre la défaillance de son cocontractant, particulièrement redoutable en cas d'insolvabilité »[4]. Érigée au rang des sûretés réelles depuis l'ordonnance n°2006-346 du 23 mars 2016 relative aux sûretés, la clause de réserve de propriété a pour effet, aux termes de l'article 2367 du Code civil, de « suspendre l'effet translatif d'un contrat jusqu'au complet paiement de l'obligation qui en constitue la contrepartie ». Il en résulte que le bien auquel se trouve attachée la sûreté n'entre pas dans le patrimoine du débiteur tant que le prix n'est pas intégralement payé par lui[5]. Ce mécanisme de garantie tient également son efficacité de ce qu'il bénéficie d'une faveur législative et jurisprudentielle certaine, et plus spécifiquement au regard de l'effacement des dettes. Dans un arrêt du 27 février 2014 ayant fait couler beaucoup d'encre[6], la Cour de cassation a précisé que l'effacement de la dette consécutif à la clôture pour insuffisance d'actif de la procédure de rétablissement personnel[7] dont le débiteur avait bénéficié n'équivaut pas à son paiement. En d'autres termes, la haute juridiction a admis la résistance de la clause de réserve de propriété à l'extinction de la créance reconnaissant ainsi sa pleine efficacité. Le créancier non payé est donc fondé à solliciter la restitution du bien. Ramenés à l'essentiel, les faits étaient les suivants : une débitrice avait souscrit un prêt affecté pour acquérir un véhicule. L'organisme de crédit ayant financé l'acquisition du bien, subrogé dans les droits du vendeur, disposait d'une clause de réserve de propriété. Faute d'un remboursement intégral du prêt, la société avait été autorisée à reprendre le véhicule. La demanderesse au pourvoi estimait que l'organisme de crédit ne pouvait pas faire valoir ladite clause qui s'était éteinte en même temps que la créance principale dont elle constituait l'accessoire. La Cour de cassation, après avoir confirmé que l'effacement entraîne « l'extinction de la créance », rejette

[1] L. ROULAUD, *L'insolvabilité en droit positif*, thèse : Paris XII Val-de-Marne, 2001, dir. D. MAZEAUD, n°1233.

[2] E. CHVIKA, *Droit privé et procédures collectives*, thèse préc., n°164.

[3] *Ibid.*, n°228.

[4] F. PÉROCHON, *La réserve de propriété dans la vente des immeubles corporels*, thèse : LITEC, 1988, préf. F. DERRIDA, n°13.

[5] V. MARTINEAU-BOURGNINAUD, *op. cit.*, n°840.

[6] Cass. 2e civ., 27 février 2014, n°13-10891 : *BJED*, juillet-août 2014, p.217, obs. F. PÉROCHON ; *RTD civ.*, 2014, p.370, obs. H. BARBIER ; v. aussi la solution jurisprudentielle antérieure ayant sanctionné le défaut de déclaration de créance par l'extinction de créance : Cass. com., 9 janvier 1996, *RTD com.*,1997, p.331, obs. A. MARTIN-SERF.

[7] La difficulté relative au sort de la clause de réserve de propriété en cas d'effacement de dette se retrouve tant pour l'insolvabilité des particuliers que celle des professionnels.

cependant cet argumentaire aux motifs que l'effacement du fait de la procédure de rétablissement personnel ne vaut pas paiement et confirme la restitution du véhicule. En retenant ici que l'extinction de la créance entraînée par l'effacement des dettes n'équivaut pas à un paiement, la haute juridiction déduit que le transfert de propriété n'avait pu intervenir au profit de l'acquéreur. Effacer n'est donc pas payer. Et la doctrine a pu déplorer que « l'accessoire ne suit pas toujours le principal »[1]. La question du sort de la réserve de propriété a ressurgi à l'occasion de l'avant-projet de réforme du droit des sûretés élaboré par l'Association Henri Capitant.

Aux termes du deuxième alinéa de l'article 2367 de l'avant-projet, « la réserve de propriété prend fin par l'extinction de cette créance, quelle qu'en soit la cause ». C'est donc à contre-courant de la solution jurisprudentielle précédemment évoquée que se place le texte. De la sorte, l'effacement des dettes emporterait l'inefficacité de la réserve de propriété et s'inscrirait, dès lors, en faveur de la promotion du rebond du débiteur. Pour autant, ce renversement de solution n'a pas convaincu la doctrine qui a plaidé pour le maintien de la solution jurisprudentielle[2]. En effet, le choix de l'avant-projet était justifié par le caractère accessoire de la propriété réservée lequel est clairement affiché à l'article 2367 du Code civil. Or pour un auteur, il paraît plus opportun de qualifier la clause de réserve de propriété de « condition suspensive ». Une telle qualification permettrait « d'expliquer de manière plus cohérente le régime de la clause de réserve de propriété en confirmant, au passage, le maintien de cette clause en cas d'effacement de dette »[3]. La condition a pour objet de faire dépendre l'efficacité du contrat d'un évènement futur et un certain. Appliqué à la clause de réserve de propriété, l'efficacité du contrat correspondrait alors au transfert de propriété, et le paiement du prix par l'acquéreur à l'évènement futur et incertain. Par conséquent, la défaillance de la condition suspensive entraînerait *de facto* la caducité du contrat emportant elle-même restitution. Autrement dit, l'effacement de dette emporterait ici la défaillance de la condition. Outre cette objection technique, la doctrine a pu contester l'avant-projet sur le terrain de la politique juridique menée en matière de traitement de l'insolvabilité[4]. En effet, eu égard à l'attrait des procédures de rétablissement n'ayant plus vocation à rester exceptionnelles, desservir à ce point la réserve de propriété a pu paraître choquant. Il a d'ailleurs été relevé « une incohérence au sein des procédures collectives qui accordent, y compris dans la sauvegarde, une protection très forte au créancier réservataire en lui assurant un paiement prioritaire, et dans le même

---

[1] F. MACORIG-VENIER, « La résistance de la réserve de propriété à l'effacement des dettes », *BJE*, 1er juillet 2014, n°4, p.245 ; *adde* D. VOINOT, « La réserve de propriété », *Rép. com. Dalloz*, mars 2015, p.4.

[2] K. LAFAURIE, « Retour et projection sur le sort de la clause de réserve de propriété en cas d'effacement de dette (à propos de l'avant-projet de réforme du droit des sûretés) », *Dr. et patr.*, 1er avril 2019, n°290, *passim*.

[3] *Ibid.* ; *adde* C. SAINT-ALARY-HOUIN, *Droit des entreprises en difficulté*, op. cit., n°899.

[4] K. LAFAURIE, *ibid.*

temps, l'oublient totalement dans la procédure où les difficultés sont les plus criantes »[1]. C'est de cette manière que la doctrine a rejeté la proposition de modification de l'avant-projet de réforme du droit des sûretés.

La réprobation de la doctrine semble avoir trouvé un écho auprès du réformateur puisque l'ordonnance n°2021-1192 du 15 septembre 2021 ne bouleverse nullement le régime de la réserve de propriété. La proposition qu'offraient l'avant-projet et la loi d'habilitation[2] de restaurer le caractère accessoire de cette sûreté en admettant son extinction en cas d'extinction de la créance garantie n'a pas été retenue[3]. Le législateur n'a donc pas choisi de combattre la jurisprudence ayant retenu le principe de la survie de la sûreté à l'extinction de la créance. Et l'article 2367 du Code civil est logiquement resté inchangé. La réserve de propriété semble bien être cette « reine des sûretés » admirée par de nombreux auteurs. Pour d'autres, elle reste « odieuse dans son principe et meurtrière dans ses effets »[4], notamment à l'égard du débiteur insolvable. Ces éléments précisés, la clause de réserve de propriété ne risque-t-elle pas d'affecter la finalité poursuivie par le droit à un « nouveau départ » ? Si le droit au rebond est fortement encouragé en droit positif, il n'en reste pas moins qu'il doive trouver certaines limites. Si l'issue de la procédure de rétablissement offre la possibilité d'un effacement de ses dettes au débiteur, il peut paraître, pour le moins, révoltant qu'il bénéficie en plus d'un bien objet d'une clause de réserve de propriété dans son patrimoine[5]. Le réformateur de 2021 a estimé qu'il apparaissait injuste qu'un débiteur ayant bénéficié d'une telle mesure de faveur puisse par ailleurs se prévaloir de la qualité de propriétaire d'un bien qu'il n'a pas payé[6]. Il nous semble que le droit au rebond, s'il veut asseoir sa légitimité dans notre système juridique, ne peut pas toujours favoriser le débiteur impécunieux et honnête. Partant, il convient de plaider en faveur d'un droit au rebond « équilibré »[7].

L'obligation naturelle. L'effacement d'une dette n'équivaut pas à son paiement. Ainsi, peut-on envisager que le débiteur reste tenu d'une obligation naturelle. Malgré plusieurs occasions, la jurisprudence n'a jamais condamné

---

[1] *Ibid.*

[2] V. art. 60-1, 8 de la loi n°2019-486 du 22 mai 2019, dite loi *PACTE* : autorisant le gouvernement à « compléter les règles du Code civil relatives à la réserve de propriété, notamment pour préciser les conditions de son extinction et les exceptions pouvant être opposés par le sous-acquéreur ».

[3] C-A. MICHEL, « Réforme du droit des sûretés (Saison 2, Épisode 8) : la réserve de propriété », *Dalloz Actualité*, 22 septembre 2021 ; *adde* F. JULIENNE, « Réforme du droit des sûretés par l'ordonnance du 15 septembre 2021 : valorisation de l'instrumentalisation de la propriété en tant que sûreté », *Quotidien*, décembre 2021, n°N8985BYG.

[4] F. PÉROCHON, art. préc., n°330 : l'auteur cite l'exposé d'un administrateur judiciaire lors d'une journée d'étude sur la réserve de propriété.

[5] K. LAFAURIE, art. préc.

[6] V. obs. H. BARBIER, *RTD civ.*, 2014, p.370, sous Cass. 2e civ., 27 février 2014, n°13-10891.

[7] K. LAFAURIE, art. préc.

l'existence d'une telle obligation[1] dans l'hypothèse d'un paiement volontaire par le débiteur[2]. Cette obligation ne pourrait toutefois trouver son origine que dans la persistance d'un simple devoir de conscience et non dans une obligation civile préexistante désormais dépourvue de sanction juridique[3], comme c'est le cas en droit des entreprises en difficulté[4]. À l'inverse pour une doctrine minoritaire, puisque l'effacement est qualifié d'extinction de l'obligation, il ne laisse rien subsister de cette dernière pas même la *Schuld*[5]. En effet, l'obligation civile est automatiquement éteinte par l'effet du jugement de rétablissement, sans que la loi réserve au débiteur la faculté d'y renoncer. Toutefois, il peut toujours être attendu du débiteur que « le tribunal de sa conscience [...] l'invite à honorer ses engagements effacés »[6]. En effet, la situation financière du débiteur peut avoir évolué depuis l'effacement et « rien n'interdit d'imaginer un retournement de tendance et donc une meilleure fortune : la découverte d'un créneau porteur, la survenue inespérée d'un legs, un gain à l'Euro Millions » et « voici l'ex-débiteur en mesure d'honorer ses anciennes dettes » [7]. L'ancien débiteur « rétabli » peut effectivement, à la faveur d'un « rétablissement de ses affaires »[8], se sentir tenu à l'égard de l'ancien créancier et vouloir s'acquitter de sa dette. Selon nous, et en l'absence de décision jurisprudentielle tranchée, l'hypothèse peut être envisagée sur le terrain de l'obligation naturelle, ce d'autant que l'ex-créancier « restera convaincu de son côté que son dû est toujours là »[9].

§2 – La remise en cause de la technique d'effacement des dettes

Une technique justifiée. La mesure d'effacement est sans doute l'une des plus contestables. Reconnu impécunieux, le débiteur est autorisé à ne pas payer son créancier même si ce dernier est de bonne foi. Parce que l'effacement est une

---

[1] CA Colmar, 20 décembre 1960, *Dalloz*, 1961, p.207 ; Cass. 2e civ., 19 décembre 2013, n°13-40.065 : cette espèce a failli donner une réponse puisque le pourvoi a expressément soutenu que « l'effacement des dettes prononcées dans le cadre de la procédure de rétablissement personnel laisse subsister une obligation naturelle à la charge du débiteur ». Le moyen, tenu pour nouveau car mélangé de fait de droit, a logiquement été jugé comme irrecevable.

[2] Précisons ici que, de la même manière que pour la non-reprise des poursuites prononcée à la suite de la clôture pour insuffisance d'actif, aucune clause particulière ne peut conditionner la persistance de l'effacement de la dette à l'absence de retour à meilleure fortune du débiteur sans porter atteinte à l'ordre public. Avant l'apparition de l'effacement des dettes, la jurisprudence avait pu retenir qu'une clause de retour à meilleure fortune était toujours sous-entendue dans les décisions arrêtant le plan de surendettement (Cass., 1ère civ., 9 février 1994, n°92-04.001). La situation a évidemment évolué depuis la consécration de l'effacement de dette dans le droit positif.

[3] L'obligation civile dite « imparfaite ».

[4] S. GOUNON, *L'insolvabilité*, thèse. préc., n°398.

[5] K. LAFAURIE, *La force obligatoire du contrat à l'épreuve des procédures d'insolvabilité*, thèse préc., n°356 ; v. *supra*, chapitre 1, titre 1, 2nde partie.

[6] D. MAZEAUD, « Le consommateur de crédit immobilier surendetté », *LPA*, 29 juin 1999, n°128, p.21, n°18.

[7] J-J. TAISNE, « Le paiement des créances éteintes », art. préc., p.51.

[8] *Ibid.*

[9] *Ibid.*

mesure imposée au créancier en vertu de laquelle il ne recevra pas le paiement promis, le juge constate l'inexécution du débiteur laquelle devient « licite »[1]. L'effacement des dettes institué par le droit de la défaillance économique entraîne nécessairement des situations délicates à l'endroit de certains créanciers. Une juge des contentieux de la protection a pu témoigner de ces difficultés, donnons-lui la parole : « un bailleur privé, qui détient la plupart du temps qu'un seul bien à louer, vivra l'effacement de l'arriéré de loyers comme une injustice, car pour lui, ce loyer est un complément indispensable de revenus pour sa vie quotidienne »[2]. Cette forme de « déresponsabilisation » est d'autant plus grande que le juge peut d'une seule signature, effacer dans sa totalité, l'endettement d'un débiteur si sa situation est irrémédiablement compromise[3]. Et la magistrate d'ajouter que cette mission incombe au juge qui dans l'accomplissement de sa mission d'apaisement et de régulation sociale se situe « au cœur des paradoxes économiques et sociaux »[4]. Ainsi, même lorsque le créancier est diligent, actif, loyal dans le recouvrement de l'impayé, qu'il consent des sacrifices par le biais d'aménagements volontaires, il se heurte de plus en plus souvent à une mesure dictée par un impératif de justice sociale, dont les procédures de rétablissement sont certainement les plus abouties. Le seul moyen envisagé par le législateur pour endiguer le « phénomène de généralisation de l'impayé »[5] est apparu résider dans l'effacement de celui-ci. Dès lors, il en résulte une technique particulièrement attentatoire aux droits des créanciers dont le droit au respect des biens et plus largement le droit de propriété[6], sont nécessairement lésés. À cet égard, la Cour de cassation, statuant sur la recevabilité d'une question prioritaire de constitutionnalité relative à la mesure de rétablissement personnel sans liquidation judiciaire, a retenu que « cette mesure portant atteinte seulement aux conditions d'exercice du droit de propriété, n'est pas contraire à la Constitution ; de surcroît elle poursuit un but d'intérêt général et l'atteinte est proportionnée au but poursuivi »[7]. Cette solution jurisprudentielle est, de notre point de vue, transposable à la procédure de rétablissement professionnel.

La critique du choix de l'effacement. Si la technique de l'effacement des dettes est justifiée sur le terrain de la politique juridique en faveur des débiteurs les plus démunis, la doctrine déplore toutefois l'éclatement infondé du traitement des situations désespérées[8]. En effet, le législateur a choisi de traiter la dette par

---

[1] C. CHABAS, *L'inexécution licite du contrat*, thèse préc., n°210.
[2] H. VOLLAIRE, « Appréciations sur la réforme du surendettement : le point de vue du juge de l'exécution », *Rev. dr. banc. et fin.*, n°6, novembre 2011, dossier 36.
[3] Sous réserves des autres conditions posées par la loi.
[4] *Ibid.*
[5] E. PERRU, *L'impayé*, thèse préc., n°631.
[6] « La propriété étant un droit inviolable et sacré, nul ne peut en être privé, si ce n'est lorsque la nécessité publique, légalement constatée, l'exige évidemment, et sous condition d'une juste et préalable indemnité ».
[7] Cass., 2e civ., 19 décembre 2013, n°13-40.065, *RPC*, 2014, n°46, obs. S. GJIDARA-DECAIX.
[8] K. LAFAURIE, thèse préc., n°358.

deux techniques : la première celle de l'effacement applicable aux procédures de rétablissement, la seconde, relative à la paralysie du droit d'exiger de la liquidation judiciaire. Or, il apparaît qu'aucune raison ne justifie une telle différence de traitement. Pour un auteur « le débiteur soumis à un rétablissement personnel ou professionnel n'est pas plus méritant que le débiteur bénéficiant d'une clôture pour insuffisance d'actif »[1]. L'argument tiré de la bonne foi ne saurait guère être davantage retenu ici puisque l'ensemble des procédures impose au débiteur d'être de bonne foi. La seule différence tient au moment de sa vérification. En matière de rétablissement, nous avons vu que le contrôle s'opérait *a priori*, puisque la bonne foi est une condition d'ouverture. Alors qu'en liquidation judiciaire, dans le souci de préserver la distinction entre l'homme et l'entreprise, le contrôle de la bonne foi du débiteur a lieu *a posteriori* de l'ouverture de la procédure. Une doctrine minoritaire plaide ainsi en faveur de la disparition pure et simple de la technique de l'effacement au profit de la « généralisation de l'extinction du seul droit d'exiger »[2]. Or, mettre fin à la technique de l'effacement des dettes n'aurait aucune incidence sur l'altération de la force obligatoire du contrat, laquelle est déjà importante avec la seule paralysie définitive de l'exigibilité de l'obligation[3]. Aussi, il est régulièrement opposé que l'effacement constitue un « mauvais signal donné au débiteur »[4] et qu'il n'y a même aucun intérêt à dépasser l'extinction du droit d'exiger du créancier. Généraliser l'extinction du seul droit d'exiger aurait le mérite de donner « un résultat plus équilibré et ne pas faire oublier la dette, ne serait-ce morale, qu'a le débiteur envers son créancier sacrifié ». Or, cet argument ne convainc pas puisque, selon-nous, le paiement volontaire est envisageable sur le terrain de l'obligation naturelle, en l'absence de position jurisprudentielle. Aussi, l'argument qualifiant le caractère « catastrophique » de l'image donnée par l'effacement en matière d'efficacité des garanties – notamment pour les partisans de la thèse retenant l'effacement comme une exception inhérente à la dette libérant l'engagement de la caution –, ne tient pas davantage au lendemain de l'ordonnance du 15 septembre 2021 laquelle a définitivement tranché le débat. La seule critique qui pourrait cependant emporter notre conviction réside dans la remise en cause de l'automaticité de l'effacement des dettes. Une partie de la doctrine dénonce, en effet, le caractère automatique des mesures libératoires du droit français et encourage à l'inspiration des droits étrangers où l'octroi de telles mesures est davantage conditionné[5].

---

[1] *Ibid.*

[2] *Ibid.* ; *adde* C. BERGER-TARARE, « De la concurrence entre la liquidation judiciaire et le rétablissement professionnel », *RPC*, mai-juin 2014, étude 12, p.22.

[3] *Ibid.*, n°360.

[4] *Ibid.*

[5] M. STEFANIA, *L'effacement des dettes et la non-reprise des poursuites : procédures de désendettement sans paiement*, thèse : Paris 1, 2011, dir. P. LE CANNU, *passim* : pour lutter contre l'effet drastique des mesures libératoires et de l'anéantissement des relations contractuelles, l'auteur plaide en faveur d'un pouvoir modérateur sur l'étendue de l'effacement ou de la non-reprise des poursuites concernant certaines dettes. Il propose par ailleurs, sur le modèle allemand, l'instauration d'un

L'effacement en droit comparé. Comme en droit français, une majorité de pays admet aujourd'hui que le débiteur insolvable et honnête puisse bénéficier d'une « seconde chance »[1] par des dispositifs de remise de dettes ou de non-reprise des poursuites. Ainsi en est-il de la France, des États-Unis, précurseurs en la matière, et des États membres de l'OHADA[2]. Pour autant, rares sont les pays où l'automaticité de la libération intervient au sortir de la procédure. Partant, le rebond du débiteur est difficilement envisageable. Dans de nombreux États, la remise de dettes n'est pas automatique, elle est conditionnée et intervient à l'issue d'une période plus ou moins longue de « mise à l'épreuve du débiteur »[3]. Pour de nombreux pays à tendance législative pro-créancière, les créanciers n'ont pas à assumer l'échec de l'entrepreneur ou du particulier. Dans ce cas, « le droit de ne pas payer ses dettes » est purement proscrit. Ainsi, le maintien d'une obligation de payer du débiteur permet de « discipliner son comportement financier »[4], ce qui revient à moraliser considérablement la purge des dettes. D'ailleurs, ces législations s'obstinent à maintenir une défiance à l'égard du débiteur failli lequel est nécessairement fautif, pas seulement par sa malhonnêteté, mais aussi par son incompétence ou son imprudence. Un auteur a pu à cet égard recenser plusieurs situations de pays où la culture du rebond est quasi inexistante[5]. Ainsi en est-il du Luxembourg qui insère par exemple une clause de retour à meilleure fortune dans les sept années suivant le jugement de clôture pour insuffisance d'actif[6]. Il en résulte que la seconde chance est donc impossible pendant cette période. Aussi, le dirigeant de société ou l'entrepreneur individuel perd « son honorabilité professionnelle » s'il n'acquitte pas l'ensemble des dettes publiques de son entreprise[7]. En Allemagne, en dépit de la clôture de la procédure d'insolvabilité, les créanciers peuvent recouvrer leurs créances résiduelles à l'encontre du débiteur sans restriction car la créance n'est éteinte qu'à hauteur du dividende versé[8]. Dans ce cadre, la libération de la dette résiduelle est effective à l'issue d'une période de bonne conduite de cinq ans[9]. En Espagne, la « ley de la segunda

processus à respecter avant d'obtenir l'effacement, une sorte de période de bonne conduite à l'issue de laquelle le débiteur mériterait la mesure de faveur.

[1] P. NABET, *L'efficacité du droit des entreprises en difficulté en droit interne et international*, HDR : Université de Lorraine, 2020, dir. C. HOUIN-BRESSAND, spéc. p.95.

[2] D. TAKAFO-KENFACK, « Le jeu de funambule dans la réglementation du rebond en droit OHADA des entreprises en difficulté, *BJE*, 2017, n°1, p.45.

[3] P. NABET, *ibid.*

[4] *Ibid.*

[5] *Ibid.* p.96.

[6] Art. 573 du Code de commerce luxembourgeois.

[7] P. NABET, thèse préc., p.96 : l'auteur explique que la conséquence de cette déchéance est la révocation pure et simple de son autorisation d'établissement et de son droit d'exercer le commerce, sauf si le débiteur démontre l'existence d'un arrangement transactionnel avec les créanciers publics.

[8] *Ibid.* p.97 : l'auteur indique que les personnes physiques ont toutefois la possibilité de demander une libération de la dette résiduelle.

[9] *Ibid. eod. loc.* : au cours de cette période intitulée « période de cession », le débiteur doit céder à un administrateur fiduciaire désigné par le tribunal la part saisissable de ses salaires et la moitié de la valeur des biens qu'il pourrait acquérir par succession.

oportunidad », ou mécanisme de la « seconde chance », semble quant à elle avoir adopté la « culture du rebond ». Elle présente, en effet, des similitudes patentes avec les procédures françaises de rétablissement, en ce que la législation espagnole propose, depuis 2015, un dispositif d'exonération de dettes à destination tant des particuliers que des professionnels indépendants, de bonne foi[1]. Aujourd'hui, la majorité des États membres de l'Union européenne connaît des dispositions similaires favorables à une remise de dettes à l'issue d'une mise à l'épreuve dont les modalités et la durée peuvent toutefois varier[2]. En effet, la directive du 20 juin 2019 relative aux cadres de restructuration préventive, à la remise des dettes et aux déchéances, tend aujourd'hui à assurer un cadre minimal dans tous les États membres afin de garantir à l'échelle européenne l'existence d'un droit au rebond du débiteur. Dès lors, pour les États membres ne connaissant pas ou peu de mesures de faveur pour le débiteur honnête, la transposition de la disposition constituera une avancée évidente en matière de rebond des entrepreneurs insolvables ou surendettés[3]. En résumé, la directive impose à chaque État membre de garantir le rebond du débiteur en octroyant une remise de dettes à l'issue d'un délai raisonnable[4] mais uniquement à l'égard du débiteur de bonne foi[5]. Elle prévoit également l'exclusion de certaines dettes dont la majorité sont, comme en droit français, pleinement justifiées[6]. Toutefois, on doit regretter que la directive permette certaines dérogations en laissant par exemple à un État membre la possibilité d'exclure de toute remise une catégorie spécifique de dettes[7]. On imagine ici la situation de l'État membre qui, réfractaire aux mesures de faveur pour les débiteurs, saisira l'opportunité d'éluder de son système la plénitude du droit à la « seconde chance » en recourant massivement aux dérogations permises par la directive. Le législateur européen se retranche ici derrière la nécessité d'une dérogation pour « garantir l'équilibre entre les droits du débiteur et les droits d'un ou plusieurs créanciers »[8], ce qui peut également se justifier. Le droit français, figure de modèle en la matière puisqu'il va plus loin que la directive, n'a donc pas eu besoin d'adapter son droit des entreprises en difficulté[9] comme en témoigne la transposition intervenue à l'occasion de

---

[1] Sous réserves de respecter d'autres conditions telles que le fait que le débiteur ne doit pas avoir été déclaré coupable dans la procédure d'apurement collectif des dettes, ni avoir bénéficié de la procédure au cours des dix dernières années, ne pas avoir été condamné pour des infractions de faux en écriture, contre le patrimoine, l'ordre public, le Trésor public, la Sécurité sociale ou contre les droits des travailleurs. Comme en droit français, certaines dettes échappent à la purge des dettes, telles les créances relevant du droit public et les dettes alimentaires.

[2] P. NABET, thèse préc., p.98.

[3] *Ibid.* p. 100. ; v. *supra* chapitre 1, titre 1, 1ère partie.

[4] Directive (UE) 2019/1023, article 23.

[5] Directive (UE) 2019/1023, article 23, §1.

[6] Directive (UE) 2019/1023, article 23, §4.

[7] *Ibid.*

[8] V. notamment le considérant n°79 de la directive qui donne l'exemple pertinent d'une créancier « personne physique qui a besoin d'une plus grande protection que le débiteur ».

[9] La loi du 14 février 2022 constitue à cet égard une logique de parachèvement du droit au rebond du débiteur par le nouveau statut de l'entrepreneur individuel.

l'ordonnance n°2021-1193 du 15 septembre 2021. Pour ce qui est des autres systèmes, patientons jusqu'aux lois de transposition dans les différents États membres pour apprécier l'effet réel de la directive en faveur d'un droit au rebond du débiteur[1].

Bilan. Dès lors, la proposition de supprimer la technique de l'effacement des dettes perd de sa pertinence en regard de l'émergence d'un droit européen du rebond, lequel consacre pleinement la remise totale de dettes. Si pour une partie de l'imaginaire collectif, les débiteurs profiteraient du régime favorable des procédures d'insolvabilité leur permettant d'abandonner leurs dettes après s'être enrichis au détriment des créanciers, cette objection n'est plus tenable. Sans nier l'existence de débiteurs malhonnêtes et indélicats, il convient de relativiser les choses en précisant que ces derniers sont heureusement peu nombreux. D'ailleurs, précisons qu'à l'issue des procédures de rétablissement ou de liquidation judiciaire, la situation du débiteur n'est pas toujours enviable. Ce dernier en ressort généralement ruiné et psychologiquement affecté. Si la purge de son passif apparaît comme une bouffée d'oxygène, le rebond n'est pas toujours aisé. Quoi qu'il en soit, le droit français organise un droit au rebond uniquement à destination des débiteurs honnêtes, ce qui a le mérite de combattre les débiteurs indélicats susceptibles d'instrumentaliser ces procédures de faveur[2]. Suffisamment encadré, comme en témoigne la litanie des exceptions échappant à la mesure d'effacement, le droit français du rebond, bien que généralisé par les dernières réformes législatives, reste un droit éminemment conditionné.

[1] P. NABET, thèse préc., p.101.
[2] *Ibid.* p.101.

CONCLUSION DU CHAPITRE 2

Les procédures de rétablissement personnel et professionnel sont incontestablement des mesures de rebond. Par leur caractère subsidiaire, elles sont destinées aux débiteurs, personnes physiques, dont la situation est des plus obérées. L'analyse des conditions et du régime de l'effacement des dettes dans les deux procédures a permis de relever une parfaite universalité de traitement. Cela traduit la conséquence d'un changement de philosophie irriguant l'ensemble du droit de la défaillance : assurer efficacement le rebond du débiteur. Au gré des évolutions législatives, le législateur n'a pas hésité à élargir un peu plus l'éligibilité de certains débiteurs et de certaines de leurs créances aux procédures de rétablissement. Par cette promotion du droit au rebond, il est permis d'affirmer qu'« aucun débiteur ne semble désormais laissé sur le bord du chemin de l'effacement des dettes »[1]. Les procédures de rétablissement n'ont plus vocation à rester exceptionnelles. Le mouvement de simplification des procédures et la nécessité d'assurer un « nouveau départ » le plus rapide au débiteur encouragent à y recourir davantage. C'est dans cette perspective que le législateur, au sujet du rétablissement professionnel, a imposé au tribunal l'obligation de vérifier son applicabilité avant l'ouverture d'une liquidation judiciaire.

Toutefois, soucieux de moraliser le bénéfice d'une telle faveur, le législateur impose plusieurs conditions tenant notamment au comportement du débiteur, dont l'honnêteté est un absolu nécessaire légitimant le droit au rebond. Un comportement fautif du débiteur risquerait, en effet, de subvertir les règles de la procédure particulièrement bénéfiques à sa réhabilitation. Une fois de plus, le droit au rebond doit se mériter. Alors que les procédures de rétablissement ont pour but affiché d'offrir une « seconde chance » aux débiteurs les plus démunis par la suppression radicale de leurs dettes passées, la loi prévoit toutefois une litanie de dettes exclues de l'effacement. Si pour certaines d'entre elles, de solides raisons le justifient, pour d'autres les motivations du législateur sont déconcertantes en regard de la logique de rebond promue par lui depuis plusieurs années. Il est assez déstabilisant d'observer que d'un côté le législateur assure l'efficacité du rebond et de l'autre, participe à son ineffectivité.

Faute d'être admis au titre des causes légales d'extinction, l'effacement emporte seulement extinction de l'obligation de paiement dans les rapports entre créancier et débiteur, bien qu'une exécution spontanée demeure possible. Toutefois, l'extinction de l'obligation de paiement est sans incidence à l'égard de la caution qui n'a pas encore payé, comme a pu récemment le confirmer le législateur, mettant ainsi fin à l'éternel débat doctrinal qui dominait la matière. Enfin, la proposition de supprimer la technique de l'effacement des dettes de notre système perd de sa vigueur au regard de l'émergence d'un droit européen

[1] E. MOUIAL-BASSILANA, « La redéfinition du surendettement des particuliers par l'inclusion des dettes professionnelles : enjeux et conséquences », art. préc.

du rebond, lequel consacre pleinement la remise totale de dettes. D'ailleurs, si le droit français organise un droit au rebond, uniquement à destination des débiteurs honnêtes, celui-ci paraît suffisamment encadré. Bien que généralisé par les dernières réformes, le rebond procuré par l'effacement des dettes demeure un droit éminemment conditionné.

TITRE 2
LES MESURES DESTINÉES À AMÉLIORER LE REBOND

Gommer les stigmates de la défaillance. Au-delà de la purge des dettes, le législateur poursuit sa politique de rebond en tentant de renforcer l'effectivité du droit à un nouveau départ par la levée de plusieurs obstacles (**Chapitre 1**). Ainsi s'efforce-t-il de lever certains stigmates des difficultés passées du débiteur. Ce souci de perfectionnement se vérifie également à l'égard des débiteurs fautifs dont le sort s'est humanisé au fil des années, en dépit des dégâts causés sur le tissu économique. Après tout, « rebond » ne rime-t-il pas avec « pardon » ?

Accompagner le débiteur. En dépit de dispositifs légaux attrayants et des efforts du législateur pour estomper les traces de la défaillance du débiteur, le poids de l'échec demeure omniprésent. La stigmatisation nourrit la peur des mécanismes légaux de traitement des difficultés et fragilise en conséquence toute perspective de rebond (**Chapitre 2**). Cette lutte contre la stigmatisation n'est plus seulement l'affaire du législateur. Depuis quelques années, ce dernier est appuyé par un écosystème associatif fédéré autour de la déstigmatisation de l'échec dont la finalité est d'accompagner le débiteur à rebondir.

Chapitre 1 – La poursuite de garantie du rebond

Chapitre 2 – La lutte contre la stigmatisation du débiteur

CHAPITRE 1
LA POURSUITE DE GARANTIE DU REBOND

« *Avant de rebondir, il faut pouvoir atterrir.* »[1]

Bienheureux le débiteur dont le passif est purgé dans l'intérêt de son « rebond »[2]. Fraîchement rétabli, le débiteur doit-il encore pouvoir réellement rebondir. Si les droits de l'insolvabilité participent à la promotion du rebond par des mécanismes légaux de purge des dettes permettant au débiteur de repartir de zéro, il apparaît qu'ils poursuivent aussi leur élan en assurant l'effectivité du droit à un « nouveau départ ». Dans une perspective de continuation de l'objectif de rebond, le droit de la défaillance économique a institué des mesures destinées à lever les obstacles au rebond (**Section 1**). Au-delà de la purge de son passif, la réhabilitation du débiteur s'opère par son droit à être oublié même si pour l'heure celui-ci demeure à l'état de gestation. La promotion du rebond se poursuit également par une logique d'humanisation à l'égard du dirigeant fautif dont il est apparu nécessaire d'accompagner la réinsertion dans la vie des affaires. Aussi, le législateur, en quête de perfectionnement, a institué un nouveau statut pour l'entrepreneur individuel dont le cadre est manifestement « plus propice au rebond » selon l'exposé des motifs[3] de la loi du 14 février 2022 (**Section 2**).

SECTION 1
LA LEVÉE DES OBSTACLES AU REBOND

Afin de garantir au débiteur les moyens de rebondir, le législateur lui permet d'être partiellement libéré des stigmates de sa défaillance. Mais ce droit à être oublié reste encore balbutiant, bien que les dernières réformes aient participé à son renforcement (**§1**). Aussi, les mesures destinées à éliminer le débiteur ayant entaché la morale des affaires par son incompétence ou sa malhonnêteté, privent ce dernier de toute possibilité de rebond. Toutefois, un mouvement d'humanisation a conduit à une amélioration manifeste du sort du dirigeant fautif (**§2**).

§1 – L'émergence d'un droit à être oublié

Le droit au rebond consacre le droit d'être libéré de son passif mais aussi celui « d'être libéré de son passé »[4]. Si la disparition de plusieurs mesures stigmatisantes participe à la réhabilitation du débiteur honnête ayant échoué (**A**), ce dernier n'est

---

[1] C. DELATTRE, « Le ministère public : organe de contrôle des nouvelles dispositions dont la procédure de sortie de crise », *in* Dossier « Regards croisés sur la réforme du droit des entreprises en difficulté », *RPC*, janvier-février 2022, n°1., actes publiés à la suite du colloque éponyme qui s'est tenu à Lille le 17 novembre 2021, spéc. n°12.

[2] J-J. TAISNE, « Le paiement des créances éteintes », art. préc., spéc. p.51.

[3] « Exposé des motifs », loi n°2022-172 du 14 février 2022 [en ligne].

[4] V. BOURGNINAUD, « Le rebond du débiteur », *BJE*, mars-avril 2022, n°BJE200n2, p.61.

pas complètement libéré des traces des difficultés passées lesquelles subsistent dans la mémoire collective. Ceci est justifié par la nécessité de préserver l'ordre public économique (**B**).

A) La réhabilitation du débiteur, gage de rebond

Du droit à l'oubli au droit à être oublié. Le « droit à l'oubli » est une notion pluridisciplinaire. En droit pénal, elle est communément rattachée au mécanisme de la prescription ou aux lois d'amnistie[1]. L'oubli peut être défini par ses synonymes : l'effacement ou encore la disparition. Ainsi, le « droit d'oublier » impose collectivement le silence sur le passé d'un individu « dans le but de garantir la paix et la cohésion sociale »[2]. Par ailleurs, le droit à l'oubli a récemment innervé le domaine de la santé puisque la loi n°2016-141 du 21 janvier 2016 portant modernisation de notre système de santé[3] l'a inscrit dans le Code de la santé publique. L'objectif est de permettre aux personnes guéries de pathologies cancéreuses d'améliorer leur accès à l'assurance de crédit. Dans ce cadre, le droit à l'oubli se traduit par l'absence de l'obligation de déclarer à l'assureur une pathologie. Récemment, le législateur a réduit le délai[4] de ce droit pour faciliter davantage l'accès au crédit des anciens malades du cancer. C'est dans le secteur du numérique que le droit à l'oubli est cependant omniprésent. Il est apparu dans le contexte de la multiplication des données internet. Depuis 2014, ce droit est consacré à l'échelle de l'Union européenne depuis un célèbre arrêt de la Cour de justice de l'Union européenne (CJUE)[5]. Dans cette affaire, un ressortissant espagnol, ayant fait l'objet douze ans plus tôt d'une saisie suivie d'une vente aux enchères immobilières pour l'apurement de son passif, avait constaté que son identité demeurait associée à cette information sur le moteur de recherche Google. La juridiction espagnole avait alors interrogé la CJUE en se fondant sur la directive 95/46/CE du 24 octobre 1995 relative à la protection des personnes physiques à l'égard du traitement des données à caractère personnel et la Charte des droits fondamentaux de l'Union relative au droit au respect de la vie privée et des données personnelles[6]. Pour la juridiction européenne, même si des informations personnelles ont été agrégées en toute légalité, le moteur de recherche doit toutefois les supprimer ou les rectifier à la demande de l'intéressé, lorsque celles-ci « se révèlent inadéquates, pas ou plus pertinentes ou excessives ».

---

[1] C. ROBACZEWSKI, « Le droit à l'oubli », in Dossier « Droit des entreprises en difficulté : nouveau rebond pour le débiteur ? », Dr. et patr., n°242, décembre 2014, p.56.

[2] *Ibid.*

[3] art. 190 de la loi n°2016-141 du 21 janvier 2016.

[4] Loi n°2022-270 du 28 février 2022 pour un accès plus juste, plus simple et plus transparent au marché de l'assurance emprunteur, dite loi *Lemoine*. Depuis le 1er juin 2022, la loi réduit à cinq ans le droit à l'oubli pour les personnes ayant eu un cancer contre dix ans auparavant.

[5] CJUE, 13 mai 2014, affaire C-131/12 Google Spain et Google c/ AEPD et Costeja Conzales ; *adde* L. MARINO, « Un « droit à l'oubli » numérique consacré par la CJUE », *JCP G*, 2014, 768, du même auteur : « Comment mettre en œuvre le « droit à l'oubli » numérique ? », *Dalloz*, 2014, p.1680.

[6] Art. 7 et 8 de la Charte des droits fondamentaux de l'Union européenne.

Ainsi, il en ressort que le droit au respect de la vie privée et à la protection des données personnelles doit prévaloir sur l'intérêt économique du moteur de recherche[1]. Ici, le droit à l'oubli ne permet pas à un internaute de demander à un hébergeur comme Google de supprimer des pages[2] mais bien des liens. Autrement dit, il s'agit d'obtenir le « dé-référencement » afin de garantir la « e-réputation » de l'individu[3]. Le droit de la défaillance économique n'échappe pas à cette consécration du droit à l'oubli.

Défaillance économique et droit à être oublié. Comme le droit à l'oubli, le « droit à être oublié » peut se manifester à l'égard d'un individu qui souhaite faire table rase de son passé pour mieux rebondir et « retrouver sa place dans la société »[4]. Parce que le débiteur n'est pas toujours malhonnête, il peut revendiquer le « droit à être oublié » dans l'objectif de se réinsérer dans le circuit économique en dépit de son impécuniosité[5]. Le droit du débiteur malchanceux de rebondir à l'issue de sa défaillance impose alors de gommer les stigmates des difficultés passées. Par conséquent, le droit à être oublié apparaît comme une condition *sine qua non* à la politique de rebond défendue par le législateur. La réhabilitation du débiteur est perceptible tant en droit du surendettement (**1**) qu'en droit des entreprises en difficulté (**2**).

1. En droit du surendettement

La réhabilitation du débiteur après le rétablissement personnel. À l'issue de la procédure de rétablissement personnel avec liquidation judiciaire, le débiteur est libéré par l'effacement de son passif. La clôture de la procédure met fin au dessaisissement dont le débiteur était frappé depuis le jugement d'ouverture au profit du liquidateur. Il retrouve l'intégralité de ses droits et actions sur son patrimoine et la mission du liquidateur prend fin. Aussi, la réhabilitation du débiteur se traduit par la mainlevée de l'interdiction d'émettre des chèques. Selon l'article L.743-1 du Code de la consommation, « les dettes effacées en application des dispositions des articles L.741-2, L.741-6, L.741-7 et L.742-21 valent régularisation des incidents au sens de l'article L.131-73 du Code monétaire et financier ». L'effacement vaut donc régularisation des incidents de paiement caractérisés par le refus de paiement par la banque d'un chèque pour

[1] C. ROBACZEWSKI, art. préc., spéc. p.59.
[2] Bien que la notion de « droit à l'effacement » commence à être développée par la législation européenne.
[3] Depuis, le moteur de recherche Google a lancé un formulaire permettant, sous certaines conditions, à tout intéressé de demander la suppression de la liste des résultats des liens obtenus en tapant son nom. Au premier jour de sa mise en place, pas moins de 12 000 requêtes étaient déjà enregistrées.
[4] C. ROBACZEWSKI, art. préc., spéc. p.56.
[5] *Ibid.*

défaut de provision suffisante[1]. Conformément à l'article R.743-1 du Code de la consommation, le greffe établit une attestation indiquant que l'incident est régularisé par suite de l'effacement total de la créance. Lorsque l'effacement intervient à l'occasion d'un rétablissement personnel sans liquidation judiciaire imposé par la commission, celle-ci établit l'attestation et l'adresse par voie postale au débiteur. Le même texte impose à l'établissement teneur de compte d'aviser la Banque de France de cette régularisation « au plus tard le deuxième jour ouvré suivant la remise par le débiteur » de l'attestation. Rappelons que si les dettes effacées valent régularisation des incidents de paiement, elles ne sont toutefois pas réputées payées[2].

2. En droit des entreprises en difficulté

La réhabilitation du débiteur après la liquidation judiciaire ou le rétablissement professionnel. La clôture de la procédure de liquidation judiciaire met fin au dessaisissement du débiteur. Ce dernier redevient alors « maître de ses droits »[3] et ne subit plus aucune des restrictions de pouvoir qu'avait emportées pour lui la procédure de liquidation judiciaire. La mission du liquidateur prend également fin. La clôture de la liquidation judiciaire, comme celle de la procédure de rétablissement professionnel, suspendent les effets de la mesure d'interdiction d'émettre des chèques[4] dont le débiteur a pu être frappé avant l'ouverture de la procédure[5]. Comme le débiteur particulier, la clôture de la procédure réhabilite le débiteur en ce qu'il recouvre la possibilité d'émettre des chèques. Aux termes de l'article R.643-22 du Code de commerce, le débiteur remet copie du jugement de clôture à l'établissement de crédit à l'origine de l'interdiction d'émettre des chèques. La loi impose à l'établissement de crédit d'informer par la suite la Banque de France « de la suspension de cette interdiction aux fins de régularisation ».

La suppression de la mention de la liquidation judiciaire au casier judiciaire du débiteur. Le casier judiciaire est un fichier informatisé reprenant les condamnations pénales des individus, il constitue la « mémoire du système judiciaire ». Il se compose de trois bulletins. Le bulletin n°1 reprend notamment les condamnations pénales (crimes, délits et contraventions), les décisions administratives et disciplinaires qui instaurent une interdiction d'exercer une activité professionnelle, les condamnations qui prononcent la déchéance de l'autorité parentale et les compositions pénales. Le bulletin n°2 reprend

[1] V. MARTINEAU-BOURGNINAUD, *Procédures de surendettement des particuliers et rétablissement personnel*, *op. cit.*, n°971.
[2] V. *supra*, chapitre 2, titre 1, 2nde partie.
[3] F-X. LUCAS, *Manuel de droit de la faillite*, *op. cit.*, n°344.
[4] C. com., art. L.643-12.
[5] Rappelons que la mesure d'interdiction est réactivée dans l'hypothèse où le débiteur est privé du bénéfice de la règle de non-reprise des poursuites après le jugement de clôture.

l'ensemble des décisions judiciaires et sanctions administratives[1]. Enfin, le bulletin n°3 ne concerne que les condamnations pénales pour crime ou les délits supérieurs ou inférieurs à deux ans d'emprisonnement sans sursis, certaines déchéances ou incapacités en cours d'exécution[2] et les mesures de suivi-socio judiciaire et peines d'interdiction d'exercer une activité professionnelle ou bénévole impliquant un contact habituel avec des mineurs. Le bulletin n°1 ne peut être demandé que par les autorités judiciaires et pénitentiaires. Le bulletin n°2 ne peut être sollicité que par l'employeur et certaines autorités habilitées[3], et le bulletin n°3 peut être demandé par l'intéressé lui-même. Ces éléments rappelés, aux termes du 5° de l'article L.768 du Code de procédure pénale, figuraient sur le casier judiciaire[4] des personnes physiques « les jugements prononçant la liquidation judiciaire à l'égard d'une personne physique, la faillite personnelle ou l'interdiction prévue par l'article L.635-8 du Code de commerce ». Dès lors, on imagine les difficultés posées pour l'ex-débiteur lorsqu'un employeur sollicitait une copie du bulletin n°2 de l'intéressé. L'apparition de la mention de la liquidation judiciaire stigmatisait considérablement l'individu qui était pourtant parfaitement honnête. Victime des affres du monde économique, un débiteur touché par la conjoncture économique peut se retrouver rapidement confronté à de graves difficultés économiques rendant inévitable le dépôt de bilan[5]. Or dans cette hypothèse, il subissait nécessairement une double peine par la persistance des stigmates de sa défaillance lorsqu'il entreprenait une nouvelle activité salariale à l'issue de la procédure collective. Maintenir une telle mention revenait aussi à entretenir l'idée selon laquelle la liquidation judiciaire est une procédure infâmante. Aux fins de faciliter le rebond de l'entrepreneur, l'article 57 de la loi *PACTE* du 22 mai 2019 a supprimé la mention de la liquidation judiciaire[6] sur les bulletins n°1 et n°2 du casier judiciaire des personnes physiques. Cette innovation législative en faveur de l'effectivité du rebond du débiteur doit être applaudie des deux mains. Celle-ci concourt de manière évidente à l'effacement des stigmates de la faillite. On peut d'ailleurs s'interroger sur les raisons du maintien de cette mention jusqu'en 2019 alors que la politique de rebond était déjà bien amorcée depuis plusieurs années. Quoi qu'il en soit, on ne peut que se réjouir de sa suppression en faveur du débiteur honnête. En revanche, pour les débiteurs indélicats, les mesures de faillite personnelle et d'interdiction de gérer sont logiquement maintenues au casier judiciaire en ce qu'elles traduisent la volonté d'éloigner temporairement ces débiteurs du tissu économique. Cette

[1] Sauf certaines à l'encontre des mineurs.

[2] Une déchéance de l'autorité parentale ou une interdiction d'exercer une activité commerciale.

[3] Le préfet par exemple.

[4] Sur les bulletins n°1 et n°2 notamment.

[5] C. DELATTRE, « La crise économique peut-elle exonérer le dirigeant de ses responsabilités ? », *RPC*, septembre-octobre 2012, focus 25, p.3 ; *adde* C. SAINT-ALARY-HOUIN, « L'influence de la crise sur l'exécution des contrats et la mise en œuvre des procédures collectives », *RDI*, 2010, p.34.

[6] Art. 19, loi *PACTE* n°2019-486 du 22 mai 2019 relative à la croissance et la transformation des entreprises.

inscription génère d'ailleurs un contentieux important dans le cadre d'une demande de retrait de l'une de ces mentions[1] par l'ancien dirigeant fautif. En effet, la loi permet à la personne condamnée ainsi stigmatisée de solliciter une exclusion de la condamnation de son bulletin n°2 afin d'adoucir ses effets et de favoriser sa réinsertion professionnelle. Très souvent l'ex-débiteur voudra reprendre une vie professionnelle et l'hypothèse d'une telle mention au casier judiciaire devient une sérieuse difficulté en ce qu'elle est un frein à la poursuite d'une nouvelle activité. En dehors d'une demande anticipée de retrait, l'article 769 du Code de procédure pénale précise que sont retirés du casier judiciaire « les jugements prononçant la faillite personnelle ou l'interdiction prévue à l'article L.653-8 du Code de commerce » dans un délai de cinq ans à compter du jour où la décision est devenue définitive, ou à l'issue du délai fixé dans la décision lorsque ce délai est supérieur à cinq ans. À l'inverse du débiteur honnête qui devrait rebondir immédiatement après la procédure, le débiteur indélicat devra subir sa mise au ban momentanée du monde économique impliquant *de facto* de différer son rebond.

L'éligibilité du débiteur aux fonctions de juge consulaire. Les juges statuant en matière commerciale, en première instance, sont des chefs d'entreprises élus par leurs pairs exerçant à titre bénévole[2]. Jusqu'à la loi *PACTE*, les personnes physiques à l'encontre desquelles une procédure de redressement ou de liquidation judiciaires a été ouverte, ou le dirigeant d'une société ayant fait l'objet d'une telle procédure, étaient exclus de l'éligibilité au tribunal de commerce. Afin de garantir le rebond pour une majorité de débiteurs, le législateur a permis aux chefs d'entreprises ayant fait l'objet d'une procédure collective de devenir éligibles aux fonctions de juge consulaire du tribunal de commerce[3]. Aux termes de l'article L.724-4 4° du Code de commerce, sont éligibles aux fonctions de juge d'un tribunal de commerce les personnes âgées de trente ans au moins « qui, s'agissant des personnes mentionnées aux 1° et 2° du II de l'article L.713-1 du présent Code, n'appartiennent pas à une société ou un établissement public à l'égard duquel une procédure de redressement judiciaire

[1] Sur ce point, v. C. DELATTRE « Le retrait d'une interdiction de gérer prononcée par une juridiction civile ou commerciale au bulletin n°2 du casier judiciaire », *BJE*, mai-juin 2022, n°BJE200p3 : la condamnation d'interdiction de gérer prononcée par le tribunal de la procédure collective ne peut pas faire l'objet d'une demande de retrait au bulletin n°2 du casier judiciaire au visa de l'article 775-1 du Code de procédure pénale. Dans l'hypothèse d'une mesure d'interdiction de gérer prononcée par une juridiction civile ou commerciale, seule une décision de relèvement permet au dirigeant de reprendre une activité de direction, sous réserves toutefois de présenter toutes les garanties démontrant sa capacité à diriger une entreprise (v. *infra*).

[2] Aux fins d'assurer un service public de la justice commerciale répondant aux besoin des entreprises et des acteurs de la vie économique, l'École nationale de la magistrature organise, en partenariat avec la Conférence générale des juges consulaires de France, la formation de ces juges non professionnels ; v. décret n°2018-664 du 27 juillet 2018 relatif à la formation initiale et continue des juges des tribunaux de commerce.

[3] Art. 69, loi *PACTE* n°2019-486 du 22 mai 2019 relative à la croissance et la transformation des entreprises.

ou de liquidation judiciaire est en cours au jour du scrutin »[1]. Par l'ajout de la mention « au jour du scrutin », le législateur réhabilite les chefs d'entreprises ayant fait l'objet d'une procédure collective en leur permettant de prétendre à cette éligibilité, gage de leur rebond dans le monde des affaires. Cette évolution législative doit être saluée en ce que l'expérience d'une procédure collective du chef d'entreprise peut s'avérer particulièrement utile à ses pairs. Toutefois, on doit considérer qu'en pratique cette disposition ne sera pas pleinement appliquée. Les organisations professionnelles présentant des listes aux fins d'élire les juges consulaires éviteront probablement la participation d'entrepreneurs ayant fait l'objet d'une procédure collective. On imagine que dans l'hypothèse où un créancier se retrouverait devant un juge qui a été son débiteur, cela nuirait nécessairement à la crédibilité du tribunal[2]. Par ailleurs, le législateur a logiquement exclu de cette éligibilité « les personnes faisant l'objet de sanctions personnelles prévues au titre V du live VI du Code de commerce »[3]. Nos observations précédentes relatives à la nécessité d'éloigner temporairement les débiteurs malhonnêtes des mesures de réhabilitation, surtout en matière d'éligibilité au tribunal de commerce, sont également transposables ici.

La suppression de certains indicateurs de la Banque de France. Aux termes de ses statuts, la Banque de France fait partie intégrante du Système européen de banques centrales et apporte son soutien à la politique économique générale du Gouvernement[4]. Aussi, analyse-t-elle les entreprises et formule un avis quant à leur situation : on parle alors de « cotation Banque de France » dont les données constituent le fichier bancaire des entreprises (FIBEN)[5]. Elle constitue une note traduisant l'appréciation globale de la Banque de France « sur la capacité d'une entreprise à honorer ses engagements financiers à un horizon d'un à trois ans »[6]. Il en résulte que dans chaque département, des analystes financiers se consacrent au suivi individuel des entreprises prônant « une analyse humaine au plus proche de l'entreprise »[7]. Outre la cotation des entreprises, la Banque de France prévoit également l'attribution d'une cotation sous forme d'indicateur à l'égard de toute personne physique qui exerce ou a exercé une

[1] L'ancienne version de l'article disposait « qui, s'agissant des personnes mentionnées au [...] n'appartiennent pas à une société ou à un établissement public ayant fait l'objet d'une procédure, redressement ou liquidation judiciaires ».
[2] Ce point avait été souligné par la commission des lois du Sénat : rapport. Sénat, commission des lois, n°254, 17 janvier 2019.
[3] C. com. art. L.723-4 4°bis.
[4] Statuts de la Banque de France [en ligne].
[5] Cette base de données est utilisée par les établissements de crédit aux fins d'évaluer le risque de défaillance des entreprises. Le dirigeant peut gratuitement accéder aux informations le concernant sur la plateforme « i-fiben », sous réserve d'effectuer une demande de création d'un compte FIBEN auprès de sa banque.
[6] Banque de France, « La cotation Banque de France et l'indicateur dirigeant », [en ligne].
[7] En tant que référence commune, la cotation apparaît à l'égard des prêteurs comme un instrument d'évaluation des risques de crédit. Pour le dirigeant, elle traduit la possibilité d'un regard extérieur et impartial sur la situation économique et financière de son entreprise.

fonction de dirigeant ou d'entrepreneur individuel[1]. Si les établissements de crédit sont autorisés à tenir compte de l'indicateur dirigeant dans leur instruction des demandes de crédit, cette prise en compte doit strictement rester cantonnée aux crédits liés à des besoins professionnels[2]. Auparavant, l'indicateur Banque de France s'exprimait selon quatre valeurs[3]. La valeur « 00 », dite « valeur neutre » qui n'appelle à aucune remarque particulière. Les indicateurs « 040 » et « 050 » quant à eux imposent une vigilance spécifique, le premier commande une attention particulière, en ce que le dirigeant aura subi une liquidation judiciaire depuis moins de cinq ans, la seconde, une attention forte, dans l'hypothèse où deux liquidations seront intervenues en moins de cinq ans[4]. Enfin, l'indicateur « 060 » impose une attention très forte en raison de l'existence de trois liquidations judiciaires prononcées en moins de cinq ans ou d'une condamnation pour faillite personnelle. On doit observer ici que par nature la technique de fichage tend à inscrire les stigmates de la défaillance d'un dirigeant dans la mémoire collective. D'ailleurs, même si la Banque de France prend le soin de préciser que « l'indicateur dirigeant est dénué de tout jugement de valeur sur les capacités de gestionnaire du dirigeant »[5], on pourra vulgairement opposer que « le mal est fait ». Selon nous, il apparaît que ces indicateurs sont attribués sans aucune appréciation objective et surtout de manière arbitraire[6]. De plus, aucune distinction n'existe selon le mode d'ouverture de la procédure, l'importance du passif ou le contexte des difficultés rencontrées. Partant, cet indicateur est nécessairement constitutif d'un handicap pour le rebond du dirigeant. Il apparaît aussi comme un frein à la croissance et à la compétitivité des entreprises.

---

[1] L'indicateur dirigeant est constitué « à partir de données publiques librement accessibles des greffes de tribunaux compétents en matière commerciale ». Ces données sont synthétisées sous un indicateur permettant « une grille de lecture objective et transparente ». L'indicateur est fondé « sur l'exploitation des décisions judiciaires prononcées par les tribunaux statuant en matière commerciale » ; v. Banque de France, « L'indicateur dirigeant », [en ligne]. Nous utiliserons ici l'appellation « dirigeant » qui inclura implicitement l'entrepreneur individuel.

[2] CNIL, délibération n°2009-498 : on suppose évidemment qu'en pratique, les banques opposeront un autre motif de refus.

[3] M-H. MONTRAVERS, « Faciliter le rebond du chef d'entreprise en France », *LPA*, 27 novembre 2009, n°PA200923730, p.90.

[4] Remarquons que le décret n°2009-198 du 18 février 2009 relatif à la durée de diffusion par la Banque de France des informations afférentes aux dirigeants et aux entrepreneurs a porté l'indicateur dirigeant à cinq ans contre trois auparavant. Cette initiative législative est logiquement apparue comme un retour en arrière dans un contexte où les mesures européennes s'inscrivaient déjà à cette époque en faveur du rebond du chef d'entreprise.

[5] Banque de France, « La cotation Banque de France et l'indicateur dirigeant », préc. cit.

[6] La doctrine est également virulente sur ce point : v. en ce sens H. BOURBOULOUX et C. FORT, « le décret du 2 septembre 2013 : entre défichage partiel des entrepreneurs et « fichage de gueule » », *RPC*, n°2013, n°6 ; *adde* F. PÉROCHON, « Comment oublier les plus combatifs : un raté de « l'indicateur dirigeant », *BJE*, septembre-octobre 2013, édito, p.1.

Conscient de la nécessité de donner une « seconde chance » aux dirigeants d'entreprises ayant rencontré une seule liquidation judiciaire[1], le législateur a supprimé l'indicateur « 040 » du FIBEN de la Banque de France[2] dans un objectif assumé de « favoriser le rebond des entrepreneurs »[3]. Dès le 9 septembre 2013, le décret applicable aux situations en cours, a permis ainsi la disparation du fichier de 140 000 dirigeants pour lesquels seule une procédure de liquidation judiciaire au cours des cinq dernières années avait été enregistrée. Cette suppression bienvenue de l'indicateur « 040 » a permis d'offrir aux dirigeants une véritable chance de rebondir après un premier échec, et surtout de ne plus subir les conséquences graves d'une notation négative de la Banque de France dans leur accès au crédit. Si cette suppression a été bien accueillie, il restait toutefois que les autres indicateurs présentaient des incohérences manifestes[4] constitutives d'entraves au rebond de certains dirigeants. Le 1er octobre 2018, une nouvelle étape en faveur du rebond est cependant franchie : la notation « 050 » est à son tour supprimée[5]. Ne restent plus aujourd'hui que l'indicateur « 060 » relatif au dirigeant ayant fait l'objet de trois procédures judiciaires au cours des cinq dernières années ou qui a été condamné à une faillite personnelle ou une mesure d'interdiction de gérer[6], et l'indicateur neutre « 00 ». Dès lors, on ne peut que saluer cette modification législative qui, depuis le 1er janvier 2019, permet aux dirigeants ayant connu deux liquidations judiciaires depuis cinq ans de voir leur notation ramenée à l'indicateur « 00 ». En plus de favoriser leur rebond, cette suppression devrait là encore faciliter leur accès au crédit[7].

En définitive, ces mesures de réhabilitation, en apparence anodines[8], participent de notre point de vue à l'effectivité du droit au rebond du débiteur. Encore balbutiantes, elles s'inscrivent toutefois dans la continuité de l'objectif de rebond promu par le législateur lequel doit également composer avec le souci de préserver l'ordre public économique.

---

[1] Discours du président de la République (F. HOLLANDE) lors de la clôture des Assises de l'entreprenariat à l'Élysée, le 29 avril 2013. Ces assises ont été lancées dès janvier 2013 à l'initiative de Fleur PELLERIN, ministre déléguée chargée des Petites et Moyennes Entreprises, de l'Innovation et de l'Économie numérique. Pendant cette période, pas moins de trois cents professionnels et experts ont travaillé à la recherche de divers moyens pour développer la création d'entreprises.

[2] Décret n°2013-799 du 2 septembre 2013 modifiant l'article D.144-12 du Code monétaire et financier.

[3] *Ibid.*

[4] Notamment le fait que deux liquidations en moins de cinq ans donnaient lieu au même indicateur « 050 », et que trois liquidations soient jugées équivalentes à une faillite personnelle ou un redressement judiciaire, sous l'indicateur « 060 ».

[5] Décret n°2018-834 du 1er octobre 2018 modifiant l'article D.144-12 du Code monétaire et financier.

[6] C. monétaire et financier, D.144-12, III, ces informations ne peuvent être communiquées que « pendant la durée de la mesure correspondante ».

[7] V. MARTINEAU-BOURGNINAUD, « Le rebond du débiteur », art. préc.

[8] En dehors de l'accès au crédit, ces mesures réduisent également l'impact psychologique du dirigeant lequel est souvent fragilisé à l'issue la procédure d'insolvabilité.

B) La préservation de l'ordre public économique, entrave au rebond

Si le législateur tend à réhabiliter le débiteur dans la perspective de favoriser son rebond, la préservation de l'ordre public économique lui commande toutefois d'inscrire dans la mémoire collective les traces des difficultés rencontrées par le débiteur. Cette entrave au rebond est justifiée par la nécessité de prévenir le renouvellement du surendettement d'une part (**1**) et d'assurer, d'autre part, une police économique (**2**).

1. La nécessité de prévenir le surendettement

L'inscription du débiteur surendetté au FICP. Corrélativement à la création du dispositif du traitement des situations de surendettement, et dans le souci de répondre à l'objectif de prévention qu'il s'est fixé, le législateur a créé le Fichier national des incidents de remboursement des crédits aux particuliers (FICP)[1] dont la gestion a été confiée à la Banque de France[2]. Ce fichier a pour finalité de prévenir les situations de surendettement en fournissant aux établissements de crédit des informations afin de leur permettre de mieux apprécier, au regard des difficultés rencontrées par le particulier, les risques découlant de l'octroi d'un crédit[3]. En effet, les établissements de crédit et les sociétés de financement sont habilités à consulter le FICP pour étudier la solvabilité du demandeur à l'obtention d'un crédit. Aux termes de l'article L.751-1 du Code de la consommation, la Banque de France est chargée de recenser « les incidents de paiement caractérisés liés aux crédits accordés aux personnes physiques pour des besoins non professionnels »[4]. Aussi, le FICP recense les informations relatives aux procédures de traitement de situation de surendettement : saisines des commissions de surendettement, mesures conventionnelles, imposées ou judiciaires, y compris les mesures de rétablissement personnel et les jugements de faillite civile prononcées dans les départements du Haut-Rhin, du Bas-Rhin et de la Moselle. L'article L.312-6 du Code de la consommation impose au prêteur de consulter le FICP avant toute conclusion de contrat de crédit. On décèle ici la volonté de mettre à la charge du prêteur une véritable obligation de faire sous peine de sanction consistant en la

---

[1] Le FICP a été institué par la loi n°89-1010 du 31 décembre 1989 relative à la prévention et au règlement des difficultés des particuliers et des familles ; Sur les dispositions relatives au FICP v. C. consom., art. L.751-1 à L.752-3.

[2] V. MARTINEAU-BOURGNINAUD, *op. cit.*, n°59.

[3] S. SCHILLER, « L'effacement des dettes permet-il un nouveau départ ? – Comparaison franco-américaine », art. préc.

[4] Les incidents de paiement s'entendent comme un défaut de paiement d'au moins deux mensualités ou un retard de paiement de plus de soixante jours pour un crédit remboursable à une fréquence autre que mensuelle, un défaut de paiement d'au moins 500 euros depuis plus de soixante jours après mise en demeure dans le cas d'un découvert autorisé par exemple, et enfin pour tout type de crédit en présence d'un non-paiement suite à une mise en demeure du prêteur de payer le capital restant dû, restée sans effet.

déchéance du droit aux intérêts automatique ou facultative. Cet impératif démontre pleinement la fermeté du législateur de prévenir au maximum le renouvellement du surendettement du particulier[1]. Si l'inscription au FICP n'est pas un « obstacle rédhibitoire » pour le bénéfice d'un crédit, on doit toutefois concéder que les prêteurs seront frileux à l'idée de financer le particulier fiché. Cela aura logiquement pour conséquence d'entraver son accès au crédit et donc son rebond. S'agissant des procédures de rétablissement personnel, elles emportent inscription du débiteur particulier pour une durée de cinq ans au FICP[2]. Si le législateur a limité la durée des inscriptions au FICP pour permettre aux personnes fichées de retrouver plus rapidement l'accès au crédit[3] une fois leurs difficultés surmontées, la durée fixée en matière de rétablissement personnel a été strictement maintenue à cinq ans, sans possibilité de sortie anticipée[4]. La mesure de rétablissement personnel étant perçue comme le stade ultime dans le traitement des situations de surendettement, il a paru primordial de responsabiliser le débiteur en l'écartant temporairement de l'accès au crédit, dans son intérêt mais aussi dans celui des créanciers. Si un tel constat peut aisément se justifier vis-à-vis des situations de surendettement actif, il en est autrement lorsque le débiteur surendetté est un simple « accidenté de la vie quotidienne ». Selon nous, le délai de cinq années peut sembler excessif dans cette hypothèse et engendrer une nouvelle situation de pauvreté voire d'exclusion sociale. Cette inscription est souvent vécue comme une injustice dans l'esprit des demandeurs. Dès lors, il nous paraît souhaitable que le législateur envisage de conférer au juge des contentieux de la protection le pouvoir de moduler cette durée selon la situation du débiteur. Ainsi, dans les hypothèses où il apparaîtra que le cercle vicieux du surendettement résulte majoritairement de difficultés financières compensées par un crédit puis un autre, l'inscription pendant cette durée permettra alors de stopper une hémorragie déjà bien béante.

---

[1] Cette consultation obligatoire vise à éclairer également la décision finale du prêteur lequel sera à même d'intégrer le risque d'impayé. Précisons que la consultation préalable au FICP étant obligatoire, le prêteur doit donc apporter la preuve de sa consultation par un document suffisamment probant faisant figurer une date conforme à celle de l'octroi du crédit sous peine de déchéance du droit d'intérêts (C. consom., art. L.341-2 et L.341-27) : CA Lyon, 6e ch., 4 juin 2015, n°13/07275, CA Paris, 13 mai 2015, n°14/17920.

[2] C. consom., art. L.752-2.

[3] La loi n°2010-737 du 1er juillet 2010 portant réforme du crédit à la consommation a réduit la durée de l'inscription au FICP à huit ans contre dix ans auparavant pour les plans conventionnels et les mesures recommandées par la commission. S'agissant du rétablissement personnel, le délai a été porté à cinq au lieu de huit ans. La loi n°2014-344 *Hamon* du 17 mars 2014 a réduit le délai de huit ans à sept ans, sans diminuer toutefois celui du rétablissement personnel maintenu à cinq ans ; *adde* S. GJIDARA-DECAIX, « Le nouveau visage des procédures de surendettement des particuliers. Présentation de la loi du 1er juillet 2010 portant réforme du crédit à la consommation », *RD banc. fin.*, 2010, étude 14., G. RAYMOND, « Loi n°2014-344 du 17 mars 2014 relative à la consommation – Inventaire des mesures relatives au droit de la consommation », *JCP E*, 2014, act. 213.

[4] C. consom., art. L.752-3.

L'échec de la création d'un fichier positif. Le FICP est un fichier dit « négatif » en ce qu'il ne recense que la pathologie de l'endettement, c'est-à-dire les incidents survenus dans le remboursement des crédits et les mesures de traitement de situations de surendettement. Longtemps, la doctrine s'est interrogée sur l'opportunité de constituer un fichier de l'endettement « positif », en recensant plutôt les crédits accordés et non plus seulement les difficultés survenues à l'occasion de leur remboursement[1]. L'instauration d'un tel fichier est souvent justifiée par le fait qu'elle participerait à inverser la courbe du nombre de dossiers de surendettement[2]. Mais sa mise en œuvre paraît difficile comme en témoigne le constat d'un auteur que nous partageons à juste titre : « il serait sans doute irrationnel de créer un fichier qui regrouperait les dizaines de millions d'emprunteurs dans l'espoir fou d'identifier les quelques milliers de naufragés du crédit alors même que la part consacrée aux crédits à la consommation recule »[3]. Sans compter que ce fichage patrimonial pourrait profiter à certains établissements bancaires afin de prospecter les clients n'ayant pas encore atteint le taux maximum de leur endettement[4]. Dans le but de renforcer la lutte contre le surendettement par une volonté accrue de responsabiliser les prêteurs, la loi *Hamon* du 17 mars 2014 relative à la consommation prévoyait la consécration d'un registre national des crédits aux particuliers recensant les crédits à la consommation accordés aux personnes physiques n'agissant pas pour des besoins professionnels[5]. Sa finalité était de prévenir les situations de surendettement des particuliers en fournissant aux établissements de crédit, de monnaie électronique et de paiement, un élément d'appréciation de la solvabilité des particuliers souhaitant obtenir un crédit ou se porter caution. Autrement dit, ce registre avait pour objectif de prévenir le surendettement en confiant la responsabilité aux prêteurs de s'informer de l'état réel d'endettement préexistant d'un emprunteur potentiel. Présentée comme un « dispositif équilibré assumant la conciliation entre l'efficacité dans la lutte contre le surendettement et la protection des libertés individuelles »[6], la création de ce « fichier positif » a été censurée par le Conseil constitutionnel qui a considéré que « compte tenu de la nature des données enregistrées [...] du grand nombre de personnes susceptibles d'y avoir accès et de l'insuffisance de garanties relatives à l'accès au registre [...], la création du registre national des crédits aux particuliers porte une atteinte au

---

[1] F. FERRIERE, P-L. CHATAIN, *Surendettement des particuliers*, 3e éd., *Dalloz*, 2006, n°100.13.
[2] D. KHAYAT, C. FIORI-KHAYAT, « Prévention et fichier relatif au surendettement », *LPA*, 10 avril 2013, n°72, p.30 ; H. CLARET, « Le « fichier positif » : serpent de mer ou Léviathan ? », *JCP G*, 2013, 695.
[3] V. MARTINEAU-BOURGNINAUD, *op. cit.*, n°68.
[4] X. LAGARDE, « Prévention du surendettement et dispositif de protection du consommateur », *LPA*, 10 avril 2013, n°72, p.14.
[5] Art. 67 de la loi n°2014-344 du 17 mars 2014 relative à la consommation.
[6] B. HAMON, « présentation du projet de loi relatif à la consommation », n°1015, 1ère séance, AN 24 juin 2013.

droit au respect de la vie privée »[1]. Si le Conseil des Sages a reconnu que le législateur a poursuivi un motif d'intérêt général de prévention du surendettement, il a cependant estimé que les dispositions de la loi instaurant ce fichage étaient inconstitutionnelles, en ce qu'elles portaient une atteinte disproportionnée au droit au respect de la vie privée par rapport au but poursuivi. Si une partie de la doctrine a exhorté le législateur de reprendre cette idée « en limitant le nombre de personnes pouvant avoir accès et en renforçant les garanties relatives à cet accès »[2], le FICP continue pour l'heure à être utilisé en l'état. De notre point de vue, la création d'un tel fichier serait une « fausse bonne solution » en ce qu'elle engendrerait un effet pervers dans le comportement de certains établissements de crédit qui n'hésiteraient pas à démarcher les clients peu endettés, et poserait de sérieuses difficultés dans le regroupement d'informations jugées sensibles. Sauf à ce que la mise en place d'un tel fichier puisse voir le jour dans le respect des exigences du Conseil constitutionnel, ce qui nous paraît en l'état illusoire.

2. La primauté d'une police économique

En dehors des hypothèses précédemment évoquées s'agissant des mesures de sanction du dirigeant fautif figurant temporairement sur son casier judiciaire, destinées à mettre en garde les acteurs du monde économique de la dangerosité de l'intéressé pour le tissu économique, et de la persistance de l'indicateur « 060 » au FIBEN pour le dirigeant ou l'entrepreneur individuel, d'autres mesures concourent à sauvegarder volontairement les stigmates de la défaillance de l'ex-débiteur dans l'intérêt du maintien d'une police économique.

L'inscription au RCS ou au répertoire des métiers. Aux termes de l'article R.123-122 du Code de commerce sont mentionnées d'office au registre du commerce et des sociétés : « 1° les décisions, intervenues dans les procédures de sauvegarde ou de redressement ou liquidation judiciaires des entreprises [...] r) prononçant la clôture de la procédure pour extinction du passif ou insuffisance d'actif avec, le cas échéant, l'indication de l'autorisation de la reprise des actions individuelles de tout créancier à l'encontre du débiteur, s) autorisant la reprise des actions individuelles de tout créancier à l'encontre du débiteur postérieurement au jugement prononçant la clôture de la liquidation judiciaire »[3]. Depuis l'ordonnance du 12 mars 2014 ayant institué la procédure de rétablissement professionnel, « la décision prononçant la clôture de rétablissement professionnel

[1] Cons. Const. DC du 13 mars 2014, décision n°2014-690, *adde* V. LEGRAND, « Loi consommation : les Sages ont tranché (à propos de Cons. Const., DC 13 mars 2014) », *LPA*, 25 avril 2014, n°83, p.7.

[2] S. PIEDELIÈVRE, « La loi du 17 mars 2014 relative à la consommation », *JCP E*, 2014, 1176.

[3] Relevons que sont également inscrits d'office au RCS, les jugements prononçant la faillite personnelle ou l'interdiction prévue à l'article L.635-8 avec l'indication de la durée pour laquelle ces mesures ont été prononcées, C.com., art R.123-122, I, 1°, t.

et l'effacement des dettes » est également inscrite d'office au RCS[1]. Le caractère d'automaticité d'inscription de ces informations dans les registres démontre l'impossible existence d'un droit à être oublié pour le débiteur. Cela est justifié par une volonté de préserver « toute la mémoire des créanciers »[2]. Si l'article R.123-135 du Code de commerce permet la radiation d'office de nombreuses mentions[3], il apparaît toutefois que celles relatives à la liquidation judiciaire et au rétablissement professionnel ne sont pas concernées. Or, il en résulte que le débiteur de l'une ou l'autre de ces procédures n'a donc aucune possibilité d'en demander la levée ce qui est fortement préjudiciable à toute possibilité de rebond. Le droit à être oublié est ici réduit à néant. Derrière ce constat, se cache également la délicate question de l'information des tiers. Dans ces procédures dont l'issue permet la purge des dettes, le législateur a donc préféré « marquer au fer rouge » le débiteur afin de préserver l'ordre public économique.

L'inscription au FICP en cas de faillite civile. Conformément à l'article L.670-6 du Code de commerce, « le jugement prononçant la liquidation judiciaire est mentionné pour une durée de cinq ans » au FICP[4]. Le jugement de liquidation judiciaire prononcé contre un particulier en état d'insolvabilité notoire figurait également à son casier judiciaire. Toutefois, cette mesure jugée infamante a été abrogée[5]. Soulignons que la durée retenue a été alignée sur celle prévue par le Code de la consommation et limitée à cinq ans. Aussi, à la différence des dispositions consuméristes prévoyant une inscription au FICP dès le dépôt d'une demande, l'inscription en matière de faillite civile n'intervient que si le tribunal prononce la liquidation judiciaire. Une fois de plus, ces mesures sont motivées par la nécessité d'écarter temporairement le débiteur de l'accès au crédit. Et d'observer que le droit à être oublié intervient alors de manière effective à l'issue d'une période de cinq années.

---

[1] Au surplus, précisons que la clôture de la procédure de rétablissement professionnel fait l'objet d'une large publicité : mention au RCS, au répertoire des métiers ou sur le registre ouvert au greffe du tribunal judiciaire, avis au *BODACC* et dans un journal d'annonces légales du lieu où le débiteur a son activité professionnelle (C. com., art. R.645-19).

[2] C. ROBACZEWSKI, « Le droit à l'oubli », art. préc.

[3] Ex : lorsqu'il a été mis fin à une procédure de liquidation judiciaire pour extinction du passif ou que la procédure collective a donné lieu à un plan. Précisons que sur ce dernier cas, l'article 8 de l'ordonnance n°2020-596 du 20 mai 2020 avait temporairement réduit de deux à un an les délais d'inscription au RCS afin de faciliter la reprise de confiance des partenaires de l'entreprise. Le réformateur n'a toutefois pas souhaité pérenniser cet article à l'occasion de l'ordonnance n°2021-1193 du 15 septembre 2021, v. V. MARTINEAU-BOURGNINAUD, « Le rebond du débiteur », art. préc., E. MOUIAL-BASSALINA, « Covid-19 : le rebond de l'entrepreneur facilité », *LEDEN*, n°6, juin 2020, n°113k8.

[4] V. aussi C. consom., art. L.752-3 « La même durée de cinq ans est applicable aux personnes physiques ayant fait l'objet d'une liquidation judiciaire en application de l'article L.670-6 du Code de commerce ».

[5] Loi n°2019-946 du 22 mai 2019 modifiant l'article 768 du Code de procédure pénale.

Le fichier national des interdits de gérer. C'est par la loi n°2012-387 du 22 mars 2012 relative à la simplification du droit et à l'allègement des démarches administratives qu'a été institué le Fichier national des interdits de gérer (FNIG)[1]. La finalité de ce fichier unique, tenu par les greffiers des tribunaux de commerce, a pour ambition de permettre « la centralisation et la diffusion au niveau national de l'ensemble des mesures d'interdiction de gérer, qu'elles visent des commerçants ou des non-commerçants (artisans, dirigeants d'association ...), de façon à éviter que des entreprises soient immatriculées puis radiées après vérification et constatation de l'existence d'interdiction de gérer ». Aussi, permet-il de « limiter les fraudes et de simplifier la procédure de contrôle des immatriculations »[2]. Le législateur a confié au Conseil national des greffiers des tribunaux de commerce la mise en œuvre de ce fichier. Ce fichage constitue assurément une avancée aux fins d'assurer le respect des sanctions professionnelles prononcées par les juridictions[3]. En effet, en l'absence d'information, il était particulièrement difficile d'empêcher l'exercice de l'activité interdite. Toutefois, on doit relativiser son efficacité en raison des limites apportées par la loi. D'une part, l'accès est strictement réservé à certaines autorités[4] : de manière permanente, les greffiers des tribunaux de commerce et les greffiers des tribunaux judiciaires statuant en matière commerciale, et sur simple demande, les magistrats et les personnels des juridictions de l'ordre judiciaire, les personnels des services du ministère de la justice, les représentants de l'administration et d'organismes dans le cadre de leur mission de lutte contre les fraudes[5], et les personnels des chambres de métiers et de l'artisanat départementales pour les besoins de l'exercice de leurs missions. D'autres autorités sont habilitées par le texte[6], tels que les officiers de police judiciaire ou de la gendarmerie nationale, les officiers fiscaux judiciaires ou les agents de la Direction générale des douanes et droits indirects individuellement désignés. La doctrine a pu déplorer que, faute d'être habilitées, des personnes en relation d'affaires avec l'interdit auraient eu intérêt à pouvoir s'y référer[7]. Toutefois, il nous semble que cette possibilité tende à rejoindre nos observations précédentes quant à l'instauration d'un fichier positif recensant les crédits des particuliers. Là-

---

[1] Il est régi par les articles L.128-1 à L.128-5 du Code de commerce (partie législative) et R.128-1 à R.128-10 (partie réglementaire) ; v. aussi décret n°2015-194 du 19 février 2015. Il est entré en vigueur seulement depuis le 1er janvier 2016.

[2] C. com., art. L.128-1, ce fichier est soumis aux dispositions de la loi n°78-17 du 6 janvier 1978 relative à l'informatique.

[3] Le fichier recense toutes les interdictions prononcées par les juridictions commerciales, civiles et pénales. Sont également inscrites les faillites personnelles et autres mesures d'interdiction de diriger, de gérer, d'administrer ou de contrôler, directement ou indirectement, une entreprise commerciale, industrielle ou artisanale, une exploitation agricole, une entreprise ayant toute autre activité indépendante ou une personne morale, prononcées à titre de sanction civile ou commerciale ou à titre de peine.

[4] C. com., art. L.128-2 et R.128-6.

[5] C. com., art. L.128-6.

[6] C. com., art. R.128-6.

[7] M. MENJUCQ, B. SANTOURENS, B. SOINNE, *Traité des procédures collectives*, *op. cit.*, n°3265.

aussi, des difficultés pourraient se poser quant au respect de la vie privée et la protection des données personnelles[1]. D'autre part, on ne peut que regretter que le FNIG ne recense pas les sanctions disciplinaires emportant interdiction de gérer. Quoi qu'il en soit, on doit tout de même concéder que ce fichier, malgré ses imperfections, renforce l'efficacité des mesures d'élimination en permettant une identification plus rapide des personnes ayant repris une activité en violation de leur interdiction. Il est manifeste que ce fichage poursuive un légitime objectif de police économique afin de recenser plus rapidement les délinquants économiques.

Bilan. Il ressort de ces développements, qu'au-delà de la purge des dettes, il importe de constater l'amorce d'un droit à être oublié pour le débiteur ayant échoué de bonne foi. La restriction, bien que timorée, de certaines informations conservant les stigmates des difficultés passées du débiteur, participe tantôt à sa réhabilitation tantôt à la poursuite de la politique de promotion du rebond. À cet égard, on ne peut que déplorer le silence de la directive du 20 juin 2019 qui, bien que dictant un régime de remise de dettes à l'échelle européenne, ne fasse pas la moindre référence à une quelconque levée des obstacles au rebond que sont les mesures d'inscription dans les fichiers et registres. Ceci est pour le moins déroutant lorsqu'on sait que le législateur européen apparaît comme le promoteur par excellence du droit au rebond. Selon nous, la prépondérance du droit à l'oubli reconnu par le droit européen en matière numérique dénote considérablement avec ce mutisme du législateur européen quant au renforcement du droit à être oublié en matière de défaillance économique. Par optimisme, on se contentera d'espérer que cette critique sera prise en compte à l'occasion d'une prochaine réforme. Enfin, si le législateur français a jugé opportun de conserver certaines informations dans la mémoire collective par la technique de fichage, telles les mesures d'élimination à l'égard des débiteurs malhonnêtes, cela est justifié par un impératif de police économique. On doit donc retenir que les nécessités de préservation de l'ordre public économique conduisent à relayer le droit du débiteur à être oublié au second plan. S'il est évident que le fichage permet de prémunir le monde économique contre les débiteurs les plus nocifs, un mouvement d'humanisation semble cependant avoir irrigué le domaine des sanctions personnelles faisant alors du droit au rebond, un « droit au pardon ».

---

[1] Sont recensés sur ce fichier : le nom de famille, le nom d'usage, les prénoms, la date et le lieu de naissance, la nationalité, le domicile de la personne dont la faillite personnelle a été prononcée ou faisant l'objet de la mesure d'interdiction, la mesure prononcée, la juridiction ayant prononcé la mesure, la dénomination ou raison sociale, l'adresse du siège social et le numéro d'identification de la personne morale dont la personne qui a fait l'objet de l'inscription était dirigeant de droit ou de fait.

§2 – L'humanisation des mesures d'élimination du dirigeant fautif[1]

Longtemps le droit des entreprises en difficulté a visé à sanctionner les débiteurs défaillants, « quand ce n'était pas à les frapper d'effroi pour éviter qu'ils ne fassent défaut »[2]. Au fur et à mesure du temps, il est apparu que les difficultés rencontrées n'étaient pas toujours la cause d'une faute, débouchant sur un phénomène de reflux des sanctions[3]. Le prononcé de sanctions n'est jamais automatique et il incombe d'apprécier avec objectivité le comportement du dirigeant[4]. Il n'en demeure pas moins que dans certaines situations, le dirigeant de l'entreprise aura commis des fautes qui justifient « qu'on lui demande des comptes » voire qu'on le mette temporairement au ban du tissu économique qu'il a considérablement altéré par son comportement. Si le débiteur malhonnête a vocation à être sanctionné pénalement, la loi prévoit également des sanctions civiles par le biais des mesures de faillite personnelle et d'interdiction de gérer (**A**). Toutefois, soucieux de ne pas négliger ce volet répressif au risque de manquer l'objectif de moralisation de la vie des affaires, le législateur a humanisé les effets des mesures d'élimination[5] au point de conférer à cette catégorie de débiteurs indélicats un droit au rebond. Cela apparaît au travers de la possibilité de moduler l'étendue de l'interdiction de gérer (**B**), de l'élargissement des cas de relèvement (**C**) et de l'allègement de la sanction à l'égard de l'entrepreneur individuel (**D**).

A) La dualité des sanctions civiles

La nature juridique des sanctions professionnelles. La notion de « faillite » désignait autrefois la procédure collective dans son ensemble. C'est par la loi du 13 juillet 1967 que la faillite personnelle apparaît en tant que sanction professionnelle. Elle était toutefois majoritairement prononcée en cas de liquidation judiciaire, ce qui démontrait la persistance d'un aspect répressif de la procédure. En 1985, deux types de sanctions professionnelles sont institués : la faillite personnelle à laquelle le tribunal pouvait substituer une sanction plus légère, l'interdiction de gérer. Ces deux sanctions demeurent applicables en droit positif. Elles ne sont pas attachées de plein droit au prononcé d'une procédure

[1] Notre réflexion se cantonne exclusivement au droit des entreprises en difficulté puisque le droit du surendettement ne prévoit à l'égard du débiteur qui, sans l'accord de ses créanciers, de la commission ou du juge, aura aggravé son état d'endettement pendant le déroulement de la procédure de rétablissement personnel, qu'une seule sanction : la déchéance du bénéfice des mesures de traitement du surendettement de sa situation de surendettement (C. consom., art. L.761-1 et L.712-3). Alors qu'en droit des entreprises en difficulté, il existe un véritable régime de sanctions concernant le dirigeant fautif.

[2] F-X. LUCAS, *Manuel de droit de la faillite*, *op. cit.*, n°290.

[3] *Ibid.*

[4] M-H. MONTRAVERS, « Faciliter le rebond du chef d'entreprise en France », art. préc.

[5] S. SCHILLER, « Le rebond des entreprises dans la phase postérieure à l'effacement de leurs dettes », dossier « L'effacement des dettes », *Dr. et patr.*, septembre 2019, p.81 et s.

collective. Partant, elles doivent faire l'objet d'un jugement spécial[1]. Aux termes de l'article L.653-1 du Code de commerce, elles ne sont mises en œuvre qu'à la suite[2] de l'ouverture d'un redressement ou d'une liquidation judiciaire[3]. Ces sanctions professionnelles ne sont pas des sanctions disciplinaires. Elles n'emportent pas davantage condamnation au paiement du passif social et ne revêtent aucune dimension pénale. Ainsi, sont-elles « étrangères à toute idée de responsabilité et d'indemnisation d'un préjudice »[4], la jurisprudence voyant à travers elles « une mesure d'intérêt public »[5]. La faillite personnelle et l'interdiction de gérer s'analysent plutôt comme des « mesures de sûreté »[6] dont la nature est « toute à la fois préventive et punitive »[7]. Un auteur a brillamment relevé à leurs propos qu'« elles poursuivent en réalité un but bien particulier qui est d'éliminer de la vie des affaires des débiteurs dont le comportement est apparu à ce point fautif que c'est une mesure de salubrité publique de signaler leur inconséquence et de leur interdire d'exploiter à nouveau une entreprise »[8]. Et le Conseil constitutionnel de confirmer leur « caractère de punition »[9]. Comme évoqué précédemment, leur efficacité a été renforcée par la mise en place, depuis le 1er janvier 2016, du Fichier national des interdits de gérer. Les griefs les plus fréquemment retenus[10] pour leur application sont l'existence de détournements d'actifs, la non-tenue de la comptabilité ou du moins d'une comptabilité complète et régulière, la poursuite abusive d'une exploitation déficitaire, l'absence de coopération avec les organes de la procédure et l'absence de dépôt d'une déclaration de cessation des paiements dans les quarante-cinq jours de cette dernière, à condition que cette omission ait été faite « sciemment » depuis la modification de l'article L.653-8 du Code de commerce par la loi du 6 août 2015. L'ajout de cet adverbe révèle de notre point de vue le mouvement contemporain de l'assouplissement des sanctions professionnelles. L'emploi d'un tel adverbe

---

[1] Le tribunal ne peut être saisi que par le mandataire judiciaire, le liquidateur ou le ministère public, ou la majorité des créanciers nommés contrôleurs (C. com., art. L.653-7). Les actions en sanction se prescrivent par trois ans à compter du jugement ouvrant la procédure de redressement ou de liquidation judiciaire (C. com., art. L.653-1).

[2] Le choix du législateur ici a été de cantonner ces sanctions afin de ne pas dissuader les dirigeants à solliciter une procédure de prévention ou de sauvegarde.

[3] On relève ici, et de manière assez contestable, qu'échappent à ces sanctions les personnes exerçant une activité professionnelle indépendante au motif qu'elles sont déjà soumises à des sanctions disciplinaires (C. com., art. L.653-1).

[4] F-X. LUCAS, *op. cit.*. n°299, *adde* H. MATSOPOULOU « Réflexions sur la faillite personnelle et l'interdiction de gérer », *Dalloz*, 2007, p.104.

[5] Cass. com., 9 février 1988, n°86-15.694.

[6] Cass. com., 24 janvier 1984, n°82-12.625 : celles-ci sont généralement perçues comme des mesures préventives, des précautions de protection sociale afin d'éviter le renouvellement de faits répréhensibles.

[7] CA Versailles, 13e ch., 19 mars 2019, n°18/06764, *JCP E*, 2019, 1265, note C. DELATTRE.

[8] F-X. LUCAS, *op. cit.*, *eod. loc.*

[9] Cons. const., 29 septembre 2016, n°2016-573 QPC : JurisData n°2016-020680.

[10] C. com., art.L.651-1 et s.

impose la caractérisation d'un élément moral, souvent difficile à établir[1]. Partant, cette modification législative a permis de faire sortir les dirigeants de bonne foi ou malchanceux du domaine des sanctions, démontrant que le dirigeant dont l'entreprise est confrontée à une procédure collective « n'est pas une cible à abattre » [2]. Depuis la loi de sauvegarde du 26 juillet 2005, la faillite personnelle et l'interdiction de gérer ne peuvent plus être prononcées pour des durées trop longues. Avant cette loi, il n'était pas rare de rencontrer des faillites personnelles prononcées pour une durée de trente voire cinquante ans[3], et donc assimilables à une « mort économique »[4]. En fonction de l'âge du dirigeant, certains étaient nécessairement éradiqués à vie[5] et ne pouvaient jamais rebondir. Si l'ancienne loi prévoyait un plancher de cinq ans, elle ne fixait cependant aucun plafond. Depuis 2005, l'éviction du dirigeant fautif ne peut plus dépasser quinze ans[6], ce qui atteste une fois de plus d'une logique d'humanisation du régime des sanctions civiles, et plus largement d'une forme de droit au rebond[7].

La finalité de la faillite personnelle. Aux termes de l'article L.653-2 du Code de commerce, la faillite personnelle emporte interdiction de diriger, gérer, administrer ou contrôler, directement ou indirectement, toute entreprise ou toute personne morale pour une durée librement fixée par le tribunal, sans pouvoir excéder quinze ans. Aussi, elle emporte un effet « particulièrement redouté par les intéressés »[8] : la privation du bénéfice de la règle de la non-reprise des poursuites après le jugement de clôture de la liquidation judiciaire pour insuffisance d'actif[9]. Antérieurement, elle entraînait des interdictions et déchéances automatiques[10] lesquelles ont toutefois disparu depuis la loi de sauvegarde. Désormais, le tribunal peut seulement la compléter par une

---

[1] Cass. com., 24 mai 2018, n°17-18.918 : à propos de l'omission de la déclaration de cessation des paiements qui doit être faite « sciemment », CA Besançon, 4 mai 2016, *BJE*, 2016, p.338.
[2] C. DELATTRE, « « Beau temps » pour le dirigeant incompétent ! », *RPC*, septembre-octobre 2015, étude 19 ; du même auteur « Le dirigeant fautif », « Loi de sauvegarde des entreprises. Risques et responsabilité en droit des procédures collectives », Actes du colloque organisé à Caen le 15 octobre 2010, *RPC*, décembre 2010, p.85.
[3] Cass. com., 20 juin 1995, *RJDA* 1995, n°1048, CA Douai, 2e ch., 3 avril 2001, *RPC*, 2001, p.276, n°11 obs. A BARRET.
[4] C. DELATTRE, « La procédure de réhabilitation des articles L.653-11 et R.653-4 du Code de commerce », *RPC*, n°4, juillet 2011, étude 19.
[5] D. DEFRANCE, *Le retour à meilleure fortune : Étude en droit des difficultés économiques*, thèse préc., n°328.
[6] Le plancher légal ayant été à cette occasion supprimé.
[7] Même si l'on doit concéder ici que ce droit reste relatif selon l'âge du dirigeant.
[8] F-X. LUCAS, *op. cit.*, n°301.
[9] V. *supra*, chapitre 1, titre 1, 2nde partie.
[10] Ex : interdiction d'exercer une fonction publique élective, de participer aux élections des députés, des conseillers généraux et des conseillers municipaux, des membres des tribunaux et chambres de commerce et d'y être élu, interdiction de donner des consultations juridiques, de porter la Légion d'honneur ou d'être officier de réserve, d'accéder au notariat ou tout autre office ministériel ou une fonction publique.

incapacité d'exercer une fonction publique élective[1]. Dans un souci d'humanisation, l'article L.653-11 du Code de commerce prévoit une possibilité de rémission pour le dirigeant fautif : soit par l'effet du jugement de clôture pour extinction du passif[2], soit lorsque le dirigeant a apporté une contribution suffisante au paiement du passif. Ces situations emportent alors réhabilitation. Or, dans notre hypothèse d'étude se limitant aux situations les plus obérées où tout espoir d'apurement est impossible, le dirigeant fautif ne pourra que subir la mesure de faillite personnelle et envisager son rebond qu'à l'issue de la période fixée par le tribunal. Autrement dit, le dirigeant ne pourra rebondir au maximum qu'après quinze ans d'interdiction, ce qui peut s'avérer particulièrement brutal[3]. Enfin, aux termes de l'article L.654-15 du Code de commerce, la violation de ces sanctions doit donner lieu à des poursuites pénales[4] par le ministère public avisé du non-respect de l'interdiction[5].

La finalité de l'interdiction de gérer. S'agissant de l'interdiction de gérer, elle n'est rien de plus que « le diminutif de la faillite personnelle »[6]. Le tribunal peut la prononcer d'office en lieu et place de la faillite personnelle[7]. Conformément à l'article L.653-8 du Code de commerce, elle emporte « l'interdiction de diriger, gérer, administrer ou contrôler, directement ou indirectement, soit toute entreprise commerciale ou artisanale, toute exploitation agricole et toute personne morale, soit une ou plusieurs de celles-ci ». Là encore, le tribunal fixe librement la durée de l'interdiction dans la limite de quinze ans. Partant, elle produit la même conséquence que la faillite personnelle mais sans pouvoir être complétée par une interdiction d'exercer une fonction élective. Aussi, et c'est là son intérêt, elle ne prive pas le débiteur du bénéfice de la non-reprise des poursuites après le jugement de clôture. De la même manière qu'en matière de faillite personnelle, une rémission du dirigeant fautif est possible par le mécanisme de relèvement que nous étudierons ultérieurement[8].

Vers une uniformisation des sanctions ? Alors que le tribunal peut moduler la sanction en la limitant à certaines catégories d'activités, la faillite personnelle est générale. Cette dernière ne se distingue guère de l'interdiction de

---

[1] C. com., art. L.653-10.
[2] Le débiteur fautif est également relevé de toutes les déchéances et interdictions ainsi que d'une éventuelle incapacité d'exercer une fonction publique élective.
[3] Sur le fait que le rebond du débiteur de mauvaise foi ne soit pas suffisamment découragé, v. C. GALOKHO, « Le rebond du débiteur de mauvaise foi », *RTD com.*, 2017, p. 783, *passim*.
[4] C. pénal, art. 434-40-1 : la peine encourue est de deux ans d'emprisonnement et 375 000 euros d'amende (dans les deux cas) ; v. en ce sens C. DELATTRE, « Violation d'une interdiction de gérer = comparution immédiate = emprisonnement ferme », obs. sous T. corr. Valenciennes, 28 septembre 2015, n°1917/15 et T. corr. Amiens, 19 septembre 2016, n°561/16, *JCP E*, 2016, 1296.
[5] C. DELATTRE, « La surveillance du registre du commerce et des sociétés et les interdictions de gérer », *RPC*, 2016, alerte 28.
[6] F-X. LUCAS, *op. cit.*, n°302.
[7] Cass., com., 16 février 1999, *RJDA*, avril 1999, n°452, p.356.
[8] V. *infra*.

gérer si ce n'est parce qu'elle peut entraîner la déchéance d'une fonction élective et surtout parce qu'elle permet la reprise des poursuites individuelles[1]. La faillite personnelle est classiquement réservée aux manquements les plus moralement condamnables et l'interdiction de gérer à ceux qui le sont moins[2]. Cette ressemblance est telle qu'il a été proposé de les réunir en une seule : « l'interdiction de gérer et de l'assortir, à la discrétion du tribunal, de la déchéance d'une fonction élective et/ou de la reprise des poursuites »[3]. En mars 2020, la commission sanctions de l'Association des professionnels du contentieux économique et financier (APCEF) a présenté une quinzaine de propositions de réforme des sanctions dans les procédures de redressement et de liquidation judiciaires, lesquelles visent à accroître l'efficacité des sanctions et à en améliorer le régime[4]. Nous adhérons pleinement à la proposition de cette partie de la doctrine qui invite à repenser le régime des sanctions civiles en fusionnant l'interdiction de gérer et la faillite personnelle. En effet, cela aurait le mérite de doter le régime des sanctions d'une meilleure lisibilité en permettant une gradation selon les situations[5]. Mais aussi, le droit des entreprises en difficulté serait déchargé d'une sanction dont la connotation est encore infâmante dans l'esprit collectif. Supprimer la faillite personnelle au profit de l'interdiction de gérer serait de notre point de vue, l'aboutissement de la logique d'humanisation menée depuis plusieurs années.

« Devenir gérant ne relève pas de l'improvisation »[6]. Si l'adoucissement des sanctions civiles ne s'est pas fait sans laxisme[7], il y a lieu de relever toutefois une humanité certaine à l'égard de certains dirigeants fautifs. Ceci est d'autant plus perceptible en matière d'interdiction de gérer où le législateur permet sa modulation, avec une volonté assumée de garantir le rebond.

B) La modulation du périmètre de l'interdiction de diriger

Le principe. Le législateur permet de sanctionner un chef d'entreprise, artisan, commerçant, président d'association, agriculteur en tenant compte tantôt de la nature des fautes et de leur importance, tantôt du comportement du débiteur. La faillite personnelle, interdiction générale, englobe toutes les activités du dirigeant[8]. En matière d'interdiction de gérer, la situation paraît plus favorable au débiteur puisque le législateur permet au tribunal de moduler l'étendue de la

---

[1] C. SAINT-ALARY-HOUIN, *Droit des entreprises en difficulté*, *op. cit.*, n° 1471.
[2] Même si cette interdiction peut conduire à quinze années d'exclusion.
[3] C. SAINT-ALARY-HOUIN, « Un vent de réforme souffle aussi sur les sanctions », *BJE*, janvier-février 2020, éclairage, n°117m8, p.10.
[4] APCF [en ligne]. Elle reprend la proposition doctrinale.
[5] Ce que permet déjà la modulation, v. *infra*.
[6] C. DELATTRE, « La procédure de réhabilitation des articles L.653-11 et R.653-4 du Code de commerce », art. préc.
[7] F. VAUVILLÉ, « Le nouveau titre des responsabilités et des sanctions », *RPC*, 2006 p.345 et s.
[8] C. com., L.653-2.

mesure d'interdiction qui n'est donc pas totale[1]. En permettant cette modulation par le cantonnement de l'interdiction à certaines activités, il est manifeste que le législateur a entendu laisser le débiteur rebondir dans une activité où il n'est pas susceptible d'infliger de nouveaux dégâts au tissu économique[2]. Autrement dit, elle permet au dirigeant de poursuivre une activité dans laquelle son comportement est exemplaire. Plus largement, cette possibilité de modulation peut également participer au maintien des salariés dans l'entreprise, le rebond devient alors collectif. Un autre cas de figure est communément rencontré en pratique, limiter l'interdiction lorsque le dirigeant sollicite du tribunal de poursuivre une activité afin de ne pas être pénalisé au titre de ses droits à la retraite[3]. Si cette situation est logiquement favorable au dirigeant fautif qui n'a qu'à pâtir que partiellement d'un empêchement d'exercice dans une activité donnée, il n'en reste pas moins que la situation diffère lorsque la décision du tribunal prononçant l'interdiction n'est assortie d'aucune précision quant à l'activité visée.

Les conséquences de l'absence de précision de l'étendue de l'interdiction. En pratique, il peut arriver que le tribunal sanctionnant le dirigeant fautif se contente d'une simple condamnation à une interdiction de gérer limitée à une certaine durée sans toutefois spécifier son étendue à telle ou telle activité. C'est ce qui a permis à certains dirigeants fautifs de poursuivre une activité sous le statut d'auto-entrepreneur. Mais cette pratique, consistant à contourner la mesure d'interdiction[4], constitue purement et simplement l'infraction de violation d'une interdiction de gérer laquelle est, comme évoqué précédemment, pénalement répréhensible[5]. À l'occasion d'une réponse parlementaire, un secrétaire d'État a confirmé que « l'auto-entrepreneur ne peut exercer son activité s'il se trouve sous le coup d'une interdiction de gérer une entreprise commerciale ou artisanale […], s'il n'est pas soumis à l'obligation de s'immatriculer au registre du commerce et des sociétés ou bien au répertoire des métiers, il reste passible de la sanction prévue à l'article L.645-15 du Code du commerce »[6]. Dans l'hypothèse où la décision est dénuée de précision quant à l'étendue de la mesure d'interdiction, il importe de déduire que les juges souhaitent tout simplement écarter le dirigeant du tissu économique dont le comportement lui a été gravement préjudiciable[7]. Ainsi, limitent-ils l'interdiction uniquement dans le temps et non dans sa portée. En d'autres termes, la mesure

[1] C. com., art. L.653-8.
[2] D. DEFRANCE, thèse préc., n°346.
[3] C. DELATTRE, « À défaut de précision, l'interdiction de gérer s'étend nécessairement à l'ensemble des activités », *JCP E*, n°23, 5 juin 2014.
[4] C. DELATTRE, « Le statut d'auto-entrepreneur permet-il de gérer nonobstant une interdiction de gérer ? », *JCP E*, 2012, 1069, n°4.
[5] C. pénal, art. 434-40-1, C. com. L.654-15.
[6] JO 20 septembre 2011, p.10061.
[7] C. DELATTRE, « À défaut de précision, l'interdiction de gérer s'étend nécessairement à l'ensemble des activités », art. préc.

d'interdiction dénuée de précision équivaut à une mesure de faillite personnelle. À cet égard, la chambre commerciale de la Cour de cassation a précisé que lorsque la cour d'appel n'a pas spécifié que la mesure d'interdiction de gérer prononcée serait limitée à l'une des activités énumérées à l'article L.653-8 du Code de commerce, « cette mesure s'étend nécessairement à l'ensemble de ces activités »[1]. Dans cette hypothèse, le rebond du dirigeant fautif est volontairement éludé puisque l'interdiction de gérer est ici générale, faute de précision. La solution paraît aisément se justifier en raison du contournement de l'interdiction par le débiteur alors même que les juges n'avaient pas volontairement spécifié l'étendue de l'interdiction, eu égard au comportement du dirigeant qu'ils souhaitaient vivement punir. Mais *quid* dans l'hypothèse où le dirigeant fautif parvient à convaincre le tribunal de sa nécessité de poursuivre une activité ? Un auteur a pu relever les limites du mécanisme de la modulation de l'interdiction de gérer, donnons-lui la parole : « comment un dirigeant, sanctionné par des fautes de gestion, peut-il à la fois être condamné à une interdiction de gérer mais autorisé à gérer une autre activité malgré le constat de ses fautes et/ou de son incompétence ? »[2]. En effet, cette situation peut paraître incongrue. Toutefois, on suppose qu'elle ne se présentera que dans de rares espèces. En matière de sanction, on imagine que le tribunal aura préalablement opéré une stricte distinction selon la nature des fautes relevées avant d'offrir au dirigeant la possibilité de rebondir dans une activité spécifique. D'ailleurs, si le législateur a institué la modulation de l'interdiction de gérer, c'est qu'il est, selon-nous, des situations où le dirigeant fautif « mérite » de poursuivre une activité dans laquelle il n'a pas démérité.

Une application jurisprudentielle mitigée. Si le périmètre de l'interdiction de gérer est librement ajustable par le tribunal de la sanction lorsque le comportement du dirigeant fautif le justifie, il apparaît que cette modulation n'a pas toujours les faveurs de la jurisprudence. En témoigne un arrêt de la cour d'appel de Caen ayant refusé son application[3]. En l'espèce, un dirigeant avait été condamné à une mesure de faillite personnelle pendant cinq ans. Devant la cour d'appel, il avait sollicité la conversion de la mesure de faillite personnelle en une mesure d'interdiction de gérer excluant du périmètre de la mesure son activité d'auto-entrepreneur[4]. Convaincus par son argumentation, les juges du fond avaient accepté de convertir la mesure en une interdiction de gérer qu'ils avaient, au surplus, limitée à deux années en précisant toutefois « sans qu'il soit fait

[1] Cass. com., 11 février 2014, n°12-21.069, obs. C. DELATTRE, art. préc.

[2] C. DELATTRE, *ibid.*

[3] Il lui était reproché de ne pas avoir coopéré avec le mandataire judiciaire, ne pas avoir remis les documents visés à l'article L.622-6 du Code de commerce, ni tenu une comptabilité conformément aux dispositions légales et d'avoir omis de déclarer l'état de cessation des paiements dans le délai de 45 jours.

[4] Alors que cette activité est normalement interdite et s'apparente à une violation d'interdiction de gérer ou de faillite personnelle pénalement répréhensible au sens des articles C. pénal, art. 434-40-1, C. com. L.654-15.

exception pour l'activité d'auto-entrepreneur qui aurait pour effet, s'il y était fait de droit, de vider la sanction de son effectivité »[1]. Si pour de nombreux dirigeants fautifs le statut de l'auto-entreprenariat apparaît comme une solution pour la poursuite d'une activité, faute d'avoir pu retrouver une activité salariale, la jurisprudence se refuse à favoriser une telle situation. En effet, et comme l'a justement rappelé un auteur, « la mesure d'interdiction de gérer n'est pas une sanction au rabais »[2]. Elle tend à sanctionner des fautes de gestion lesquelles ont nécessairement causé préjudice au tissu économique. Ainsi, le tribunal de la sanction doit-il tenir compte de la nature de ces fautes pour apprécier l'opportunité de l'étendue d'une mesure d'interdiction de gérer. À cet égard, d'autres juridictions ont adopté des solutions divergentes par une interprétation plus libérale du texte lequel ne prescrit pas l'exclusion de l'activité d'auto-entrepreneur du périmètre de l'interdiction de gérer[3]. Ces décisions peuvent laisser perplexe. On peut effectivement déplorer l'existence d'une contradiction à sanctionner un dirigeant défaillant tout en l'autorisant dans la même décision à continuer de gérer. Un auteur envisage même la voie d'une action en responsabilité de l'État dans l'hypothèse où le dirigeant causerait à nouveau des dégâts sur le tissu économique dans le cadre d'une activité autorisée par le tribunal[4]. Or, pour envisager une telle action, encore faut-il démontrer la faute lourde ou le déni de justice susceptible de déclencher la responsabilité de l'État. Si l'on doit rapidement évincer le cas du déni de justice, comment caractériser ici la déficience du service public de la justice lorsque le tribunal aura souverainement apprécié la situation du dirigeant fautif en lien avec un texte qui lui permet justement de moduler librement le paramètre de l'interdiction de gérer ? « N'est-ce pas là vider la modulation de son effectivité ? ». Dès lors, cette action nous paraît vaine. En l'état actuel de la législation, la question de la modulation du périmètre de l'interdiction de gérer nous semble relever pleinement de l'appréciation souveraine des juges du fond. Certaines juridictions s'inscriront du côté de la préservation de l'effectivité de la sanction, quand d'autres favoriseront le maintien d'une activité dans l'intérêt du dirigeant. « Rebondir ou ne pas rebondir ? », telle pourra être l'interrogation du tribunal pour sanctionner utilement le dirigeant fautif. Après tout, le droit des entreprises en difficulté n'a-t-il pas vocation à soutenir le dirigeant méritant quand bien

---

[1] CA Caen, ch. civ. et com., 19 janvier 2017, n°16/00875 : JurisData n°2017-001005, même motivation CA Caen, ch. civ. et com., 2 novembre 2017, n°17/00390, JurisData n°2017-023143, *adde* C. DELATTRE « Périmètre d'une interdiction de gérer », *JCP E*, n°49, 7 décembre 2017, 1657.

[2] C. DELATTRE, « La faillite personnelle et l'interdiction de gérer ne doivent pas être considérées comme des sanctions vaines », *RPC*, 2009, comm. 5 ; *adde* du même auteur « De l'emprisonnement pour la violation de l'interdiction de gérer », *RPC*, 2011, focus 5.

[3] CA Paris, pôle 5, 8e ch., 7 septembre 2010, n°10/00299, *Dr. sociétés*, 2011, comm.118, note J-P. LEGROS, CA Paris, pôle 5, 8e ch., 24 novembre 2015, n°14/24594, *Dr. sociétés*, 2016, comm.109.

[4] C. DELATTRE « Périmètre d'une interdiction de gérer », art. préc. : l'auteur précise que le permis de gérer autorisé par le tribunal malgré une sanction est ici paradoxal.

même celui-ci aurait adopté un comportement répréhensible ? Le mécanisme du relèvement nous offre une réponse plutôt satisfaisante.

C) La procédure de relèvement par la démonstration de garanties démontrant la capacité à diriger

Le principe. La Cour de cassation a récemment rappelé que « la mesure d'interdiction de gérer prononcée par une juridiction civile ou commerciale constitue une mesure préventive de mise à l'écart de la vie des affaires, pendant sa durée, d'un dirigeant incompétent ou malhonnête, sauf décision de relèvement avant le terme fixé si ce dirigeant présente toutes garanties démontrant sa capacité à diriger une entreprise […] ce n'est que lorsque le dirigeant fait cette démonstration qu'il peut, sans danger pour l'ordre économique, reprendre une activité de direction »[1]. Sous l'empire de la loi de 1967, les sanctions civiles étaient perpétuelles. La réhabilitation dont découlait le relèvement des sanctions, revêtait alors une grande importance pour le débiteur dans l'espoir de son rebond[2]. Désormais, la durée de la mesure est nécessairement fixée par le tribunal et ne peut dépasser quinze ans. Aux termes de cette période, l'interdiction cesse de plein droit sans qu'il soit nécessaire d'obtenir un jugement en ce sens. La limitation de cette interdiction traduit la volonté du législateur de permettre à un dirigeant sanctionné de bénéficier d'une « seconde chance » et de pouvoir, une fois sa peine exécutée, se retrouver à nouveau à la tête d'une entreprise[3]. Cette période doit permettre au débiteur d'apprendre de ses erreurs afin d'éviter leur renouvellement sur le tissu économique. Toutefois, il arrive que le débiteur interdit souhaite reprendre une activité de direction avant le terme de la durée de l'inscription. Selon l'article L.653-11 du Code de commerce, le législateur prévoit deux cas où, « à l'instar du condamné à une peine d'emprisonnement ou de réclusion bénéficiant d'une libération conditionnelle »[4], le dirigeant peut être relevé d'une sanction qu'il n'a pas entièrement exécutée. Ainsi en est-il du relèvement automatique dû à la clôture pour extinction du passif. Deux autres possibilités de relèvement peuvent intervenir à la demande du débiteur : en cas de contribution suffisante au paiement du passif, ou dans l'hypothèse

---

[1] Cass. com., 13 avril 2022, n°22-10.380, C. DELATTRE « Le retrait d'une interdiction de gérer prononcée par une juridiction civile ou commerciale au bulletin n°2 du casier judiciaire », *BJE*, mai-juin 2022, n°BJE200p3.

[2] M. MENJUCQ, B. SANTOURENS, B. SOINNE, *Traité des procédures collectives*, *op. cit.*, n°3319.

[3] C. DELATTRE, « La procédure de réhabilitation des articles L.653-11 et R.653-4 du Code de commerce », art. préc., spéc. n°3.

[4] S. ALMASEANU, « Le rebond du dirigeant condamné à une faillite personnelle ou une interdiction de gérer : la jurisprudence parisienne sur le relèvement (art. L.653-11 et R.653-4 du Code de commerce) », *LPA*, 8 juillet 2019, n°135 ; v. aussi C. DELATTRE, « La procédure de réhabilitation des articles L.653-11 et R.653-4 du Code de commerce », art. préc., spéc. n°8 : par une autre métaphore empruntée au droit pénal, l'auteur écrit « en matière de sanction pénale, la durée de la peine peut être réduite par le jeu des réductions de peines automatiques, en matière de sanction civile (faillite personnelle et interdiction de gérer), la durée de la peine peut être également réduite via les dispositions de l'article L.653-11 du Code de commerce ».

uniquement de l'interdiction de gérer[1], s'il présente « toutes garanties démontrant sa capacité à diriger ou contrôler une ou plusieurs entreprises »[2]. C'est cette dernière possibilité de relèvement qui retiendra essentiellement notre attention. En effet, elle traduit le signe fort d'une politique en faveur du rebond du chef d'entreprise en ce qu'elle valorise l'expérience de l'échec[3]. Toutefois, il ne faut pas perdre de vue que le relèvement n'est « pas un droit acquis »[4]. La mention « toutes les garanties » se caractérise essentiellement par la possibilité de justifier que l'interdit a suivi « une formation professionnelle »[5]. Il est ici question de s'assurer qu'il a acquis des notions comptables, financières et de gestion lui permettant de mieux gérer pour l'avenir[6].

Une procédure méconnue. Si cette possibilité de relèvement apparaît comme une aubaine permettant au dirigeant sanctionné de rebondir dans les affaires, il n'en reste pas moins que le dispositif est peu utilisé en pratique[7]. Il faut reconnaître que la procédure de relèvement des sanctions professionnelles a perdu de son importance en raison de leur soumission à un terme[8]. Aussi, « le traumatisme suscité par le passage en procédure » peut expliquer cette réticence à revenir vers la juridiction[9]. À l'initiative d'une étude de la jurisprudence parisienne sur le relèvement[10], un auteur a souligné qu'environ 4 000 jugements de sanctions sont prononcés chaque année en France, et que moins de 10% des chefs d'entreprise font l'objet de sanctions personnelles[11]. Sur la période 2014-2018, le tribunal de commerce de Paris n'a été saisi que de 28 demandes de relèvement[12], ce qui démontre que le dispositif est mal connu des dirigeants voire de leurs conseils. Pourtant, le taux de réussite avoisinant les 60%[13] traduit

---

[1] Cette disposition est une innovation de la loi de sauvegarde du 26 juillet 2005, elle n'est toutefois pas prévue en matière de faillite personnelle.

[2] C. com., art. L.653-11, al. 4.

[3] M-H. MONTRAVERS, « Faciliter le rebond du chef d'entreprise en France », art. préc.

[4] C. DELATTRE, « La procédure de réhabilitation des articles L.653-11 et R.653-4 du Code de commerce », art. préc., spéc. n°4 et n°32.

[5] C. com., art. R.653-4.

[6] C. DELATTRE « Le retrait d'une interdiction de gérer prononcée par une juridiction civile ou commerciale au bulletin n°2 du casier judiciaire », art. préc., p.36.

[7] F. LEGRAND, O. BOURRU, C. DELATTRE, Table ronde animé par M. MENJUCQ : « Quelle place pour les sanctions civiles et pénales en droit des procédures collectives ? », *RPC*, septembre 2009, n°2, p.61.

[8] M. MENJUCQ, B. SANTOURENS, B. SOINNE, *Traité des procédures collectives*, *op. cit.*, n°3319.

[9] D. DEFRANCE, *Le retour à meilleure fortune : Étude en droit des difficultés économiques*, thèse préc., n°350.

[10] S. ALMASEANU, art. préc., n°9.

[11] *Ibid.* art. préc. n°10 : l'auteur précise que le tribunal de commerce de Paris rend entre 750 et 800 jugements par an, dont les deux tiers en matière de sanctions personnelles. Par rapport au chiffre national, il explique que 18% des sanctions en France sont prononcées à Paris.

[12] *Ibid.* : sept en 2014, une en 2015, quatre en 2016, neuf en 2017 et sept en 2018 (toute demande de relèvement confondue).

[13] *Ibid.* : l'auteur souligne la convergence entre les juges consulaires parisiens et le ministère public, puisque le parquet avait requis le relèvement dans 15 des 17 relèvements prononcés.

manifestement que le « droit au pardon » emboîte le pas du « droit au rebond » en assurant l'effectivité d'un « nouveau départ » pour le dirigeant.

Une application jurisprudentielle mesurée. L'analyse de la jurisprudence nous permet d'avoir un éclairage sur les motivations conduisant le tribunal de la sanction à relever l'interdiction de manière prématurée, et plus largement, à permettre le rebond anticipé du dirigeant sanctionné. Les juges du fond ont fait droit à la demande d'un dirigeant condamné à une interdiction de gérer pendant six ans, lequel justifiait avoir postérieurement suivi une formation qualifiante aux fonctions de gérant de restaurant. Le tribunal soulignait que l'intéressé « semble avoir appris de ses erreurs, en particulier celle de reprendre la responsabilité d'une société sans en regarder les comptes »[1]. Le relèvement a été accordé à des dirigeants ayant également justifié d'un stage de comptabilité et de gestion d'une durée de quatre mois[2], d'une formation donnée par une chambre de commerce d'industrie en matière de gestion et d'administration des PME[3]. Dans une hypothèse sans formation postérieure, un dirigeant sanctionné d'une interdiction de gérer pendant trois ans avait concédé devant le tribunal s'être imprudemment lancé dans le domaine de la gestion immobilière qu'il ne maîtrisait aucunement. Il sollicitait prématurément le relèvement de son interdiction pour la création d'une entreprise dans son domaine d'expertise, emportant la conviction des juges consulaires[4]. On observe que la rédaction en des termes suffisamment généraux de l'article L.653-11, alinéa 4, du Code de commerce laisse en conséquence une marge d'appréciation au tribunal. Les juges du fond ont également considéré qu'il y avait lieu de relever un dirigeant de l'interdiction de gérer de cinq ans pour les besoins économiques d'une seconde société dont il a été autorisé à poursuivre la gestion[5]. À l'inverse, le relèvement a été refusé à un dirigeant qui se prévalait d'une licence en sciences économiques obtenue en 1990, soit antérieurement aux faits, le tribunal précisant non sans ironie : « alors qu'à l'évidence ce seul diplôme ne lui a pas conféré des compétences évidentes en matière de gestion »[6]. Les garanties visées par l'article R.653-4 consistant essentiellement en l'accomplissement d'une formation professionnelle, seuls les diplômes obtenus postérieurement à la condamnation et qui sanctionnent une formation en comptabilité et gestion peuvent donc être retenus. À l'évidence, l'intéressé doit apporter les pièces justificatives des diplômes qu'il invoque pour démontrer sa capacité à diriger. Dès lors, la production d'une simple attestation d'une

---

[1] TC Paris, 18e ch., 21 mai 2014, n°2014016060, obs. S. ALMASEANU, art. préc.

[2] TC Paris, 5e ch., 28 novembre 2017, n°2017050839, obs. S. ALMASEANU, art. préc. ; CA Paris, 3e ch., 12 février 2009, n°08/22797 ; CA Douai, 2e ch., sect. 2, 19 mai 2011, n°181/11, *M.P. près le TGI de Valenciennes c/ Mme. X.*

[3] TC Paris, 5e ch., 13 novembre 2018, n°2018035840, obs. S. ALMASEANU, art. préc.

[4] TC Paris, 5e ch., 5 juin 2018, n°2018010735, obs. S. ALMASEANU, art. préc.

[5] CA Paris, 9 mars 2017, n°16/18402 : *RJDA*, juillet 2017, n°489 ; *RPC*, 2017, comm., 154, obs. A. MARTIN-SERF.

[6] CA Grenoble, ch. com., 6 janvier 2011, n°10/02747.

inscription à un diplôme est insuffisante[1]. Récemment, la chambre commerciale de la Cour de cassation a précisé que « les éloges de son employeur ne peuvent suffire pour constituer une garantie de capacité à diriger ou contrôler une entreprise tandis que l'activité d'intermédiation, qu'il a choisie, est soumise, par des règles propres, à des conditions d'honorabilité »[2]. Cette solution suffit à déduire que la condition exigée par le dispositif de relèvement n'était donc pas réunie en l'espèce. D'ailleurs, « l'ancienneté du prononcé de la sanction et la création d'une entreprise ne figurent pas dans les critères du relèvement »[3]. Là encore, il apparaît que le dispositif du relèvement relève pleinement de l'appréciation souveraine des juges du fond dont les décisions traduisent une application mesurée.

La recherche d'un équilibre. Mais à quel moment le dirigeant peut-il solliciter une demande de relèvement afin que celle-ci ait toutes les chances d'aboutir ? Le texte ne donne aucune indication. Il nous semble que d'autres éléments doivent être pris en compte. Pour que la mesure d'interdiction de gérer demeure crédible, il paraît évident que la demande ne doit pas intervenir trop tôt. De notre point de vue, si le dispositif de relèvement permet au dirigeant sanctionné de rebondir de manière anticipée, il ne peut cependant être perçu comme « un permis d'impunité ». La sanction demeure une nécessité « dès lors que le monde économique idéal n'existe pas »[4]. Il est donc indispensable pour le dirigeant d'exécuter une part significative de la durée de cette sanction[5]. Un autre élément peut apporter un éclairage. Les juges consulaires restent particulièrement attentifs à la gravité des fautes reprochées au dirigeant, en témoignent les motivations évoquées précédemment. Il ne faut pas perdre de vue que le prononcé de la sanction à l'égard du dirigeant réside dans la nécessité de punir le comportement déviant par lequel il est apparu comme « un véritable danger pour le monde économique »[6]. L'intérêt d'une sanction professionnelle s'inscrit dans la volonté légitime de moraliser le monde économique, quitte à empêcher certains dirigeants de regagner prématurément les affaires[7]. Et un auteur de mettre en garde la justice économique : « attention à ne pas tomber dans un système qui

---

[1] *Ibid.*

[2] Cass. com., 13 avril 2022, n°22-10.380.

[3] *Ibid.*, note C. DELATTRE « Le retrait d'une interdiction de gérer prononcée par une juridiction civile ou commerciale au bulletin n°2 du casier judiciaire », *BJE*, mai-juin 2022, n°BJE200p3. ; CA Douai 2e ch., 19 avril 2012, n°11/03251.

[4] C. DELATTRE, Le dirigeant fautif », « Loi de sauvegarde des entreprises. Risques et responsabilité en droit des procédures collectives », art. préc.

[5] S. ALMASEANU, art. préc., spéc. n°13.

[6] C. DELATTRE, « La procédure de réhabilitation des articles L.653-11 et R.653-4 du Code de commerce », art. préc., spéc. n°30.

[7] C. DELATTRE, « Le relèvement des déchéances et interdictions de l'article L.653-11 du Code de commerce confronté à la morale économique, à propos de CA Douai, 2e ch., sect. 2, 16 septembre 2008, n°181/11, *M.P. près le TGI de Valenciennes c/ Mme. X.*

aboutirait à une seconde injustice pour les créanciers »[1]. De notre point de vue, il est primordial pour le dirigeant sanctionné de passer condamnation et démontrer qu'il « mérite » le bénéfice du relèvement par la démonstration que l'interdiction présente de sérieux inconvénients à ses nouveaux projets. Là encore, le dirigeant doit être digne de rebondir. Aussi, doit-il solliciter cette nouvelle faveur à point nommé. Il nous semble que dans le cas d'une demande formulée dans le dernier quart de la sanction prononcée, le relèvement a toutes les chances d'aboutir[2]. Dans l'hypothèse d'une interdiction pendant dix ans, il peut paraître précoce de solliciter le relèvement au bout de deux années, au risque de ruiner le sens de l'interdiction ou comme évoqué précédemment, de « vider la sanction de son effectivité »[3]. Enfin, on ne peut qu'adhérer à la métaphore choisie par un auteur concernant la libération conditionnelle du droit pénal : « mieux vaut, pour éviter la récidive, accompagner la fin de peine plutôt que de laisser la mesure prendre fin par le seul écoulement du temps et sans suivi du condamné ». Pour nous, c'est en ce sens que le droit des entreprises en difficulté rayonne par l'humanisation du régime des sanctions à l'égard du dirigeant fautif qui peut espérer de nouveau que la justice lui donne « une seconde chance ». Au-delà de la purge des dettes, l'objectif de rebond nous paraît dès lors bien assuré.

D) L'allégement de la sanction de l'entrepreneur individuel à responsabilité limitée

La faillite personnelle à l'égard de l'EIRL. Aux termes de l'article L.653-3 du Code de commerce, la faillite personnelle peut être prononcée à l'égard du débiteur lorsqu'il a « 1° poursuivi abusivement une exploitation déficitaire qui ne pouvait conduire qu'à la cessation des paiements ; 2° (abrogé)[4] ; 3° détourné ou dissimulé tout ou partie de son actif ou frauduleusement augmenté son passif »[5]. Le deuxième paragraphe de l'article précité prévoyait jusqu'à la loi *PACTE* du 22 mai 2019, que pouvaient être retenus à l'encontre d'un entrepreneur individuel à responsabilité limitée les faits suivants : « 1° avoir disposé du patrimoine visé par la procédure comme s'ils étaient compris dans un autre de ses patrimoines ; 2°

[1] C. DELATTRE, « La procédure de réhabilitation des articles L.653-11 et R.653-4 du Code de commerce », art. préc. n°32.

[2] Sous réserves de respecter les conditions légales tenant aux garanties par la démonstration de sa capacité à diriger évoquées *supra*, v. aussi S. ALMASEANU, art. préc., spéc. n°13 : l'auteur indique que la pratique des plaideurs consiste à saisir la juridiction en fin d'interdiction « dans le cinquième de la sanction prononcée ».

[3] V. *supra*.

[4] Si le 2° a été abrogé, il est toutefois repris dans les mêmes termes à l'article L.653-5 6° du Code de commerce : « avoir fait disparaître des documents comptables, ne pas avoir tenu de comptabilité lorsque les textes applicables en font obligation, ou avoir tenu une comptabilité fictive, manifestement incomplète ou irrégulière au regard des dispositions applicables ».

[5] Ces trois hypothèses de faillite personnelle propres à l'EIRL avaient été instituées par l'ordonnance n°2010-1512 du 9 décembre 2010 portant adaptation du droit des entreprises en difficulté et des procédures de traitement des situations de surendettement à l'entrepreneur individuel à responsabilité limitée.

sous le couvert de l'activité visée par la procédure masquant ses agissements, avoir fait des actes de commerce dans un intérêt autre que celui de cette activité ; 3° avoir fait des biens ou du crédit de l'entreprise visée par la procédure un usage contraire à l'intérêt de celle-ci à des fins personnelles ou pour favoriser une personne morale ou entreprise dans laquelle il était intéressé directement ou indirectement »[1]. Il importe de souligner ici la parfaite analogie de traitement entre l'entrepreneur individuel à responsabilité limitée et le dirigeant de société[2]. En effet, l'EIRL est soumis à la faillite personnelle comme tout entrepreneur individuel[3], mais de plus, certains cas de faillite personnelle réservés au dirigeant de droit ou de fait d'une personne morale[4] lui sont également applicables.

Une réduction des cas de faillite personnelle en faveur de l'EIRL. Aux fins de favoriser le rebond de l'EIRL, l'article 7 de la loi *PACTE* a supprimé le 1° de l'article L.653-3 qui retenait la faillite personnelle à l'égard de l'EIRL ayant « disposé du patrimoine visé par la procédure comme s'ils étaient compris dans un autre de ses patrimoines »[5]. Ainsi, l'entrepreneur ne peut plus tomber sous le coup d'une faillite personnelle s'il dispose des biens du patrimoine affecté comme s'ils étaient compris dans un autre de ses patrimoines. Avant cette suppression, il résultait des conséquences disproportionnées lorsque les fautes avaient été commises sans intention frauduleuse. Il s'agissait effectivement de sanctionner l'EIRL ayant pris des libertés avec les règles de l'affectation en confondant ses patrimoines. Cette intervention législative permet de mettre un terme à une jurisprudence très défavorable à l'EIRL, laquelle constituait un frein sérieux à son développement. Dès lors, il apparaît que la loi *PACTE* a parachevé l'assouplissement du régime des sanctions à l'égard des entrepreneurs fautifs en ne réprimant plus l'usage contraire de l'affectation par la faillite personnelle. Preuve que cette loi s'inscrit manifestement en faveur du rebond de l'entrepreneur.

Bilan. En définitive, si le droit de la défaillance économique permet, au-delà de la purge des dettes, de réhabiliter le débiteur malchanceux et honnête en gommant certains stigmates de sa défaillance, la préservation de l'ordre public économique par la tenue de nombreux fichiers recensant les difficultés passées, ne lui permet cependant pas d'être totalement oublié. Un certain laps de temps doit donc s'écouler avant que le débiteur ne mérite effectivement de rebondir. Par ailleurs, il est apparu que les dernières réformes législatives ont également fait preuve d'humanité à l'endroit des débiteurs indélicats. En atteste le mouvement d'humanisation des sanctions civiles permettant au dirigeant fautif de rebondir

---

[1] Le texte est adapté depuis le 15 mai 2022 pour tenir compte du nouveau statut de l'entrepreneur individuel, lequel met fin à celui de l'EIRL.

[2] C. SAINT-ALARY-HOUIN, « EIRL et procédure collectives », in Dossier « L'EIRL : la nouvelle donne pour l'entrepreneur », *Dr. et patr.*, avril 2011, p.63.

[3] C. com., art. L.653, I.

[4] C. com., art. L.653-4.

[5] Art. 7, 17°, loi n°2019 du 22 mai 2019 relative à la croissance et la transformation des entreprises.

précocement dans le monde des affaires. Toutefois, cette réhabilitation, lourde de sens pour les créanciers, n'est pas un droit acquis. Comme en matière de purge des dettes, le débiteur doit être digne de sa réhabilitation pour obtenir à nouveau les faveurs du législateur, dont la politique de rebond a récemment été étoffée comme en témoigne le nouveau statut de l'entrepreneur individuel.

SECTION 2
L'INCITATION AU REBOND OU LE NOUVEAU STATUT DE L'ENTREPRENEUR INDIVIDUEL EN DIFFICULTÉ[1]

En septembre 2021, le président de la République présentait un « Plan Indépendants » visant à garantir à chacun des trois millions d'indépendants qui maillent notre territoire un environnement plus juste, simple et protecteur pour le développement de leur activité[2]. C'est à cette occasion que naquit la loi n°2022-172 du 14 février 2022 en faveur de l'activité professionnelle indépendante[3] dont la mesure phare réside dans la reconnaissance d'une dualité de patrimoines pour une personne physique (**§1**). Dès lors, lorsque l'entrepreneur est en difficulté, seul son patrimoine professionnel répondra de ses dettes. Cette innovation législative s'inscrit dans la continuité de la précédente création du statut de l'EIRL, désormais abrogé[4], et des mécanismes d'insaisissabilité conventionnelle ou légale qui protégeaient le domicile du débiteur ainsi que tous ses biens non affectés à son activité professionnelle[5]. La loi du 14 février 2022 « parachève avec audace cette volonté récurrente de protéger les débiteurs individuels contre les poursuites de leurs créanciers, prenant chaque fois le risque de réduire l'accès au crédit ou d'en augmenter le coût global »[6]. La réforme innove également par la coordination du statut de l'entrepreneur individuel et la procédure de surendettement à laquelle il reste éligible pour son patrimoine personnel. C'est sur ce point que nous concentrerons notre démonstration[7]. Si la

---

[1] Nos travaux n'ont pas pour ambition d'étudier les tenants et aboutissants de la loi du 14 février 2022 dont l'entrée en vigueur a eu lieu au cours de la rédaction de cette étude. Toutefois, son inclusion nous a semblé primordiale et l'analyse globale suffira à servir notre démonstration en matière de rebond.

[2] Dossier de presse – « Plan Indépendants : pour un environnement juste, simple et protecteur », septembre 2021 [en ligne].

[3] V. aussi Décrets n°2022-709 du 26 avril 2022, Décret n°2022-725 du 28 avril 2022, Décret n°2022-799 du 12 mai 2022, Décret n°2022-890 du 14 juin 2022, Décret n°2022-933 du 27 juin 2022.

[4] Les EIRL existantes avant l'entrée en vigueur de la loi peuvent continuer d'exercer leur activité sous ce régime dont les règles afférentes sont maintenues. Pour les entreprises individuelles créées antérieurement au nouveau statut, la dissociation des patrimoines ne s'applique qu'aux nouvelles créances nées après le 15 mai 2022.

[5] Si le nouveau statut de l'entrepreneur individuel est bâti sur les décombres du régime de l'EIRL, il n'y a cependant pas d'identité parfaite entre ces deux régimes.

[6] J-L. VALLENS, « L'entrepreneur individuel et ses patrimoines », *Recueil Dalloz*, 7 juillet 2022, n°25.

[7] La loi du 14 février 2022 a conduit le législateur à modifier plusieurs dispositifs dont le rétablissement professionnel (V. *supra*, chapitre 2, titre 1, 2nde partie) et la liquidation judiciaire (V.

loi plaide en faveur d'un « cadre plus propice au rebond »[1] gage de simplification pour l'entrepreneur (**§2**), celle-ci se traduit manifestement par une complexification de mise en œuvre pour les acteurs de la procédure (**§3**).

§1 – L'instauration d'un régime de plein droit

La notion d'entrepreneur individuel. Aux termes de l'alinéa 1er de l'article L.526-22 du Code de commerce, l'entrepreneur individuel est défini comme « une personne physique qui exerce en son nom propre une ou plusieurs activités professionnelles indépendantes ». En l'absence de référence à un type d'activité professionnelle, celle-ci est valable pour les commerçants, les artisans, les agriculteurs[2], les professions libérales même réglementées et toutes les activités civiles indépendantes. L'entrepreneur individuel est donc une personne physique qui exerce nécessairement une activité en son nom propre. Dès lors, ce statut n'est pas applicable à l'exercice d'une activité par le biais d'une personne morale comme il n'est pas davantage applicable à un associé ou à un dirigeant de société[3]. La loi impose également son identification en tant que tel puisque la qualité d'entrepreneur individuel doit apparaître sur les documents et correspondances à usage professionnel[4].

La dualité de patrimoines. Le nouveau statut de l'entrepreneur individuel instaure la création de plein droit d'un patrimoine affecté à l'activité professionnelle et distinct du patrimoine personnel[5]. Alors que le statut de l'EIRL résultait du choix de l'entrepreneur, désormais le seul fait d'exercer en son nom propre une ou plusieurs activités professionnelles indépendantes entraîne l'application du nouveau statut, et *de facto* la création d'un patrimoine d'affectation. Cette situation n'implique plus de réaliser une déclaration d'affectation des biens et droits au patrimoine professionnel[6]. L'entrepreneur

---

supra, chapitre 1, titre 1, 2nde partie). Précisons au surplus que l'ensemble de notre étude tient compte de cette nouvelle loi.

[1] Exposé des motifs de la loi du 14 février 2022. Précisons que le nouveau statut de l'entrepreneur individuel est entré en vigueur le 15 mai 2022.

[2] C. LEBEL, « De l'exploitant agricole à l'entrepreneur individuel en agriculture », *RD* rur., 2022, n°503, étude 20.

[3] Sauf à imaginer l'exercice en tant qu'entrepreneur individuel dans le cadre d'une structure sans personnalité morale telle qu'une société en participation où chaque associé contracte en son nom personnel et est seul engagé à l'égard des tiers (C. civ., art. 1872-1, al.1er). En dehors de cette hypothèse, la preuve d'une activité sous forme sociétaire exclurait le bénéfice de ce statut en faisant tomber la séparation des patrimoines.

[4] C. com., art. R.526-17, al.3.

[5] Si cette séparation des patrimoines bouleverse le principe du droit de gage général des créanciers et plus largement la théorie d'Aubry et Rau, il importe de préciser que le statut de l'entrepreneur individuel fait figure d'exception.

[6] Alors que cette formalité a pu être critiquée en ce qu'elle alourdissait les démarches pour l'entrepreneur, elle permettait toutefois d'identifier précisément les éléments entrant dans la composition des patrimoines, ce qui paraît plus complexe avec le nouveau statut ; v. en ce sens D. PORACCHIA et J-N. STOFFEL « Panorama sur le nouveau statut d'entrepreneur individuel »,

individuel est donc titulaire de deux patrimoines distincts. Cette dissociation s'opère à compter de son immatriculation au registre professionnel dont il relève[1], sans condition ni formalité autre que l'existence d'une entreprise individuelle[2]. Conformément à l'article L.526-22 du Code de commerce, « les biens, droit, obligations et sûretés dont il est titulaire et qui sont utiles à son activité ou à ses activités professionnelles indépendantes constituent le patrimoine professionnel de l'entrepreneur individuel ». En outre, « les éléments du patrimoine de l'entrepreneur individuel non compris dans le patrimoine professionnel constituent son patrimoine personnel »[3]. C'est donc à l'aune de ce cloisonnement que sont déterminés le droit de gage des créanciers professionnels et celui des créanciers personnels. Ici, le droit de gage des créanciers professionnels, quelle que soit l'activité professionnelle, concerne par principe le patrimoine professionnel dans sa globalité, sans distinction en fonction du type d'activité. Relevons que la séparation des patrimoines fait l'objet d'une dérogation en faveur de l'administration fiscale et des organismes de sécurité sociale lesquels bénéficient d'un droit de gage sur l'ensemble des patrimoines de l'entrepreneur individuel, en cas de fraude[4]. Par ailleurs, la dissociation de plein droit des patrimoines étant légalement offerte aux entrepreneurs individuels, ces derniers peuvent y renoncer[5]. Dans le souci de protéger le débiteur, le législateur a toutefois prévu de subordonner cette renonciation à une demande d'un créancier et à un engagement spécifique du débiteur portant le montant auquel il s'engage[6]. Aussi doit-on préciser que, dans son intérêt, il n'est pas possible pour l'entrepreneur individuel de se porter caution en garantie d'une dette dont il est débiteur principal, quel que soit le patrimoine auquel cette dette se rattache. Une seule et unique personne demeure titulaire des patrimoines distincts[7]. Enfin, la

---

BJE, septembre 2022, n°BJS201h9, spéc. p.55. Concernant la preuve de la composition des patrimoines, elle revient à l'entrepreneur individuel (C. com., art. L.526-22 du Code de commerce).

[1] À partir du 1er janvier 2023, les entreprises devront s'immatriculer auprès d'un registre unique : le Registre national des entreprises (RNE), en remplacement des registres existants (répertoire des métiers, registre des actifs agricoles, et le registre spécial des agents commerciaux), sauf le RCS qui sera quant à lui maintenu.

[2] À défaut d'une obligation d'immatriculation, l'entrepreneur pourra invoquer la création d'un patrimoine distinct à compter du premier acte exercé en cette qualité. En cas de pluralité de registres, l'immatriculation la plus ancienne constitue la date de prise d'effet de la dissociation.

[3] L'entrepreneur individuel ne peut plus avoir plusieurs patrimoines professionnels affectés à diverses activités (C. com., art. L.526-22, al.2) sauf lorsque l'entrepreneur reprend une activité au cours de la liquidation judiciaire (v. *infra*). Sur l'appréciation de la consistance des deux patrimoines en fonction des critères de titularité et d'utilité : D. PORACCHIA et J-N. STOFFEL, art. préc., spéc. p.55 et s.

[4] C. com., art. L.526-24.

[5] C. com., art. L.526-25, v. aussi L.526-22 pour d'autres hypothèses de dérogations en faveur de certains créanciers.

[6] J-L. VALLENS, « L'entrepreneur individuel en difficulté et ses patrimoines », *Recueil Dalloz*, 7 juillet 2022, n°25, p.1270.

[7] D. PORACCHIA et J-N. STOFFEL, art. préc., spéc. p.60 : « cette question débattue en matière d'EIRL, trouve ici une réponse nette » ; N. BORGA, « L'EIRL et la constitution de sûretés

séparation des patrimoines cesse dans le cas d'une cessation de toute activité professionnelle ou du décès[1] de l'entrepreneur individuel[2].

Un nouveau régime de traitement des difficultés de l'entrepreneur. En outre, la loi du 14 février 2022 innove par l'articulation des procédures relatives au traitement des dettes du patrimoine professionnel de l'entrepreneur individuel et les procédures de surendettement pour son patrimoine personnel. La gestion des difficultés de l'entrepreneur individuel appelait un traitement spécifique adapté au caractère hybride de sa situation[3]. Ainsi, la nouvelle loi réduit-elle la distinction entre les dettes professionnelles et non professionnelles[4]. Elle permet également une nette amélioration[5] de la situation des personnes ne relevant pas du livre VI du Code de commerce. Cette avancée a pour objectif d'éviter les tergiversations autour de la notion de dettes professionnelles[6]. L'associé d'une SCI, le membre d'un GAEC, le gérant d'une SARL[7] peuvent désormais bénéficier d'une procédure de surendettement s'ils sont dans l'impossibilité de faire face à leur endettement, quelle que soit la nature de celui-ci, professionnel

---

personnelles », *BJE*, mars 2011, n°7, p.76 : A. AYNÈS, « EIRL : la séparation des patrimoines à l'épreuve du droit des sûretés », *RLDC*, 2011/86.

[1] Le régime de l'EIRL prévoyait une règle de transposition lorsqu'un héritier ou ayant-droit manifestait son intention de poursuivre l'activité professionnelle à laquelle le patrimoine était affecté. Cette possibilité est désormais abandonnée par le nouveau statut.

[2] Sous réserves des articles L.631-3 et L.640 du C. com. Les décrets d'application n'apportent aucun élément de réponse quant à la notion de « cessation de toute activité professionnelle », *quid* de la maladie ou de l'arrêt temporaire ? La question reste entière.

[3] E. MOUIAL-BASSILANA, « La redéfinition du surendettement des particuliers par l'inclusion des dettes professionnelles : enjeux et conséquences », *Gaz. Pal.*, 19 avril 2022, n°13, GPL43u9.

[4] V. *supra*, chapitre 2, titre 1, 2nde partie.

[5] E. MOUIAL-BASSILANA, art. préc., *eod. loc.*

[6] C. LEBEL, « De l'entrepreneur individuel et les procédures de surendettement », *Lexbase Affaires*, 17 mars 2022, n°709., *adde* V. LEGRAND, « Les procédures de surendettement accessibles aux entrepreneurs individuels », *Dalloz*, 2022, p.1275 ; P. ROSSI, « Entrepreneur individuel et procédure collective. À propos de l'article 5 de la loi n°2022-172 du 14 février 2022 en faveur de l'activité professionnel indépendante », *JCP E*, 2022, n°13, 1138 ; F. PÉROCHON, « Professionnels indépendants en difficulté : premiers regards sur la loi du 14 février 2022 », *BJE*, mars 2022, n°BJE200n8 ; P-M. LE CORRE et B. FERRARI, « L'entrepreneur individuel et le droit des entreprises en difficulté », *Lexbase Affaires*, 17 mars 2022, n°709 ; O. BUSINE, « De l'entrepreneur en difficulté », *RPC*, 2022, n°2, étude 2 ; IFPPC, 17e entretiens de la Sauvegarde, (dir.) F. LEGRAND et O. BUISINE, « Financements et restructuration de l'entreprise en difficulté, quels outils ? », 31 janvier 2022, Paris 7e.

[7] Avant la réforme, dans l'hypothèse d'un gérant majorité de SARL en procédure de liquidation judiciaire, les dettes de la société nées à l'occasion de l'activité professionnelle du débiteur pouvaient être apurées dans ce cadre. Toutefois, les dettes personnelles de cotisations et de contributions sociales n'étaient pas prises en compte dans le cadre de la procédure de liquidation judiciaire. Elles s'ajoutaient *de facto* aux dettes personnelles existantes sans être davantage prises en compte dans l'étude de la recevabilité de la demande du débiteur pour bénéficier de la procédure de surendettement des particuliers car elles étaient considérées comme des dettes professionnelles. Grâce à la réforme, largement attendue sur ce point, le gérant sera désormais recevable.

ou non[1]. Au sens du nouvel article L.711-1 du Code de la consommation, ces débiteurs autrefois exclus verront désormais leur dossier recevable même si des dettes professionnelles sont à l'origine de leur surendettement. Cette coordination traduit manifestement la prise en compte par le législateur français des instructions européennes en matière de remise des dettes[2]. En définitive, on observe une parfaite reconnaissance de l'entrepreneur individuel tant en droit des entreprises en difficulté qu'en droit du surendettement.

§2 – Une source de simplification pour le débiteur

L'instauration d'un guichet unique. Dans un titre nouveau introduit dans le Code de commerce, la loi du 14 février 2022 coordonne les nouvelles dispositions relatives à l'entrepreneur individuel et la procédure de surendettement à laquelle il reste éligible pour son patrimoine personnel. L'intérêt de la nouvelle loi réside dans l'identification du tribunal que devra saisir l'entrepreneur en cas de défaillance économique[3]. L'innovation majeure, particulièrement opportune, se traduit par l'instauration d'un « guichet unique »[4] pour le traitement de la situation de l'entrepreneur. À la tête de deux patrimoines, l'entrepreneur individuel en difficulté devra saisir le tribunal compétent selon le livre VI du Code de commerce, que la défaillance concerne son patrimoine professionnel ou son patrimoine personnel. Dans un objectif de simplification, la nouvelle loi confère un rôle central au juge de la procédure collective qui devient le « point de passage obligé »[5] au stade de l'appréciation des difficultés de l'entrepreneur. Des dispositions générales liminaires donnent ainsi une compétence unique au tribunal de commerce ou au tribunal judiciaire[6] connaissant des procédures collectives[7]. En d'autres termes, même si les difficultés ne concernent que le patrimoine personnel, l'entrepreneur doit d'abord se tourner vers le tribunal de la procédure collective qui orientera au besoin le débiteur vers la commission de surendettement dans un second temps. L'entrepreneur n'a donc plus besoin de saisir parallèlement cet organe administratif. Eu égard à la définition de l'entrepreneur individuel en fonction de

---

[1] E. MOUIAL-BASSILANA, « La redéfinition du surendettement des particuliers par l'inclusion des dettes professionnelles : enjeux et conséquences », art. préc., *eod. loc.*

[2] « Les États membres veillent à ce que, lorsqu'un entrepreneur insolvable a des dettes professionnelles contractées dans le cadre de son activité commerciale, industrielle, artisanale ou libérale et des dettes personnelles contractées en dehors de ces activités, qui ne peuvent être raisonnablement séparées, ces dettes, susceptibles de faire l'objet d'une remise, sont traitées en une procédure unique aux fins d'une remise de dettes totale. ».

[3] K. LAFAURIE, « L'appréciation des difficultés du nouvel entrepreneur individuel », *LEDEN*, mars 2022, n°3, n°DED200r0.

[4] J-L. VALLENS, « L'entrepreneur individuel et ses patrimoines », art. préc.

[5] D. PORACCHIA et J-N. STOFFEL, art. préc., spéc. p.68.

[6] Selon l'activité professionnelle exercée, commerciale ou civile.

[7] C. com., art. L.681-1, al.1er, v. l'ensemble des dispositions au nouveau « Titre VIII BIS : Des dispositions particulières à l'entrepreneur individuel relevant du statut défini à la section 3 du chapitre VI du Titre II du Livre V (articles L.681-1 à L.681-4) », au sein du Livre VI.

son activité professionnelle, il était évident que le législateur privilégie le juge de la procédure collective. Par cette innovation, le législateur incite manifestement au rebond de l'entrepreneur individuel. Le choix d'un traitement unique démontre la volonté de faciliter ses démarches, particulièrement en période de turbulences économiques. L'unicité du traitement des difficultés participe selon nous à garantir une simplification procédurale en faveur des entrepreneurs pour lesquels franchir la porte d'un tribunal constitue déjà une épreuve. On doit donc se satisfaire d'une telle avancée dans l'incitation au rebond.

La possibilité d'exercer une nouvelle activité professionnelle en liquidation judiciaire. Une autre innovation vient également améliorer la situation de l'entrepreneur. Aux termes de l'article L.681-2, VII, du Code de commerce, l'entrepreneur individuel a la possibilité d'exercer une nouvelle activité professionnelle lorsqu'une procédure de liquidation est ouverte. Cette nouveauté législative met fin à l'inégalité de traitement injustifiée entre le dirigeant débiteur personne morale, dont les fonctions et la rémunération peuvent être maintenues en liquidation judiciaire[1] et le débiteur personne physique en liquidation judiciaire qui avait jusqu'alors interdiction d'exercer une nouvelle activité indépendante[2] tant que la clôture de la procédure n'était pas intervenue[3]. On ne peut que se féliciter de cette clarification des droits du débiteur sur son patrimoine une fois la liquidation judiciaire ouverte. Désormais, l'exercice d'une nouvelle activité entraîne la constitution d'un nouveau patrimoine professionnel sans que celui-ci ne soit concerné par la procédure déjà ouverte. En d'autres termes, le débiteur se retrouve avec trois patrimoines[4] : son patrimoine personnel, un patrimoine professionnel objet d'une liquidation judiciaire et un autre patrimoine professionnel propre à sa nouvelle activité[5]. Le législateur prévoit toutefois une limite à cette mesure de faveur. Le débiteur n'a pas la possibilité d'exercer une nouvelle activité professionnelle lorsqu'il a « au titre de l'un quelconque de ses patrimoines, fait l'objet, depuis moins de cinq ans, d'une procédure de liquidation judiciaire clôturée pour insuffisance d'actif ou d'une décision de clôture d'une procédure de rétablissement professionnel »[6]. À nouveau, on doit relever que le droit des entreprises en difficulté reste assez mesuré dans la fréquence de l'octroi de mesures de faveur. Dans cette hypothèse,

[1] C. com., art. L.641-9, II ; v. aussi Cass. com., 6 janvier 2021, n°19-19600 et n°19-20414.
[2] C. com., art. L.641-9, III, (version antérieure au 15 mai 2022).
[3] V. MARTINEAU-BOURGNINAUD, « Le rebond du débiteur », art. préc., spéc. p.62.
[4] Cette situation constitue la seule exception à la règle de la dualité des patrimoines selon laquelle l'entrepreneur individuel ne peut pas avoir plusieurs patrimoines professionnels affectés à diverses activités (C. com., art. L.526-22, al.2). Précisons au passage que le débiteur ne pourra constituer plus de deux patrimoines distincts de son patrimoine personnel dans pareille hypothèse (C. com., art. L.681-2). La loi ne précise pas le sort des biens acquis pendant la procédure de liquidation judiciaire ou des revenus générés en violation d'une telle limitation. On doit cependant considérer que ces actifs entreraient dans le périmètre de la procédure collective en cours.
[5] D. PORACCHIA et J-N. STOFFEL, art. préc., spéc. p.71.
[6] C. com., art. L.681-2, VII, al. 3 et C. com., art. L.643-11, III, 3° (sur l'exception au principe de non-reprise des poursuites).

c'est seulement au bout d'une période de cinq ans que l'entrepreneur pourra de nouveau bénéficier des faveurs législatives. Ici, on observe que l'écoulement d'une certaine période conditionne le droit au rebond du débiteur. En dehors de cette hypothèse, il importe de souligner que l'insaisissabilité des biens et des revenus générés par la nouvelle activité, vis-à-vis des créanciers antérieurs au jugement d'ouverture, est de nature à inciter le débiteur à entreprendre une nouvelle activité. En revanche, le décret n'apporte aucune précision sur la nature de l'activité professionnelle et sur la possibilité de reprendre une activité identique. Il nous paraît que la réponse soit positive en l'absence de mention contraire[1]. Là encore, cette avancée législative s'inscrit pleinement dans les orientations préconisées par la directive européenne prônant le droit à « un nouveau départ »[2]. Le système français devient donc pleinement conforme en la matière.

L'éligibilité à l'allocation des travailleurs indépendants. Instituée par la loi n°2018-771 du 5 septembre 2018 pour la liberté de choisir son avenir professionnel[3], l'allocation des travailleurs indépendants (ATI) permet aux travailleurs indépendants contraints de cesser involontairement leur activité en raison d'une liquidation ou d'un redressement judiciaire de percevoir une allocation d'assurance chômage d'environ 800 euros par mois pendant six mois[4]. Afin de garantir le rebond de l'entrepreneur individuel, la loi du 14 février 2022 élargit l'accès des conditions d'éligibilité de l'ATI en ajoutant le cas de la cessation définitive d'activité « lorsque cette activité n'est plus économiquement viable »[5]. L'entrepreneur individuel en difficulté, autrefois privé du dispositif, en ce qu'il avait cessé son activité en dehors du cadre d'un redressement ou d'une liquidation judiciaire, pourra avec la réforme en bénéficier puisque seul le critère de l'activité non viable économiquement suffit désormais[6]. Autrement dit, il s'agit ici de

---

[1] F. PETIT, « Du décret relatif au traitement des difficultés de l'entrepreneur individuel », *Actu. pro. coll. civ. et com.*, n°14, 9 septembre 2022, spéc. p.3 ; *contra* F. PÉROCHON, « Professionnels indépendants en difficulté : premiers regards sur la loi du 14 février 2022 », *BJE*, mars 2022, n°BJE200n8, spéc. n°12.

[2] Directive (UE) n°2019/1023 du 20 juin 2019, art. 22 et con. 72 et 73.

[3] L'ATI issue de la loi n°2018-771 du 5 septembre 2018 pour la liberté de choisir son avenir professionnel est entrée en vigueur depuis le 1er novembre 2019.

[4] Sous réserves de respecter plusieurs conditions, v. C. du travail, art. L.5424-25 et s., Décrets n°2022-450 et 2022-451 du 30 mars 2022 (justifier d'au moins deux années d'activité au titre d'une seule et même entreprise, l'activité doit avoir procuré un revenu d'au moins 10 000 euros sur au moins l'une des deux années, ne pas avoir disposé au cours des douze mois précédents d'autres ressources personnelles supérieures au montant du RSA pour une seule personne). Le nouveau régime de l'ATI est applicable depuis le 1er avril 2022.

[5] Ce caractère est établi par une baisse d'au moins 30% des revenus déclarés fiscalement au titre de l'activité non salariée (deux dernières années fiscales de revenus). En outre, il doit être attesté par un tiers de confiance, expert-comptable ou d'une personne habilitée d'un établissement du réseau consulaire.

[6] Le bénéfice de l'ATI dépend donc de la cessation totale et définitive de l'activité indépendante, déclarée auprès du centre de formalités des entreprises lequel deviendra dès le 1er janvier 2023, le registre unique des entreprises (RNE).

permettre à l'entrepreneur le bénéfice d'une allocation-chômage plus précocement afin de garantir son rebond, sans attendre qu'une procédure de liquidation ou de redressement judiciaire soit engagée. Toutefois, pour éloigner les débiteurs « récidivistes », un délai de carence de cinq ans est institué entre deux demandes d'ATI[1]. Cet élargissement du bénéfice de l'ATI était largement attendu en ce que bon nombre de travailleurs indépendants en étaient injustement privés. Discréditée par la doctrine comme une simple « aumône »[2], il importe de préciser que cette allocation constitue un dispositif temporaire qui s'apparente plus à une « aide au rebond ». De notre point de vue, ce « filet de sécurité » a été pensé plutôt comme une allocation de solidarité et non comme un revenu de remplacement. D'ailleurs, on doit souligner que l'ATI est davantage construite sur le modèle d'une aide forfaire et non sur celui d'un versement de cotisations assurantielles. Bien que dérisoire et temporaire, elle reste une bouffée d'oxygène évidente pour l'entrepreneur individuel victime de turbulences économiques.

Qu'il s'agisse de simplifier la procédure ou d'insuffler un second souffle pour l'entrepreneur en difficulté, les apports de la loi du 14 février 2022 participent à accroître la consistance du droit au rebond du débiteur. Dans une certaine mesure, ces innovations incitent le débiteur à ré-entreprendre tout en lui garantissant les moyens de son rebond en cas de défaillance économique.

§3 – Une source de complexification pour les acteurs de la procédure

Si le dispositif a le mérite d'une simplification au bénéfice du débiteur, celle-ci se traduit cependant par une certaine complexification de sa mise en œuvre par les acteurs de la procédure, tant au stade de l'appréciation des difficultés (**A**) que de leur traitement (**B**). Bien que l'appréciation des difficultés soit placée entre les mains du seul juge de la procédure collective, le législateur n'a pas fait le choix de retenir une procédure spécifique à l'entrepreneur individuel pour traiter ses difficultés. Ainsi, ce sont encore des procédures propres à chacun des patrimoines qui trouvent à s'appliquer, même si exceptionnellement une procédure commune pourra parfois intervenir[3].

A) Au stade de l'appréciation des difficultés

Une appréciation patrimoine par patrimoine. Lorsque l'entrepreneur est en difficulté, il doit désormais uniquement saisir le tribunal de la procédure collective, que la défaillance concerne son patrimoine professionnel ou son patrimoine personnel. À cette occasion, il incombe alors au tribunal d'apprécier la situation financière du débiteur au regard de chacun de ses patrimoines, de

[1] C. du travail, art. L.5424-25, 1°.
[2] V. MARTINEAU-BOURGNINAUD, « Le rebond du débiteur », art. préc., spéc. p.62.
[3] D. PORACCHIA et J-N. STOFFEL, art. préc., spéc. p.19.

manière distincte, avant d'ouvrir, le cas échéant, une procédure collective au titre des difficultés rencontrées par le débiteur dans son activité professionnelle vis-à-vis de ses créanciers[1]. Autrement dit, le juge saisi doit vérifier, d'une part, si les conditions d'ouverture des procédures collectives sont réunies, et d'autre part, si celles de la procédure de surendettement le sont également. Si la demande d'ouverture d'une procédure de traitement de la défaillance d'un entrepreneur doit respecter les règles classiques[2], l'article R.681-1 du Code de commerce adapte les modalités de la demande d'ouverture à la situation patrimoniale de l'entrepreneur. Ainsi, la situation de trésorerie, l'état chiffré des créances et des dettes, l'état actif et passif des sûretés ainsi que celui des engagements hors bilan et l'inventaire sommaire des biens du débiteur exigé par le Code de commerce[3] doivent être présentés en distinguant les biens, droits ou obligations du débiteur relevant du patrimoine professionnel et ceux relevant du patrimoine personnel. Les actes de renonciation devront également être fournis. Aussi, lorsque le débiteur demande l'ouverture d'une procédure collective, il peut également solliciter le bénéfice du surendettement des particuliers[4]. Auquel cas, il doit fournir, en plus des informations sur son patrimoine professionnel, l'ensemble des documents prévus aux articles R.721-2 et R.721-3 du Code de la consommation[5]. Il s'agit là d'éléments indispensables au tribunal saisi qui, à défaut de production, entraînerait l'irrecevabilité de la demande.

B) Au stade du traitement des difficultés

En cas d'applicabilité de la seule procédure collective. Si l'appréciation des difficultés conduit le tribunal à constater que les difficultés de l'entrepreneur individuel ne relèvent que de son seul patrimoine professionnel, il doit alors ouvrir une procédure collective pour le traitement des difficultés propres à ce patrimoine. Ici, on retrouve une situation similaire à celle du statut de l'EIRL lorsque les difficultés ne concernent que le patrimoine professionnel[6]. La procédure collective reste strictement cantonnée à ce patrimoine. Relevons à cet égard que sous l'empire de l'ancienne loi, dans l'hypothèse où l'entrepreneur individuel n'avait pas opté pour le régime de l'EIRL, la procédure appréhendait l'intégralité de son seul et unique patrimoine. La réforme a donc le mérite d'octroyer un régime particulièrement protecteur sur ce point.

---

[1] C. com., art. L.681-1.

[2] Notamment les dispositions des titres II à IV du Livre VI du Code de commerce.

[3] C. com., art. R.621-1 et R.631-1.

[4] C. com., art. L.681-1.

[5] Identité, situation familiale, état détaillé de ses revenus et des éléments actifs et passifs, nom et adresse des créanciers, procédures d'exécution en cours à l'encontre de ses biens, mesures d'expulsion de son logement, cession de rémunération consenties etc.

[6] J-N. STOFFEL, « L'EIRL confronté au droit des entreprises en difficultés », *in* A. CERATI-GAUTHIER et V. PERRUCHOT-TRIBOULET (dir.), *Les procédures collectives complexes*, 2017, *Joly éd.*, pré. C. SAINT-ALARY-HOUIN, p.87 et s.

En cas d'applicabilité de la seule procédure de surendettement. Ici, l'appréciation de la situation de l'entrepreneur individuel conduit le tribunal à constater que seul le patrimoine personnel est en difficulté. Aux termes de l'article L.681-3 du Code de commerce, « le tribunal dit n'y avoir lieu à l'ouverture d'une procédure prévue aux titres II à IV du présent livre et renvoie l'affaire, avec l'accord du débiteur, devant la commission de surendettement ». Par exception, le deuxième alinéa du nouvel article L.711-9 du Code de la consommation précise que, « les dispositions qui intéressent les biens, droits et obligations du débiteur doivent être comprises comme visant les seuls éléments du patrimoine personnel ; celles qui intéressent les droits et obligations des créanciers du débiteur s'appliquent dans les limites du seul patrimoine personnel » [1]. Cette nouvelle disposition « constitue donc la clé de répartition entre les biens, droits et obligations des patrimoines soumis aux procédures de surendettement et ceux soumis aux procédures du droit des entreprises en difficulté »[2]. Si la situation était similaire pour le statut de l'EIRL, l'entrepreneur individuel n'ayant pas choisi d'affecter un patrimoine à son activité professionnelle était exclu du bénéfice de la procédure de surendettement, malgré la cessation de son activité, dès lors que subsistaient des dettes professionnelles[3]. Enfin, si la commission de surendettement ou le juge des contentieux de la protection constate finalement que les conditions d'ouverture d'une procédure du livre VI du Code de commerce sont réunies, ils « invitent » le débiteur à en solliciter l'ouverture[4]. En résumé, « ce n'est que dans le cas d'une étanchéité entre les patrimoines que la commission de surendettement demeure saisie, à défaut, le tribunal de la procédure collective est censé statuer sur les deux patrimoines »[5].

En cas d'applicabilité simultanée des procédures. Dans cette situation, et c'est là l'innovation majeure de la loi du 14 février 2022, dès que le tribunal constate la réunion simultanée des conditions d'ouverture d'une procédure collective et d'une procédure de surendettement, une seule et unique procédure est ouverte[6]. Dès lors que le tribunal ouvre la procédure, il saisit, avec l'accord du

---

[1] Par ailleurs, précisons que cette limitation a rendu nécessaire une précision à la règle de compétence du juge des contentieux de la protection contenue dans le Code de l'organisation judiciaire : l'ajout des mots « à l'exception du cas prévu au IV de l'article L.681-2 du Code de commerce », c'est-à-dire le cas où le tribunal de commerce ou le tribunal judiciaire aura saisi la commission avec l'accord du débiteur pour traiter de ses dettes personnelles (C. de l'organisation judiciaire., art. L.213-4-7).

[2] C. LEBEL, « De l'entrepreneur individuel et les procédures de surendettement », art. préc.

[3] La loi du 14 février 2022 a pallié cette difficulté en modifiant la définition du surendettement puisqu'elle intègre désormais les dettes professionnelles pour apprécier la recevabilité d'une demande (C. consom., art. L.330-1).

[4] Sur l'opportunité de l'invitation retenue par le législateur : F. PÉROCHON, « Professionnels indépendants en difficulté : premiers regards sur la loi du 14 février 2022 », art. préc.

[5] D. PORACCHIA et J-N. STOFFEL, art. préc., spéc. p.73.

[6] L'article L.681-2, IV, pose toutefois l'exception selon laquelle la procédure collective ne s'applique qu'au patrimoine professionnel que si deux conditions sont remplies. D'une part, l'entrepreneur individuel doit avoir strictement respecté la règle de séparation des patrimoines. D'autre part, le

débiteur, la commission de surendettement aux fins de traitement des dettes dont l'entrepreneur est redevable sur son patrimoine personnel. Conformément aux dispositions de l'article L.526-22 et suivants du Code de commerce, le tribunal de la procédure collective traite dans le même jugement les dettes portant sur les patrimoines professionnel et personnel, en fonction du droit de gage de chaque créancier.

L'exception du rétablissement professionnel. La procédure de rétablissement professionnel déroge partiellement à l'appréciation patrimoine par patrimoine. Dans ce cadre, le législateur a institué une appréciation globale de la situation de l'entrepreneur individuel. Le tribunal doit tenir compte de « l'ensemble de ses patrimoines »[1]. Cela est logiquement justifié par l'objet de la procédure de rétablissement professionnel qui tient au « traitement simplifié du passif grevant le ou les patrimoines du débiteur ». Comme nous l'avons évoqué au cours des précédents développements, il s'agit là d'instaurer une procédure unique d'effacement des dettes relevant des deux patrimoines[2]. Si l'entrepreneur individuel est désormais éligible à la procédure, le tribunal doit cependant déterminer le seuil de valeur de réalisation de l'actif[3] à l'aune de l'ensemble des patrimoines. Toutefois, l'appréciation patrimoine par patrimoine ressurgit dès lors que « ne peuvent être effacées les dettes grevant un patrimoine dont la situation n'est pas irrémédiablement compromise »[4]. On observe que lorsque la situation du patrimoine personnel ne sera pas compromise, le rétablissement professionnel ne concernera donc que le patrimoine professionnel. Une autre difficulté pourrait cependant priver l'entrepreneur individuel du bénéfice de la purge des dettes. L'article L.645-1 du Code de commerce indique que « la procédure ne peut être ouverte en cas d'instance prud'homale en cours impliquant le débiteur au titre de l'un quelconque de ses patrimoines ». Dans la situation où l'entrepreneur individuel cumulerait son activité indépendante et une activité salariée pour laquelle il serait impliqué dans un contentieux prud'homale, il perdrait *de facto* la possibilité de bénéficier du rétablissement professionnel[5]. Preuve que le mécanisme de l'effacement des dettes est un dispositif très (ou trop) conditionné.

---

droit de gage des créanciers professionnels ne doit pas porter sur le patrimoine personnel de l'entrepreneur individuel, dans l'hypothèse notamment d'une renonciation à la séparation des patrimoines au profit d'un créancier ou de la disparition de la partition du patrimoine au profit des créanciers fiscaux et sociaux. Malgré un statut protecteur, on aura tendance à imaginer que rares seront les situations où le droit de gage des créanciers professionnels ne portera pas sur le patrimoine personnel de l'entrepreneur.

[1] C. com., art. L.645-1, al.2.

[2] V. *supra*, chapitre 2, titre 1, 2nde partie.

[3] Pour rappel, ce seuil ne doit pas dépasser la somme de 15 000 euros, C. com., art. L.645-1.

[4] C. com., art. L.645-11, al.2.

[5] D. PORACCHIA et J-N. STOFFEL, art. préc., spéc. p.70.

Les conséquences de la primauté du tribunal de la procédure collective. Dans le cadre de la procédure unique de traitement des difficultés de l'entrepreneur individuel, le tribunal exerce les fonctions du juge des contentieux de la protection, même s'il peut les déléguer en tout ou partie au juge-commissaire. Le législateur instaure toutefois un devoir de coopération entre le tribunal et la commission de surendettement qui doivent réciproquement s'informer de l'évolution de chacune des procédures ouvertes à l'égard du débiteur. À ce titre, remarquons que le rôle de la commission de surendettement est quelque peu impacté par ce nouveau dispositif. En effet, le tribunal de commerce ou le tribunal judiciaire doit désormais apprécier les conditions d'application des règles du Code de la consommation. Ainsi en est-il de la condition de bonne foi du débiteur, laquelle est requise au stade de la recevabilité du dossier. Ainsi, dans l'hypothèse où la commission de surendettement serait saisie par la suite, elle ne pourra plus réexaminer les conditions d'ouverture. Il en résulte un changement manifeste du régime de la procédure de surendettement en présence d'un entrepreneur individuel. Si la loi du 18 novembre 2016 a octroyé un complet monopole aux commissions de surendettement en leur permettant d'imposer des mesures sans l'aval du juge[1], il apparaît que la loi du 14 février 2022 réduit considérablement leur rôle dans l'appréciation de la recevabilité d'une demande de surendettement par un entrepreneur individuel. L'organe administratif devra en conséquence s'habituer à ce nouveau profil de surendetté et ajuster son appréhension du dossier en conséquence[2]. Si ce dispositif a le mérite d'offrir une simplification manifeste pour le débiteur, les choses se corsent du côté des acteurs de la procédure. Le choix d'une procédure unique, qui plus est au profit du tribunal de la procédure collective, conduit inévitablement à une (r)évolution de la pratique et « un mélange des genres »[3] qui ne sera pas facile à gérer. Il en découle un « empiètement préoccupant du contentieux de l'entreprise sur le contentieux privé du débiteur, susceptible d'inquiéter les milieux professionnels concernés »[4]. Ce dispositif induira également la nécessité pour de nombreux juges de se former aux règles et à la philosophie du droit du surendettement[5]. Mais le droit au rebond de l'entrepreneur individuel n'impose-t-il pas de gommer les frontières au profit d'une véritable efficacité du droit de la défaillance économique ? De notre point de vue, il apparaît que le législateur semble avoir franchi un pas supplémentaire dans l'universalité du traitement de la défaillance comme en témoigne la procédure unique entre les mains d'un seul

---

[1] Loi n°2016-1547 du 18 novembre 2016 de modernisation de la justice du XXIe siècle. Cette suppression de l'homologation par le juge pour les mesures recommandées par la commission et les procédures de rétablissement personnel sans liquidation judiciaire est effective depuis le 1er janvier 2018.

[2] E. MOUIAL-BASSILANA, « La redéfinition du surendettement des particuliers par l'inclusion des dettes professionnelles : enjeux et conséquences », p. 41.

[3] *Ibid.*

[4] V. MARTINEAU-BOURGNINAUD, « L'extension de la compétence des tribunaux de commerce à l'aube du XXIe siècle », *BJE*, juillet-août 2022, éditorial, n°BJE200p7.

[5] HCPJ, rapport du 20 mai 2022 sur le patrimoine de l'entrepreneur individuel, p.13.

juge. Si ces innovations imposent de bousculer la pratique, il n'en demeure pas moins que ces avancées traduisent de façon évidente la poursuite de la politique de rebond en faveur du débiteur, personne physique.

Bilan. En définitive, la création du nouveau statut de l'entrepreneur individuel renforce incontestablement l'universalité des droits des entreprises en difficulté et du surendettement. C'est d'ailleurs le droit de la défaillance économique qui en ressort revigoré. Par l'instauration d'un environnement juridique plus protecteur, la réforme offre tantôt une simplification des démarches tantôt une limitation du risque patrimonial pour l'entrepreneur. La partition patrimoniale de plein droit lui permet de protéger une partie de ses biens lorsque les difficultés se profilent à l'horizon. Aussi le législateur facilite-t-il la réinstallation de l'entrepreneur en difficulté comme en témoigne l'allocation-chômage à laquelle il est désormais éligible lorsque son activité n'est plus économiquement viable. Devant l'échec de l'entrepreneur individuel, le législateur organise aussi son rebond en permettant sa réintégration immédiate dans le tissu économique, alors même qu'une procédure de liquidation judiciaire serait en cours. Preuve que le droit au rebond n'est pas seulement cantonné à l'issue d'une procédure d'insolvabilité. À cet égard, le choix d'un guichet unique répond pleinement à l'objectif de simplification porté par la réforme. Selon nous, ces avancées doivent être saluées en ce qu'elles attestent de la volonté du législateur d'offrir à l'entrepreneur individuel « un cadre plus propice au rebond »[1]. Toutefois, derrière cette apparence de limpidité se cache un dispositif particulièrement complexe à mettre œuvre pour les acteurs de la procédure. Seul l'avenir nous dira si les objectifs de cette réforme ont finalement été atteints.

[1] Exposé des motifs de la loi n°2022-172 du 14 février 2022.

CONCLUSION DU CHAPITRE 1

La garantie du rebond se poursuit manifestement au-delà de la purge des dettes. Dans une perspective de continuation, le droit de la défaillance économique a institué des mesures destinées à lever les obstacles au rebond. De l'étude des hypothèses de réhabilitation, il a été constaté l'amorce d'un droit à être oublié pour le débiteur ayant échoué de bonne foi. La réduction, bien que timorée, de certaines informations conservant les stigmates des difficultés passées du débiteur participe tantôt à sa réhabilitation tantôt à la poursuite de la politique de promotion du rebond. Toutefois, l'impératif de police économique et la prévention du renouvellement du surendettement commandent au législateur de préserver l'ordre public économique, en maintenant certaines informations dans la mémoire collective par le biais du fichage. Un certain laps de temps doit donc s'écouler avant que le débiteur ne mérite effectivement de rebondir. Ainsi, la nécessité de sauvegarder l'ordre public économique conduit à relayer le droit du débiteur à être oublié au second plan. Il en résulte un « droit de savoir » plus fort que le droit à l'effacement[1]. S'il est évident que le fichage permet de prémunir le monde économique contre les débiteurs les plus nocifs, un mouvement d'humanisation semble cependant avoir irrigué le domaine des sanctions personnelles faisant coexister le droit au rebond avec un « droit au pardon ». Cette réhabilitation, lourde de sens pour les créanciers, n'est toutefois pas un droit acquis. Comme en matière de purge des dettes, le débiteur doit être digne de sa réhabilitation pour obtenir à nouveau les faveurs du législateur.

En quête de perfectionnement, l'instauration d'un nouveau statut en faveur de l'entrepreneur individuel par le législateur démontre une fois de plus que le rebond est l'une des préoccupations du moment. Il en ressort un droit de la défaillance économique renforcé par l'universalité de traitement des difficultés de l'entrepreneur individuel. L'environnement juridique institué est « plus propice au rebond » : la réforme offre à la fois une simplification des démarches et une limitation du risque patrimonial. Devant l'échec de l'entrepreneur individuel, le législateur va jusqu'à organiser son rebond en permettant sa réintégration immédiate dans le tissu économique, alors même qu'une procédure de liquidation judiciaire serait en cours. Preuve que la possibilité de rebondir n'est pas seulement cantonnée à l'issue d'une procédure d'insolvabilité. Par ces innovations législatives s'ajoutant aux mécanismes existants, la « boîte à outils » du rebond est assurément complétée.

[1] V. MARTINEAU-BOURGNINAUD, « Le rebond du débiteur dans la loi PACTE », art. préc.

CHAPITRE 2
LA LUTTE CONTRE LA STIGMATISATION DU DÉBITEUR

« L'échec est le fondement de la réussite. »[1]

Le législateur contemporain a ouvert la voie de la rédemption au débiteur[2]. Au-delà de la purge des dettes, il poursuit sa politique de rebond en levant partiellement certains stigmates des difficultés passées du débiteur et en humanisant le régime des sanctions légales. Avec l'objectif assumé de « favoriser le rebond du débiteur »[3], le législateur n'a eu de cesse de renforcer l'attractivité du droit de la défaillance économique. Il en ressort une volonté évidente de gommer les stigmates voire même de les transcender[4]. Il ne s'agit plus seulement de bannir l'ostracisation du débiteur qui n'a pas payé ses dettes, « mais bien de lui permettre de s'insérer à nouveau dans le tissu économique »[5]. En dépit de cette suppression des stigmates légaux par faveur pour les débiteurs malchanceux, le poids de l'échec demeure omniprésent dans l'esprit du débiteur qui peine à rebondir et se reconstruire. Pire encore, la persistance de stigmates sociaux oblige à observer son évitement du bénéfice des mesures de faveur et notamment celles lui permettant de lutter contre l'aggravation de ses difficultés. Aussi, le législateur s'efforce-t-il de déstigmatiser l'échec, en témoigne la stratégie mise en œuvre qu'il a choisie d'orienter sur l'accompagnement du débiteur dans le traitement précoce de ses difficultés. Toutefois, il apparaît que le droit au rebond n'est plus seulement la préoccupation du législateur. Objet de toutes les attentions, la politique de déstigmatisation de l'échec s'opère désormais à plusieurs mains et mobilise de nouveaux acteurs dans la pédagogie du rebond (**Section 1**). Si les mesures promouvant le rebond peuvent donc rester vaines, on observe que la défaillance entraîne également des conséquences sur la psychologie du débiteur, résultant d'une forme d'auto-stigmatisation laquelle entrave alors toute possibilité de rebond. Le cas du chef d'entreprise en difficulté est particulièrement révélateur de ce fléau (**Section 2**).

---

[1] Lao TSEU, sage chinois et contemporain de Confucius.

[2] V. MARTINEAU-BOURGNINAUD, « Les remèdes à la souffrance du chef d'entreprise en difficulté », *Recueil Dalloz*, 15 décembre 2016, n°43 ? spéc. p.2530.

[3] C. LEBEL, « Première application du rétablissement professionnel », *RPC*, n°4, juillet 2016.

[4] C. MAGRAS, *La constance des stigmates de la faillite : de l'Antiquité à nos jours* », thèse : LGDJ, 2019, préf. B. GALLINATO-CONTINO, n°1400 et s. ; du même auteur : *Des mots contre les maux du chef d'entreprise*, blog personnel, https://mauxdentreprise.wordpress.com/about/ [en ligne].

[5] Thèse préc., n°1399.

SECTION 1
LA STRATÉGIE DE DÉSTIGMATISATION DE L'ÉCHEC PAR L'ACCOMPAGNEMENT ET LA PÉDAGOGIE DU REBOND

Le droit de la défaillance économique ne tient plus rancune au débiteur ayant échoué de bonne foi. Outre le fait de traiter la défaillance, il résulte de la volonté du législateur de traiter les difficultés au plus tôt en proposant des mesures attractives destinées à encourager le débiteur à rechercher de l'aide plus rapidement auprès des institutions. Pour autant, ces mesures, bien qu'ayant démontré leur efficacité en pratique, ne parviennent pas à emporter l'adhésion du débiteur, à tout le moins celui-ci n'y adhère-t-il que trop tardivement (**§1**). Ce constat, au demeurant paradoxal, est essentiellement justifié par l'héritage du poids de la défaillance dont les conséquences économiques et sociales demeurent douloureuses. D'ailleurs, « l'infamie et le mépris n'ont jamais eu besoin d'un appui légal pour exister »[1]. Si le droit de la prévention donne l'impression de ne pas avoir fait suffisamment ses preuves, la lutte contre la stigmatisation se traduit par un accompagnement du débiteur afin que celui-ci se réapproprie pleinement l'exceptionnelle « boîte à outils » de la prévention des difficultés. Avec l'appui d'un écosystème associatif omniprésent sur le territoire, la pédagogie du rebond devient manifestement renforcée (**§2**).

§1 – L'accompagnement par l'incitation à la prévention précoce des difficultés

Le traitement précoce des difficultés est « la clé de voûte de la réussite du sauvetage économique d'un individu »[2]. Pourtant, la stigmatisation nourrit la peur des mécanismes légaux de traitement des difficultés et fragilise en conséquence toute perspective de rebond. En marge de la loi, le débiteur insolvable, par crainte d'être « étiqueté »[3] comme un individu déviant, se détourne de la solidarité nationale à même de lui venir en aide. Aussi, le législateur s'évertue-t-il à donner au débiteur les moyens de surmonter la stigmatisation. L'incitation à la prévention précoce des difficultés est visible tant en droit du surendettement (**A**) qu'en droit des entreprises en difficulté (**B**).

A) En droit du surendettement

Un dispositif robuste. La procédure de surendettement offre un cadre juridique unique dans l'Union européenne, « aucun autre État membre ne

---

[1] C. MAGRAS, thèse préc., n°1401.

[2] S. SCHILLER, « L'effacement des dettes permet-il un nouveau départ ? Comparaison franco-américaine », art. préc., spéc. n°17.

[3] C. MAGRAS, *ibid.*, n°1470 : l'auteur évoque les conséquences du stigmate en tant que marquage qui vise à diminuer la valeur d'un individu dans la conscience collective.

disposant d'une procédure aussi complète, robuste et gratuite »[1]. Elle permet effectivement à tout débiteur particulier de bonne foi qui se trouverait asphyxié par ses dettes, de bénéficier d'une mesure de traitement de sa situation aux fins d'apurement de son passif. En complément de ce volet correctif de lutte contre le surendettement, le législateur a développé en amont une politique de prévention du risque de surendettement. Cette dimension préventive a permis de faire baisser de manière substantielle le nombre de débiteurs susceptibles de relever d'une situation de surendettement. Avant la crise sanitaire liée à l'épidémie de covid-19, les statistiques démontraient que la situation de surendettement des ménages avait atteint un point historiquement bas, sous l'effet conjugué des mesures d'encadrement réglementaire, d'accompagnement social renforcé et d'une conjoncture économique favorable[2]. À l'heure actuelle, cette tendance est toujours à la baisse. Si l'aspect curatif occupe une place importante au sein du droit du surendettement, il apparaît que le droit à « un nouveau départ » puisse toutefois se présenter au débiteur dès l'apparition des difficultés, sans attendre que sa situation ne devienne irrémédiablement compromise.

Le non-recours à la procédure. En dépit d'un cadre juridique éprouvé et robuste, les pouvoirs publics constatent paradoxalement une large situation de non-recours à la procédure prévue par le Code de la consommation. Le « non-recours » se traduit par une situation à travers laquelle un individu renonce à faire valoir un droit auquel il est éligible, et ce pour différentes motivations[3]. En effet, ce phénomène de non-recours toucherait spécifiquement la procédure de surendettement en ce qu'elle serait « excessivement stigmatisante et complexe » pour de nombreux débiteurs particuliers[4]. Il apparaît que si la procédure de surendettement est globalement connue des particuliers, ses différentes dimensions, notamment protectrices, ne sont pas toujours connues des demandeurs. Il est communément rapporté les craintes suscitées par la procédure de surendettement comme le fait d'« être fiché comme un délinquant », « perdre sa capacité à gérer librement ses finances », « devoir vendre sa maison », voire « ne plus avoir la garde de ses enfants ». Ces éléments interpellent gravement et

---

[1] « Mission parlementaire relative à la prévention du surendettement et au développement du microcrédit » – Rapport de P. CHASSAING, député, octobre 2021 [en ligne].

[2] Banque de France, rapport annuel 2021 : le dépôt d'un premier dossier de surendettement a baissé de 43% de 2011 à 2019, le nombre de dépôts de dossiers qui s'élevait à 232 493 en 2011 est passé à 108 731 en 2020. En 2020, les commissions de surendettement ont examiné 24% de situations en moins qu'en 2019 (chiffres justifiés en partie par les effets du confinement de mars à mai 2020, bien que la tendance baissière soit maintenue) ; *adde* « Crise Covid-19 et surendettement des ménages : une baisse record du nombre de dossiers déposés en 2020 », 238/2 novembre-décembre 2021, « le surendettement des ménages » - enquête typologique 2021.

[3] « Mission parlementaire relative à la prévention du surendettement et au développement du microcrédit », rapport préc., spéc. p.51 : le rapporteur illustre les cas de non-recours en matière de prestations sociales où les résultats de plusieurs études ont conduit à la modernisation et la simplification du parcours des usagers.

[4] Étude UNAF, « Impact du confinement et de la crise sanitaire sur le budget des familles », mai 2020, [en ligne] : cela indépendamment des effets de la crise du covid.

démontrent la persistance d'une stigmatisation sociale malgré la promotion d'un dispositif attrayant au service du débiteur[1]. En dépit de ces situations de non-recours, le droit du surendettement dispose de ressources et dispositifs robustes aux fins de prévenir le surendettement.

Une politique de responsabilisation. Selon une étude menée par la Banque de France[2], plusieurs « facteurs fragilisants » peuvent être à l'origine d'une situation de surendettement : une moindre implication dans la gestion du budget du foyer associée à une absence d'épargne de précaution, un endettement progressif et un usage inadapté du crédit, voire un repli sur soi conduisant à retarder la saisine de la commission. La conjonction de ces facteurs fragilisants avec d'autres éléments déclencheurs comme la perte d'emploi ou la séparation, conduit inévitablement au surendettement dont les conséquences dépassent le seul défaut de remboursement des créanciers[3]. Dans le souci de lutter efficacement contre le surendettement, le législateur a jugé opportun de responsabiliser conjointement prêteurs et emprunteurs. Les nombreuses réformes intervenues en matière de crédit à la consommation ont participé significativement à une contraction du nombre de dossiers de surendettement[4]. À l'occasion de la loi *Lagarde* du 1er juillet 2010, la transposition de la directive européenne de 2008[5] a posé les jalons d'une réglementation plus protectrice des intérêts des consommateurs, tout en responsabilisant à la fois prêteurs et emprunteurs afin de favoriser la distribution d'un crédit « plus responsable ». On observe que la transposition de la directive a contribué aussi à faire évoluer en profondeur le champ d'application du crédit à la consommation, outre les règles relatives à la publicité, l'information précontractuelle ou celles relatives à la formation du contrat[6]. Cette logique de responsabilisation s'est prolongée par

---

[1] Le rapport du député P. CHASSAING souligne la nécessité de « réaliser une étude afin d'évaluer la réalité et l'ampleur d'un phénomène de non-recours à la procédure de traitement du surendettement ». Relevons que la procédure de surendettement ne relevait pas des points devant être investigués par la mission. Mais devant le nombre d'auditions ayant rapporté cet état de fait, il a paru essentiel de l'évoquer au sein du rapport. Une telle étude, qui serait confiée à la Banque de France, aurait le mérite de corroborer les différents constats relevés en améliorant la connaissance sociologique et les motivations des usagers renonçant à faire valoir leurs droits à la procédure de traitement du surendettement.

[2] Banque de France, « Le surendettement des ménages », enquête typologique 2021 ; « Étude des parcours menant au surendettement », décembre 2014, p.8 et s.

[3] V. MARTINEAU-BOURGNINAUD, *Procédures de surendettement des particuliers et rétablissement personnel*, *op. cit.*, n°72.

[4] Cela a également contribué à réduire la part que représente le crédit à la consommation dans l'endettement du débiteur.

[5] Directive 2008/48/CE du 23 avril 2018 relative aux contrats de crédits aux consommateurs.

[6] Notamment l'évaluation de la solvabilité, le droit de rétractation, le taux d'usure et le remboursement anticipé. Précisons que le régime juridique du crédit affecté et du crédit renouvelable a été renforcé par différentes mesures issues de la loi n°2013-672 du 26 juillet 2013 relative à la séparation et à la régulation des activités bancaires ainsi que par la loi n°2014-344 du 17 mars 2014 relative à la consommation ; *adde* Rapport du Cabinet ATHLING pour le Comité consultatif du secteur financier sur le bilan des réformes en matière de crédit à la consommation,

l'instauration de l'observatoire de l'inclusion bancaire (OIB)[1] lequel est chargé de collecter des informations sur l'accès aux services bancaires des personnes physiques n'agissant pas pour des besoins professionnels, sur l'usage que ces personnes en font et sur les initiatives des établissements de crédit en la matière. Il est également chargé de définir, produire et analyser les indicateurs d'inclusion bancaire aux fins d'évaluer l'évolution des pratiques des établissements de crédit[2]. Par ailleurs, l'adoption par l'Association française des établissements de crédit et des entreprises d'investissement (AFECEI) d'une charte d'inclusion bancaire et de prévention du surendettement[3] a conduit les établissements de crédit, de paiement et de monnaie électronique à garantir à une personne physique un service de gestion d'un compte assorti de produits et services bancaires adaptés à ses besoins non professionnels[4]. Aussi, les sociétés de financement s'engagent-elles à prévenir le surendettement par la détection puis l'accompagnement des clients en situation de fragilité financière. Elles s'engagent ainsi à mettre en place des mécanismes de détection précoce de leurs clients en situation de fragilité financière[5] au regard de l'utilisation des produits et services souscrits auprès d'elles mais aussi de leur comportement financier. En cas de détection d'un client fragile, l'établissement de crédit a donc l'obligation de mieux l'accompagner, de lui proposer des solutions de paiement voire de l'orienter, avec son accord, vers une association[6]. La volonté du législateur consiste à renforcer l'accompagnement du client dès la détection d'une situation de fragilité. Dans ce cadre, cela impose aux établissements de crédit, une fois le client identifié, de s'entretenir avec lui aux fins de lui proposer des solutions de paiement, de gestion ou de crédit adaptées à sa situation dans le but de traiter les difficultés ou de prévenir leur aggravation[7]. Afin de garantir l'effectivité de ces mesures, ces établissements[8] adressent chaque année à l'OIB, un document synthétique des principales mesures mises en œuvre en faveur des personnes en situation de fragilité[9]. On doit déplorer avec un auteur que ces mesures ont malheureusement

2016, [en ligne] : il met en évidence les effets très positifs insufflés par les réformes successives en matière de prévention du surendettement.

[1] Créé par la loi n°2013-672 du 26 juillet 2013 de séparation et de régulation des activités bancaires et le décret n°2014-737 du 30 juin 2014.

[2] Les établissements de crédit fournissent à l'OIB les informations nécessaires à l'exercice de sa mission. Chaque année un rapport est publié à cette fin.

[3] Homologuée par arrêté du 5 novembre 2014 portant homologation de la charte d'inclusion bancaire et de prévention du surendettement, *adde* obs. E. MOUIAL-BASSILANA et J. LASSERRE-CAPDEVILLE, *Gaz. pal.*, 17 décembre 2015, n°351 ; la dernière version de la charte a été homologuée par arrêté ministériel du 16 septembre 2020.

[4] Définition de l'inclusion bancaire selon l'OIB.

[5] Il s'agit souvent de dispositifs combinant des alertes internes et la connaissance du client.

[6] V. MARTINEAU-BOURGNINAUD, *op. cit.*, n°78.

[7] Le client qui se verra refuser l'octroi d'un crédit à la consommation du fait de sa faible solvabilité pourra être orienté vers un distributeur associatif de microcrédit personnel accompagné (ex : Crésus).

[8] Cette notion englobe également les établissements de crédit, de paiement, de monnaie électronique et les sociétés de financement.

[9] C. monétaire et financier, art. L.312-1-1 B et R.312-13.

vocation à s'appliquer trop en aval sur le curseur du surendettement, c'est-à-dire une fois les difficultés financières avérées et la situation potentiellement obérée[1]. Il peut paraître cependant difficile d'instaurer des mesures plus en amont sans contrarier le droit au respect à la vie privée. Aussi, l'exercice est rendu complexe tant la frontière entre les clients précocement identifiés comme fragiles et ceux relevant d'une situation de fragilité avérée est ténue. D'ailleurs, on peut penser qu'une large majorité de clients détectés comme fragiles de manière anticipée n'évoluera pas nécessairement vers une situation dégradée. Pour autant, il nous paraît indispensable de maintenir une intervention très en amont afin de remédier plus efficacement au délitement de certaines situations[2]. Enfin, l'absence de connaissance en matière budgétaire et produits financiers reste un facteur majeur de surendettement. La facilité d'accès au crédit conjuguée à la faiblesse des mensualités « enlève les barrières psychologiques du consommateur vis-à-vis du crédit »[3]. Les pouvoirs publics paraissent toutefois avoir pris conscience des conséquences de l'ignorance des consommateurs susceptible d'aggraver leur endettement.

Un plan anti-surendettement. Dans le cadre du plan pluriannuel de lutte contre la pauvreté et pour l'inclusion sociale de 2015[4], des Points Conseils Budget (PCB) ont été institués dans des régions expérimentales afin de proposer par le biais de points d'accueil des conseils gratuits, confidentiels et personnalisés de gestion budgétaire. L'objectif est d'accompagner les personnes qui souhaitent améliorer la gestion de leur budget, faire face à une situation difficile voire anticiper un changement de situation personnelle ou professionnelle. Ces PCB constituent l'une des pierres angulaires en matière de prévention du surendettement. Fort de son succès, le dispositif a été pérennisé à l'ensemble du territoire en 2019[5]. Cette offre de service de proximité destinée à des publics éprouvant des difficultés budgétaires permet d'offrir des solutions graduées, allant d'un premier niveau d'information à la mise en place d'un appui au montage d'un dossier de surendettement. En visant un large public, les PCB ont « l'ambition de capter les signaux faibles des particuliers qui ne constituent pas les cibles traditionnelles des structures d'action sociale »[6]. Ce dispositif ayant

---

[1] V. MARTINEAU-BOURGNINAUD, *op. cit.*, n°80.

[2] Le conseil scientifique de l'OIB a engagé des travaux en avril 2021 destinés à aboutir à la formalisation de recommandations concertées visant à assurer la mise en place effective d'un dispositif de détection précoce basé sur un ensemble de signaux faibles. Le déploiement de ce socle commun devra donc être regardé avec une grande attention.

[3] V. MARTINEAU-BOURGNINAUD, *op. cit.*, n°84.

[4] Instruction n°DGCS/2015/359 du 31 décembre 2015 relative à l'expérimentation des Points Conseil Budget menée dans quatre régions pendant l'année 2016.

[5] Instructions n°DGCS/SD1B/2019/109 du 10 mai 2019 relative à la généralisation de l'expérimentation des Points Conseil Budget NOR : SSAA1913493J et n°DGCS/SD1B/2020/99 du 18 juin 2020 relative à la poursuite du déploiement du label Point Conseil Budget. En février 2022, le ministère des solidarités et de la santé informait que 500 PCB avaient ainsi été labellisés (chaque PCB labellisé bénéficie d'un soutien étatique à hauteur de 15 000 euros par an).

[6] Rapport député P. CHASSAING préc., p.43 et s.

récemment investi le paysage institutionnel doit être pleinement encouragé par le renforcement de l'ancrage local des PCB et leur rayonnement sur l'ensemble du territoire. Il participe manifestement à une meilleure gestion du budget mensuel et encourage au dépôt d'un dossier de surendettement pour les situations les plus obérées. Aussi, il met en évidence des effets bénéfiques en ce qu'il garantit aux particuliers une meilleure connaissance de leurs droits. Par ailleurs, la labellisation par les pouvoirs publics permet de concourir au développement de l'activité de ces structures, en témoignent les actions de communication, la structuration de partenariats ou le renforcement des modalités de suivi individuel. Il a d'ailleurs été relevé que ces PCB ont initié des pratiques innovantes tels que « des permanences hors les murs et des visites à domicile, une mutualisation d'activités avec d'autres acteurs territoriaux, l'usage d'outils interactifs et le coaching budgétaire »[1]. De notre point de vue, sa pérennisation apparaît comme une solution permettant de lutter efficacement contre la stigmatisation de la défaillance.

La recherche d'efficacité. La prévention du surendettement implique de trouver un point d'équilibre entre une intervention à la fois précoce et le moment où les difficultés financières apparaissent. Dans le souci de rendre plus efficace la politique publique d'accompagnement des personnes en difficultés financières, il a été suggéré l'institution d'un nouveau dispositif : « Pilot'budget »[2]. Fondé sur la détection de difficultés financières, il consisterait à proposer à l'usager un entretien avec une structure d'aide et un ensemble de services visant à « remédier aux difficultés budgétaires conjoncturelles ou plus structurelles »[3]. L'originalité d'un tel dispositif se traduit par le fait qu'il serait proposé par une catégorie de créanciers (établissements bancaires, fournisseurs d'énergie et bailleurs sociaux) à des publics relevant d'une situation de fragilité financière avérée, dont la mise en œuvre devrait être assortie « d'un mécanisme d'évaluation *ad hoc* »[4]. De la sorte, « le fait générateur de cette entrée en relation serait ainsi à géométrie variable selon les partenaires mobilisés dans le dispositif ». Cette recommandation aurait le mérite d'asseoir une pluralité de solutions en faveur de la lutte contre la stigmatisation de la défaillance d'une part, et d'autre part, de constituer une nouvelle pierre à l'édifice de la prévention du surendettement en renforçant l'identification précoce des personnes susceptibles de tomber dans une situation de surendettement. Pour l'heure, la phase préalable

---

[1] *Ibid.*, « Synthèse des principaux enseignements de l'évaluation relative aux PCB », p.101.
[2] *Ibid.*, p.40 et s.
[3] *Ibid.*
[4] Le dispositif consisterait en la fourniture d'éléments d'information budgétaire, la proposition par les établissements bancaires d'une souscription d'une offre spécifique à la clientèle fragile (ce qui ressemble ici à la charte de l'inclusion bancaire de l'AFECEI), pour tous les acteurs de proposer la possibilité d'un diagnostic et d'un accompagnement avec une solution interne ou une mise en relation avec le PCB de proximité.

d'expérimentation n'est pas encore engagée[1]. Pour paraphraser un auteur, on observe que « le nouveau credo du droit du surendettement, à l'instar de son frère aîné le droit des entreprises en difficulté, est l'anticipation des difficultés »[2].

B) En droit des entreprises en difficulté

La peur viscérale du tribunal. Le droit de la faillite a longtemps été répressif à l'égard du débiteur et « le failli exhale encore une odeur de soufre »[3]. Pourtant, en dépit de sa métamorphose à la faveur d'une nouvelle philosophie distinguant l'homme de l'entreprise, on observe, comme en droit du surendettement, un manque d'adhésion du chef d'entreprise aux mesures légales de la défaillance, et particulièrement celles relatives à la prévention des difficultés. Ceci est d'autant plus fort que ce constat concerne majoritairement les chefs d'entreprise des TPE-PME[4]. La réticence du débiteur à se rendre au tribunal constitue l'une des difficultés majeures à laquelle se heurtent toutes les politiques de prévention des difficultés des entreprises. Il n'existe pas de véritable mesure incitative de prévention face au constat, réforme après réforme, « de l'immense réticence des chefs d'entreprise à pousser la porte d'un tribunal »[5]. Nombreux sont ceux qui déplorent que les petits entrepreneurs considèrent le tribunal comme « le croque-mort du dirigeant dans les difficultés »[6], et voient en lui « un coupeur de tête »[7] voire un « bourreau »[8]. Franchir la porte du tribunal pour l'entrepreneur est « aussi périlleux que de pénétrer dans un champ de mines »[9]. Méconnaissant totalement les mesures de prévention, cette peur de l'inconnu est aggravée par la certitude qu'il va perdre son entreprise qu'il considère comme son projet de vie et pour laquelle il a souvent donné son nom[10]. Pourtant, bien loin de cette image peu flatteuse, le tribunal apparaît au contraire comme la « cité hospitalière de l'entreprise »[11] marquée par la naissance, la vie et la mort de celle-ci. Comme le malade, l'entreprise en difficulté peut passer par différents services : la maternité, les services d'urgence, les services d'observation, les services de soins à long

---

1 (En septembre 2022) : Le rapport du député P. CHASSAING recommande de constituer un échantillon de 80 PCB « expérimentateurs » nécessitant un budget estimé à 2,5 M d'euros dès 2022.
2 V. MARTINEAU-BOURGNINAUD, *op. cit.*, n°84.
3 V. MARTINEAU-BOURGNINAUD, « Les remèdes à la souffrance du chef d'entreprise en difficulté », art. préc., p.2529.
4 Plus l'entreprise est petite, plus elle dépend de son dirigeant, seul capable de mettre en place les mécanismes préventifs le plus tôt possible.
5 T. MONTERAN, « Observations sur l'avant-projet de loi de sauvegarde des entreprises », *Gaz. Pal.*, 10-11 décembre 2003, p.2.
6 Audience solennelle de rentrée du tribunal de commerce de Lille Métropole, janvier 2018, propos du président É. FELDMANN.
7 C. DELATTRE, « « Beau temps » pour le dirigeant incompétent ! », art. préc., spéc. n°7.
8 C. MAGRAS, thèse préc., n°1422.
9 V. MARTINEAU-BOURGNINAUD, art. préc., spéc. p. 2531.
10 *Ibid.*
11 É. FELDMANN, « Anticiper les difficultés avant qu'il ne soit trop tard », propos recueillis à l'occasion de la conférence organisée par le Rotary Club de Lille Vauban, le 21 avril 2022.

terme voire même la morgue. En cela, le tribunal reste un lieu « chargé d'émotions »[1]. En somme, il apparaît que le tribunal a donc « mauvaise presse ». Ceci est notamment justifié par la connotation du mot « tribunal » dans l'esprit collectif, assimilé au châtiment remontant jusqu'aux sombres chapitres de l'histoire de la faillite. En effet, l'aspect péjoratif du mot « tribunal » tend à justifier le comportement réfractaire de l'entrepreneur en difficulté. Depuis plusieurs années, la doctrine et les pouvoirs publics appellent à un changement de terminologie afin de faire du tribunal « la clé de voûte de la prévention des difficultés des entreprises »[2]. Si les chiffres démontrent que plus les difficultés sont traitées en amont, plus les chances de retrouver une issue positive sont garanties, il en résulte un bilan chiffré particulièrement insatisfaisant : environ 70% des procédures ouvertes par le tribunal sont des liquidations directes[3]. Le constat est sans appel : une trop faible attractivité des procédures de prévention. C'est ainsi qu'il est avancé que « le système ne pourra s'améliorer qu'à la condition que le tribunal ne soit véritablement perçu comme un espace de prévention des difficultés et de protection de l'entreprise, et non un lieu de sanction ». En effet, il est permis de relever ici que la connotation péjorative du « tribunal » entretient une image assez stigmatisante de la défaillance. À l'aune des États généraux de la Justice ambitionnant de réformer la justice économique, le rapport du comité SAUVÉ a relevé à son tour cette difficulté en proposant de transformer le tribunal de commerce en un « tribunal des affaires économiques »[4]. Outre le changement opportun de terminologie, il est proposé de délester le tribunal de toute dimension punitive en ce que « serait instituée une formation mixte, présidée par un magistrat de carrière, compétente pour connaître des sanctions des procédures collectives »[5]. Si l'expérimentation réussit, une telle avancée aurait le mérite de déstigmatiser le tribunal en dédramatisant son accès et, espérons-le, de rendre la prévention des difficultés plus attractive qu'elle ne l'est aujourd'hui.

---

[1] S. ARROUAS, « Juges et patrons, un an au tribunal de commerce de Marseille », propos recueillis à l'occasion de l'émission télévisée de la chaîne LCP, le 18 mai 2022.

[2] Rapport d'information n°4390, « Mission d'information commune relative aux entreprises en difficulté du fait de la crise sanitaire », A-L. PETEL et A. SAVIGNAT, députés, 21 juillet 2021, p. 134 et s. ; *adde* Rapport d'information n°615, « Rapport fait au nom de la commission des lois constitutionnelles, de législation, du suffrage universel, du Règlement et d'administration générale sur les outils juridiques de prévention et de traitement des difficultés des entreprises à l'aune de la crise de la covid-19 », F. BONHOMME et T. MOHAMED SOILIHI, sénateurs, le 19 mai 2021, p.105 et s.

[3] Rapport des députés A-L. PETEL et A. SAVIGNAT, spéc. p.80.

[4] Rendre justice aux citoyens – Rapport du comité des États généraux de la justice (oct. 2021 – avril 2022), prés. par J-M. SAUVÉ, spéc., p.9 : « cette transformation implique un élargissement de la compétence *rationae persona* et *rationae materiae* des tribunaux de commerce [...] la compétence matérielle intègrerait toute le livre VI du Code de commerce [...], les tribunaux des activités économiques ne seraient toutefois pas compétents pour connaître des baux commerciaux et de la propriété intellectuelle à la seule exception des cas s'intégrant dans les procédures collectives ».

[5] *Ibid.*

Une anticipation tardive des difficultés. Lorsqu'on évoque les mécanismes de prévention mis en place avant que la situation financière du débiteur ne devienne irrémédiable, « on se situe à un moment où le seul détenteur de l'information est l'homme à l'origine des dettes, qu'il agisse en son nom ou en celui de l'entité économique qu'il représentante »[1]. Or, il apparaît que l'entrepreneur, envahi par la stigmatisation de sa défaillance, redoute et repousse le diagnostic de ses difficultés et partant le traitement qui a été justement conçu pour l'aider[2]. Le premier réflexe du débiteur est de résoudre seul les difficultés rencontrées par son entreprise. En effet, ce dernier voit la phase de diagnostic comme « une sentence de mort sociale et économique »[3] justifiant alors son détournement des procédures de prévention afin d'éviter « que ne sonne le glas de la défaillance »[4]. Pourtant, ce déni nuit gravement au déroulement d'une procédure d'insolvabilité et le législateur sanctionne l'inaction du débiteur dans pareille hypothèse[5]. Autrement dit, « son attentisme peut lui coûter cher »[6], ce qui n'est pas le cas du débiteur particulier surendetté. Un auteur a justement relevé que le maître-mot de la loi de sauvegarde du 26 juillet 2005 est « l'anticipation » : « anticipez ! » promet le législateur, « et vous ne serez pas sanctionnés »[7]. En dépit du risque de sanction et de la fuite du temps aggravant ses difficultés, l'entrepreneur individuel s'obstine à poursuivre son activité car « solliciter de l'aide constituerait l'aveu de son impuissance à traiter les difficultés et de son incompétence à diriger »[8]. Partant, il ne saisit le tribunal que « lorsque l'entreprise, exsangue, agonise »[9]. Ces éléments démontrent pleinement la survie d'une stigmatisation de la défaillance dans le for intérieur du débiteur professionnel. Pourtant, l'évolution du droit des entreprises en difficulté en matière de prévention est telle qu'il est invraisemblable pour le débiteur « d'attendre que la cloche du gond du round final ait sonné pour l'entreprise »[10].

Un droit de la prévention foisonnant mais complexe. La prévention de l'insolvabilité des entreprises du droit français repose sur un ensemble de dispositifs de détection et de traitement précoce des difficultés, intégrant de nombreux acteurs. En matière de détection des difficultés, la source directe permettant d'obtenir des informations sur la situation financière d'une entreprise

---

1 C. MAGRAS, thèse préc., n°1409.

2 F-X. LUCAS, *Manuel de la faillite*, *op. cit.*, p.67.

3 C. MAGRAS, ibid., n°1414.

4 *Ibid.*

5 C. com., art. L.651-2, L.653-8.

6 F-X. LUCAS, « Le sort du débiteur », *LPA*, 14 juin 2007, p.60.

7 V. MARTINEAU-BOURGNINAUD, « La conciliation : droit ou obligation ? », *in* « La prévention et le traitement amiable des difficultés des entreprises à la lumière de la réforme ? », *RPC*, 2014, n°1, v. aussi CA DOUAI 2e ch., 1ère sect., 4 décembre 2013.

8 V. MARTINEAU-BOURGNINAUD, art. préc., *eod loc.*

9 *Ibid.*

10 C. MAGRAS, thèse préc., l'auteur cite le président de la chambre commerciale de la Cour de cassation Pierre BÉZARD, « L'objet de la pénalisation de la vie économique », *in* M-A. FRISON-ROCHE (dir.), *Les enjeux de la pénalisation de la vie économique*, *Dalloz*, 1997, p.9-17.

est la comptabilité. L'ensemble des entreprises sont assujetties à des obligations comptables même si certaines varient en fonction du statut de l'entreprise et de son régime fiscal. De manière indirecte, le non-respect de l'obligation légale de dépôts des comptes annuels au greffe du tribunal de commerce peut traduire le signe que l'entreprise traverse de graves difficultés. Il en va de même pour les incidents de paiement enregistrés par les créanciers publics et les banques ou des procédures contentieuses engagées par les créanciers impayés lesquelles sont enregistrées au greffe du tribunal compétent. En raison du fait que toutes les entreprises ne disposent pas d'instruments d'analyse financière[1] propres à anticiper les difficultés, et dans le souci d'aider le chef d'entreprise à mieux appréhender sa situation financière, plusieurs outils d'autodiagnostic sont mis à leur disposition[2]. C'est ainsi que plusieurs chambres de commerce et d'industrie mettent gratuitement à sa disposition un dispositif d'autodiagnostic gratuit nommé « Comment va ma boîte ? » permettant au chef d'entreprise d'obtenir un indice de difficulté[3], un résumé de sa situation et d'être invité, en cas de difficultés constatées, à se rapprocher du tribunal. Le législateur aménage également plusieurs procédures d'alerte qui, en présence de difficultés, ont pour vocation d'attirer l'attention des dirigeants et associés voire d'informer le président du tribunal de commerce[4]. Or, la procédure d'alerte n'existant pas dans les petites entreprises, faute pour elles d'atteindre les seuils légaux imposant la nomination obligatoire, il est à craindre que leurs difficultés continuent à s'aggraver. Seul l'expert-comptable, communément reconnu comme le « médecin de famille de l'entreprise »[5], serait à même de déclencher une telle alerte, ce que la loi ne permet malheureusement pas[6]. Au moins, peut-il encourager le chef d'entreprise à réagir. C'est ainsi que la pratique invite à permettre des prestations d'expertise comptables ouvrant au dirigeant un soutien financier[7]. Cela permettrait effectivement aux petites entreprises de se doter d'un outil de prévention des flux

---

[1] Par exemple : la capacité d'autofinancement, l'excédent de trésorerie d'exploitation, le ratio de couverture des besoins permanents par des ressources stables.

[2] À l'initiative des chambres consulaires, de la Banque Publique d'Investissement ou encore le Centre national d'information sur la prévention des difficultés des entreprises.

[3] Ce dispositif se présente sous la forme d'un questionnaire de 28 questions – dont les réponses se font par OUI ou NON – portant sur la gestion administrative et comptable de l'entreprise : https://m.vendee.cci.fr/developpement-de-votre-entreprise/aides-et-financements/comment-va-ma-boite.

[4] Ainsi en est-il de l'alerte des associés, des groupements de prévention agréés, du commissaire aux comptes et du comité social et économique.

[5] R. GRAU, « Regard sur le droit des entreprises en difficulté à la lumière de la réforme du 15 septembre 2021 », *RPC*, n°1, janvier-février 2022, spéc. n°8.

[6] Remarquons que l'expert-comptable est le premier informé des difficultés prévisibles que traduisent les comptes du chef d'entreprise.

[7] Le rapport des sénateurs F. BONHOMME et T. MOHAMED SOILIHI, sénateurs, le 19 mai 2021, recommande de « définir un socle de prestations d'expertise comptable (dépôts des comptes annuels, établissement d'un plan de financement) ouvrant droit à un soutien financier des pouvoirs publics, sous conditions d'éligibilité », p.15. Dans la même lignée, le rapport du comité SAUVÉ propose « d'accorder un avantage fiscal ou autre aux petites entreprises qui tiennent à jour leur comptabilité », p.52.

de trésorerie à court et moyen terme. Par ailleurs, le dispositif « signaux faibles », en recourant à l'intelligence artificielle via un algorithme « auto-apprenant »[1], permet également d'évaluer le risque de défaillance de l'entreprise. Il a pour finalité de soutenir le dirigeant de PME par un outil lui permettant de repérer rapidement les tendances et les fragilités. Là encore, on doit déplorer que le dispositif ne s'adresse qu'aux entreprises de plus dix salariés. Il en résulte nécessairement des lacunes de détection à l'endroit des petites entreprises dont les fragilités ne sont pas détectées malgré une multitude d'outils de prévention. La prévention de l'aggravation des difficultés peut également résulter de mise sous mandat de justice, tels que le mandat *ad hoc* et la procédure de conciliation. Depuis plusieurs années, le législateur encourage le débiteur à bénéficier de ces procédures ayant pour avantage, à l'inverse des procédures collectives, d'être confidentielles et de ne pas avoir pour conséquence son dessaisissement. Toutefois, elles ne peuvent être ouvertes qu'à l'initiative du débiteur, ce qui peut poser difficulté lorsque ce dernier est enkysté dans le déni de sa défaillance. Outre ces nombreux outils, plusieurs acteurs participent activement à l'attractivité de la prévention des difficultés[2]. En dehors du rôle des administrations de l'État[3], il importe d'évoquer spécifiquement celui joué par les juridictions. En effet, la loi investit les présidents de tribunaux judiciaires et de commerce d'un rôle de prévention. Aux termes de l'article L.611-2 du Code de commerce, « lorsqu'il résulte de tout acte, document ou procédure qu'une entreprise connaît des difficultés de nature à compromettre la continuité de l'exploitation », le président du tribunal peut convoquer ses dirigeants « pour que soient envisagées les

---

[1] L'algorithme dégage des corrélations statistiques entre des masses de données afin de fournir une prédiction statistique de la défaillance à horizon de dix-huit mois. Né en 2016 d'une initiative locale en Bourgogne-Franche-Comté, le dispositif réunit depuis 2019 la direction générale des entreprises, la délégation générale à l'emploi et à la formation professionnelle, la Banque de France, l'agence centrale des organismes de sécurité sociale et la direction interministérielle du numérique.

[2] Il en résulte ainsi des collectivités territoriales dont les régions sont habilitées par la loi à accorder des aides financières aux entreprises en difficulté, de la Banque de France par sa mission de cotation des risques, des réseaux consulaires et les ordres professionnels, des organisations patronales et professionnelles, de certains organismes de sécurité sociale comme la Mutualité sociale agricole combinant des facilités de paiement de cotisations sociales à d'autres aides financières, et des groupements de prévention agréés dont les bénévoles reçoivent le chef d'entreprise en l'informant notamment sur les aides et outils de prévention disponibles.

[3] Bien qu'ayant octroyé la compétence aux régions pour l'attribution d'aide individuelles à la création et au développement des entreprises, l'État conserve le suivi et l'accompagnement des entreprises en difficulté. Au niveau central, on relèvera le rôle des services d'administration centrale chargés de définir les orientations de la politique gouvernementale (la direction générale des entreprises, le réseau des commissaires aux restructurations et à la prévention des difficultés d'entreprises, la délégation générale à l'emploi et à la formation professionnelle et la direction générale des finances publiques) du comité interministériel de restructuration industrielle lequel pilote la restructuration des entreprises individuelles de plus de quatre cents salariés et du délégué interministériel aux restructurations d'entreprises chargé de la coordination de l'ensemble des administrations étatiques. Au niveau déconcentré, on citera le rôle des comités départementaux d'examen des problèmes de financement des entreprises chargés de détecter et traiter les difficultés des entreprises et celui des commissaires aux restructurations et à la prévention des difficultés d'entreprises, chargés de suivre les entreprises en difficulté comptant plus de cinquante salariés.

mesures propres à redresser la situation ». À l'issue de cet entretien ou lorsque le chef d'entreprise ne s'est pas présenté, la loi l'autorise à mener une enquête complémentaire en se faisant communiquer « des informations de nature à lui donner une exacte information sur la situation économique et financière », même si ces informations sont couvertes par le secret. À titre d'illustration, au tribunal de commerce de Lille-Métropole, l'instauration d'une « cellule de prévention » organisant des « entretiens de prévention » permet d'établir un premier diagnostic et d'orienter les dirigeants vers les dispositifs les plus adaptés, soit les procédures amiables voire les procédures collectives lorsque la situation est obérée[1]. C'est ainsi que pas moins de 10 000 entretiens de prévention sont menés chaque année en France par les présidents de tribunaux de commerce[2] avec le chef d'entreprise[3]. Cette initiative préventive est en revanche moins présente au sein des tribunaux judiciaires dont les présidents justifient le faible rôle de prévention par l'engorgement des juridictions couplé à la surcharge de travail des magistrats et par le fait que le greffe ne dispose pas des mêmes moyens que ceux des tribunaux de commerce. Si cet argument est amplement justifié, il en découle selon nous une disparité manifeste de traitement conduisant à une inégalité inacceptable entre les débiteurs sur le terrain de la prévention. En définitive, on observe un dispositif particulièrement riche dont les mesures doivent inciter les chefs d'entreprise à faire appel au juge de la prévention dès la moindre apparition des difficultés. Si les nombreux dispositifs existants attestent d'une volonté réelle d'inciter le débiteur à traiter précocement ses difficultés, il n'en demeure pas moins que ces outils de détection manquent cruellement d'efficacité « en raison d'un fonctionnement en silo et d'un ciblage parfois inadapté »[4] entraînant un manque de coordination manifeste. Malgré cette attractivité, certains chefs d'entreprise persistent à fuir le tribunal. Or, il apparaît crucial pour l'entrepreneur individuel de demander « l'hospitalité voire l'hospitalisation judiciaire » et de « rester acteur de la maladie qui frappe son entreprise, participer au protocole de soins, fussent-ils palliatifs et dussent-ils conduire à l'euthanasie de l'entreprise »[5]. Il faut toutefois reconnaître que le dépôt de bilan est souvent le signe d'un manque de connaissances financières, comptables et fiscales, et plus largement d'un défaut de formation entraînant alors la chute de l'entreprise.

[1] À l'occasion du déplacement des sénateurs F. BONHOMME et T. MOHAMED SOILIHI le 1er mars 2021, au Tribunal de commerce de Lille-Métropole présidé par É. FELDMANN.
[2] Ou avec les juges délégués.
[3] Rapport de la mission « justice économique », dir. G. RICHELME, p.15.
[4] Rapport préc. des députés A-L. PETEL et A. SAVIGNAT, p.119.
[5] V. MARTINEAU-BOURGNINAUD, « Les remèdes à la souffrance du chef d'entreprise en difficulté », art. préc., p.2534.

L'absence de formation de l'entrepreneur. « Le livre VI du Code de commerce est une boîte à outils extraordinaire au service des entrepreneurs mais encore faut-il qu'ils connaissent la législation »[1]. Il est criant de constater la méconnaissance des procédures légales de prévention ou de traitement des difficultés par certains chefs d'entreprise lorsqu'on mesure la pluralité d'outils mis à leur disposition. Comparée à juste titre au désert de Gobi[2], la formation des petits patrons est effectivement inexistante. Tandis que celle des salariés est une obligation de l'employeur et pour laquelle le manquement est sanctionné, « les textes restent muets sur la formation des dirigeants d'entreprise »[3]. Or, si pour certains dirigeants de grandes entreprises la prise en charge du coût d'une formation n'est que le cadet de leurs soucis, il reste que pour les entrepreneurs individuels celle-ci est moins aisée. Alors même que ces dirigeants « jouent les transformistes en endossant successivement le rôle de directeur des ressources humaines, de directeur administratif et financier ou encore de directeur commercial »[4], la loi leur tourne le dos en matière de formation. À l'inverse de certaines professions, il n'y a pas d'obligation légale de formation pour le dirigeant, preuve que « la conception de l'omniscience du chef d'entreprise en droit français pose problème »[5]. À l'instar de quelques professions comme les avocats, une obligation de formation tout au long de la vie de l'entrepreneur serait manifestement utile « pour diffuser les bonnes pratiques en matière de droit des entreprises en difficulté »[6]. Comme on octroierait un permis pour la conduite, certains proposent opportunément la mise en place d'un « permis de gérer »[7]. Ainsi apparaît-il comme une impérieuse nécessité de former les chefs d'entreprise au droit des entreprises en difficulté afin de leur permettre de mieux anticiper et d'appréhender pleinement leurs difficultés[8], surtout lorsque celles-ci permettent encore d'entrevoir une issue favorable à court terme. Ainsi, le rapport du président RICHELME préconise-t-il « une formation des entrepreneurs le plus en amont possible » dès le stade de l'inscription aux différents registres. Celle-ci, outre le fait d'être obligatoire, consisterait en « des stages d'initiation à la gestion [...] et des modules de présentation des procédures de prévention et

---

[1] M. BINNIÉ, « Le soutien psychologique du chef d'entreprise », *table ronde* animée par M. MENJUCQ en présence de C. BASSE, M. BINNIÉ et C. DELATTRE, *RPC*, n°5, septembre 2020, entretien 3.

[2] V. MARTINEAU-BOURGNINAUD, *ibid.*, p.2531.

[3] *Ibid.*

[4] *Ibid.*

[5] R. GRAU, « Regard sur le droit des entreprises en difficulté à la lumière de la réforme du 15 septembre 2021 », art. préc., spéc. n°8.

[6] *Ibid.*

[7] S. ARROUAS, « Juges et patrons, un an au tribunal de commerce de Marseille », émission télévisée préc. : la présidente de la Conférence générale des juges consulaires de France propose l'instauration d'un permis de gérer aux fins de donner au chef d'entreprise des bases pour l'aider dans son voyage entrepreneurial, ce qui faciliterait sa prise en charge en amont des difficultés.

[8] V. MARTINEAU-BOURGNINAUD, *ibid.*, p.2531.

collectives »[1]. *A minima*, le rapport recommande lors de l'inscription au registre du commerce ou des métiers, la remise « systématique » aux entrepreneurs d'un document d'information sur la prévention et les procédures collectives. Quoi qu'il en soit, cette absence de formation est d'autant plus regrettable que la boîte à outils du droit des entreprises en difficulté laquelle a évolué de manière « désordonnée »[2] est devenue particulièrement « sophistiquée »[3]. En effet, au fil des réformes, on doit concéder que la matière s'est complexifiée au point de devenir de moins en moins accessible aux petites entreprises. Si l'apparition de nouveaux outils plus nombreux et diversifiés est à mettre au crédit du législateur en ce qu'il a souhaité légitimement garantir un large panel de prévention et de traitement des difficultés, la matière a manifestement perdu en lisibilité et *de facto* en attractivité tant à l'échelle interne qu'à l'échelle internationale. Ces difficultés semblent avoir été entendues comme en atteste le rapport du comité SAUVÉ qui préconise plusieurs propositions en ce sens. D'une part, « rationnaliser et clarifier la présentation des procédures »[4], sans que cela soit nécessaire de modifier le fond, à tout le moins de revoir la structuration du livre VI du Code de commerce à droit constant[5]. Dans la même veine, la création d'un « observatoire national de la justice économique »[6] permettrait de centraliser les chiffres de la défaillance afin d'accroître la visibilité du droit français à l'étranger. D'autre part, « mener une réflexion pour la mise en place d'un livre VI bis du Code de commerce applicable aux seuls entrepreneurs individuels »[7], dans la perspective de faciliter l'accès aux procédures et de garantir « un vrai droit de la défaillance des entrepreneurs individuels »[8]. Aussi, le rapport encourage-t-il à enrichir à destination des entrepreneurs « une rubrique spécifique aux difficultés des petites entreprises »[9] sur « le portail Justice ». Sur le terrain de la prévention, le comité

---

[1] Le rapport RICHELME évoque également la possibilité de dérogations au regard de la formation initiale et de l'expérience des individus concernés. La formation pourrait être dispensée par les chambres consulaires et les ordres professionnels. V. spéc. p.23.

[2] D. VOINOT, « L'évolution désordonnée de la « boîte à outils » du droit des entreprises en difficulté », *RPC*, n°1, janvier-février 2022, *passim*.

[3] Rapport du Comité SAUVÉ, spéc. p.50.

[4] Rapport du Comité SAUVÉ, Fiche thématique 1.3 « Prévention et traitement des difficultés des petites entreprises », proposition n°6.

[5] En raison des nombreuses procédures et de leur sophistication rendant le droit peut lisible en raison notamment des renvois d'article à chapitre et de chapitre à chapitre, le comité préconise de limiter strictement cette technique du renvoi.

[6] Rapport préc., proposition n°10 : l'objectif étant ici de fédérer les observatoires existants aux fins de centraliser l'information et les propositions d'amélioration.

[7] Le comité envisage par exemple de remplacer le redressement et la liquidation judiciaires en revoyant fondamentalement la procédure de rétablissement professionnel par l'ouverture de la procédure avec plan de redressement ou avec cessions des actifs ou plan de cession sans avoir besoin de trois procédures. S'agissant du mandat *ad hoc* et de la conciliation, il est suggéré une fusion au sein d'une procédure simple amiable.

[8] Rapport préc., proposition n°4.

[9] Rapport préc., proposition n°9 : il s'agirait d'une rubrique insérée au sein de la rubrique dédiée aux « fiches » avec les documents CERFA maintenus à jour, une aide à la détermination du tribunal compétent et des liens de renvoi automatiques en fonction des démarches.

SAUVÉ suggère d'« accorder un avantage fiscal ou autre aux petites entreprises qui tiennent à jour leur comptabilité »[1] et de « renforcer le rôle des experts comptables ou/et des centres de gestion agréés »[2] en leur permettant, sans leur imposer de devoir d'alerte, d'informer le président du tribunal lorsqu'il ont connaissance des difficultés de l'entreprise ou *a minima* d'adresser à leur client un courrier l'informant de l'existence des procédures existantes. Reprenant la suggestion de la mission RICHELME, le comité préconise également de « solliciter les créanciers institutionnels aux fins d'informer le débiteur »[3] sur les outils existants. À la manière du dispositif existant au tribunal de commerce de Lille Métropole[4], le groupe de travail invite le législateur à « la mise en place d'un juge de la prévention dans chaque tribunal judiciaire »[5]. De notre point de vue, si ces propositions venaient à voir le jour, elles participeraient manifestement à ce que l'institution judiciaire soit « mieux connue et reconnue »[6] par les chefs d'entreprise[7].

Bilan. En définitive, on ne peut qu'encourager les débiteurs à ne plus fuir les tribunaux. L'attractivité du droit des entreprises en difficulté, dont la lisibilité est encore perfectible, se veut manifestement au service des chefs d'entreprise. Partant, ces derniers ne doivent plus s'enfermer dans les carcans de la stigmatisation de la défaillance. Selon nous, la démocratisation de la prévention des difficultés doit nécessairement passer par la dédramatisation de l'accès au tribunal. On ne peut que se réjouir des derniers rapports et missions d'information préconisant ces nécessités. Il est impératif d'encourager la prévention-détection[8] afin de favoriser le rebond, et pour reprendre les mots d'un

---

[1] Rapport préc., proposition n°1 : le comité préconise l'instauration d'un avantage susceptible d'être accordé aux petites entreprises en deçà de certains seuils à définir en contrepartie d'une comptabilité tenue à jour, laquelle inclurait le dépôt annuel des comptes et un tableau de bord réalisé par un expert-comptable ou dans le cadre d'un centre ou d'une association de gestions agréée. *A minima*, suggère-t-il la mise disposition de logiciels de comptabilité simples tels que ceux utilisés pour l'élaboration des fiches de paie.

[2] Rapport préc., proposition n°2.

[3] Rapport préc., proposition n°3 : il pourrait s'agir notamment pour les organismes sociaux et fiscaux d'informer l'entreprise sur les dispositifs de prévention dès le premier impayé et d'adresser dans la foulée une note d'information au débiteur.

[4] Et dans d'autres juridictions consulaires.

[5] Rapport préc., proposition n°7 : cette proposition fait suite au constat que les tribunaux judiciaires n'assurent que très peu le rôle de prévention en raison de l'engorgement des juridictions et à la surcharge de travail des magistrats.

[6] C. SOULARD, Audience solennelle d'installation aux fonctions de premier président de la Cour de cassation, le 18 juillet 2022, spéc. p.3.

[7] Soulignons ici l'attention particulière du Rapport SAUVÉ (comme le rapport RICHELME) sur l'attention très spécifique du législateur qui doit être réservée quant à la prévention et le traitement des difficultés des agriculteurs, plusieurs préconisations sont faites en ce sens, p.56 et s.

[8] V. notamment les statistiques des défaillances établies au 19 septembre 2022 par l'observatoire économique du Conseil national des administrateurs judiciaires et mandataires judiciaires : « 83% des procédures de prévention ouvertes en 2022 concernent des TPE de 0 à 10 salariés (contre 86% en 2021) et 66% concernent des entreprises sans salariés (contre 71% en 2021) ».

président de tribunal de commerce, quitte à ce que « les présidents doivent prendre leur bâton de pèlerin pour aller évangéliser dans les syndicats professionnels »[1]. En effet, parmi les réseaux d'accompagnement, « les premiers sont les juridictions consulaires »[2]. Si l'accompagnement est encouragé sous l'angle de l'accès aux procédures judiciaires, il importe de relever que depuis plusieurs années des associations spécialisées accompagnent également le rebond du débiteur. L'initiative de ces nouveaux acteurs sécrète ainsi un droit préventif et responsable[3] afin de prévenir les situations de détresse et d'accompagner le débiteur vers de nouveaux horizons, loin de la stigmatisation de sa défaillance.

§2 – L'écosystème associatif, moteur du rebond

Le droit à l'échec. Au cours de cette étude, nous avons observé que dès lors que l'échec n'a pu être évité, ou du moins qu'il n'a pas été provoqué, le droit de la défaillance économique s'attache seulement à en traiter les conséquences et à supprimer certains stigmates légaux. Pourtant, en marge du droit, « la stigmatisation liée au fait de ne pas payer ses dettes demeure particulièrement virulente »[4]. « Le poids moral de la dette, inscrit au plus profond de notre civilisation, fusionne en ce domaine avec le mépris de l'échec »[5]. Face à ce constat, le législateur est malheureusement impuissant pour effacer totalement les traces de la stigmatisation sociale. À tout le moins, s'efforce-t-il de déstigmatiser l'accès aux procédures de prévention et de traitement des difficultés. Afin de dynamiser cette politique de déstigmatisation, des initiatives privées plaident en faveur du renouvellement de la culture de l'échec par l'instauration d'une nouvelle pédagogie du rebond. D'ailleurs, peut-on réellement éviter l'échec ? N'est-ce pas diaboliser la défaillance que de considérer qu'il s'agit là d'un écueil à éviter ?[6] Le débiteur le plus attentif ne peut avec certitude écarter définitivement l'échec. S'il n'est jamais souhaitable, l'échec peut être extrêmement formateur et même devenir une étape vers un futur succès[7]. L'exemple d'Henry FORD, qui a commencé sa formidable aventure professionnelle par une faillite, illustre parfaitement le constat rappelé par la Commission européenne : « il semble démontrer que les entrepreneurs faillis ont

---

[1] É. FELDMANN (président du tribunal de commerce de Lille Métropole), lors de son intervention à la Chancellerie le 28 octobre 2020 – Rapport de la mission « justice économique » annexes VIII – juges et magistrats (dir. G. RICHELME), spéc. p.44.

[2] S. ARROUAS, « Juges et patrons, un an au tribunal de commerce de Marseille », émission télévisée préc. : la présidente de la Conférence générale des juges consulaires de France indique aussi que l'accompagnement peut intervenir dès l'envie de créer une entreprise.

[3] V. MARTINEAU-BOURGNINAUD, « Les remèdes à la souffrance du chef d'entreprise en difficulté », art. préc., p.2531.

[4] C. MAGRAS, thèse préc., n°1402.

[5] *Ibid.*, n°1403.

[6] *Ibid.*, n°1382.

[7] S. ALMASEANU, « Le rebond du dirigeant condamné à une faillite personnelle ou une interdiction de gérer : la jurisprudence parisienne sur le relèvement (art. L.653-11 et R.653-4 du Code de commerce) », art. préc., spéc. n°1.

plus de chance de réussir la seconde fois »[1]. Dès lors, il est impératif de ne pas diaboliser les difficultés irrémédiables. La nouvelle pédagogie mise en place conduit à prôner l'attractivité des mécanismes légaux et pas seulement en vantant les mérites de la prévention[2]. Dans les situations les plus obérées, les mesures de rétablissement et de liquidation judiciaire méritent évidemment leur place sur le devant de la scène. Dans ces hypothèses, l'injonction à la prévention ne peut que rester en filigrane de la pédagogie, à tout le moins peut-elle servir pour l'avenir. Ces éléments sont vérifiables tant en droit du surendettement (**A**) qu'en droit des entreprises en difficulté (**B**).

A) En droit du surendettement

L'invitation judiciaire au rebond. Aux termes de l'article L.742-23 du Code de la consommation relatif à la clôture de la procédure de rétablissement personnel avec liquidation judiciaire : « si la situation du débiteur l'exige, le juge l'invite à solliciter une mesure d'aide ou d'action sociale qui peut comprendre un programme d'éducation budgétaire, notamment une mesure d'accompagnement social personnalisé, dans les conditions prévues par le livre II du Code de l'action sociale et des familles ». Cette invitation formulée par le juge des contentieux de la protection traduit d'une part, la volonté d'éviter la réitération de la situation du surendettement et d'autre part, celle d'encourager le débiteur fraîchement rétabli à rebondir. Cette invitation judiciaire au rebond est également possible à l'ouverture de la procédure, conformément aux dispositions de l'article L.742-5 du Code de la consommation. Preuve que le droit au rebond n'est pas seulement cantonné à l'issue d'une procédure d'insolvabilité. Aussi, faut-il souligner que dans l'hypothèse d'une mesure de rétablissement personnel sans liquidation judiciaire imposée par la commission, cette invitation peut prendre la forme d'une injonction. En effet, « lorsque le débiteur a déjà bénéficié d'une mesure de rétablissement personnel [...] et qu'il saisit de nouveau la commission, celle-ci peut, si elle estime que la situation du débiteur est de nouveau irrémédiablement compromise [...] imposer que la mesure d'effacement des dettes soit assortie de la mise en place de mesures d'accompagnement social ou budgétaire ». Outre le fait d'éviter de nouvelles récidives involontaires, la mesure imposée par la commission vise à « favoriser l'accompagnement social des personnes surendettées qui sont confrontées aux difficultés les plus graves »[3]. Ces dispositions démontrent que le droit du surendettement est particulièrement attentif au rebond du débiteur surendetté, au point de lui garantir voire de lui imposer un accompagnement dans la gestion de son budget pour l'avenir.

---

[1] Recommandation de la Commission du 12 mars 2014 relative à une nouvelle approche en matière de défaillances et d'insolvabilité des entreprises (2014/135/UE), considérant n°20.

[2] C. MAGRAS, thèse préc., n°1506.

[3] Circulaire du 15 décembre 2017 relative à la procédure de traitement des situations de surendettement des particuliers, NOR : ECOT1735688C, « 6.5. Collaboration avec les instances sociales et les travailleurs sociaux », pp. 40 et 41.

La pédagogie par l'éducation budgétaire. Depuis 2016, la France s'est dotée d'une stratégie nationale d'éducation financière « EDUCFI » ayant pour finalité de permettre à chaque citoyen de disposer d'un socle minimal de connaissances budgétaires et financières[1]. C'est ainsi que la Banque de France, opérateur national chargé de sa mise en œuvre, réalise sur l'ensemble du territoire « des actions de sensibilisation aux enjeux de l'éducation financière et réalise des sessions d'information auprès d'enseignants et d'intervenants sociaux sur divers sujets »[2] dont notamment la prévention et le traitement du surendettement. La stratégie EDUCFI joue également un rôle majeur dans la formation des intervenants sociaux associés au déploiement des PCB dans le cadre de la stratégie nationale de prévention et de lutte contre la pauvreté[3]. Relevons qu'en dehors des personnes en situation de fragilité financière, le dispositif s'adresse opportunément à divers publics par la mise à disposition d'outils pédagogiques[4] et de sensibilisation accessibles à tous[5]. La pluralité des outils combinée à une diversité de profils visés doivent être applaudies des deux mains en ce qu'elles permettent à chacun de se familiariser de manière ludique au monde de l'économie. De notre point de vue, cette pédagogie nationale à destination des personnes en situation de fragilité financière s'inscrit en corrélation avec la politique de lutte contre le surendettement et participe manifestement à la vulgarisation du droit au rebond. Dans une logique de perfectionnement des dispositifs existants, preuve que des efforts restent à faire en la matière, soulignons que la dernière mission parlementaire relative à la prévention du surendettement et au développement du crédit[6] préconise de « mettre en place des actions de communication afin de mieux connaître la procédure de traitement

---

[1] Banque de France, « Éducation économique, budgétaire et financière » [en ligne] : La France a adopté les principes élaborés par l'OCDE laquelle définit l'éducation économique, budgétaire et financière comme « une combinaison de conscience financière, de connaissance, d'habileté, d'attitudes et comportements nécessaire pour prendre les bonnes décisions financières et finalement arriver à un bien-être financier individuel apprécié par la personne elle-même » (OCDE – Atkinson et Messy – 2012).

[2] Banque de France, *ibid.*

[3] À l'initiative du Ministère des Solidarités et de la Santé. Selon la Banque de France, en 2021, 19 350 intervenants sociaux ont également bénéficié d'une formation.

[4] V. notamment à destination des publics scolaires : https://abc-economie.banque-france.fr/, https://www.citeco.fr/, et du tout public : https://www.mesquestionsdargent.fr/. Relevons également que dans le cadre de cette stratégie EDUCFI, la Banque de France accompagne également les entrepreneurs durant toute projet au déroulement de l'entreprise : https://www.mesquestionsdentrepreneur.fr/.

[5] En 2019, un « passeport EDUCFI » a été expérimenté avec succès auprès de plusieurs collégiens de différentes académies (deux heures de sensibilisation à la gestion du budget par la bonne utilisation des moyens de paiement et l'apprentissage de notions financières de base comme le taux d'intérêt). Déployé sur l'ensemble du territoire en 2021, le dispositif a touché pas moins de 50 000 élèves. Aussi, un module d'éducation financière a été intégré dans le cadre du Service National Universel démontrant pleinement l'intérêt d'inclure des thèmes financiers dans l'apprentissages des jeunes français.

[6] « Mission parlementaire relative à la prévention du surendettement et au développement du microcrédit » – Rapport de P. CHASSAING, député, octobre 2021 [en ligne].

du surendettement ». Cette proposition tend effectivement à intensifier la communication autour de la procédure afin de « valoriser ses effets protecteurs »[1] et de remédier aux « idées-reçues » potentiellement existantes. C'est dans cette perspective que s'orientent déjà plusieurs associations au rang desquelles l'association Crésus.

L'exemple de la Fédération Crésus[2]. « Face aux incertitudes : Crésus apporte une réponse optimiste en reconstruisant des parcours de vie fragilisés »[3]. Reconnue d'utilité publique pour son rôle d'accompagnement des personnes en difficulté financière et sa mission de prévention du surendettement, la Fédération est constituée de trente associations réparties uniformément sur l'ensemble du territoire[4]. Elle se distingue par « sa capacité à assurer sans discontinuer ses missions d'accompagnement des ménages surendettés sur la base du volontariat et d'un partage de compétences »[5]. Fondé sur des valeurs humanistes, le réseau associatif entend « favoriser l'accueil et l'écoute des personnes, enrayer le plus en amont possible les problèmes d'impayés, d'isolement et de dégradation de la vie familiale »[6]. Si la tendance baissière du nombre de dossiers déposés auprès de la commission de surendettement est satisfaisante, cette statistique reste loin des besoins d'accompagnement des personnes fragilisées sur le terrain. La Fédération confirme le constat des « non-recours » en ce que de nombreux ménages n'osent pas déposer de dossier de surendettement[7] traduisant un « besoin fondamental de prévention »[8]. En dehors des « accidents de la vie », il est rapporté que la situation de surendettement est majoritairement le résultat de « choix budgétaires inadaptés ou tardifs, d'une accumulation d'engagements non maîtrisés voire un non-recours aux aides sociales »[9]. Lorsque la situation financière du débiteur est obérée, engager une procédure de surendettement reste le moyen « pour mieux

---

[1] Rapport préc., « IV.4.2. Développer des actions de communication afin de mieux valoriser les atouts de la procédure », recommandation n°10, p.52.

[2] Nous faisons le choix d'évoquer spécifiquement l'association Crésus en ce qu'elle est spécialisée dans l'accompagnement des personnes surendettées. Toutefois, il importe de signaler l'existence d'autres associations telles que UFC Que Choisir, CLCV, UNAF et Famille rurales.

[3] Rapport annuel 2020 de la Fédération française des associations Crésus, « Rapport moral du Président », J-L. KIEHL, président de la Fédération Crésus, spéc. p.5.

[4] Selon les propos de son président, l'association est née « du constat de l'absence d'acteurs engagés dans la lutte contre le surendettement, d'abord en Alsace-Moselle (1992), avec comme vocation première le soutien social, juridique, psychologique des ménages et entrepreneurs en situation de fragilité économique ».

[5] *Ibid.*

[6] *Ibid.*

[7] Avant l'entrée en vigueur de la loi du 14 février 2022 en faveur de l'activité professionnelle indépendante, le président J-L. KIELH déplorait que des ménages pouvaient voir leur dossier rejeté dès lors que l'un des époux exerçait une activité non salariée alors même que le foyer familial était en situation de surendettement. Preuve des dégâts que pouvaient causer les anciens critères d'ouverture des procédures des droits des entreprises en difficulté et du surendettement à l'égard de l'entrepreneur individuel.

[8] *Ibid.*

[9] *Ibid.*

rebondir »[1]. Si les différentes réformes ont considérablement humanisé le dispositif en faisant de la procédure curative française « l'une des plus abouties d'Europe »[2], il n'en reste pas moins que selon les bénévoles : « un long chemin reste à parcourir »[3]. Toutefois, il apparaît que la Fédération Crésus peut compter sur la reconnaissance des pouvoirs publics en ce que plusieurs de ses permanences ont récemment bénéficié du label PCB, renforçant ainsi sa dimension d'utilité publique au service des ménages surendettés.

B) En droit des entreprises en difficulté

Le besoin de pédagogie. Depuis plusieurs années, la pratique exhorte au « grand besoin de pédagogie sur la procédure collective et la capacité de rebond »[4]. Aussi, dans l'objectif de changer la culture de l'échec, le législateur européen appelait déjà à la mise en place d'une nouvelle pédagogie[5]. En effet, afin de garantir l'effectivité du droit des entreprises en difficulté, il est nécessaire de faire preuve de pédagogie à l'égard du chef d'entreprise[6]. Ce sont spécifiquement les modalités de traitement de la défaillance de l'entreprise qui restent très mal connues des entrepreneurs. Et un praticien d'ajouter que : « c'est la méconnaissance des procédures qui entraîne une crainte [...] si on arrive à faire de la formation, de la pédagogie pour dédramatiser et vulgariser toutes ces procédures cela amènera à une meilleure connaissance et on gommera la crainte »[7]. En somme, ce ne sont donc pas les outils du droit des entreprises en difficulté qui sont remis en cause mais bien l'efficacité de leur utilisation. Or, face à un monde entrepreneurial peuplé de non-professionnels décidant de se lancer dans les affaires sans disposer de connaissances juridiques, il en résulte une impérieuse nécessité d'instaurer une pédagogie nouvelle. Et « cela impose de mettre en évidence l'intérêt pratique des mécanismes législatifs et non leur

---

[1] Rapport préc., « Engager une procédure de surendettement pour mieux rebondir », Pauline DUJARDIN, chargée de mission et juriste au sein de la Fédération Crésus, spéc. p.29.

[2] Rapport préc., « En fort recul, le surendettement se concentre désormais sur les ménages les plus pauvres », propos du président J-L. KIELH, spéc. p.45.

[3] *Ibid.*

[4] C. BASSE, « Le soutien psychologique du chef d'entreprise », *table ronde* animée par M. MENJUCQ en présence de C. BASSE, M. BINNIÉ et C. DELATTRE, *RPC*, n°5, septembre 2020, entretien 3.

[5] Avis du Comité économique et social européen sur la « Communication de la Commission au Conseil, au Parlement européen, au Comité économique et social européen et au Comité des régions – Surmonter les stigmates de la faillite d'entreprise – Pour une politique de la deuxième chance – Mise en œuvre du partenariat de Lisbonne pour la croissance et l'emploi », COM(2007) 584 final, (2008/C 224/05) : « Les campagnes d'information et les programmes d'éducation devraient souligner les avantages d'un nouveau départ pour démontrer que les nouvelles tentatives s'inscrivent dans un processus normal d'apprentissage, de recherche et de découverte ».

[6] R. GRAU, « Regard sur le droit des entreprises en difficulté à la lumière de la réforme du 15 septembre 2021 », art. préc., spéc. n°8.

[7] C. MAGRAS, thèse préc., n°1492 : l'auteur cite les propos de Sophie JONVAL, ancienne présidente du Conseil National des Greffiers des Tribunaux de commerce.

technicité »[1]. C'est très souvent à tort que les entrepreneurs pensent que la liquidation judiciaire ou le rétablissement professionnel signifient qu'ils n'ont plus aucun avenir professionnel. Cette peur irrationnelle est d'ailleurs flagrante lorsqu'ils apprennent qu'ils pourront reprendre une activité immédiatement : « ils écarquillent les yeux »[2]. On ne peut que déplorer que la majorité des formations proposées n'abordent que l'accompagnement de l'entrepreneur dans la création de son entreprise. L'absence de pédagogie autour de la disparition ou des difficultés de l'entreprise est patent. Un auteur a très justement souligné que « le plus souvent les écoles de commerce préfèrent traiter de la réussite et des moyens pour y parvenir qu'aborder le pathologique et les modalités de traitement de l'échec »[3]. Non sans une pointe d'ironie, un président de tribunal de commerce a ainsi déclaré qu'« en connaissant les dix fables de La Fontaine, on évite certains écueils de la vie des affaires »[4]. Dès lors, on mesure l'appel de la pratique à renouveler urgemment la pédagogie à l'égard des entrepreneurs. Selon nous, il apparaît crucial de repenser la pédagogie à l'endroit même des juristes. De la sorte, il peut être pertinent d'inculquer aux étudiants de faculté de droit que le droit des entreprises en difficulté, outre le fait de disposer d'une « formidable boîte à outils », possède aussi et surtout une dimension thérapeutique. De notre point de vue, cela participerait à rétablir une meilleure identification des conséquences de la défaillance.

La volonté de banaliser le droit d'échouer. Chaque année en France, environ 50 000 procédures collectives sont ouvertes[5]. De cette statistique, il en résulte des milliers d'hommes et de femmes touchés par une crise déterminante pour leur avenir. En délaissant ces chefs d'entreprise sous prétexte qu'ils seraient marqués du sceau de l'infamie, cela revient à priver l'économie de potentiels talents. En 2013, une enquête menée par Ipsos[6] démontre que selon la perception française, « l'échec est quelque chose de négatif et de stigmatisant qu'il est difficile de surmonter, en particulier dans le monde du travail »[7]. Pour une majorité

---

[1] *Ibid.*, n°1495.
[2] *Ibid.*, n°1498 : l'auteur citant les propos de l'ancien président du Conseil national des administrateurs et des mandataires judiciaires Christophe THEVENOT.
[3] *Ibid.*, n°1501.
[4] É. FELDMANN, « Anticiper les difficultés avant qu'il ne soit trop tard », propos recueillis à l'occasion de la conférence organisée par le Rotary Club de Lille Vauban, le 21 avril 2022.
[5] En dehors du niveau historiquement bas de l'année 2021 : 27 103 procédures collectives ouvertes (justifié par le fait que les entreprises françaises ont bénéficié de la politique gouvernementale du « quoi qu'il en coûte » consistant à soutenir l'économie à hauteur de 240 milliards d'euros, à la suite de l'épidémie de covid-19). En 2019, on dénombrait l'ouverture de 51 819 procédures collectives contre 54 541 en 2018. Selon les statistiques établies au 19 septembre 2022 par l'observatoire économique du Conseil national des administrateurs judiciaires et mandataires judiciaires, il est envisagé un nombre de 38 000 ouvertures de procédures collectives pour l'année 2022.
[6] Ipsos Publics Affairs, « Comment rebondir après un échec professionnel ? », enquête pour le Ministère délégué chargés des Petites et Moyennes entreprises, de l'Innovation et de l'Économie numérique dans le cadre de la « Conférence du rebond » organisée le 13 janvier 2014, [en ligne].
[7] *Ibid.*, p.7.

d'individus, l'échec est perçu comme une expérience enrichissante voire même un passage obligé pour réussir professionnellement. Ainsi, nombreux sont ceux qui considèrent qu'avoir une seconde chance est plutôt exceptionnel, « notamment pour les créateurs d'entreprise »[1]. À cet égard, l'enquête relève que l'échec est « mal accepté » et *de facto* « mal encadré ». Selon l'opinion publique, les entrepreneurs ayant connu un échec professionnel « ne sont pas suffisamment accompagnés par les pouvoirs publics pour leur permettre de rebondir »[2]. De ces éléments, il en découle une représentation particulièrement négative de l'échec où « celui qui est perçu comme compétent ou performant est celui qui n'échoue jamais »[3]. Il ne s'agit plus seulement de faire évoluer le rapport à la loi mais bien « le rapport à l'échec », afin de remettre en cause « l'idée communément admise en France qu'il nuit à la réputation du débiteur »[4]. En effet, l'expérience démontre que « le succès vient souvent après quelques échecs, et il est indispensable de permettre à l'entrepreneur malheureux de rebondir »[5]. À l'issue d'une procédure collective, si les salariés bénéficient de protections particulières[6], l'entrepreneur se retrouve quant à lui dans une situation financière désastreuse. Son projet de société ayant échoué, il ne parvient plus à mesurer ses perspectives d'avenir. D'ailleurs, sa confiance d'entrepreneur est particulièrement ébranlée sans qu'il ne sache comment rebondir. Pourtant, si l'on veut favoriser l'entreprenariat, cela impose indubitablement de multiplier les risques d'échec car il est évident que toutes les entreprises ne peuvent pas toutes prospérer de manière égale. Si « entreprendre, c'est oser », il ne suffit pas de faire évoluer le droit, encore faut-il revoir les mentalités. Depuis quelques années, plusieurs initiatives sont prises dans cette perspective par des associations luttant activement contre les préjugés liés à l'échec entrepreneurial.

Le portail du rebond des entrepreneurs. En janvier 2014, à l'occasion de la « Conférence du rebond »[7], une « charte de déploiement territorial des Conférences du rebond » était signée entre le Gouvernement et les fondateurs du Groupement d'Intérêt Association Assistance et Rebond[8]. Articulée autour de l'idée selon laquelle « il n'y a pas que le succès [...] car la route de la réussite est semée d'embûches [...] même si rebondir est heureusement possible ! », cette rencontre avait pour finalité de valoriser les parcours d'individus ayant le mérite

[1] *Ibid.*

[2] *Ibid.*, p.11.

[3] J. CUSIN, *Comment surmonter un échec professionnel ? Le rôle de l'accompagnant*, éd. EMS, 2017, p.19.

[4] C. MAGRAS, thèse préc., n°1476.

[5] R. HEITZ, « Le rôle du parquet de Paris dans la justice commerciale », audience solennelle de rentrée du 21 janvier 2019, *Journal Spécial des Sociétés*, 27 février 2019, n°16.

[6] Par la garantie des salaires via l'AGS notamment.

[7] Conférence organisée le 13 janvier 2014 à Sciences Po Paris, par la Ministre déléguée chargée des Petites et Moyennes Entreprises, de l'Innovation et de l'Économie numérique, Fleur PELLERIN. À cette occasion, plusieurs intervenants ont présenté les outils mis à disposition des entrepreneurs rencontrant d'importantes difficultés.

[8] SOS entrepreneur, Re-Créer, 60 000 rebonds, SecondSouffle.org.

et l'audace de prendre des risques afin que « progressivement, dans la sphère économique comme la sphère privée, l'échec ne soit plus stigmatisé ». C'est dans ce contexte qu'est né le « Portail du rebond des entrepreneurs »[1] lequel recense actuellement six associations dont l'objectif commun est « d'assister les entrepreneurs à rebondir pendant ou après avoir connu des difficultés ». Elles se consacrent exclusivement aux entrepreneurs isolés[2], déconnectés des relais traditionnels. Ces associations sont également force de proposition auprès des pouvoirs publics en ce qu'elles préconisent plusieurs propositions[3] aux fins de lever les obstacles au rebond des entrepreneurs. Selon le degré de difficultés rencontrées par l'entrepreneur, plusieurs solutions sont possibles. « SOS Entrepreneur » aide l'entrepreneur à rester aux commandes de son entreprise et trouver une solution de rebond[4]. « Re-Créer », composée de dirigeants d'entreprise ayant rebondi après des difficultés et d'anciens juges des tribunaux de commerce, aide ainsi les entrepreneurs à recréer un nouveau projet professionnel[5]. « Second souffle » ambitionne de développer la capacité à rebondir des entrepreneurs par le biais d'un projet entrepreneurial ou salarial[6]. Dans la même lignée, outre l'objectif de faire changer le regard de la société sur l'échec, « 60 000 rebonds » se propose de sortir de l'isolement et d'accompagner gratuitement les entrepreneurs ayant perdu leurs entreprises afin de les aider à rebondir vers un nouveau projet professionnel[7]. Premier observatoire dédié à la

---

[1] https://portaildurebond.eu/ : sur la page d'accueil du site, grâce à un outil d'intelligence artificielle de type chatbot, plusieurs questions sont posées à l'entrepreneur afin que celui-ci soit orienté vers l'association qui correspond le plus à ses besoins. L'objectif est ici d'offrir un accès internet commun accessible à tout entrepreneur en difficulté.

[2] TPE ou indépendant.

[3] Par exemple : « sensibiliser les corps intermédiaires dont relèvent les entreprises et les entrepreneurs à la nécessité d'une formation continue de leurs adhérents, en matière de prévention et de traitement des difficulté », « inclure le thème de la santé au travail des entrepreneurs dans les formations en entreprenariat ou management des PME ».

[4] http://www.sos-entrepreneur.org/ : créée en 2011, elle est actuellement présidée par René SALMON et couvre l'ensemble du territoire. Elle se présente comme le « Samu des entrepreneurs en difficulté ».

[5] https://www.re-creer.com/ : créée en 1999, elle est actuellement présidée par Yves LELIEVRE et reste à l'écoute de tout entrepreneur quelle que soit sa localisation.

[6] https://secondsouffle.org/ : créée en 2010, elle est actuellement présidée par Dimitri PIVOT et intervient quelles que soient les difficultés de l'entrepreneur (en procédure, post-liquidation / cessation d'activité, difficultés financières), quels que soient leurs statuts (micro, freelance, indépendant ou société, TPE / PME), sans critère de sélection et sans limite de temps afin d'assurer efficacement le rebond grâce à son maillage territorial composé de 350 bénévoles répartis dans 27 antennes.

[7] https://60000rebonds.com/ : créée en 2012, elle est actuellement présidée par Guillaume MULLIEZ et intervient spécifiquement post-liquidation judiciaire, lorsque l'entreprise n'existe plus et que l'entrepreneur n'a donc plus besoin de se poser de questions quant à celle-ci. L'intérêt pour le dirigeant est de faire la rétrospective de son échec en inscrivant les plus et les moins de son expérience passée. L'association est également à l'initiative de la fondation de « l'Observatoire du rebond » aux fins de mener des études d'impact autour de l'échec et du rebond : https://60000rebonds.com/lobservatoire-du-rebond/, v. notamment la « Synthèse Étude d'impact 2019 » où il apparaît que les EAR ont mis 1,6 an pour rebondir, que 48,2% des entrepreneurs ont rebondi dans le salariat (en raison de l'urgence alimentaire et des cautions

santé physique et mentale des travailleurs non-salariés, « L'Observatoire Amarok » étudie les relations réciproques entre la nécessité de rebondir pour un entrepreneur et sa propre santé, en sensibilisant également l'opinion publique sur l'importance de la santé des indépendants[1]. Enfin, l'association « APESA France » permet à tout chef d'entreprise en souffrance aiguë de bénéficier d'une prise en charge psychologique d'urgence, gratuite, confidentielle et à proximité de son domicile par des psychologues spécialisés dans le traitement de la souffrance morale et des « des idées noires » résultant des difficultés de l'entreprise[2]. Nous y reviendrons de manière plus détaillée ultérieurement. On retiendra donc le credo de ces associations[3] au service des entrepreneurs : « rebondir, c'est possible ». À l'occasion des « Assises du Rebond des Entrepreneurs »[4], l'État a réaffirmé son soutien à l'écosystème d'accompagnement et de prévention des défaillances d'entreprises[5], tout en concédant que « les entrepreneurs ont encore besoin d'un appui pour rebondir » et qu'il est, par conséquent, impératif de « promouvoir le droit au rebond comme un droit à la seconde chance »[6]. Cet énième pas en faveur du rebond démontre pleinement l'intérêt de notre étude. De notre point de vue, l'ampleur de ce maillage associatif réparti sur l'ensemble du territoire participe éminemment à vulgariser le droit au rebond et à renforcer indubitablement l'accessibilité au monde de l'entreprenariat. On ne peut que féliciter l'initiative de ces associations dont l'action repose sur de nombreux bénévoles, souvent des chefs d'entreprises

personnelles) et que 47% des entrepreneurs ont un projet de recréation (dont 24% sont sur le point de réaliser) quand certains « n'ont plus l'énergie pour cela » ou se sentent « épuisés ».

1 http://www.observatoire-amarok.net/sites/wordpress/ : créée en 2009, elle est actuellement présidée par son fondateur le Professeur Olivier TORRÈS, plus de 5 000 chefs d'entreprises ont pu bénéficier du dispositif numérique « Amarok e-santé » déployé dans plus de 30 services de Prévention de Santé au travail et des organismes nationaux comme l'AGEFICE. L'association fédère également une quinzaine de chercheurs focalisant leurs études sur les liens entre la santé de l'entreprise et celle de son dirigeant.

2 https://www.apesa-france.com/ : créée en 2012 par Marc BINNIÉ, greffier au tribunal de commerce de Saintes, et Jean-Luc DOUILLARD, psychologue clinicien. Pour de plus amples développements, v. *infra*, section 2, §2.

3 En dehors du portail du rebond des entrepreneurs, il existe d'autres associations telles que « Les Rebondisseurs français » ayant pour ambition de « faire du rebond la nouvelle mesure du succès de tous les entrepreneurs » (https://www.lesrebondisseursfrancais.fr/, le site met à disposition « le guide pratique de l'entrepreneur » afin de donner un éclairage sur les signaux qui doivent alerter, avoir les bons réflexes et connaître les différentes procédures judiciaires existantes). On peut évoquer également l'association « Robond35 » créée par des chefs d'entreprise du bassin rennais : https://rebond35.org/.

4 Lancées par la secrétaire d'État chargée de l'Économie sociale, solidaire et responsable, Olivia GRÉGOIRE, le 15 février 2022 (en visio-conférence disponible en ligne : https://www.economie.gouv.fr/assises-rebond-entrepreneurs-associations-chevet-dirigeants).

5 Le 1er juin 2021, les associations du Portail du rebond ont été signataires du plan d'action en faveur des chefs d'entreprise dans le cadre du dispositif d'accompagnement en sortie de crise [en ligne].

6 On soulignera ici l'emploi de l'expression « seconde chance » plutôt que « deuxième chance » comme une sorte de mise en conformité avec les termes employés par la directive européenne du 20 juin 2019.

qui ont eux-mêmes vécu l'échec et qui partant, ont une fine connaissance et l'expérience de cette difficile situation. Aussi, doit-on relever que le travail mené[1] par ces associations rayonne au-delà des frontières de notre pays comme en atteste le Grand Prix européen 2020 de la promotion de l'esprit d'entreprise[2] remporté par le « Portail du rebond des entrepreneurs ». On se réjouira du fait que la France fasse à nouveau figure de modèle en la matière.

Bilan. En définitive, il ressort de ces développements que l'efficacité des procédures d'insolvabilité est remise en cause puisque le droit de la défaillance économique ne parvient pas toujours à emporter l'adhésion de certains débiteurs qui persistent à le fuir. Toutefois, législateur et société civile s'efforcent de renouveler la pédagogie autour des procédures d'insolvabilité et sur la capacité de rebond du débiteur. D'ailleurs, par sa dimension nationale, le « Portail du rebond » est une réponse originale et unique aux difficultés rencontrées par les entrepreneurs et ce, de la prévention de l'échec entrepreneurial jusqu'au rebond, tout en accordant une attention particulière à la santé physique et mentale des entrepreneurs. Cet écosystème associatif transpirant des valeurs humanistes au service de tous les débiteurs démontre l'existence d'une véritable solidarité nationale en faveur de ceux ayant échoué et qui restent fragilisés par leur défaillance. De la sorte, ces initiatives participent activement selon nous au changement de regard de la société sur l'échec. Afin de garantir l'effectivité de toutes ces avancées, il nous paraît crucial de mener une campagne de déstigmatisation[3] laquelle permettrait de lutter efficacement contre les idées reçues, et de démontrer l'utilité de s'en remettre à des professionnels lorsque des difficultés financières se profilent à l'horizon. Ceci est d'autant plus impératif que le législateur européen exhorte ses États membres à garantir le droit à « une seconde chance »[4]. Aussi, faut-il dédiaboliser les difficultés irrémédiables. En effet, les conséquences psychologiques d'une procédure d'insolvabilité sont particulièrement violentes pour le débiteur et il nous paraît inconcevable, à l'aune de la progression du droit au rebond, de les ignorer dans l'attente que les mentalités évoluent. Le cas du chef d'entreprise en difficulté est particulièrement révélateur de ce fléau.

---

[1] Les rapports RICHELME (p.31) et SAUVÉ (p.51) soulignent l'importance de ces associations spécialisées dans l'aide psychologique aux entrepreneurs et dans l'accompagnement au rebond.

[2] Créé en 2005 par la Commission européenne, ce prix européen récompense chaque année les meilleures politiques et pratiques dans le domaine de l'entreprenariat et du soutien aux entreprises.

[3] Sans enseigner le droit de la défaillance économique aux citoyens, il pourrait s'agir de campagnes publicitaires de types affiches, vidéos ou spots télévisés. De notre point de vue, l'usage des technologies et de l'intelligence artificielle permettrait sans difficulté la mise en place d'une telle campagne. L'objectif principal serait surtout d'intégrer dans les esprits que le droit de la défaillance économique est bel et bien un instrument de gestion indispensable.

[4] Directive (UE) 2019/1023 du Parlement européen et du conseil du 20 juin 2019, considérant n°1 et *passim* (cinq occurrences).

SECTION 2
LA PERSISTANCE D'UNE AUTO-STIGMATISATION COMME SOURCE DE SOUFFRANCE PSYCHOLOGIQUE : LE CAS DU CHEF D'ENTREPRISE EN DIFFICULTÉ

Constats. En dépit de « l'extraordinaire force d'innovation du législateur »[1] en matière de traitement des difficultés de l'entreprise, la stigmatisation demeure prépondérante. L'émotion très intense que provoque l'échec paralyse la réflexion rationnelle permettant à l'entrepreneur d'entrevoir l'intérêt majeur d'un accompagnement légal dans le traitement des difficultés[2]. Autrement dit, il s'agit de la persistance d'une stigmatisation intériorisée[3] dans le for intérieur du chef d'entreprise : « au-delà de la perte du capital et du patrimoine personnel, la faillite signifie aussi et surtout le déshonneur, la honte, l'échec public et personnel, une sorte de faillite psychique »[4]. Ceci est notamment justifié par le lien très fort qu'entretient l'entrepreneur vis-à-vis de son entreprise laquelle représente très souvent son projet de vie. De la sorte, il voit à travers la disparition de celle-ci, la fin de son avenir professionnel entraînant alors cette « faillite psychique ». De l'issue de la procédure collective, il en ressort un Homme détruit. La souffrance du chef d'entreprise en difficulté reste un sujet encore tabou. Ce n'est que depuis récemment qu'elle fait l'objet d'une étude à part entière démontrant les liens étroits entre la santé financière de l'entreprise et la santé physique et mentale de l'entrepreneur[5]. Aussi a-t-elle trouvé un écho chez une doctrine minoritaire[6] ayant pris conscience de la solitude du chef d'entreprise et de l'impact d'une procédure d'insolvabilité sur sa santé mentale. Dans cette situation, on observe que le rebond de l'entrepreneur est nécessairement freiné par la souffrance psychologique. Un auteur a relevé à juste titre que : « avant de pouvoir rebondir, il faut éviter que l'ancien chef d'entreprise ne commette un acte irréparable »[7]. Alors même que « des drames humains se jouent parfois derrière une procédure

---

[1] C. MAGRAS, thèse préc., n°1417.

[2] *Ibid.*, n°1423 ; *adde* R. DE HOE, et F. JANSSEN, *L'impact des émotions sur l'apprentissage suite à l'échec entrepreneurial : revue de littérature et pistes de recherches futures* », 12e Congrès International Francophone en Entrepreneuriat et PME, octobre 2014, Agadir, [en ligne].

[3] *Ibid.*, n°1509 et s.

[4] T. BAH et D. GAILLON, « Processus suicidaire des dirigeants de petites entreprises : états des lieux et mesures de préventions », *Management & Avenir*, n°85, 2016/3, p.79-105.

[5] M. BINNIÉ, « Du traitement des difficultés des entreprises à la prise en compte des difficultés propres au chef d'entreprise », *RPC*, 2016, dossier 27 ; O. TORRÈS, « Table ronde autour de la souffrance morale des entrepreneurs », *Cahiers de droit de l'entreprise*, mars-avril 2016, du même auteur : *La santé du dirigeant : de la souffrance patronale à l'entrepreneuriat salutaire*, *De Boeck*, 2012 ; T. LECHAT, *Les évènements stressants et satisfaisants de l'activité entrepreneuriale et leur impact sur la santé du dirigeant de PME*, thèse : Montpellier, 2014, HAL ID : tel-01347195 [en ligne].

[6] V. MARTINEAU-BOURGNINAUD, « Les remèdes à la souffrance du chef d'entreprise en difficulté », art. préc. ; F. PÉROCHON, *Entreprises en difficulté*, 10e éd., LGDJ, 2014, n°46 ; C. DELATTRE, « La souffrance du chef d'entreprise face à la défaillance de son entreprise », *BJE*, juillet-août 2015, n°112h1, p.201.

[7] C. DELATTRE, « Les magistrats et les acteurs de l'insolvabilité agissent pour venir en aide au chef d'entreprise en souffrance psychologique », *RPC*, n°2, mars-avril 2020, p.1, spéc. n°9.

collective »[1], on observe toutefois que la souffrance du chef d'entreprise reste en périphérie du droit des entreprises en difficulté (**§1**). Bien que cette problématique ne soit pas l'affaire des juristes, on constate cependant que la société civile et la communauté judiciaire s'organisent pour venir en aide à l'entrepreneur hanté par des « idées noires » et l'aider à rebondir, comme en témoigne l'émergence d'une justice thérapeutique fédérée autour du dispositif APESA (**§2**).

§1 – L'absence de prise en compte de l'humain dans le traitement légal de la défaillance

Le mythe du surhomme. Le chef d'entreprise est « un des piliers d'optimisme dans notre société »[2]. Il n'a pas le droit de faiblir. Aussi, son devoir est-il d'affirmer que « tout va bien ou que tout va s'arranger »[3]. Entretenu par les « success stories » entrepreneuriales, le mythe du surhomme[4] est omniprésent dans notre société. Si l'entrepreneur montre qu'il est fragile, cela induit dans l'esprit collectif que son entreprise est nécessairement fragile. Cette stigmatisation est d'ailleurs inexistante outre-Atlantique : « aux États-Unis, on dit qu'il faut trois échecs pour avoir un business stable »[5]. La souffrance psychologique dénote avec « l'image d'homme audacieux, courageux, leader, battant voire dominateur que véhicule le chef d'entreprise »[6]. En outre, plusieurs facteurs participent à l'aggravation de la souffrance psychologique de l'entrepreneur : « le spectre du déshonneur, la perte de la reconnaissance sociale, la proximité relationnelle avec ses salariés, la charge de travail considérable (soixante heures par semaine en moyenne), la peur de son éviction »[7]. Aussi parle-t-on communément de la règle des « quatre D » : déni, dépôt de bilan, divorce, dépression. De cette chaîne infernale, il en résulte un individu nécessairement accablé et désemparé. L'auto-stigmatisation de celui qui échoue reste très virulente, notamment lorsque des salariés sont impliqués ou que l'entreprise est le fruit du travail de plusieurs générations[8]. Si le thème de la souffrance au travail a dominé l'actualité juridique ces dernières années, il se concentre essentiellement tantôt sur la situation des salariés victimes de harcèlement, tantôt sur le bien-être au travail comme un enjeu de performance économique[9]. Partant, on observe que le droit ne se préoccupe

[1] C. DELATTRE, « La souffrance du chef d'entreprise face à la défaillance de son entreprise », art. préc.
[2] R. GRAU, « Regard sur le droit des entreprises en difficulté à la lumière de la réforme du 15 septembre 2021 », art. préc., spéc. n°8.
[3] *Ibid.*
[4] Ou de la surfemme.
[5] C. HERVOT, « Le tabou de la détresse et la souffrance des dirigeants d'entreprise », *Ouest France*, 9 avril 2022 [en ligne].
[6] V. MARTINEAU-BOURGNINAUD, « Les remèdes à la souffrance du chef d'entreprise en difficulté », art. préc., p.2530.
[7] *Ibid.*
[8] C. MAGRAS, thèse préc., n°1437.
[9] V. MARTINEAU-BOURGNINAUD, *ibid.*

pas de la souffrance psychologique de l'entrepreneur. Un auteur a très justement relevé que cette absence de prise en compte de la santé mentale du dirigeant est potentiellement justifiée par le fait « qu'il se porte bien et qu'il ne se plaint pas »[1]. On peut aisément le penser. Or, cet argument n'est justifié par aucune explication rationnelle, de sorte qu'il nous paraît primordial que la santé au travail englobe aussi celle du chef d'entreprise. Ces éléments appliqués à notre étude, on relève effectivement qu'aucun accompagnement du chef d'entreprise n'est prévu dans la phase postérieure à la purge des dettes et par conséquent, celui-ci reste généralement livré à lui-même[2]. Or, c'est dans cette situation de solitude que des drames humains se jouent.

Une souffrance favorisant le suicide. La souffrance du chef d'entreprise « étroitement liée à l'impuissance de dire et de faire du dirigeant peut, en cas de degré extrême, le conduire au suicide »[3]. En effet, le mobile économique, l'échec professionnel voire personnel associés à une souffrance aiguë peuvent conduire le chef d'entreprise à vouloir abréger son existence. D'ailleurs, on doit relever que toutes les crises économiques structurelles ou conjoncturelles ont un effet sur l'augmentation du nombre de suicides[4]. D'après l'Observatoire de la santé des dirigeants de PME[5], un chef d'entreprise se suiciderait tous les deux jours. Considéré comme maladie professionnelle lorsqu'il est l'acte du salarié, « le suicide n'est qu'une cause de mortalité quand il est l'acte du petit patron »[6]. C'est en ce sens que le « Portail du rebond des entrepreneurs » attire l'attention des pouvoirs publics en suggérant de « permettre la prise en charge financière de la détection et de la prévention de la crise suicidaire »[7]. Cette proposition vise à abolir l'idée selon laquelle l'entrepreneur ne peut pas souffrir. Le constat est sans appel : « le suicide des dirigeants de PME n'est pas un fait divers [...] une société qui protège ses entrepreneurs est une société mature »[8]. C'est la raison pour laquelle nous estimons qu'il est indispensable de dépasser les ambitions économiques du droit des entreprises en difficulté en tenant compte des conséquences psychologiques de la défaillance à l'égard du chef d'entreprise. Partant, cela impose de questionner le rôle de la justice économique sur la nécessité ou non de prendre en compte le facteur humain dans le traitement de la défaillance.

---

[1] *Ibid.*

[2] D. DEFRANCE, *Le retour à meilleure fortune : étude en droit des difficultés économiques*, thèse préc., n°358.

[3] V. MARTINEAU-BOURGNINAUD, art. préc., p.2530.

[4] M. BINNIÉ, « Le soutien psychologique du chef d'entreprise en difficulté », *table ronde* animée par M. MENJUCQ en présence de C. BASSE, M. BINNIÉ et C. DELATTRE, *RPC*, n°5, septembre 2020, entretien 3.

[5] À l'initiative de l'observatoire AMAROK : http://www.observatoire-amarok.net/sites/wordpress/.

[6] V. MARTINEAU-BOURGNINAUD, art. préc. *ibid.*

[7] https://portaildurebond.eu/ : proposition n°6.

[8] S. BERGER-DOUCE et S. SCOYEZ, « La prise en compte des risques psychosociologiques du dirigeant de PME », G. LEOINTRE (dir.), *Le Grand Livre de l'Économie PME*, *Lextenso*, 2011, p.448.

L'humain et la justice économique. « La souffrance précède et succède donc les procédures collectives »[1]. Aussi, est-il paradoxal de constater que si les mesures de purge des dettes se veulent humanistes en ce qu'elles permettent à un débiteur acculé de dettes, d'être délesté d'un passif devenu trop lourd à porter, l'aspect humain est totalement éludé des conséquences du traitement de la défaillance. Alors que l'écosystème associatif se consacre exclusivement à la prise en charge de l'avenir de l'ancien entrepreneur, le droit de la défaillance ne traite que des difficultés de l'entreprise. En effet, cette absence de prise en compte paraît *a priori* logique puisqu'il n'est pas de la compétence des membres des tribunaux de commerce et des tribunaux judiciaires d'assurer l'accompagnement psychologique du chef d'entreprise. Sa prise en charge doit nécessairement être assurée par des professionnels formés à cette fin. Les professionnels du droit se demandent d'ailleurs si cela est véritablement leur rôle. À titre d'illustration, le mandataire judiciaire exerce un métier au cœur du contentieux, souvent difficile voire impopulaire, en ce qu'il veille à l'application d'une décision de justice pas toujours évidente à accepter pour le chef d'entreprise. Toutefois, sans être indifférent à la souffrance morale de l'entrepreneur, le mandataire judiciaire veille à rester dans les limites de ses fonctions, notamment lorsqu'il s'agit de poursuivre le dirigeant sur ses biens propres en raison de fautes relevées. Plusieurs praticiens avancent ainsi l'argument suivant : « nous ne sommes pas des psychologues et n'en avons pas la formation »[2]. Du côté des magistrats, il est également relevé que : « nous avons chacun une activité professionnelle et c'est déjà très compliqué d'être performant dans ses propres fonctions »[3]. Ce domaine dépasse donc leurs limites. Pour autant, la justice économique doit-elle ignorer la souffrance morale d'un individu qui se présente à elle ? Pour de nombreux professionnels, la réponse est assurément positive. Cependant, les professionnels du droit doivent-ils rester de marbre lorsqu'on sait que le droit des entreprises en difficulté, « droit déshumanisé »[4], peut se transformer « en broyeur de chef d'entreprise »[5] ? En effet, en ce qu'il mêle des enjeux juridiques et économiques très importants, le droit des entreprises en difficulté est un « droit dur »[6] et traduit un univers particulièrement insécurisant pour le chef d'entreprise. Toutefois, il apparaît que ces enjeux cohabitent nécessairement avec des enjeux humains. Partageons ici le constat d'un parquetier qui a régulièrement été confronté à « des dirigeants psychologiquement lessivés, à bout de force, qui voient le sol s'écrouler sous leurs pieds et leurs repères s'effondrer »[7]. De ce constat, il nous semble que l'aspect humain incombe nécessairement à la justice économique. Après tout, ne s'agit-il pas de la justice des Hommes rendue par des Hommes et pour des Hommes ?

---

[1] C. MAGRAS, thèse préc., n°1441.

[2] C. BASSE, « Le soutien psychologique du chef d'entreprise en difficulté », art. préc.

[3] *Ibid.*, propos de C. DELATTRE.

[4] B. SOINNE, « La déshumanisation du droit », *RPC*, 2009, n°3.

[5] V. MARTINEAU-BOURGNINAUD, art. préc., spéc. p.2530.

[6] C. DELATTRE, « Le soutien psychologique du chef d'entreprise en difficulté », art. préc.

[7] C. DELATTRE, « Les magistrats et les acteurs de l'insolvabilité agissent pour venir en aide au chef d'entreprise en souffrance psychologique », art. préc., spéc. n°5.

N'entre-t-il pas dans l'office tutélaire du juge de protéger certaines personnes fragilisées ?[1] De notre point de vue, la justice économique ne peut pas passer à côté de cette dimension psychologique du chef d'entreprise. En effet, « le droit de l'insolvabilité n'empêche pas le traitement humain d'une procédure »[2]. On ne peut contester l'affirmation selon laquelle le parcours d'un chef d'entreprise n'est pas un « long fleuve tranquille »[3], il reste manifestement « semé d'embûches ». Ceci est d'autant plus vrai au moment où l'entreprise subit les affres de la vie économique. Ainsi, faut-il garder à l'esprit que lors de l'ouverture d'une procédure d'insolvabilité, le dirigeant n'est pas « un homme ou une femme à abattre »[4]. Si la justice doit passer, « la procédure collective ne saurait être une machine à broyer le chef d'entreprise »[5]. De ces observations, il apparaît que si les professionnels du droit ne peuvent légitimement enfiler l'habit du psychologue ou jouer les apprentis psychiatres, à tout le moins peuvent-ils servir d'outil à la détection de la souffrance psychologique du chef d'entreprise afin de l'orienter, le cas échéant, vers des professionnels qualifiés. D'ailleurs, comme un auteur a pu brillement le souligner : « rien n'impose que les hommes de loi nient les effets psychologiques des procédures juridiques »[6]. En effet, en devenant le trait d'union entre le chef d'entreprise en détresse morale et une personne qualifiée, les professionnels du droit n'ont nul besoin d'une formation psychologique pour alerter. On évacuera rapidement l'argument selon lequel « la mission première [du juge] est de dire le droit en toute impartialité et sans compassion »[7]. Alerter dans une telle situation ne peut pas, selon nous, relever de la partialité. Il nous paraît évident que le juge ne sort pas de son impartialité lorsqu'il se « contente » d'alerter sur une situation de détresse psychologique, qui plus est dans un cadre paraprocédural. C'est ainsi que depuis plusieurs années, « l'administration d'un traitement contre la souffrance du chef d'entreprise est envisagée par les acteurs mêmes de la procédure collective » autour du dispositif APESA mis en place à l'initiative de certains professionnels. Et le Professeur Jocelyne VALLANSAN de souligner dans son ouvrage : « le traitement médical et psychique du chef d'entreprise n'a rien à faire dans un ouvrage juridique [...] toutefois la situation mentale des chefs d'entreprise est telle [...] que la mention de ce dispositif [APESA] a semblé trouver sa place dans un guide des procédures collectives »[8].

---

1 V. MARTINEAU-BOURGNINAUD, art. préc., spéc. p.2533.

2 C. DELATTRE, « Le soutien psychologique du chef d'entreprise en difficulté », art. préc.

3 C. DELATTRE, « La crise économique peut-elle exonérer le dirigeant de ses responsabilités ? », art. préc., spéc. p.3.

4 C. DELATTRE, « « Beau temps » pour le dirigeant incompétent ! », art. préc., n°8.

5 C. DELATTRE, « Le comportement du ministère public avec le chef d'entreprise », *in Le cadre d'intervention du ministère public en droit des entreprises en difficulté*, *Joly éd.*, 2018, spéc. p.56 et s.

6 C. MAGRAS, thèse préc., n°1512.

7 V. MARTINEAU-BOURGNINAUD, art. préc., spéc. p.2533.

8 J-L. VALLANSAN, *Guide des procédures collectives 2020-2021*, *LexisNexis*, 2020, fiche 21, n°V, pp.167-168.

§2 – L'émergence d'une justice thérapeutique : le dispositif APESA

Les motivations. « Nul n'est censé ignorer la loi … et la souffrance »[1]. C'est de cette manière que l'on pourrait résumer la devise du dispositif « Aide Psychologique aux Entrepreneurs en Souffrance Aiguë » (APESA). Ce dernier est manifestement inspiré du concept de la « jurisprudence thérapeutique » créé en 1991 par le Professeur B. WEXLER[2]. Aussi, la doctrine française a-t-elle mis en exergue la notion de « justice thérapeutique » consistant à étudier l'impact sur le justiciable de l'application de la règle de droit tant en matière pénale qu'en droit de la famille[3]. Cette notion est pleinement transposable en droit des entreprises en difficulté comme en témoignent le dispositif APESA et la doctrine émergente[4] à ce sujet. Né en 2013, le dispositif est le fruit de la rencontre entre Marc BINNIÉ, greffier au tribunal de commerce de Saintes, et Jean-Luc DOUILLARD, psychologue clinicien coordinateur du programme régional de prévention du suicide pour le sud de la Charente-Maritime. Si les outils juridiques pour contenir et canaliser le chaos des difficultés des entreprises sont efficaces, il est apparu aux yeux des fondateurs que ceux-ci ne le sont pas pour traiter la souffrance humaine d'un entrepreneur hanté par des « idées noires ». Et Marc BINNIÉ de relever : « on évoque depuis longtemps les difficultés des entreprises et l'on avait oublié de parler de celles bien réelles des entrepreneurs, rappelons-le, personne n'a jamais serré la main d'une personne morale »[5]. Afin que « les idées noires ne rencontrent les idées fausses »[6], le dispositif APESA vient donc en aide aux chefs d'entreprise en proie à une souffrance psychologique intense afin que ceux-ci se délestent d'un échec trop lourd à porter. Sa mise en place a été motivée par le constat de plusieurs lacunes en pratique. Outre l'omerta autour de la souffrance patronale, lorsque les praticiens des procédures rencontraient certains entrepreneurs pris dans de graves difficultés et qui leur faisaient part de leur souffrance, « ni le Code de commerce, ni le Code civil, ni le Code de procédure civile n'apportaient aucun un outil efficace pour prendre en considération ces situations »[7]. De leur côté, les administrateurs et mandataires judiciaires confrontés à ces situations prenaient l'initiative d'informer le

---

[1] M. BINNIÉ, greffier associé au tribunal de commerce de Saintes, co-fondateur du dispositif APESA et président d'APESA France.

[2] D. B. WEXLER, *Therapeutic Jurisprudence : The Law as a Therapeutic Agent*, 1990 ; *adde* D. B. WEXLER et B. J. WINICK, *Law in a Therapeutic Key : Developments in Therapeutic jurisprudence*, 1996.

[3] M. HERZOG-EVANS, « Révolutionner la pratique judiciaire. S'inspirer de l'inventivité américaine », *Dalloz*, 2011, 3016 ; *adde* V. MARTINEAU-BOURGNINAUD, art. préc., spéc. p.2533.

[4] M. BINNIÉ, « La « justice thérapeutique » : une nouvelle démarche dans les pratiques judiciaires », *Horizon pluriel*, janvier 2016, n°30, p.12. ; N. FRICERO, « De la procédure civile équitable à la procédure civile thérapeutique », *in* I. PÉTEL-TEYSSIÉE et C. PUIGELLIER, *Quarantième anniversaire du code de procédure (1975-2015)*, 2016, p.87.

[5] M. BINNIÉ, phrases clés du dispositif APESA [en ligne].

[6] *Ibid.*

[7] M. BINNIÉ, « Le soutien psychologique du chef d'entreprise », art. préc. : l'auteur précise que ce n'est d'ailleurs pas leur rôle.

procureur de la République pour les cas les plus sensibles[1]. Par ailleurs, « avec une vision parfois un peu caricaturale »[2], certains psychologues estimaient que la souffrance au travail ne concernait que les salariés. La mise en place du dispositif a également été justifiée par le fait que les entrepreneurs restaient persuadés qu'il n'y avait aucune solution à leurs difficultés. Lorsque le chef d'entreprise échoue, il a du mal à verbaliser son échec, ses relations avec ses partenaires se dégradent, et il arrive même que le conjoint finisse par s'en aller, « non pas par lâcheté, mais pour se mettre à l'abri, tant l'entreprise finit par dévorer le chef d'entreprise »[3]. De ces observations, il en résulte que la création du dispositif APESA est apparue comme une avancée précieuse. Cette prise en compte de l'aspect humain dans le droit des entreprises en difficulté, « particulièrement novatrice »[4], doit être applaudie des deux mains d'autant plus que le dispositif est en pleine prospérité.

Un dispositif abouti. Son intérêt majeur réside dans le fait qu'il est déployé au cœur même d'une majorité de tribunaux de commerce[5] dont certains membres appelés des « sentinelles », sont formés pour déclencher une alerte[6] lorsqu'une détresse psychologique se fait sentir[7]. Ces « sentinelles » [8] sont notamment des juges consulaires, des parquetiers, des greffiers, des experts-comptables et des avocats. Sans dénaturer leur fonction[9], ces professionnels du droit proposent à l'entrepreneur une prise en charge active par un psychologue[10]. Une fois l'alerte déclenchée, avec l'accord du chef d'entreprise, le dispositif fait appel à des psychologues libéraux répartis sur l'ensemble du territoire pour démarrer la prise en charge[11]. Le délai moyen de prise en charge est de « 26 minutes », preuve que le dispositif garantit une réaction immédiate à la détresse psychologique du chef d'entreprise. Pour les praticiens, ce dispositif comble un manque et l'accompagnement de ces individus est apparu comme une nécessité : « si ce type de démarche peut éviter un drame, il faut le faire sans hésitation »[12]. L'utilité du dispositif est encore plus probante chez les chefs d'entreprise : « sans la secrétaire de ce tribunal et des personnes qui m'ont suivie je n'aurais jamais surmonté cette

[1] *Ibid.*, propos de C. BASSE.
[2] *Ibid.*, propos de M. BINNIÉ.
[3] Interview de M. BINNIÉ, *in* N. DE GERMAY, *Redresser votre entreprise en 100 questions : guide pratique du redressement*, 2e éd., *L'Harmattan*, 2022, pp.268-270.
[4] V. MARTINEAU-BOURGNINAUD, art. préc., spéc. p.2533.
[5] Le dispositif est adopté dans 91 juridictions et 17 autres juridictions ont manifesté leur intention de le mettre en œuvre (chiffres septembre 2022).
[6] 5 361 fiches alertes ont été traitées depuis la création du dispositif en 2013 (chiffres septembre 2022).
[7] 3 568 personnes ont été prises en charge depuis 2013 (chiffres septembre 2022).
[8] 3 934 sentinelles ont été formées depuis 2013 (chiffres septembre 2022). Tant les sentinelles que les psychologues sont formés à la question du risque suicidaire et à l'attitude à adopter face aux propos et à l'état psychologique dégradé du chef d'entreprise.
[9] Et sans devenir des psychologues.
[10] 1 540 psychologues ont intégré le dispositif depuis son déploiement (chiffres septembre 2022), les entrepreneurs peuvent bénéficier de cinq consultations gratuites.
[11] L'état psychologique du chef d'entreprise fait l'objet d'une évaluation par un coordinateur.
[12] C. DELATTRE, « Le soutien psychologique du chef d'entreprise en difficulté », art. préc.

dure épreuve et ne serais certainement plus là pour témoigner », « à ce moment-là mon cerveau ne fonctionnait qu'en mode émotion et je ne raisonnais plus », « j'ai compris qu'enfin je n'étais plus seul [...] que j'allais me reconstruire et rebondir [...] je n'ai plus à avoir honte, je vais reconquérir l'espace professionnel qui est le mien »[1]. De notre point de vue, APESA démontre la nécessité d'offrir un traitement humain au débiteur qui se présente à la juridiction dans un état sévère de dénuement psychologique. Une difficulté persiste toutefois dans la mesure où cet accompagnement ne peut bénéficier qu'à celui qui osera franchir la porte du tribunal. D'où l'intérêt de faire connaître davantage l'existence du dispositif à l'occasion d'une campagne de déstigmatisation de la défaillance. Ainsi, ce mécanisme démontre sa pleine utilité et semble avoir emporté l'adhésion de plusieurs praticiens : « on ne comprendrait pas qu'un dirigeant qui a œuvré pour le bien du monde économique et de la cité ne soit pas aidé en retour lors d'une étape difficile de sa vie professionnelle »[2]. Partant, il apparaît que le rôle de la justice est aussi de se préoccuper de la fragilité des justiciables. À cet égard, nous partageons assurément la position de Marc BINNIÉ : « la solidité d'une institution ne se mesure pas uniquement à l'épaisseur de ses murs, elle se mesure aussi à la qualité de la réponse à la fois technique, juridique et pourquoi pas aussi humaine »[3].

Un dispositif reconnu. L'adhésion au dispositif est également perceptible au sein de l'institution judiciaire. À l'occasion des audiences solennelles de rentrée, plusieurs chefs de juridictions ont souligné : « la mise en œuvre effective du dispositif »[4], « la création de structures indispensables », « mon parquet sera bien sûr présent pour aider à faire vivre ce dispositif car il existe des dossiers dans lesquels un accompagnement psychologique des dirigeants est indispensable »[5]. De nombreux chefs de cour ont également fait part de leur sensibilisation au dispositif[6]. En 2021, la cour d'appel d'Agen a ainsi déployé le dispositif à l'ensemble des tribunaux de son ressort soulignant « le caractère innovant du

---

[1] https://www.apesa-france.com/temoignages/ (le site recense de nombreux témoignages d'entrepreneurs, de praticiens du droit, de psychologues et de collaborateurs).

[2] C. DELATTRE, « Les magistrats et les acteurs de l'insolvabilité agissent pour venir en aide au chef d'entreprise en souffrance psychologique », art. préc., spéc. n°27.

[3] M. BINNIÉ, « Le soutien psychologique du chef d'entreprise en difficulté », art. préc.

[4] T. POCQUET DU HAUT-JUSSÉ, lors de l'audience solennelle de rentrée du tribunal de commerce de Lille Métropole, en janvier 2018.

[5] R. HEITZ, « Le rôle du parquet de Paris dans la justice commerciale », audience solennelle de rentrée du 21 janvier 2019, *Journal Spécial des Sociétés*, 27 février 2019, n°16.

[6] Une réunion de présentation du dispositif prévue le 12 juin 2020 à l'initiative du procureur général de la cour d'appel de Douai F. FÈVRE, annulée en raison de l'épidémie de covid-19, avait pour finalité de présenter APESA aux professionnels de l'insolvabilité mais également à l'URSSAF, l'inspection du travail et à tous les professionnels susceptibles d'être confrontés à un chef d'entreprise en détresse psychologique. En 2021, à l'initiative du premier président S. BROSSARD et du procureur général P. MATHE, le dispositif a été présenté au sein de la cour d'appel d'Agen. Il en a été de même pour la cour d'appel de Poitiers. En 2022, la présentation du dispositif a été également organisée au sein de la cour d'appel de Grenoble.

projet »[1]. C'est ainsi que la présentation du dispositif APESA a intégré le guide des « bonnes pratiques » du Ministère de la Justice[2], lequel consiste à recenser les bonnes pratiques mises en œuvre sur le terrain au sein d'un partage Intranet à destination des agents du ministère. Selon nous, cette intégration assoit pleinement la reconnaissance du dispositif APESA au sein de l'institution judiciaire et participe à garantir l'efficacité de la justice en améliorant le service au justiciable. D'ailleurs, l'École nationale de la magistrature, également sensible au fait que la justice doive être rendue humainement, souhaite attirer l'attention des futurs magistrats en intégrant à sa formation continue sur « le parquet commercial », l'importance de l'utilité du dispositif APESA[3]. Aussi, en mars 2020, à l'occasion de la période de confinement liée à l'épidémie de covid-19, le Ministère de l'Économie et des Finances a sollicité les fondateurs d'APESA, pour la mise en place d'un numéro vert afin d'« aider les chefs d'entreprise à faire face à la situation économique exceptionnelle provoquée par la crise sanitaire ». Cette volonté des pouvoirs publics d'apporter une première écoute et un soutien psychologique au chef d'entreprise en détresse traduit manifestement une prise de conscience collective de la nécessité de prendre en compte l'aspect humain dans le traitement de la défaillance. Par ailleurs, on relèvera à l'aune de la réforme de la justice économique que l'intérêt du dispositif APESA est particulièrement souligné dans les rapports RICHELME[4] et SAUVÉ[5]. Sur le terrain jurisprudentiel, on doit souligner que la souffrance psychologique est devenue un argument de plaidoirie en matière de défaillance, spécifiquement lorsque l'ancien dirigeant poursuivi tente d'échapper à ses responsabilités. Si la souffrance constitue « un moyen de défense incontestable pour celui qui en est atteint »[6], cela ne suffit pas toujours à emporter la conviction des juges. À cet égard, la

---

[1] Le 24 mars 2022, une réunion de travail a été organisée au sujet du financement du dispositif à destination des agriculteurs faisant l'objet de procédures collectives devant les tribunaux judiciaires.

[2] Relevons à cet égard qu'à l'occasion du 132e congrès annuel des greffiers des tribunaux de commerce ayant eu lieu le 13 octobre 2020, le Garde des Sceaux É. DUPONT-MORETTI a déclaré « Le dispositif APESA est formidable et je voudrais m'en inspirer pour que le même soutien psychologique soit apporté aux agriculteurs ou aux professions libérales qui relèvent du tribunal judiciaire ».

[3] Dans le cadre de cette formation, M. BINNIÉ a pu intervenir à de nombreuses reprises afin de sensibiliser les auditeurs de justice sur le dispositif APESA et leur évoquer « la vraie vie d'un chef d'entreprise ».

[4] spéc. p.31.

[5] spéc. p.51. Remarquons que le comité de travail souligne qu'« une information sur l'existence du réseau APESA et les coordonnées des relais locaux pourrait être utilement portée sur le portail Justice, à la rubrique à créer « entreprises agricoles en difficulté », avec un lien direct vers le site d'information APESA » (p.60). Cela démontre une fois de plus tout l'intérêt du dispositif et la nécessité désormais d'accroître son déploiement à destination des agriculteurs, particulièrement isolés, faisant l'objet de procédures collectives devant les tribunaux judiciaires. Enfin, on relèvera également que le rapport des députés A-L. PETEL et A. SAVIGNAT salue « un réseau associatif dynamique [dont] l'accès […] devrait être systématiquement proposé, par exemple au moment de l'entretien de prévention ».

[6] C. DELATTRE, « Sanctions : lien entre défaut de coopération et souffrance psychologique », *RPC*, n°5, septembre-octobre 2022, spéc. p.3.

chambre commerciale de la Cour de cassation a récemment pu retenir l'argument de la souffrance psychologique du dirigeant poursuivi dans le prononcé d'une sanction[1]. En l'espèce, l'ancien dirigeant poursuivi pour absence de coopération mise en avant par le liquidateur, contestait sa responsabilité arguant avoir souffert de troubles psychologiques. Confirmant la sanction prononcée par les premiers juges, la cour d'appel avait estimé « au vu des très rares pièces produites pour justifier de ces difficultés, qu'elles ne sont pas de nature à expliquer, *a fortiori* à légitimer, les graves carences et fautes commises par le dirigeant social qui, du fait de son abstention volontaire à toute coopération avec le mandataire, a considérablement compliqué et finalement fait obstacle au bon déroulement de la procédure collective ». Sur pourvoi de l'ancien dirigeant, la chambre commerciale a cependant rejeté l'argumentaire des juges du fond. En raison du fait que l'ancien chef d'entreprise ne contestait pas l'absence de coopération reprochée, se contentant seulement de la justifier par une situation personnelle chaotique, la Cour de cassation a estimé que la cour n'ayant procédé « à aucune analyse, même sommaire, des pièces produites », a privé sa décision de base légale. On doit déduire ici que la situation personnelle de l'ancien dirigeant, en très grande précarité psychologique et matérielle, devait donc être nécessairement prise en compte dans l'appréciation du prononcé de la sanction. Comme un auteur a parfaitement pu le relever, cet arrêt constitue « une évolution significative dans la prise en compte de la souffrance psychologique comme moyen de défense ». Pourtant, cette argumentation a déjà été mise en échec par d'autres juridictions du fond ayant retenu la responsabilité du dirigeant poursuivi, en dépit de sa souffrance psychologique[2]. Quoi qu'il en soit, cette jurisprudence ouvre manifestement la voie à la recevabilité de l'argument fondé sur la souffrance psychologique, sous réserve de verser des pièces probantes que les juges devront désormais exploiter[3]. Dans la même lignée, la souffrance psychologique a été envisagée au stade de la caractérisation de l'état de cessation des paiements. Tout demandeur à l'ouverture d'une procédure collective doit nécessairement démontrer l'existence d'un état de cessation des paiements par la production d'éléments chiffrés sur l'existence du passif exigible et de l'actif disponible. À défaut, une enquête préalable s'impose[4]. À l'occasion de l'ouverture d'une liquidation judiciaire *ab initio* sur initiative d'un créancier, hors la présence du débiteur, sans élément sur l'actif disponible et avec des informations partielles relatives au passif exigible, un premier président a ordonné l'arrêt de l'exécution

---

[1] Cass. com., 1er juillet 2020, n°18-25.931, obs. préc. C. DELATTRE.

[2] CA Paris, pôle 5, 8e ch., 12 septembre 2017, n°16/17201, *JCP E*, 2018, 1015, note C. DELATTRE, « En matière de sanction, le dirigeant doit assumer seul, ou presque, ses fautes de gestion » ; CA Toulouse, 3e ch., 26 mars 2015, n°12/06733 ; CA Dijon, 2e ch. civ., 22 septembre 2016, n°15/02066 ; CA Versailles, 13e ch., 23 octobre 2018, n°19/02069, CA Grenoble, ch. com., 4 juin 2020, n°18/02693, *BJS*, septembre 2020, n°121c5, note J-L. VALLENS, « Condamnation du dirigeant pour insuffisance d'actif après la clôture de la liquidation judiciaire ».

[3] On peut s'interroger ici sur l'exploitation attendue de ces éléments par les juges ? D'après la chambre commerciale, l'exploitation « même sommaire » devrait suffire.

[4] Sauf en cas d'acquiescement du débiteur qui doit fournir des éléments.

provisoire du jugement. À travers cette décision, un auteur a brillement relevé la mise en exergue d'une souffrance psychologique du chef d'entreprise, donnons-lui la parole : « ouvrir une procédure collective sans éléments, sans avoir recours à l'enquête préalable pour contraindre ensuite le dirigeant à s'expliquer en appel aux fins d'obtenir la levée de l'exécution provisoire du jugement d'ouverture ne constitue-t-il pas une violence psychologique ? »[1]. Et ce dernier, d'ajouter : « l'entrepreneur [...] n'a pas à subir certaines procédures qui n'ont pas lieu d'exister [...] l'aspect humain ne peut plus être ignoré et la violence que peut engendrer une procédure judiciaire inadaptée est inacceptable »[2]. En effet, l'ouverture d'une liquidation judiciaire est un acte grave. Partant, il est logique qu'elle réunisse impérativement les conditions légales sous peine de causer un grave préjudice à l'égard du chef d'entreprise qui n'a pas à pâtir de l'absence de caractérisation d'un état de cessation des paiements. De la même manière, le Conseil d'État a pu admettre l'existence d'un préjudice réparable dans la perte de rémunération du dirigeant et les troubles graves de toute nature qui ont été apportés à ses conditions d'existence, en particulier son état de santé, à la suite de l'ouverture d'une procédure collective consécutive aux agissements fautifs d'un créancier[3]. De ces éléments, il en résulte que le droit des entreprises en difficulté ne peut occulter l'aspect humain de la procédure d'insolvabilité qui frappe le chef d'entreprise.

Une collaboration, gage de rebond. Alerter sur la détresse psychologique d'un chef d'entreprise est désormais à la portée de tous les acteurs du droit de l'insolvabilité. On doit d'ailleurs souligner la mobilisation de certains instituts[4] et du monde universitaire[5] au sujet du dispositif APESA. Si nous estimons qu'il

---

[1] C. DELATTRE, « De l'utilité réelle de l'enquête préalable pour caractériser l'état de cessation des paiements », *JCP E*, n°38, 22 septembre 2022, spéc. p.25., obs. sous CA Douai, ord. réf. prem. prés., 30 août 2022, n°22/00088 (non-reproduit).

[2] *Ibid.*

[3] CE, 9e et 8e sous-section réunies, 16 juin 1999, n°177075, *Tripot*, Lebon 202 ; V. MARTINEAU-BOURGNINAUD, art. préc., p.2530.

[4] Présentation du dispositif APESA dans la revue de l'Institut Français des Praticiens des Procédures Collectives : M. BINNIÉ, « Présentation du dispositif APESA : la prévention du suicide des chefs d'entreprise en difficulté par les praticiens des procédures collectives », *Bull. IFPPC*, mai 2014, n°41, p.14 et s. ; v. aussi « Les étapes du dispositif APESA », *Bull. IFPPC*, août-octobre 2019, n°62. Notons également que le dispositif a fait l'objet d'une présentation lors des *Entretiens de la sauvegarde*, en janvier 2016, afin de sensibiliser les administrateurs judiciaires et les mandataires judiciaires sur l'utilité de détecter la souffrance psychologique d'un dirigeant et donner l'alerte, le cas échéant. En avril 2022, le Conseil national des greffiers des tribunaux de commerce a renouvelé sa convention avec l'association APESA afin de « sensibiliser et former les greffiers en tant que sentinelles afin de promouvoir le dispositif » (communiqué de presse du CNGTC, 20 avril 2022).

[5] Colloque « De la stigmatisation au rebond en passant par les sanctions et le soutien psychologique au chef d'entreprise en difficulté », (dir.) P. ROUSSEL-GALLE, Faculté de droit, d'économie et de gestion, Université Paris Descartes, organisé le 15 novembre 2019 ; C. MAGRAS, *La constance des stigmates de la faillite : de l'Antiquité à nos jours*, thèse préc. ; C. OULLADJ, *La mission d'assistance et de conseil de l'expert-comptable dans l'accompagnement des entreprises en difficulté*, 2021 (mémoire) ; L.

incombe à ces professionnels du droit d'avoir ce réflexe face à la détresse du chef d'entreprise, un auteur va plus loin en estimant que cela relève de « la responsabilité du praticien »[1]. Relativisons toutefois cette affirmation en précisant qu'en pratique, cela relèvera d'abord de la conscience personnelle du praticien même si certains persisteront à se retrancher derrière des « pseudos-atteintes » à l'impartialité[2] ou au secret professionnel pour détourner le regard face à la détresse psychologique du chef d'entreprise. Or, il apparaît que tout est question d'équilibre et « l'équilibre est le symbole de la justice »[3]. De notre point de vue, il importe de traiter ces situations avec dignité, humanité et respect. D'ailleurs, ces maîtres-mots ne sont-ils pas ceux de la Justice ? En instituant des « capteurs humains » sur la route du chef d'entreprise, le dispositif APESA participe à désamorcer les conséquences néfastes de l'auto-stigmatisation sur sa personne. Chacun a un rôle à jouer et il est impératif de porter l'existence du dispositif à la connaissance de l'entrepreneur, dès le stade de la prévention des difficultés[4] lorsque cela est possible[5]. En effet, on doit rappeler que pour un chef d'entreprise en état de détresse psychologique, le rebond est impossible. En recourant au dispositif APESA, il a toutes les chances de retrouver le chemin d'un « nouveau départ »[6]. Ce dispositif a donc l'ambition de traiter « un problème de santé publique »[7]. Partout où il a été déployé, il continue de prospérer au point de séduire par-delà les frontières[8]. On ne peut que saluer l'initiative de ses

---

LENNE-NOURY, *Le risque de burnout du dirigeant de PME*, 2018 (mémoire) ; V. RENAUDIN, *Le traitement de la situation personnelle du chef d'entreprise soumis à une procédure collective*, 2018 (examen d'aptitude professionnelle, mandataire judiciaire) ; B-M. AUGUSTIN, *De la morbigénèse de la défaillance entrepreneuriale à la salutogénèse du processus de Rebond du dirigeant de PME*, thèse : Université de Montpellier, dir. O. TORRÈS, 2021.

[1] C. BASSE, « Le soutien psychologique du chef d'entreprise en difficulté », art. préc.

[2] Une difficulté a pu se présenter sur la composition des intervenants du dispositif local APESA dont l'un s'est vu reprocher la caractérisation d'une violation de l'impartialité. C'est ainsi qu'à Douai, le ministère public, après avoir relevé la proximité d'un collaborateur du dispositif APESA avec la juridiction consulaire et l'attestation produit par lui pour tenter d'atténuer la responsabilité de son conjoint, a obtenu la délocalisation de l'affaire dans laquelle le prononcé d'une sanction était sollicité.

[3] M. BINNIÉ, « Le soutien psychologique du chef d'entreprise en difficulté », art. préc.

[4] N. FRICERO, membre du conseil scientifique d'APESA et membre du Conseil supérieur de la Magistrature plaide également en ce sens ; *adde* C. DELATTRE, « La souffrance du chef d'entreprise face à la défaillance de son entreprise », art. préc. : l'auteur conclut en indiquant que « nous avons tous à y contribuer ».

[5] Une conception préventive ne fonctionne qu'avec des difficultés lentes et légères.

[6] Sur un exemple de rebond réussi : le cas de Jean LECOURIEUX-BORY. Après un dépôt de bilan ayant débouché sur une liquidation judiciaire, ce dernier a rebondi dans la photographie, domaine par le biais duquel il met en scène son aventure entrepreneuriale avec des clichés illustrant, non sans une pointe d'humour, son propre échec. Ses photographies, exposées un temps à l'orangerie du Sénat et à l'École nationale de la magistrature, ornent également le bureau de nombreux professionnels de l'insolvabilité. Par sa grande résilience, il est parvenu à capturer en image son rebond : v. son ouvrage *Petit patron : 2008-2013*, et son site : https://www.lecourieux-bory-photography.com/.

[7] M. BINNIÉ, « Le soutien psychologique du chef d'entreprise en difficulté », art. préc.

[8] Depuis juillet 2020, APESA a établi un partenariat avec la Wallonie. En novembre de la même année, 126 indépendants avaient déjà bénéficié de cette aide.

fondateurs qui participent de notre point de vue à apporter leur pierre à l'édifice du droit au rebond.

Bilan. En définitive, le droit des entreprises en difficulté n'a pas pour finalité de prendre en compte l'aspect humain dans le traitement de la défaillance. Pourtant, si la justice économique doit faire son œuvre, la procédure d'insolvabilité ne saurait servir à « broyer » le chef d'entreprise. Rien n'impose aux professionnels du droit de nier les effets psychologiques d'une procédure collective. Parce que le volet humain ne peut plus être éludé du traitement de la défaillance, l'instauration du dispositif APESA est apparue comme une nécessité aux yeux des praticiens impuissants face à la détresse psychologique du chef d'entreprise. En servant d'outil à la détection de cette souffrance morale, les acteurs de l'insolvabilité participent à l'émergence d'une justice thérapeutique dans le domaine de la défaillance. De la sorte, le dispositif APESA permet tantôt d'améliorer le déroulement de la procédure, tantôt d'accompagner le chef d'entreprise à retrouver la voie du rebond. Aussi, contribue-t-il à désamorcer les conséquences néfastes de l'auto-stigmatisation. Partant, cet accompagnement coexiste selon nous de manière satisfaisante au sein du traitement de la défaillance. Outre le fait d'avoir fait ses preuves au sein de l'institution judiciaire, l'élargissement du dispositif APESA auprès de nos voisins belges[1] démontre que la prise en considération de la souffrance psychologique du chef d'entreprise dépasse les frontières et se veut collective.

[1] Preuve une fois de plus que la France fait figure de modèle en matière de droit au rebond.

CONCLUSION DU CHAPITRE 2

En dépit de la suppression des stigmates légaux par faveur pour les débiteurs malchanceux, le poids de l'échec demeure omniprésent dans l'esprit du débiteur qui peine à rebondir et se reconstruire. Pire encore, la persistance de stigmates sociaux oblige à observer son évitement du bénéfice des mesures de faveur et notamment celles lui permettant de lutter contre l'aggravation de ses difficultés. Toutefois, les pouvoirs publics et la société civile s'efforcent de renouveler la pédagogie autour des procédures d'insolvabilité et sur la capacité de rebond du débiteur. Aussi, l'écosystème associatif colportant des valeurs humanistes au service de tous les débiteurs démontre l'existence d'une véritable solidarité nationale en faveur de ceux ayant échoué et qui restent fragilisés par leur défaillance. De la sorte, ces initiatives participent activement au changement de regard de la société sur l'échec. Sans être des « effets de mode », ces structures ayant pour finalité d'accompagner le débiteur dans son rebond s'inscrivent en relais des mécanismes légaux. Par son utilité auprès du débiteur, et plus largement de la collectivité, l'écosystème associatif participe assurément au renforcement du tissu économique et à la vulgarisation du droit au rebond. Toutefois, afin de garantir l'effectivité de toutes ces avancées, il nous paraît primordial de mener une campagne de déstigmatisation qui permettrait de lutter efficacement contre les idées reçues, et de démontrer la nécessité de s'en remettre à des professionnels lorsque des difficultés financières se profilent à l'horizon. Ceci est d'autant plus impératif que le législateur européen exhorte désormais ses États membres à garantir le droit à « une seconde chance »[1]. Aussi, faut-il dédiaboliser les difficultés irrémédiables. Les conséquences psychologiques d'une procédure d'insolvabilité sont particulièrement violentes pour le débiteur et il nous paraît inconcevable, à l'aune de la progression du droit au rebond, de les ignorer dans l'attente que les mentalités évoluent.

Par ailleurs, malgré la force d'innovation du législateur en matière de traitement et de prévention des difficultés de l'entreprise, la stigmatisation intériorisée demeure prépondérante. L'émotion très intense que provoque l'échec paralyse la réflexion rationnelle permettant à l'entrepreneur d'entrevoir l'intérêt d'un accompagnement par un professionnel. Aussi, le droit des entreprises en difficulté se refuse-t-il à prendre en compte l'aspect humain dans le traitement de la défaillance. Si la justice économique doit faire son œuvre, le droit ne saurait toutefois servir à détruire le chef d'entreprise déjà suffisamment accablé par la procédure d'insolvabilité. Parce que le traitement juridique de la procédure collective ne peut plus faire l'économie de l'aspect humain, l'instauration du dispositif APESA est apparue comme une nécessité aux yeux des praticiens impuissants face à la détresse psychologique du chef d'entreprise.

[1] La directive européenne du 20 juin 2019 souligne que « la stigmatisation sociale » a un « effet dissuasif important sur les entrepreneurs qui cherchent à créer une entreprise ou à avoir une seconde chance » (cons. 72).

La société civile s'est donc mobilisée pour combler le manque de protection du chef d'entreprise. Si depuis son instauration au sein de certains tribunaux de commerce, le dispositif APESA a largement porté ses fruits – preuve que la collaboration du juridique et du psychologique est gage de rebond – il n'est, pour le moment, envisagé aucune consécration législative de ce dispositif. Devant la preuve de l'efficacité de la rencontre entre la psychologie et le droit, il nous paraît crucial d'inviter le législateur à envisager son intégration au sein du Code de commerce. Cette consécration légale aurait le mérite de s'inscrire en parfaite cohérence avec le droit du surendettement qui permet au juge, lorsque la situation du débiteur l'exige, à l'ouverture ou à la clôture de la procédure de rétablissement personnel, de l'inviter « à solliciter une mesure d'aide ou d'action sociale, notamment une mesure d'accompagnement social personnalisé »[1]. De la sorte, on pourrait suggérer la formulation suivante pour toutes les personnes physiques éligibles au livre VI du Code de commerce : « *Lorsque la situation du dirigeant ou de l'entrepreneur l'exige, le juge peut l'inviter à solliciter une mesure d'aide ou d'accompagnement psychologique* »[2]. Cette préconisation aurait le mérite de s'inscrire en concordance avec la justice économique du XXIe siècle qui ambitionne justement de se moderniser à la faveur d'un « tribunal des affaires économiques ».

---

[1] C. consom., art. L.742-5 et L.742-23.

[2] Cela participerait également à dédramatiser l'univers de la procédure d'insolvabilité.

CONCLUSION DE LA SECONDE PARTIE

L'objectif de rebond est désormais institutionnalisé au sein du droit de la défaillance économique. Entérinée depuis plusieurs années, la politique en faveur du rebond fait aujourd'hui l'objet d'un consensus. C'est ainsi qu'une série de mécanismes légaux promouvant le rebond ont été institués au bénéfice du débiteur ayant échoué de bonne foi. Au fil des réformes, le législateur n'a eu de cesse d'accroître la célérité et la simplification des procédures afin de réintégrer plus rapidement le débiteur dans le tissu économique. Toutefois, dans le souci de moraliser la purge des dettes, le régime des mesures libératoires est assorti de nombreuses exceptions entravant nécessairement la dynamique du rebond. Aussi, faut-il souligner que le droit de rebondir n'est pas un droit acquis. Outre le fait d'être éminemment conditionné, il doit nécessairement se mériter. Au-delà de la purge des dettes, le législateur s'efforce de garantir l'effectivité d'un nouveau départ pour le débiteur. L'instauration de mesures destinées à lever les obstacles au rebond, ou plus récemment, la création d'un nouveau statut pour l'entrepreneur individuel démontrent que le législateur entretient régulièrement sa politique en faveur de la seconde chance. Si l'on constate l'amorce d'un droit à être oublié pour le débiteur ayant échoué de bonne foi, il apparaît qu'un certain laps de temps doive nécessairement s'écouler avant que ce dernier ne mérite effectivement de rebondir. Si la technique du fichage permet de prémunir le monde économique contre les débiteurs les plus nocifs, le droit de la défaillance économique autorise, dans certains cas, la possibilité de rebondir précocement dans la vie des affaires. De la sorte, le droit au rebond coexiste indubitablement avec le droit au pardon. Comme en matière de purge des dettes, le débiteur doit toutefois être digne de sa réhabilitation pour obtenir à nouveau les faveurs du législateur. Enfin, en dépit de toutes ces améliorations légales, le poids de la stigmatisation demeure omniprésent. C'est ainsi que les pouvoirs publics et la société civile se proposent d'assurer la pédagogie autour des procédures d'insolvabilité et sur les possibilités de rebond du débiteur. Les initiatives de nombreuses associations participent activement au changement de regard de la société sur l'échec. En assurant la vulgarisation du droit au rebond, elles s'inscrivent incontestablement en relais des mécanismes légaux et démontrent pleinement l'utilité pour le débiteur d'être accompagné, dès lors que des difficultés économiques se profilent à l'horizon.

CONCLUSION GÉNÉRALE

> « *Ce qui est intégré au droit, ce ne sont pas des normes figées, c'est un corps de droit vivant, autonome, qui continue à produire du droit* »[1].

Le droit au rebond du débiteur a incontestablement reçu l'onction du droit positif. En quelques années, l'objectif de rebond est parvenu à faire son nid au sein du droit de la défaillance économique. De la sorte, il ne saurait être fustigé comme une dérive du droit, en ce qu'il est plutôt le signe d'un progrès du droit. Nouveau paradigme du traitement de la défaillance, cet objectif a aujourd'hui le vent en poupe. Que cette évolution puisse être ou non regrettée, le droit au rebond du débiteur existe bel et bien. Depuis le commencement de cette réflexion, les réformes galopantes ont permis de confirmer son existence et de renforcer son statut. En effet, la politique en faveur du rebond n'a eu de cesse de se généraliser et de s'intensifier. Comme la *venditio bonorum* du droit romain, le rebond est permis tant à l'égard du débiteur professionnel que du débiteur particulier ayant échoué de bonne foi. L'intérêt d'une étude combinée nous a permis de démontrer l'enrichissement réciproque du droit des entreprises en difficulté et du surendettement dont les règles s'inscrivent respectivement en faveur du rebond. L'étude aura pris le parti de défendre sa légitimité et sa pérennité dans notre système juridique sans toutefois avoir la vocation de proclamer un droit fondamental du débiteur. Le rebond du débiteur est économiquement efficace et moralement défendable, de sorte qu'il s'inscrit en conformité avec notre droit. La réalité de son existence vient nécessairement concurrencer, et de manière opportune, certains principes séculaires largement dépassés. Les résultats de l'étude concourent à enrichir la théorie générale de la force obligatoire du contrat et appellent à tirer des enseignements aux fins de restituer une réalité concrète au droit de l'exécution. Aussi faut-il dépasser ce débat stérile, en ce que l'objectif de rebond est inséré dans le cadre d'une politique socio-économique globale. Sans prétendre avoir épuisé l'ensemble des ressources de cette recherche, il nous semble possible d'affirmer que le droit de la défaillance économique est un outil qui se révèle globalement efficace au service du rebond du débiteur. L'étude entreprise aura permis de mettre en exergue que les mesures libératoires donnent au débiteur la possibilité d'affronter l'avenir avec plus de sérénité, en lui permettant de repartir sur des bases saines. Ce d'autant plus qu'aujourd'hui, aucun débiteur n'est abandonné sur le bord de la route de l'effacement des dettes. Les dernières réformes intervenues en ce sens ont éminemment participé à assurer l'effectivité du rebond et faire qu'il ne soit plus perçu comme un droit en demi-teinte. Aussi avons-nous démontré que le législateur s'efforce d'assurer la promotion du rebond par la mise en place de

[1] J. CARBONNIER, *Droit civil, Introduction*, PUF, 25e éd., 1997.

dispositifs attrayants à destination des débiteurs impécunieux de bonne foi. En effet, la faveur du législateur n'est envisagée qu'à l'égard du débiteur dont le comportement est irréprochable, ce dernier devant être digne de prétendre à un nouveau départ. Par ailleurs, devant la nécessité d'imposer nécessairement un équilibre – le législateur ne pouvant pas banaliser le non-respect des engagements – le droit de la défaillance économique fait tantôt preuve d'humanisme à l'égard du débiteur impécunieux, tantôt il privilégie l'orthodoxie juridique par le maintien du lien obligatoire aux fins d'assurer la protection de certains créanciers. De la sorte, le rebond du débiteur est nécessairement empêché. Pourtant, cette limitation participe à faire du droit au rebond, un droit proportionnel permettant de renforcer sa légitimité. Par ailleurs, si la recherche a souligné l'importance pour le législateur de garantir un nouveau départ au débiteur, le rebond n'est cependant jamais assuré. En dépit de l'attractivité des mesures libératoires, le résultat attendu n'est pas toujours atteint. Malgré le soutien légal dont il bénéficie, le débiteur ressort manifestement affaibli de cette épreuve. Sa situation n'étant pas au beau fixe, le nouveau départ devient alors difficile à entreprendre. C'est dire que le débiteur ne sort pas nécessairement à bon compte des mesures destinées à favoriser ou à améliorer son rebond, sans compter le poids moral de la défaillance à l'égard duquel le législateur reste manifestement impuissant. C'est ainsi que l'étude a mis en exergue l'importance primordiale d'un accompagnement du débiteur, ce que permettent aujourd'hui de nombreuses associations fédérées autour de la déstigmatisation de l'échec. Cette prise en considération par la pratique atteste de ce besoin impérieux et démontre que le droit au rebond, outre le fait d'être pris à bras le corps, s'est incontestablement popularisé. Pourtant, si le droit de la défaillance économique a permis des progrès considérables, il reste encore à faire pour atteindre et passer à une véritable culture du rebond. En filigrane, sans banaliser la défaillance, l'étude est en réalité un plaidoyer en faveur du droit au rebond. Sans avoir pour objectif de révolutionner les mentalités, la recherche entreprise atteindrait son but si elle parvenait à tout le moins à les réorienter. En posant un point final, la recherche s'inscrit déjà dans le passé et laisse vierge d'exploration toutes les avancées qui affecteront demain la thématique abordée. Ce futur horizon sera, espérons-le, un gage de fertilité renouvelée en matière de rebond.

BIBLIOGRAPHIE INDICATIVE[1]

I) MONOGRAPHIES ET OUVRAGES SPÉCIAUX

ATIAS C.,

- *Le contrat dans le contentieux judiciaire*, 5e éd., Litec, 2010.
- *Philosophie du droit*, PUF, 2004.

AYNÈS L., *Crise économique et droit des contrats*, 13e conférence Albert-Mayrand, Thémis, 2010.

CARBONNIER J., *Flexible droit : pour une sociologie du droit sans rigueur*, LGDJ, 2013 (éd. 2001).

CHEVALLIER J., *Solidarité un sentiment républicain ?*, PUF, 1992.

GÉNY F., *Science et techniques en droit privé positif*, Tome III, « Élaboration technique du droit positif », Sirey, 1921.

LAFAURIE K., **RIVET A.**, *Résilience, rebond des TPE et PME en difficulté*, L'Harmattan, 2023 (à paraître).

LAGARDE X., *L'endettement des particuliers, Étude critique*, 2e éd., Joly éd., 2003.

RIPERT G.,

- *Le déclin du droit*, LGDJ, 1949.
- *La règle morale dans les obligations civiles*, LGDJ, 2013.

TORRÈS O., *La santé du dirigeant : de la souffrance patronale à l'entrepreneuriat salutaire*, De Boeck, 2012.

TOULEMON A., *Le mépris des contrats et la crise*, Sirey, 1937.

II) THÈSES ET MÉMOIRES

AUGUSTIN B-M., *De la morbigénèse de la défaillance entrepreneuriale à la salutogénèse du processus de Rebond du dirigeant de PME*, thèse : Université de Montpellier, 2021, dir. TORRÈS O.

BALAT N., *Essai sur le droit commun*, thèse : LGDJ, 2016, préf. GRIMALDI M.

BEIGNER B., *L'honneur et le droit*, thèse : LGDJ, 1995, préf. J-FOYER.

BETCHEN-ABOUEM D., *Les objectifs et les réalisations du législateur en matière de surendettement des particuliers*, thèse : Paris Université Panthéon Assas, 2005, Dir. MOLFESSIS N.

BONHOMME C., *Surendettement des particuliers ou faillite civile ?*, thèse : Aix-Marseille, 1999, Dir. PUTMAN E.

BOTTIN L., *Les sanctions de l'inexécution après la réforme du droit des contrats*, mémoire : L'Harmattan, 2020.

CHABAS C., *L'inexécution licite du contrat*, thèse : LGDJ, 2002, préf. GHESTIN J.

CHVIKA E., *Droit privé et procédures collectives*, thèse : Defrénois, 2003, préf. BONNEAU.

DEFRANCE D., *Le retour à meilleur fortune : étude en droit des difficultés économiques*, thèse : Université de Limoges, 2016, dir. BAYLE M.

DUPRÉ-DALLEMAGNE A-S., *La force contraignante du rapport d'obligation*, thèse : PUAM, 2004, préf. DELEBECQUE P.

FORET G., *Essai sur la notion d'obligation*, thèse : Dalloz, 2012, préf. LEDUC F.

[1] Pour de plus amples références bibliographiques, v. la version soutenue de la thèse.

FRIZZO F., *Le traitement de l'endettement*, thèse : PUAM, 1996, préf. MESTRE J.
GAUDIN L., *La patience du créancier : contribution à l'étude de l'effectivité du paiement contractuel*, thèse : Defrénois, 2009, préf. PIGNARRE G.
GHANDOUR B., *Le traitement judiciaire des entreprises en difficulté*, thèse : LGDJ, 2018, préf. D. VOINOT.
GJIDARA S., *L'endettement et le droit privé*, thèse : LGDJ, 1999, préf. GHOZI A.
GOUNON S., *L'insolvabilité en droit privé*, thèse : Lyon 3, 2004, dir. RUBELLIN-DEVICHI J.
GRYNBAUM L., *Le contrat contingent : l'adaptation du contrat par le juge sur habilitation du législateur*, thèse : LGDJ, 2004, préf. GOBERT M.
KAIGL C., *Le surendettement des particuliers à l'épreuve des droits fondamentaux*, thèse : Université Côte d'Azur, 2022, dir. FRICERO N.
LAFAURIE K., *La force obligatoire du contrat à l'épreuve des procédures d'insolvabilité*, thèse : LGDJ, 2020, préf. WICKER G.
MAGRAS-VERGEZ C., *La constance des stigmates de la faillite : de l'Antiquité à nos jours*, thèse : LGDJ, 2019, préf. GALLINATO-CONTINO B.
MAURIN L., *Contrat et droits fondamentaux*, thèse : LGDJ 2013, préf. PUTMAN E.
MEKKI M., *L'intérêt général et le contrat. Contribution à une étude de la hiérarchie des intérêts en droit privé*, thèse : LGDJ, tome 411, 2004, préf. GHESTIN J.
MORRIS-BECQUET G., *L'insolvabilité*, thèse : PUAM, 2002, préf. CROZE H.
NABET P.,

- *La coordination des procédures d'insolvabilité en droit de la faillite internationale et communautaire*, thèse : Litec, 2010, préf. A. MARTIN-SERF.
- *L'efficacité du droit des entreprises en difficulté en droit interne et international*, HDR, 2020, dir. Pr. HOUIN-BRESSAND C. [en ligne].

PARAISO F., *Le risque d'inexécution de l'obligation contractuelle*, thèse, Aix-en-Provence : PUAM, préf. ATIAS C., 2011.
PERRU E., *L'impayé*, thèse : LGDJ, 2005, préf. GOUBEAUX G.
PICOD Y., *Le devoir de loyauté dans l'exécution du contrat*, thèse, LGDJ, Préf. COUTURIER G., 1987.
PIETTE G., *La correction du contrat*, thèse : PUAM, 2004, préf. MUNJUCQ M.
ROULAUD L., *L'insolvabilité en droit positif*, thèse : Paris XII Val-de-Marne, 2001, dir. MAZEAUD D.
ROUSSEL-GALLE P., *Les contrats en cours dans le redressement et la liquidation judiciaire des entreprises*, thèse : Dijon, 1997, dir. MARTIN-SERF A.
ROUVIÈRE F., *Le contenu du contrat : essai sur la notion d'inexécution*, thèse : PUAM, 2005, préf. ATIAS C.
SABATHIER S., *Le droit des obligations à l'épreuve du droit des procédures collectives*, thèse : Toulouse, 2000, dir. SAINT-ALARY-HOUIN C.
SAUPHANOR N., *L'influence du droit de la consommation sur le système juridique*, thèse : LGDJ, 2000, préf. GHESTIN J.
STEFANIA M., *Effacement du passif et non-reprise des poursuites*, thèse : Université Paris 1, 2012, dir. LE CANNU P.
THIBIERGE L., *Le contrat face à l'imprévu*, thèse : Economica, 2011, préf. AYNÈS L.

III) ÉTUDES, ARTICLES ET CHRONIQUES

ALMASEANU S., « Le rebond du dirigeant condamné à une faillite personnelle ou une interdiction de gérer : la jurisprudence parisienne sur le relèvement (art. L.653-11 et R.653-4 du Code de commerce) », *LPA*, 8 juillet 2019, n°135.

ANCEL P.,

- « Droit au recouvrement de sa créance ou droit de ne pas payer ses dettes ? », *Dr. et patr.*, mai 1998, n°60.
- « Le traitement des situations de surendettement des particuliers de 1989 à 1998 : du redressement à la liquidation judiciaire civile ? », *Dr. et patr.*, octobre 1998, n°64, p.59.
- « Force obligatoire et contenu obligationnel du contrat », *RTD civ.*, 1999, p.771.
- « Rapport de synthèse sur la loi du 29 juillet 1998 relative à la lutte contre les exclusions », *Les Petites Affiches*, 21 mai 1999, n°101, p.53.
- « Du traitement des situations de surendettement des particuliers de 1989 à 1998 : du redressement à la liquidation judiciaire civile ? », *Dr. et patr.*, p.53.

AYNÈS A., « EIRL : la séparation des patrimoines à l'épreuve du droit des sûretés », *RLDC*, 2011/86.

AYNÈS L., « Crise économique et rapports de droit privé », *in Droit de la crise : crise du droit ?*, Journées Savatier, *PUF*, 1997, p.57 et s.

BINNIÉ M.,

- « Présentation du dispositif APESA : la prévention du suicide des chefs d'entreprise en difficulté par les praticiens des procédures collectives », *Bull. IFPPC*, mai 2014, n°41, p.14 et s.
- « La « justice thérapeutique » : une nouvelle démarche dans les pratiques judiciaires », *Horizon pluriel*, janvier 2016, n°30, p.12.
- « Du traitement des difficultés des entreprises à la prise en compte des difficultés propres au chef d'entreprise », *RPC*, 2016, dossier 27.
- « Le soutien psychologique du chef d'entreprise », *table ronde* animée par MENJUCQ M. En présence de BASSE C., BINNIÉ M. Et DELATTRE C., *RPC*, n°5, septembre 2020, entretien 3.

DELATTRE C.,

- « Le relèvement des déchéances et interdictions de l'article L.653-11 du Code de commerce confronté à la morale économique, à propos de CA Douai, 2e ch., sect. 2, 16 septembre 2008, n°181/11, *M.P. près le TGI de Valenciennes c/ Mme. X.*
- « La faillite personnelle et l'interdiction de gérer ne doivent pas être considérées comme des sanctions vaines », *RPC*, 2009, comm. 5.
- « Le dirigeant fautif - Loi de sauvegarde des entreprises. Risques et responsabilité en droit des procédures collectives », Actes du colloque organisé à Caen le 15 octobre 2010, *RPC*, décembre 2010, p.85.
- « De l'emprisonnement pour la violation de l'interdiction de gérer », *RPC*, 2011, focus 5.
- « La procédure de réhabilitation des articles L.653-11 et R.653-4 du Code de commerce », *RPC*, n°4, juillet 2011, étude 19.
- « La crise économique peut-elle exonérer le dirigeant de ses responsabilités ? », *RPC*, septembre-octobre 2012, focus 25, p.3.
- « Le statut d'auto-entrepreneur permet-il de gérer nonobstant une interdiction de gérer ? », *JCP E*, 2012, 1069, n°4.

- « À défaut de précision, l'interdiction de gérer s'étend nécessairement à l'ensemble des activités », *JCP E*, n°23, 5 juin 2014.
- « La souffrance du chef d'entreprise face à la défaillance de son entreprise », *BJE*, juillet-août 2015, n°112h1, p.201.
- « Beau temps » pour le dirigeant incompétent ! », *RPC*, septembre-octobre 2015, étude 19.
- « Le rétablissement professionnel : premiers retours jurisprudentiels », *BJE*, mai-juin 2015, n°112f4.
- « Violation d'une interdiction de gérer = comparution immédiate = emprisonnement ferme », obs. sous T. corr. Valenciennes, 28 septembre 2015, n°1917/15 et T. corr. Amiens, 19 septembre 2016, n°561/16, *JCP E*, 2016, 1296.
- « La surveillance du registre du commerce et des sociétés et les interdictions de gérer », *RPC*, 2016, alerte 28.
- « Périmètre d'une interdiction de gérer », *JCP E*, n°49, 7 décembre 2017, 1657.
- « Précisions sur les conditions d'ouverture d'une procédure de rétablissement professionnel », *BJE*, mars-avril 2019, n°116u7, comm.
- « Les magistrats et les acteurs de l'insolvabilité agissent pour venir en aide au chef d'entreprise en souffrance psychologique », *RPC*, n°2, mars-avril 2020, p.1, spéc. n°9.
- « Le ministère public : organe de contrôle des nouvelles dispositions dont la procédure de sortie de crise », *in* Dossier « Regards croisés sur la réforme du droit des entreprises en difficulté », *RPC*, janvier-février 2022, n°1., actes publiés à la suite du colloque éponyme qui s'est tenu à Lille le 17 novembre 2021, spéc. n°12.
- « Le retrait d'une interdiction de gérer prononcée par une juridiction civile ou commerciale au bulletin n°2 du casier judiciaire », *BJE*, mai-juin 2022, n°BJE200p3.
- « De l'utilité réelle de l'enquête préalable pour caractériser l'état de cessation des paiements », *JCP E*, n°38, 22 septembre 2022, spéc. p.25., obs. sous CA Douai, ord. réf. prem. prés., 30 août 2022, n°22/00088 (non-reproduit).
- « Sanctions : lien entre défaut de coopération et souffrance psychologique », *RPC*, n°5, septembre-octobre 2022, spéc. p.3.

GJIDARA-DECAIX S.,

- « Effacement des dettes, nature et portée, clause de réserve de propriété », *Revue des procédures collectives,* 1er sept. 2014.
- « Le nouveau visage des procédures de surendettement des particuliers – présentation de la loi du 1er juillet 2010 portant réforme du crédit à la consommation », *Rev. pro. coll.*, 2010, étude 20, spéc. n°15.
- « Justice du XXIe : quels changements pour le droit du surendettement ? », *AJ Famille*, 2016, p.590.

LAFAURIE K.,

- « Retour et projection sur le sort de la clause de réserve de propriété en cas d'effacement de dette », *Dr. et patr.*, 1er avril 2019, n°290.
- « Les dettes professionnelles du particulier en rétablissement personnel : avancée à petits pas pour le rebond économique », *RPC*, n°5, septembre 2020, étude 23.
- « L'appréciation des difficultés du nouvel entrepreneur individuel », *LEDEN*, mars 2022, n°3, n°DED200r0.

LAGARDE X., « Prévention du surendettement et dispositif de protection du consommateur », *LPA*, 10 avril 2013, n°72, p.14.
LEBEL C.,
- « Première application du rétablissement professionnel », *Revue des procédures collectives*, n°4, juillet 2016.
- « De l'exploitant agricole à l'entrepreneur individuel en agriculture », *RD* rur., 2022, n°503, étude 20.
- « De l'entrepreneur individuel et les procédures de surendettement », *Lexbase Affaires*, 17 mars 2022, n°709.

LEBLOND N., « L'expérience du surendettement des particuliers », *Dr. et patr.*, décembre 2014, n°242, pp.71-75, spéc. p.75, Dossier « Réforme du droit des entreprises en difficulté : nouveau rebond pour le débiteur ? », Actes du colloque organisé par le Centre René Demogue, Université de Lille, le 23 mai 2014.
LE CORRE P-M.,
- « Le règlement des situations de surendettement (réflexions sur le titre 1er de la loi n°89-1010 du 31 décembre 1989) », *RPC*, 1990.
- « Pour faciliter le rebond ; les clôtures anticipées de la période d'observation », LPA, 25 mars 2009, p.3.
- « Le nouveau visage de la liquidation judiciaire simplifiée, *Recueil Dalloz*, 2009, p.677.
- « Premiers regards sur l'ordonnance du 12 mars 2014 réformant le droit des entreprises en difficulté », *Dalloz*, 2014, p.733.
- « Le rétablissement professionnel », *Gaz. Pal.*, 28 juin 2016, p.73.
- « Le droit français des entreprises en difficulté, un modèle en Europe ! », Gaz. Pal., 28 mars 2017, n°13, p.52.
- « Le droit des entreprises en difficulté à la sauce covid-19 – propos introductifs », *Gaz. Pal.*, 13 juillet 2020, n°26.

LE CORRE P-M., FERRARI B., « L'entrepreneur individuel et le droit des entreprises en difficulté », *Lexbase Affaires*, 17 mars 2022, n°709.
LEMERCIER K., « Propositions de réforme de la justice économique : de grands bouleversements en perspective ? », *Recueil Dalloz*, p.1512.
LUCAS F-X.,
- « Le sort du débiteur », *LPA*, 14 juin 2007, p.60.
- « Présentation de l'ordonnance portant réforme de la prévention des difficultés des entreprises et des procédures collectives », *BJE*, mars 2014, n°2, p.111.
- « Recommandation européenne relative au traitement de l'insolvabilité », *LEDEN*, mai 2014, n°5. p.1.
- « Qu'est-ce qu'un débiteur impécunieux ? », *LEDEN*, n°7, juillet 2014, p.7.
- « Vers le patrimoine professionnel de l'entrepreneur », *LEDEN*, décembre 2021, n°200m1, p.1.

LUCAS F-X., SÉNÉCHAL M., « La procédure d'enquête pour le rétablissement professionnel (PERP) », *Dalloz*, 2013, p.1852.
MACORIG-VENIER F.,
- « Le devenir du chef d'entreprise – le poids passé : le poids du passif impayé après la clôture de la procédure », *RPC*, juin 2003, p.186.
- « L'effacement des dettes dans le droit du surendettement », *in* dossier « L'effacement des dettes », *Dr. et patr.*, septembre 2009, p.54.

- « Le rétablissement professionnel », *Dr. et patr.*, 2014, n°238, p.52.
- « La résistance de la réserve de propriété à l'effacement des dettes », *BJE*, 1er juillet 2014, n°4, p.245.

MACORIG-VENIER F., FRELETEAU B., SAUTONIE-LAGUIONIE L.,
- « Le droit au rebond du débiteur après la directive du 20 juin 2019 – Quelles règles pour quelles réalités ? », *JCP* 2020, 1078.
- « Les choix français pour favoriser le rebond du débiteur », JCP E, 9 décembre 2021, n°49, spéc. 20.

MACORIG-VENIR F., THÉRON J. (dir.), « État d'urgence sanitaire : les adaptations du droit des entreprises en difficulté », *BJE*, mai-juin 2020, p.54.

MARTINEAU-BOURGNINAUD V.,
- « La conciliation : droit ou obligation ? », *in* « La prévention et le traitement amiable des difficultés des entreprises à la lumière de la réforme ? », *RPC*, 2014, n°1.
- « Les remèdes à la souffrance du chef d'entreprise en difficulté », *Recueil Dalloz*, 15 décembre 2016, n°43 ? spéc. p.2530.
- « Le rebond du débiteur » *in Pour un droit des PME !*, 2018, Connaissances et Savoirs, p.319.
- « Le rebond du débiteur dans la loi PACTE », BJE, juillet-août 2019, n°117c2, p.50-53, spéc. p.50.
- « L'élargissement des missions confiées aux professionnels du chiffre, aux administrateurs et mandataires judiciaires », *RPC*, n°1, janvier-février 2022, spéc. n°8.
- « Le rebond du débiteur », *BJE*, mars-avril 2022, n°BJE200n2, spéc. p.61.
- « L'extension de la compétence des tribunaux de commerce à l'aube du XXIe siècle », *BJE*, juillet-août 2022, éditorial, n°BJE200p7.

MAZEAUD D.,
- « Droit du marché et droit commun des obligations – L'attraction du droit de la consommation », *RTD com.*, 1998, p.95, n°26.
- « Constats sur le contrat, sa vie, son droit », *LPA*, 6 mai 1998, n°54, p.8.
- « De l'audace, toujours de l'audace ! », obs. sous Cass. com., 24 novembre 1998, Defrénois, n°36953, p.371.
- « Le consommateur de crédit immobilier surendetté », *in Le crédit immobilier, le notaire, le banquier et le consommateur*, « Rencontres notariat-université », *LPA*, 29 juin 1999, n°128, p.21.
- « Loyauté, solidarité, fraternité : la nouvelle devise contractuelle ? », *in L'avenir du droit – Mélanges en hommage à François Terré*, PUF, 1999, p.632.
- « Le nouvel ordre contractuel », *RDC*, décembre 2003, n°1, p.295, spéc. n°40.
- « La révision du contrat », *LPA*, 30 juin 2005, n°129, p.4, spéc. n°32 et 34.
- « Le droit de la consommation est-il un droit social ou économique ? », *Revue Lamy concurrence*, octobre-décembre 2006, n°9, spéc. p.137.

MENJUCQ M.,
- « 2014 : un nouveau souffle pour les procédures collectives », *Rev. pro. coll.*, 2014, n°2, p.34.
- « Le nouveau statut de l'entrepreneur individuel issu de la loi n°2022-172 du 14 février 2022 en faveur de l'activité professionnelle indépendante », *Table ronde*

composée de MATTÉI J-P., FELDMANN É., BOUDEVIN B., VERMUE S.., *RPC*, n°3, mai-juin 2022.

- « Le soutien psychologique du chef d'entreprise », *table ronde* animée par MENJUCQ M. en présence de BASSE C., BINNIÉ M., et DELATTRE C., *RPC*, n°5, septembre 2020, entretien 3.

MERCADAL B., « Feu le caractère supplétif de l'article 1195 du Code civil sur l'imprévision », BRDA 19/20.

MONSÈRIÉ M-H.,

- « L'effacement des dettes dans le droit des procédures collectives », *Dr. et patr.*, sept. 2009, n°184, p.169.
- « Le projet de la loi PACTE, une avancée pour le droit des entreprises en difficulté ? », *BJE*, septembre 2018, n°BJE116g4.

MOUIAL-BASSILANA E.,

- « Covid-19 : le rebond de l'entrepreneur facilité », *LEDEN*, juin 2020, n°113k8, p.6.
- « La redéfinition du surendettement des particuliers par l'inclusion des dettes professionnelles : enjeux et conséquences », *Gaz. Pal.*, 19 avril 2022, n°13, GPL43u9.

PÉROCHON F.,

- « À propos de la réforme de la liquidation judiciaire par l'ordonnance du 18 déc. 2008, *Gaz. pro. Coll.*, 8/10 mars 2009, p. 3,
- « Comment oublier les plus combatifs : un raté de « l'indicateur dirigeant », *BJE*, septembre-octobre 2013, édito, p.1.
- « À propos de la réforme de la liquidation judiciaire par l'ordonnance du 18 décembre 2008 », *Gaz. proc. coll.*, 2014, dossier 13, art. 21, p.58.
- « Professionnels indépendants en difficulté : premiers regards sur la loi du 14 février 2022 », *BJE*, mars 2022, n°BJE200n8.

PÉROCHON F., **ROUSSEL-GALLE P.**, « Entre liquidation, liquidation simplifiée et rétablissement professionnel », *Bull. Joly Entrep. Diff.*, 1er nov. 2014, n°6, p.403.

RIPERT G.,

- « Le droit de ne pas payer ses dettes », *DH*, 1936, chron. p. 57.
- *Aspects juridiques du capitalisme moderne*, Revue économique, 1952, p.226, n°101.

ROUSSEL GALLE P.,

- « Le droit des entreprises en difficulté, terre de conflits, terre de rencontres », *in Entreprises en difficulté*, LexisNexis, 2012, p. XXI-XXIV.
- « Que reste-t-il du caractère sanctionnateur des procédures ? *RPC*, mai-juin 2012, dossier 17, p.89, n°7.
- « Le rétablissement professionnel : de l'effacement des dettes au rebond, à propos de l'ordonnance du 12 mars 2014 », *Gaz. Pal.*, 6-8 avril 2014, n°11.
- « Covid-19 : adaptations temporaires à l'urgence sanitaire du droit des entreprises en difficulté », *BAG* 140, p.17.
- « Débiteur personne physique : du dessaisissement au rebond », BJE, septembre 2018, n°116g6.
- « L'ordonnance du 15 septembre 2021 : une révolution ? » *Rev. pro. coll.*, novembre 2021, repère 6, n°6.

SAINT-ALARY-HOUIN C.,
- « Rapport introductif », *in* « La loi du 25 janvier 1985 a 20 ans, entre bilan et réforme », *RLDA*, mars 2005 (supplément), n°80, p.6.
- « L'effacement des dettes », *Dr. et patr.*, septembre 2009, p.53.
- « L'influence de la crise sur l'exécution des contrats et la mise en œuvre des procédures collectives », *RDI*, 2010, p.34.
- « Le périmètre du droit de la défaillance – propos introductifs », *RPC*, janvier 2011, dossier 1, spéc. n°2.
- « EIRL et procédure collectives », in Dossier « L'EIRL : la nouvelle donne pour l'entrepreneur », *Dr. et patr.*, avril 2011, p.63.
- « Un vent de réforme souffle aussi sur les sanctions », *BJE*, janvier-février 2020, éclairage, n°117m8, p.10.

SCHILLER S.,
- « L'effacement des dettes permet-il un nouveau départ ? Comparaison franco-américaine », *RID comp.*, mars 2003, pp.656-674, spéc. p. 657.
- « Le rebond des entreprises dans la phase postérieure à l'effacement de leurs dettes », dossier « L'effacement des dettes », *Dr. et patr.*, septembre 2009, p.81 et s.

SOINNE B.,
- « « surendettement » et « faillite » » : unité ou dualité des régimes », *RPC*, 1998. p.1.
- « La procédure de rétablissement personnel, propos introductifs », *JCP*, 2003, act. 475.
- « Est-il légitime de traiter distinctement les particuliers surendettés et les entreprises en difficultés ? », Colloque de l'Université Paris 10, *Gazette du Palais*, 2003, I, p.279.
- « La déshumanisation du droit », *RPC*, 2009, n°3.

TAISNE J-J., « Le paiement des créances éteintes », *Dr et patr.*, décembre 2014, n°242, pp.51-55.

TORRÈS O., « Table ronde autour de la souffrance morale des entrepreneurs », *Cahiers de droit de l'entreprise*, mars-avril 2016.

VALLANSAN J.,
- *J.-Cl. proc. coll.*, Fasc. 2770, n°112.
- « La liquidation judiciaire et le rétablissement professionnel après la loi PACTE », *RPC*, juillet-août 2019, dossier 26.

VALLANSAN J., **PETIT F.**, « Droit au rebond : un pas de plus ! », *RPC.*, novembre-décembre 2021, n°6.

VALLENS J-L.,
- « L'effacement des dettes du débiteur en liquidation judiciaire », *LPA*, 19 septembre 1997, n°113, p.4.
- « L'universalité de la faillite : le droit allemand de l'insolvabilité reconnaît les procédures de redressement judiciaire », *LPA*, 17 mars 1999, n°54. p.6.
- « Réforme des procédures collectives : un premier commentaire de l'avant-projet de loi », *Lamy droit commercial*, novembre 2003, p.1.
- « La bonne foi a fait son entrée dans le droit des entreprises en difficulté », *BJE*, janvier-février, 2015, p.9.

- « L'entrepreneur individuel et ses patrimoines », *Recueil Dalloz*, 7 juillet 2022, n°25.

VAUVILLÉ F.,
- « Les praticiens du droit face à la réforme du surendettement », *Dr. et patr.*, 2004, n°126, p.38.
- « Le nouveau titre des responsabilités et des sanctions », *RPC*, 2006 p.345 et s.
- « L'entrepreneur individuel après l'ordonnance du 12 mars 2014 », *In :* Dossier « Réforme du droit des entreprises en difficulté : nouveau rebond pour le débiteur » sous la responsabilité scientifique de D. VOINOT, *Dr et patr.*, n°242, 1er déc. 2014, p.46-50.

VOINOT D.,
- « Les petits professionnels », *in : Mélanges en l'honneur de Françoise Dekeuwer-Défossez*, Montchrestien, 2013, p.565-578.
- « L'avenir de la société en liquidation judiciaire », *Dr. Patr.*, décembre 2014, n°242, pp.66-70.
- « Les modifications intéressant la liquidation judiciaire issue de l'ordonnance du 12 mars 2014 », *Gaz. Pal.*, 6 avril 2014, n°96.
- « La réserve de propriété », *Rép. com. Dalloz*, mars 2015, p.4.
- « L'évolution désordonnée de la « boîte à outils » du droit des entreprises en difficulté », *in* « Regards croisés sur la réforme du droit des entreprises en difficulté », *Rev. pro. coll.*, janvier-février 2022, n°1., actes publiés à la suite du colloque éponyme qui s'est tenu à Lille, le 17 novembre 2021.

VOINOT D., **GANDHOUR B.** (dir.), « Regards croisés sur la réforme du droit des entreprises en difficulté », *Rev. pro. coll.*, janvier-février 2022, n°1., actes publiés à la suite du colloque éponyme qui s'est tenu à Lille le 17 novembre 2021.

TABLE DES MATIÈRES

SECONDE PARTIE
LE REBOND DU DÉBITEUR : INSTITUTIONNALISATION PAR LE DROIT DE LA DÉFAILLANCE ÉCONOMIQUE

Structures éditoriales du groupe L'Harmattan

L'Harmattan Italie
Via degli Artisti, 15
10124 Torino
harmattan.italia@gmail.com

L'Harmattan Hongrie
Kossuth l. u. 14-16.
1053 Budapest
harmattan@harmattan.hu

L'Harmattan Sénégal
10 VDN en face Mermoz
BP 45034 Dakar-Fann
senharmattan@gmail.com

L'Harmattan Cameroun
TSINGA/FECAFOOT
BP 11486 Yaoundé
inkoukam@gmail.com

L'Harmattan Burkina Faso
Achille Somé – tengnule@hotmail.fr

L'Harmattan Guinée
Almamya, rue KA 028 OKB Agency
BP 3470 Conakry
harmattanguinee@yahoo.fr

L'Harmattan RDC
185, avenue Nyangwe
Commune de Lingwala – Kinshasa
matangilamusadila@yahoo.fr

L'Harmattan Congo
219, avenue Nelson Mandela
BP 2874 Brazzaville
harmattan.congo@yahoo.fr

L'Harmattan Mali
ACI 2000 - Immeuble Mgr Jean Marie Cisse
Bureau 10
BP 145 Bamako-Mali
mali@harmattan.fr

L'Harmattan Togo
Djidjole – Lomé
Maison Amela
face EPP BATOME
ddamela@aol.com

L'Harmattan Côte d'Ivoire
Résidence Karl – Cité des Arts
Abidjan-Cocody
03 BP 1588 Abidjan
espace_harmattan.ci@hotmail.fr

Nos librairies en France

Librairie internationale
16, rue des Écoles
75005 Paris
librairie.internationale@harmattan.fr
01 40 46 79 11
www.librairieharmattan.com

Librairie des savoirs
21, rue des Écoles
75005 Paris
librairie.sh@harmattan.fr
01 46 34 13 71
www.librairieharmattansh.com

Librairie Le Lucernaire
53, rue Notre-Dame-des-Champs
75006 Paris
librairie@lucernaire.fr
01 42 22 67 13

www.ingramcontent.com/pod-product-compliance
Lightning Source LLC
LaVergne TN
LVHW011432061026
849535LV00004BA/793